JEREMY MILLER

Warren Buffetts fundamentale Investment-Geheimnisse

JEREMY MILLER

Warren Buffetts fundamentale Investment Geheimnisse

Die Essenz der Partnership Letters
des erfolgreichsten Investors aller Zeiten

FBV

Bibliografische Information der Deutschen Nationalbibliothek
Die Deutsche Nationalbibliothek verzeichnet diese Publikation in der Deutschen Nationalbibliografie. Detaillierte bibliografische Daten sind im Internet über http://dnb.d-nb.de abrufbar.

Für Fragen und Anregungen:
info@finanzbuchverlag.de

1. Auflage 2016

Dieses Werk wurde vermittelt durch die Literarische Agentur Thomas Schlück GmbH, 30827 Garbsen.

Übersetzung: Silvia Kinkel
Redaktion: Judith Engst
Korrektorat: Sonja Rose
Umschlaggestaltung: Karen Schmidt, Isabella Dorsch
Satz: Daniel Förster, Belgern
Druck: GGP Media GmbH, Pößneck
Printed in Germany

ISBN Print 978-3-89879-932-4
ISBN E-Book (PDF) 978-3-86248-777-6
ISBN E-Book (EPUB, Mobi) 978-3-86248-778-3

Inhalt

Teil 4:

Zur Erinnerung an meinen lieben Freund und Kollegen Peter Sauer (1976–2012). Peter, du hast uns viel zu früh verlassen. Während deiner Zeit hier wurden deine zahlreichen Leistungen nur noch von deiner Bescheidenheit übertroffen.

Die Auszüge aus Warren Buffetts Partnership Letters wurden mit seiner Genehmigung verwendet. Doch hat er dieses Buch weder abgesegnet noch bestätigt noch geprüft und steht auch in keiner anderen Verbindung damit. Anders ausgedrückt: Während die klugen Ratschläge von ihm stammen, sind sämtliche Fehler mir zuzuschreiben.
Um den Lesefluss der Auszüge zu erhalten, werden Auslassungen nicht immer angezeigt.[1]

Einleitung

»Egal, ob ich 1 Million Dollar oder auch 10 Millionen Dollar hätte, ich würde stets alles investieren. Die größten Gewinne habe ich in den 1950er-Jahren gemacht. Ich habe den Dow gekillt. Sie sollten die Zahlen sehen. Dabei habe ich damals nur Peanuts investiert. Nicht viel Geld zu haben, ist ein riesiger struktureller Vorteil. Ich glaube, mit 1 Million Dollar würde ich Ihnen einen Gewinn von 50 Prozent verschaffen. Nein, ich weiß sogar, dass ich das könnte. Ich garantiere es Ihnen.«[2]

Warren Buffett, *Business Week*, 1999

1956 arbeitete Warren Buffett in New York mit seinem Mentor Benjamin Graham, dem Vater des Value-Investing. Als Graham entschied, sich zur Ruhe zu setzen, bot er seinem besten Schüler eine Beteiligung an der Graham-Newman Investmentgesellschaft an. Der 25-jährige Buffett lehnte jedoch ab, um nach Hause zurückzukehren. Kurze Zeit später gründete er – mit dem Geld von vier Familienmitgliedern und drei Freunden – eine neue Investmentgesellschaft, die er als »Partnership« (Partnerschaft) bezeichnete: Buffett Associates, Ltd. Bevor Buffett die Schecks der anderen akzeptierte, bat er sie jedoch, sich mit ihm im Omaha Club zum Abendessen zu treffen. Jeder bezahlte selbst.[3]

An jenem Abend überreichte Buffett jedem von ihnen einen mehrseitigen Schriftsatz mit der formalen Partnerschaftserklärung. Er sagte, sie sollten sich über den Inhalt nicht allzu viele Sorgen machen und versicherte, dass sie keine bösen Überraschungen bereithielte. Das Treffen diene dazu, über das zu sprechen, was er für viel wichtiger hielt: seine Grundregeln. Er hatte Kopien dieser kurzen Liste von Prinzipien vorbereitet und ging sorgfältig jeden einzelnen Punkt durch. Buffett bestand auf vollständiger Autonomie. Er würde nicht darüber sprechen, was die Investmentgesellschaft eigentlich tat, über gegenwärtige Beteiligungen gab er kaum Details preis. Er sagte zu den anderen: »Diese Grundregeln sind die Philosophie. Wenn ihr meiner Meinung seid, dann lasst uns loslegen. Falls ihr nicht meiner Meinung seid, verstehe ich das.«[4]

»Die Grundregeln

1. Den Partnern wird keine Rendite garantiert. Partner, die jeden Monat 0,5 Prozent entnehmen, tun genau das – sie entnehmen Geld. Wenn wir jährlich mehr als 6 Prozent über den Zeitraum mehrerer Jahre erwirtschaften, sind die Entnahmen von den Gewinnen gedeckt und das Kapital wächst. Wenn wir keine 6 Prozent erwirtschaften, sind die monatlichen Auszahlungen teilweise oder ganz eine Rückzahlung des investierten Kapitals.
2. Wenn wir in einem Jahr nicht mindestens 6 Prozent Zuwachs erreichen, bekommen Partner, die monatlich Zahlungen erhalten, im darauffolgenden Jahr verminderte Zahlungen.
3. Wenn wir von jährlichen Gewinnen oder Verlusten sprechen, meinen wir grundsätzlich Marktwerte. Sie drücken aus, wie wir zu Marktpreisen bewertet am Jahresende mit den Aktiva dastehen im Vergleich zu derselben Basis am Jahresbeginn. Das hat mit den steuerlichen Ergebnissen in einem bestimmten Jahr mitunter wenig zu tun.
4. Ob wir gut oder schlecht gewirtschaftet haben, wird nicht daran gemessen, ob wir auf ein Jahr bezogen ein Plus oder ein Minus erwirtschaftet haben. Es wird anhand der generellen Erfahrung mit Wertpapieren gemessen, die durch den Dow Jones Industrial Average, durch führende Investmentfirmen etc. repräsentiert wird. Ist unsere Bilanz besser als diese Messlatten, betrachten

wir das als ein gutes Jahr, unabhängig davon, ob wir ein Plus oder ein Minus erzielt haben. Wenn wir schlechter abschneiden, haben wir versagt.

5. Eigentlich bevorzuge ich eine Fünf-Jahres-Betrachtung. Zumindest aber drei Jahre sind das absolute Minimum, um die Performance zu bewerten. Zweifellos werden wir Jahre erleben, in denen die Performance der Partnership schlechter ausfällt, möglicherweise sogar wesentlich schlechter als der Dow Jones. Wenn eine Periode von mindestens drei Jahren schlechte Ergebnisse hervorbringt, sollten wir uns alle nach anderen Möglichkeiten umsehen, unser Geld anzulegen. Ausnahme: Die drei Jahre umfassen eine Spekulationsblase in einem Bullenmarkt.
6. Es ist nicht meine Aufgabe, den Aktienmarkt insgesamt vorherzusagen oder Konjunkturschwankungen korrekt zu prognostizieren. Wenn ihr das von mir erwartet oder es als wesentlich für ein Investitionsprogramm betrachtet, solltet Ihr nicht in dieser Investmentgesellschaft sein.
7. Ich kann den Partnern keine Gewinne versprechen. Was ich jedoch versprechen kann, ist folgendes:
   a) Unsere Investitionen werden auf der Basis von Value-Prinzipien ausgewählt und richten sich nicht nach Popularität.
   b) Wir streben an, das Risiko eines dauerhaften Kapitalverlustes (nicht eines kurzfristigen kursbedingten Verlustes) auf ein absolutes Minimum zu reduzieren, indem wir bei jedem Engagement eine breite Sicherheitsmarge einbauen und die Engagements streuen.
   c) Meine Frau, meine Kinder und ich selbst bringen praktisch unser gesamtes Eigenkapital in die Investmentgesellschaft ein.«[5]

Jeder, der an diesem Abend in den Omaha Club eingeladen war, wollte mitmachen, und Buffett nahm die Schecks entgegen. Wenn neue Partner dazu kamen, wurden ihnen die Grundregeln ausführlich erläutert. Jeder Partner erhielt jährlich eine aktualisierte Ausfertigung.

Während der folgenden Jahre informierte Buffett in einer Reihe von Briefen seine kleine, aber wachsende Schar von Anhängern über die Performance und beschrieb seine Aktivitäten. Er nutzte diese Briefe als Lehrmaterial, um die Konzepte hinter den Grundregeln zu bekräftigen und zu erweitern, erläuterte seine Erwartungen zur zukünftigen Performance und kommentierte die Marktsituation. Am Anfang informierte er einmal jährlich über den aktuellen Stand, aber als viele Partner nörgelten, dass »ein Jahr doch eine sehr lange Zeit sei«, begann er, sie mindestens halbjährlich zu verfassen.

Diese »Partnership Letters« geben seine Gedanken, Ansätze und Reflektionen aus jener Zeit wieder, die seinem Wirken bei Berkshire Hathaway unmittelbar vorausging – einer Zeit, die eine beispiellose Bilanz von Investment-Erfolgen brachte, die sogar im Vergleich zu seiner wesentlich bekannteren Erfolgsbilanz bei Berkshire Hathaway hervorstach. Obwohl er davon ausging, gute und schlechte Jahre zu haben, hielt er ein Plus von 10 Prozent gegenüber dem Dow Jones über eine Periode von drei bis fünf Jahren für machbar und setzte sich das als Ziel.

Er war deutlich besser. Er übertraf kontinuierlich den Markt und hatte kein einziges Verlustjahr. Während der gesamten Zeit verzinste sich unter seiner Führung das Kapital der Partner mit knapp 24 Prozent pro Jahr, nach Abzug aller Gebühren. In dieser frühen Phase erlebte er einige der besten Performancejahre seiner Karriere.

Die Lektionen in seinen Briefen bieten eine zeitlose Anleitung für jede Art von Investor – vom Anfänger über den Amateur bis hin zum routinierten Profi. Sie stellen eine folgerichtige und effektive Sammlung von Prinzipien und Methoden dar, die trendbezogene und technische Verlockungen vermeiden, welche im heutigen Markt nur allzu präsent sind. Obwohl sie ausgereifte Analysen enthalten, die vor allem auf erfahrene Profis gemünzt sind, sind die Briefe doch Buffetts Einmaleins des Investierens – sie liefern einen grundlegenden, allgemeinverständlichen Ansatz, der jedem einleuchtet.

Die Partnership Letters und ihre Weisheit sind in diesem Buch erstmals umfassend und leicht zugänglich zusammengestellt und enthalten fundamentale Prinzipien, wie Buffetts nicht-marktkonforme Diversifikationsstrategie, seine fast religiöse Verehrung des Zinseszinses, seinen konservativen Entscheidungsprozess, der allen konventionellen Ansätzen widerspricht. Die Briefe enthalten auch Methoden, in »Generals«, »Workouts« und »Controls« zu investieren. So heißen seine drei grundlegenden »Arbeitsmethoden«, die wir betrachten werden und die sich auf interessante und wichtige Weise im Laufe der Zeit herausgebildet haben.

Im Wesentlichen haben die Briefe einen enormen Wert, weil sie das Gedankengut eines erfolgreichen jungen Investors beschreiben, der ursprünglich mit sehr bescheidenen Summen arbeitete – ein Gedankengut, dass Investoren übernehmen und nutzen können, um langfristigen Erfolg zu erzielen, wenn sie sich selbst an den Markt wagen. Sie dienen als überzeugendes Argument für eine langfristige, nach dem Value-Ansatz ausgerichtete Strategie. Eine solche erscheint besonders in turbulenten Zeiten wie diesen besonders sinnvoll, in denen die Menschen nur allzu anfällig sind für einen spekulativen, oft fremdfinanzierten, kurzfristigen Ansatz, der auf lange Sicht selten erfolgreich ist. Sie bieten zeitlose Grundsätze des konservativen Investierens und der Disziplin, der Eckpfeiler von Buffetts Erfolg.

Wenn heutzutage ein junger Buffett seine Investmentgesellschaft gründen würde, würde er zweifelsohne genauso gute Ergebnisse erzielen. Buffett garantiert tatsächlich schriftlich, dass er mit einer Million Dollar jährliche Renditen von 50 Prozent erzielen könnte. Diese hohe Rendite wäre heute (bei einer kleinen Summe) genauso plausibel wie vor Jahren. Denn Marktineffizienzen existieren nach wie vor, vor allem bei kleineren, wenig beachteten Unternehmen, und er ist ein brillanter Investor, der sie auszunutzen weiß. Solange Aktien weiterhin ein kurzes Gedächtnis haben und getrieben von der Furcht und Gier der Anleger im Wert stark schwanken, wird es für alle geschäftstüchtigen Investoren immer Chancen auf sagenhafte Renditen geben, vorausgesetzt, diese eignen sich eine entsprechende Denkweise an.

Wie seit eh und je mangelt es auch heutzutage vielen an der Disziplin, die fürs Value-Investing nötig ist. Brief für Brief besinnt sich Buffett auf die Beständigkeit seiner Grundsätze. Der eigenen Vorgehensweise treu zu bleiben, ohne sich von Trends mitreißen zu lassen, ist selbst für erfahrene Investoren eine große Herausforderung. Jeder kann von Buffetts meisterhafter Beherrschung seiner Emotionen beim Investieren lernen.

Jedes Kapitel dieses Buches konzentriert sich auf eine Idee oder Thematik aus seinen Briefen. Jedes Kapitel ist zudem gleich aufgebaut und beginnt jeweils mit einer Zusammenfassung, um Einblick in den Hintergrund zu geben. Das ermöglicht eine Einordnung in den historischen Kontext und führt zu einer noch ausgeprägteren Wertschätzung in Bezug auf die heutige Relevanz.

Anschließend werden die entscheidenden Auszüge aus den Briefen zu jedem Thema wiedergegeben. Wir können nicht nur große Schlucke von der Quelle trinken, die Buffett mit seinen Briefen geschaffen hat, sondern das Buch wird auch zu einem nützlichen Instrumentarium bei der Beschäftigung mit seiner damaligen Tätigkeit. Sämtliche Kommentare zu einem bestimmten Thema in einem eigenen Kapitel zusammenzufassen, ist oft sehr aufschlussreich. Wir können in den Briefen wiederkehrende Muster erkennen. Buffett greift bestimmte Ideen immer wieder auf und verfolgt sie weiter. Das zu erkennen, wäre beim Lesen der Briefe in chronologischer Reihenfolge wesentlich schwieriger.

Buffett hat nie ein Fachbuch über Investments veröffentlicht, zumindest nicht im herkömmlichen Sinne. Was wir haben – neben seinen veröffentlichten Artikeln und den Aufzeichnungen aus seinen Gesprächen und Vorträgen –, sind diese Briefe. Faktisch bilden sie eine Art Fernlehrgang, der von 1957 bis heute andauert, was der gesamten Dauer seiner Karriere entspricht. Die Partnership Letters sind der erste Teil dieses Kurses, und ich bin hocherfreut, sie Ihnen anzuvertrauen. Ich hoffe, Sie haben beim Lesen so viel Spaß wie ich beim Zusammenstellen.

Ich bin Warren Buffett dankbar, dass er mir die Verwendung der Briefe in diesem Buch erlaubt hat, und betone nochmals, dass er darüber hinaus nicht in dieses Projekt eingebunden war. Mein Ziel bestand darin, das Material in einer Weise wiederzugeben, die hoffentlich seine Zustimmung findet und seine Lehre angehenden wie erfahrenen Investoren gleichermaßen zugänglich macht.

TEIL I

KAPITEL 1

Orientierung

»Das Vorhandensein einer Kursnotierung für Ihren Geschäftsanteil (Aktie) sollte stets ein Kapital sein, das sich nutzen lässt falls gewünscht. Wenn diese sich verrückt genug in die eine oder andere Richtung bewegt, ziehen Sie Ihren Vorteil daraus.«[6]

– 12. Juli 1966

Stellen Sie sich vor, Sie seien an einem frühen Herbstabend 1956 in Omaha zugegen. Elvis hatte gerade seinen ersten Auftritt in der Ed-Sullivan-Show und Eisenhower ist im Weißen Haus. An diesem Abend sitzen Sie zusammen mit zwanzig anderen in einem Seminarraum der Universität von Nebraska Omaha. Es ist Ihre erste Stunde in einem Kurs mit dem Titel »Investment-Grundsätze«. Ihr Lehrer ist ein junger Mann in den Zwanzigern namens Warren Buffett. Wie sich herausstellt, haben Sie sich neben seine Tante Alice gesetzt, eine von sieben Investorinnen und Investoren, die an seiner ersten Investmentgesellschaft beteiligt sind.

Ich sehe dieses Buch gern als Neuerschaffung dieses Kurses, das sich der Lektionen aus seinen Partnership Letters bedient, die zeitgleich zu diesem Seminar entstanden sind. Es ist Ihr mit Anleitungen versehener Weg zu den Grundlagen intelligenten Investierens, die Essenz aus fast vierzig dieser frühen Briefe. Es waren die vor der Berkshire-Zeit liegenden Jahre, 1956 bis 1970, als sein Kapital bescheiden war und er überall hätte investieren können. Es war eine Zeit, zu der er sich, vor allem zu Beginn der Investmentgesellschaft, nicht von Ihnen oder mir unterschied: Er konnte quasi in alles investieren, keine Firma war zu klein dazu.

Während Buffett tagsüber investierte, gab er von Ende 1950 bis in die 1960er-Jahre tatsächlich einen Abendkurs, und seine Tante Alice besuchte zusammen mit anderen späteren Partnern diesen Kurs. Nachdem Buffett einen Lehrgang von Dale Carnegie absolviert hatte, um seine Hemmungen zu überwinden, in der Öffentlichkeit zu sprechen, unterrichtete er, um in Übung zu bleiben. Darüber hinaus folgte er dem Beispiel seines Mentors, Ben Graham. Dieser hielt neben dem Schreiben von Briefen für seine Investoren eine Vorlesung über Wertpapieranalyse, während er zugleich die Graham-Newman Investmentgesellschaft leitete.

Die fundamentalen Prinzipien von Benjamin Graham

Es gibt keine bessere Möglichkeit, ein Buch über die Grundlagen intelligenten Investierens zu beginnen, als mit den Grundzügen von Buffetts Denkweise, die alle Schüler Grahams teilen: Der Markt kann manchmal vorübergehend völlig aus dem Gleichgewicht geraten und ist absolut unberechenbar, aber langfristig werden die Kurse für Wertpapiere ihrem inneren Wert entsprechen.

Buffett benutzt die etwas paradox klingende Idee seines Mentors durchgängig als ein Erklärungsmittel in seinen Briefen, weil sie wirkungsvoll hervorhebt, worauf wir als Investoren aus sind: eine durchgängig vernünftige, rationale Geschäftsanalyse, beruhend auf Logik und schlüssigen Argumenten, die zu der Auswahl von Wertpapieren mit der höchstmöglichen Rendite und dem geringstmöglichen Risiko führen. Das ist der Ansatz des langfristigen Investors. Er unterscheidet sich deutlich von dem Ansatz, Gewinne zu generieren, indem man darüber spekuliert, was andere Investoren tun oder nicht tun werden, oder Vermutungen anstellt darüber, wie sich kurzfristige Veränderungen makroökonomischer Variablen, wie Ölpreise oder Zinssätze, auf den Aktienmarkt auswirken. Investoren, so wie wir den Begriff definieren werden, kaufen ein Geschäft, Spekulanten »spielen« Markt.

Investoren lernen, kurzfristige Schwankungen von Aktienkursen grundsätzlich als ungezieltes Schlingern zu betrachten, das weitgehend ignoriert werden kann; und weil diese als zufallsbedingt angesehen werden, versuchen wir als Investoren erst gar nicht, diese systematisch vorherzusagen. Das ist nicht unser Ziel.

Langfristig pendeln sich die Märkte in der Regel ein und bilden die ökonomische Erfahrung eines Geschäfts im Preis seiner Aktien ab. Mit diesem Wissen konzentrieren sich Investoren deshalb auf fundierte, langfristige Wirtschaftsanalysen und konservative Überlegungen – genau das führt unserer Überzeugung nach im Laufe der Zeit zu überdurchschnittlichen Ergebnissen.

Dieses wichtige Grundprinzip stammt unmittelbar von Ben Graham, Buffetts Lehrer, früherer Arbeitgeber und Vorbild. Graham war der Mann, der im Grunde die Wertpapieranalyse erfunden hat. Bekannt als der »Dean der Wall Street«, war Ben Graham ein Bahnbrecher, der etwas, das bis dahin als »schwarze Kunst« betrachtet wurde, in eine echte Profession verwandelte. Seit ihrer ersten Begegnung war Buffett von Grahams Ideen so gefesselt, dass er sogar seinen Sohn – der als nächster an der Reihe sein wird, nicht-geschäftsführender Chef von Berkshire Hathaway zu werden – Howard *Graham* Buffett taufte. Buffetts Investment-Grundsätze zu begreifen – den Teil, der seit den Tagen der Investmentgesellschaft bis heute konstant geblieben ist –, erfordert ein klares Verständnis von Grahams grundlegenden Ideen und Einflüssen. Und so fing alles an:

Buffett machte 1950 im Alter von 19 Jahren seinen Abschluss an der Universität von Nebraska in Lincoln und bewarb sich an der Harvard Business School. Er bekam jedoch die Antwort, es dort besser erst in ein paar Jahren zu versuchen. Diese Absage wurde zu einem der größten Glücksfälle seines Lebens. Als er sich nach anderen Studienmöglichkeiten umsah, stieß er auf das Dozentenverzeichnis der Columbia University, und entdeckte dort, dass der Autor seines Lieblingsbuches, *Intelligent Investieren*, erstens noch lebte und zweitens dort auch lehrte. Buffett bewarb sich umgehend. Mehrere Wochen später (er bewarb sich im August) schrieb er sich als Student ein, und bald darauf saß er als Klassenbester in Grahams Kurs. Man kann die Intensität des intellektuellen Austausches zwischen diesen beiden Männern nur erahnen. Graham legte das intellektuelle Fundament bei Buffett. Und er, der einzige Student, der jemals bei ihm die Note 1+ erhielt, sog alles auf, was Graham lehrte.

Nach dem Universitäts-Abschluss wollte Buffett um jeden Preis für Grahams Investmentfirma arbeiten, aber er wurde als »überqualifiziert« abgelehnt – worüber er später gerne scherzte –, obwohl er angeboten hatte, ohne Vergütung zu arbeiten. Der wahre Grund, warum er die Stelle nicht bekam, hatte vermutlich mehr damit zu tun, dass Graham-Newman eine der wenigen Investmentfirmen in jüdischem Besitz war; Buffett hätte überall einen anspruchsvollen Job finden können, aber hochqualifizierte Juden, die Graham nicht einstellte, hatten woanders kaum eine Chance.

Enttäuscht kehrte Buffett nach Omaha zurück, um in das Wertpapier-Maklergeschäft seines Vaters einzusteigen. Aber er verfolgte weiter die Idee, mit Graham zusammenzuarbeiten. Ein stetiger Strom von Briefen und Aktienvorschlägen im Laufe der folgenden drei Jahre brachte ihn ans Ziel. Sein Mentor gab schließlich nach und lud ihn 1954 ein, wieder nach New York zu kommen. Buffett verbrachte dennoch nicht viel Zeit bei Graham-Newman – ein Jahr, nachdem er dort eingestiegen war, entschloss sich Graham, in den Ruhestand zu gehen.

Im Alter von 25 Jahren kehrte Buffett wieder nach Omaha zurück, aber dieses Mal nicht mehr, um bei seinem Vater zu arbeiten. Gegen den Rat Grahams und seines Vaters gründete er seine eigene Investmentgesellschaft. Er baute sie nach dem Vorbild von Graham auf und betrieb sie überwiegend gemäß dessen Grundregeln. Graham und Buffett blieben bis zu Grahams Tod im Jahr 1976 in engem Kontakt.

Mr. Market

Grahams wertvollste Erklärung, wie genau kurzfristige Marktineffizienzen wirken, wurde in seinem Konzept des »Mr. Market« auf den Punkt gebracht. Der Wertpapiermarkt verhält sich seiner Meinung nach wie ein launenhafter, manisch-depressiver Mensch, der jeden Tag Aktien kauft und verkauft. Sein Verhalten ist mitunter impulsiv und unvernünftig, und sein Handeln ist schwer vorhersehbar. Manchmal ist er euphorisch und stuft seine Chancen als hoch ein. Dann wird er Ihnen seinen Anteil nur zum Höchstpreis anbieten. Zu anderen Zeiten ist er niedergeschlagen und glaubt nicht an sich oder sein Geschäft. Dann bietet er Ihnen den gleichen Anteil zu einem Schnäppchenpreis an. Oft ist er indifferent. Da Sie nie sicher sein können, in welcher Stimmung Sie ihn antreffen, können Sie davon ausgehen, dass Mr. Market morgen mit ganz anderen Preisvorstellungen zurück sein wird, egal, was Sie heute mit ihm aushandeln.

Den Markt mit der von Graham geschaffenen Metapher zu betrachten, verdeutlicht, warum der Marktpreis an einem beliebigen Tag nicht Ihre Einschätzung vom zugrundeliegenden inneren Wert eines Wertpapiers prägen sollte. Wir müssen selbstständig auf diesen Wert kommen und dürfen nur dann agieren, wenn uns die Stimmung von Mr. Market zupasskommt. Genau das betont Buffett in seinen Briefen, wenn er schreibt: »Eine vorhandene Kursnotierung sollte nie zu einer Verpflichtung werden, bei der die zyklischen Verirrungen wiederum Ihre Beurteilung formen.«[7] Wenn Sie sich auf den Marktpreis stützen, um ein Geschäft zu bewerten, verpassen Sie womöglich Chancen, zu kaufen, wenn Mr. Market niedergeschlagen ist, und zu verkaufen, wenn er manisch ist. Sie dürfen nicht dem Markt das Denken überlassen. Investoren wissen, dass das ihre Aufgabe ist.

Wenn Sie eine Aktie besitzen, gehört Ihnen ein Geschäft

Diese »Aufgabe« besteht natürlich darin, den Geschäftswert einzuschätzen. Während kurzfristige Preise Mr. Markets gnädiger Stimmung ausgeliefert sein können, wird sich eine Aktie langfristig dem zugrundeliegenden inneren Wert eines Geschäftes annähern. Oder wie Graham es ausdrückt: »Kurzfristig ist der Markt wie ein Stimmungsbarometer, aber langfristig ist er eher wie eine Waage.« Das trifft zu, weil eine Aktie per Definition ein Bruchteil des Eigentums an der gesamten Firma ist. Wenn wir das Geschäft bewerten können, können wir auch die einzelne Aktie bewerten.

Es ist eine mathematische Gewissheit, dass ein Anteil an einem Unternehmen zusammengefasst über die gesamte Lebensdauer des Unternehmens einen Gewinn hervorbringen muss, der genau den Gewinnen aus dem Geschäft des Unternehmens entspricht. Natürlich werden einige Anteilseigner in der Zwischenzeit besser wegkommen als andere, das hängt von ihrem jeweiligen Kauf- und Verkaufszeitpunkt, aber insgesamt und schlussendlich werden die Gewinne der cleveren oder glücklichen Outperformer, Dollar für Dollar ausgeglichen durch einen entsprechenden Betrag der Underperformer, die naiv waren oder Pech hatten. Deshalb werden Investoren, die durch eine solide Analyse in der Lage sind, die langfristigen zukünftigen Erträge zu erahnen, wahrscheinlich diese langfristigen zukünftigen Gewinne durch den Besitz von Anteilen erhalten, solange sie darauf achten, dafür nicht zu viel zu bezahlen.

Aus diesem Grund setzen Investoren auf Langfristigkeit. Wir lernen durch Buffetts Lehre, unsere Bestrebungen auf das Geschäft zu konzentrieren, und nicht kurzfristig auf den Moment, in dem sich solide Investitionen wahrscheinlich auszahlen. Wie Buffett es formulierte: »Der Kurs des Aktienmarktes wird größtenteils bestimmen, wann wir recht haben, aber die Genauigkeit unserer Unternehmensanalyse wird weitgehend bestimmen, ob wir recht haben. Mit anderen Worten, wir konzentrieren uns auf das, was passieren soll, und nicht darauf, wann es passieren soll.«[8]

Diese Idee wird in den Briefen durchweg betont, deshalb unterstreiche ich es hier noch einmal: Aktien sind nicht nur Papierstücke, die hin und her gehandelt werden, es sind Anteile an einem Geschäft, von dem vieles analysiert und bewertet werden kann. Wenn sich die Marktpreise eines Geschäfts (Aktien) für eine längere Zeit unterhalb des inneren Wertes bewegen, werden die Marktkräfte die Unterbewertung schließlich korrigieren, denn langfristig ist der Markt effizient.

Das »Wann« ist nicht die entscheidende Frage, da dies von unserem unzuverlässigen Mr. Market abhängt. Zum Kaufzeitpunkt kann man nicht wissen, was ihn aufwachen und den Wert da festlegen lässt, wo Sie ihn deutlich sehen. Allerdings kaufen Unternehmen oft ihre Aktien auf, wenn sie feststellen, dass sie günstig sind. Große Unternehmen und Private Equity Firmen versuchen oft, unterbewertete Unternehmen komplett aufzukaufen. Marktteilnehmer, die sich des Potenzials dieser Bewegungen bewusst sind, suchen und kaufen häufig solche Schnäppchen, bei denen die Preiserhöhung quasi von allein kommt. Buffett lehrt Investoren, darauf zu vertrauen, dass der Markt schlussendlich für die Korrektur sorgt; er konzentriert sich darauf, die richtigen Geschäfte zum richtigen Preis zu finden und klammert den Zeitpunkt, wann man kaufen soll oder wann sich das Investment auszahlt, weitestgehend aus.

Markprognosen

Eine weitere wichtige Lektion besteht in der Erkenntnis, dass die Schwankungen der Marktstimmung zufällig sein können, was sie *per Definition* unvorhersehbar macht. Herausfinden zu wollen, was kurzfristig geschehen wird, ist einfach zu schwierig. Deshalb spielt Buffetts Einstellung gegenüber makroökonomischen Variablen (Aktiengesamtbild, Zinsen, Devisen, Rohstoffe, BIP) keine Rolle bei seinen Anlageentscheidungen. Gepfefferte Kritik an jenen, die kurzfristige Vorhersagen nutzen, um Kauf- oder Verkaufsentscheidungen bei Aktien zu treffen, durchzieht seine Briefe. Er zitiert gerne Graham: »Spekulation ist weder illegal noch unmoralisch, noch macht sie (finanziell) dick.«[9]

Bis zum heutigen Tag ist Buffett dieser Vorstellung treu geblieben. Es sind einfach zu viele Variablen im Spiel. Nichtdestotrotz pflegen viele Wall-Street-Profis diese Art von Vorhersagen. Es reicht, den Fernseher einzuschalten, um diese Marktexperten zu sehen, die offensichtlich alle der spöttischen Empfehlung von Lord Keynes folgen: »Wenn du die Zukunft nicht gut vorhersagen kannst, dann sage sie oft vorher.«

Als Investoren wissen wir, dass die richtige Antwort auf die Frage, wie sich Aktien, Anleihen, Zinssätze, Rohstoffe et cetera am/im nächsten Tag, Monat, Quartal, Jahr oder sogar über mehrere Jahre entwickeln werden, lautet: »Ich habe nicht die geringste Ahnung.« Durch Buffetts Erkenntnisse lernen wir, nicht dem Sirenengesang dieser »Experten« zu verfallen und unsere Portfolios durcheinander zu wirbeln, indem wir von Spontaneinschätzung zu Spontaneinschätzung hüpfen und zulassen, dass das, was ein ansonsten vernünftiger Gewinn sein könnte, von Steuern, Gebühren und Zufällen aufgefressen wird. Buffett zufolge sagen die Prognosen meistens mehr über den Prognostizierenden aus als über die Zukunft.

Ein Rat ergibt sich zwangsläufig: Freunden Sie sich mit der Vorstellung an, auch mal sagen zu müssen: »Ich habe nicht die geringste Ahnung.« Das wird Sie davon befreien, wertvolle Zeit und Anstrengungen zu vergeuden. Sie können sich dann auf die Perspektive als Eigentümer oder potenzieller Eigentümer eines vollständigen Betriebs konzentrieren, den Sie vielleicht verstehen und attraktiv finden. Würden Sie eine Farm verkaufen, weil eine 65-prozentige Wahrscheinlichkeit besteht, dass die Zentralbank nächstes Jahr die Zinsen erhöht?

Seien Sie auch bei jedem skeptisch, der behauptet, einen Blick in die Zukunft werfen zu können. Wir müssen noch einmal daran erinnern, dass Sie das Denken nicht delegieren können – Sie müssen es selbst tun. Ihre bezahlten Ratgeber werden Sie wahrscheinlich, bewusst oder unbewusst, in die Richtung steuern, die für *sie selbst* gut ist. Das ist menschlich. Ein großer Teil von Buffetts erstaunlichem Erfolg während der Jahre der Investmentgesellschaft und auch darüber hinaus stammt daher, dass er niemals vorgab, Dinge zu wissen, die man unmöglich wissen kann. Seine Lehre ermutigt andere Investoren, eine ähnlich skeptische Einstellung anzunehmen und selbst zu denken.

Vorhersehbare Rückschläge

Zur Liste der Dinge, die man unmöglich wissen kann, gehört der Zeitpunkt, wann sich im Markt ein großer Rutsch anbahnt. Das ist ein weiteres Schlüsselprinzip, das Buffett von Graham und seinem Mr. Market abgeleitet hat. Der Markt wird unweigerlich von Zeit zu Zeit in eine negative Stimmung abstürzen – man kann in der Regel sehr wenig dagegen tun, vom Abwärtsstrudel mitgerissen zu werden. Buffett erinnert Investoren daran, dass während solcher Perioden selbst ein Portfolio extrem günstiger Aktien sehr wahrscheinlich mit dem Markt fällt. Er betont, dass dies ein unausweichlicher Bestandteil des Besitzes von Wertpapieren ist, und wenn Sie ein möglicher Verlust von 50 Prozent des Portfoliowertes in Bedrängnis bringen würde, sollten Sie diese nicht kaufen.

Das Gute daran ist, dass ein gelegentlicher Marktabsturz für langfristige Investoren kaum Konsequenzen hat. Sich darauf vorzubereiten, den nächsten Abschwung gelassen hinzunehmen, ist ein wichtiger Bestandteil der Methode, die Buffett entwirft. Während niemand weiß, wie der Markt jeweils im kommenden Jahr sein wird, wird es aller Wahrscheinlichkeit nach in den nächsten ein oder zwei Dekaden zu Einbrüchen von mindestens 20 bis 30 Prozent kommen. Wann genau diese eintreten, ist nicht von großer Bedeutung. Entscheidend ist, wo Sie starten und landen – verändern Sie die Reihenfolge der Plus- und Minusjahre, und Sie werden dennoch am Ende mit dem gleichen Ergebnis herauskommen. Der allgemeine Trend geht nach oben, und solange Sie kein heftiger Einbruch von 25 bis 40 Prozent zwingt, bei niedrigen Preisen verkaufen zu müssen, werden Sie deshalb auf Dauer ziemlich gut mit

Aktien fahren. Sie können das unausweichliche Auf und Ab des Marktes kommen und gehen lassen.

Unglücklicherweise werden diejenigen, denen dieses Gedankengut fehlt, oft zum Opfer ihrer Emotionen und verschleudern aus Furcht alles, nachdem der Markt bereits zurückgegangen ist. Einer Studie von Fidelity zufolge waren die Depothalter mit der besten Performance diejenigen, die ihr Portfolio buchstäblich vergessen hatten.[10] Während die meisten Investoren verkauft haben, wenn der Marktausblick beunruhigend oder auch nur verhangen war, schnitten diejenigen, die den Marktausverkauf ignorierten (oder vergaßen, dass sie investiert hatten), deutlich besser ab. Das ist ein gutes Beispiel: Um ein erfolgreicher Investor zu sein, müssen Sie Ihre emotionale Reaktion auf einen Börsensturz von Ihrer Wahrnehmungsfähigkeit als rationaler Sachverständiger des langfristigen Geschäftswertes trennen. Sie dürfen niemals den Marktkurs von einem Aktivposten zu einer Verpflichtung werden lassen.

Graham beschreibt das auf brillante Weise in seinem Buch *Intelligent investieren*: »Der wahre Investor ist nur selten gezwungen, seine Aktien zu verkaufen. Deshalb können ihm die Kurse im Prinzip egal sein; er braucht nur dann auf die Notierungen achten und entsprechend handeln, wenn es gut in sein Buch passt, ansonsten jedoch nicht. Deshalb macht ein Investor, der sich übermäßige Sorgen wegen ungerechtfertigter Kursrückgänge macht und sich der Hysterie der Börse hingibt, aus seinem Vorteil einen Nachteil. Für ihn wäre es vermutlich besser, wenn seine Aktien überhaupt nicht börsennotiert wären, denn dann würde ihm die mentale Pein erspart, welche die Fehlinterpretationen anderer bei ihm auslösen.«[11]

Aus den Partnership Letters: Spekulation, Marktprognosen und Rückschläge

18. Januar 1965

»... meine Investment-Philosophie hat sich analog zu der Theorie entwickelt, dass Prophezeiungen oft mehr über die Schwächen des Propheten aussagen, als die Zukunft zu enthüllen.«

12. Juli 1966

»Es ist nicht mein Geschäft, den Aktienmarkt insgesamt vorherzusagen oder Konjunkturschwankungen zu prophezeien. Wenn Sie denken, dass ich das könnte, oder wenn Sie dies als wesentlich für eine Anlage erachten, sollten Sie nicht der Investmentgesellschaft angehören.

Natürlich kann diese Regel als unklar, komplex, vieldeutig, vage et cetera kritisiert werden. Dennoch glaube ich, dass die große Mehrheit unserer Partner versteht, worum es geht. Wir kaufen und verkaufen Aktien nicht auf der Grundlage der Einschätzung, wohin sich der Aktienmarkt nach Meinung anderer entwickeln wird (ich habe dazu niemals eine Meinung), sondern wie sich ein Unternehmen unserer Einschätzung nach entwickeln wird. Der Kurs des Aktienmarktes wird größtenteils bestimmen, wann wir recht haben, aber die Genauigkeit unserer Unternehmensanalyse wird weitgehend bestimmen, ob wir recht haben. Mit anderen Worten, wir konzentrieren uns auf das, was passieren soll, und nicht darauf, wann es passieren soll.

In unserem Einzelhandelsgeschäft kann ich mit ziemlicher Sicherheit sagen: Der Dezember wird besser sein als der Juli (beachten Sie, wie viel Erfahrung ich bereits im Einzelhandel habe). Wirklich bedeutsam ist jedoch nur die Frage, ob dieser Dezember besser ist als der vorige Dezember und ob er uns eine höheren Marge beschert als unseren Wettbewerbern und was wir tun, um die zukünftigen Dezember vorzubereiten. Für unsere Investmentgesellschaft kann ich jedoch nicht sagen, ob der Dezember besser sein wird als der Juli, und ich kann noch nicht einmal sagen, ob der Dezember nicht einen großen Verlust bringen wird. Das kommt manchmal vor. Unsere Investments wissen nicht, dass die Erde 365 Tage (plus einen Vierteltag) braucht, um die Sonne einmal zu umrunden. Schlimmer noch: Sie wissen nicht, dass unser Himmelskompass (und der der IRS) verlangt, dass ich Sie über den Abschluss jeder Umlaufbahn informiere (der Erde, nicht Ihrer). Deshalb brauchen wir einen anderen Maßstab als den Kalender, um unseren Fortschritt zu messen. Offensichtlich ist dieser Maßstab die im Dow Jones abgebildete grundsätzliche Erfahrung mit Wertpapieren. Wir haben das untrügliche Gefühl, dass dieser Wettbewerber sich für einige Jahre ganz ordentlich anstellen wird (Weihnachten wird kommen, und wenn es im Juli passiert). Wenn wir weiterhin unseren Konkurrenten schlagen wollen, müssen wir uns besser anstellen als nur »ganz ordentlich«. Das ist wie bei einem Einzelhändler, der seine Umsatzerlöse und Gewinnmarge mit denen von Sears vergleicht – übertriff sie jedes Jahr und irgendwie wirst du Licht am Ende des Tunnels sehen.

Ich komme auf das Kapitel »Marktprognose« nur deshalb zurück, weil mich ein paar der Partner anriefen, nachdem der Dow Jones von 995 im Februar auf 865 im Mai gefallen war. Sie vermuteten, dass die Aktien noch deutlich tiefer fallen würden. Das wirft bei mir immer zwei Fragen auf: (1) Wenn sie im Februar wussten, dass der Dow Jones im Mai auf 865 sinken würde, warum haben sie mir das nicht dann mitgeteilt, und (2) Wenn sie im Februar nicht wussten, was in den folgenden drei Monaten passieren würde, wie wollen sie das dann jetzt im Mai wissen? Es gibt immer Stimmen, die nach einen Verlust von 100 Punkten vorschlagen, zu verkaufen und abwarten, bis die Zukunft klarer wird. Lassen Sie mich noch einmal zwei Punkte anbringen: (1) Für mich stand die Zukunft noch nie fest (rufen Sie an, wenn Sie wissen, was in den nächsten Monaten passieren wird – oder auch nur in den nächsten Stunden) und (2) scheint sich niemals jemand zu melden, wenn der Markt um 100 Punkte steigt, um meine Aufmerksamkeit darauf zu lenken, wie unsicher alles ist, obwohl es im Nachhinein betrachtet im Februar auch nicht erkennbar war.

Wenn wir anfangen, auf der Basis von Prognosen oder Emotionen zu entscheiden, ob wir ein Geschäft abschließen, aus dem wir langfristig einen Vorteil ziehen wollen, stecken wir in Schwierigkeiten. Wir werden unsere Geschäftsanteile (Aktien) besser nicht verkaufen, wenn sie gerade einen attraktiven Preis haben, nur weil irgendein Sterndeuter meint, dass die Kurse sinken könnten – auch solche Vorhersagen werden mit Sicherheit irgendwann tatsächlich eintreten. Genauso wenig werden wir Wertpapiere kaufen, die gerade günstig sind, weil »Experten« denken, dass deren Preise steigen könnten. Wer würde ernsthaft daran denken, ein Privatunternehmen zu kaufen oder verkaufen, nur weil irgendjemand Vermutungen über den Aktienmarkt anstellt?

Das Vorhandensein einer Kursnotierung für Ihren Geschäftsanteil (Aktie) sollte stets ein Kapital sein, das, falls gewünscht, genutzt werden kann. Wenn sich der Kurs verrückt genug in die eine oder andere Richtung bewegt, machen Sie sich diesen Umstand zunutze.

Eine verfügbare Kursnotierung sollte Sie nie dazu bringen, sich verpflichtet zu fühlen, Ihre Beurteilung daran auszurichten.

Eine wunderbare Beschreibung dieser Vorstellung findet sich in Kapitel 212 (Der Investor und die Schwankungen an der Börse) von Benjamin Grahams Buch »Intelligent Investieren«. Meiner Überzeugung nach hat dieses Kapitel eine größere Bedeutung für das Investieren als alles andere, was je geschrieben wurde.«

24. Januar 1968

»Mein Mentor Ben Graham pflegte zu sagen: ›Spekulation ist weder illegal, noch unmoralisch, noch macht sie (finanziell) dick‹. Im vergangenen Jahr war es möglich, durch eine stetige Ernährung aus spekulativen Bonbons fiskalisch anzuspecken. Wir haben weiterhin Haferflocken gegessen, aber wenn sich ein Magen-Darm-Infekt ausbreitet, ist es unrealistisch, zu erwarten, dass wir kein Unwohlsein verspüren werden.«

24. Januar 1962

»Sie können ziemlich sicher sein, dass es im Laufe der nächsten zehn Jahre ein paar Jahre geben wird, in denen der Gesamtmarkt um 20 oder 25 Prozent steigt, ein paar Jahre mit einem Minus in gleicher Größenordnung, und die meisten anderen Jahre irgendwo dazwischen. Ich habe keine Ahnung, in welcher Reihenfolge dies passieren wird, noch denke ich, dass dies für einen langfristigen Investor eine große Rolle spielt.«

18. Januar 1965

»Wenn ein Absturz des Marktwertes Ihrer Beteiligungen (so wie BPL) emotionale oder finanzielle Qualen hervorruft, sollten Sie schlicht und einfach typische Aktienanlagen meiden. Mit den Worten des Poeten Harry Truman gesprochen: ›Wer die Hitze nicht aushält, sollte die Küche verlassen.‹ Noch besser ist es natürlich, darüber nachzudenken, bevor Sie überhaupt erst die ›Küche‹ betreten.«

Verzinste Weisheit

Mit der Hilfe von Buffetts Kommentaren und Benjamins Grahams Bild des Mr. Market können wir diese Prinzipien übernehmen und in unsere grundlegende Vorstellung davon integrieren, wie die Märkte funktionieren und wie wir uns darin verhalten sollten. Da wir uns nun als Investoren betrachten, verstehen wir jetzt, dass kurzfristige Schwankungen der Wertpapierpreise oft durch Ausschläge der Marktpsychologie bedingt sind. Doch werden die Ergebnisse langjähriger Investitionen von den zugrundeliegenden Ergebnissen der Geschäfte bestimmt, die wir besitzen, und dem Preis, den wir dafür gezahlt haben. Marktabschwünge sind unausweichlich, und da wir ihr Eintreten nicht vorhersagen können, müssen wir sie als persönlichen Eintrittspreis akzeptieren.

Die Abschwünge beunruhigen uns nicht sehr, da wir verstehen, dass die aktuelle Kursnotierung ein Vorteil ist, den wir nutzen können. Sie erlauben es uns, in Zeiten zu kaufen, in denen sich alle anderen nicht trauen. Sie liefern zudem das mentale Rüstzeug, während der Markteinbrüche standhaft zu bleiben und unsere Depotwerte nicht ausgerechnet zu Niedrigstpreisen zu verschleudern.

Sofern sie die emotionale Standfestigkeit haben, diesen Prinzipien zu folgen, sollten selbst Investoren deutlich besser fahren als der Durchschnitt, die einfach nur sparsam leben und beständig nach Möglichkeiten Ausschau halten, ihre freien Mittel auf dem weiten Markt zu investieren. Sie müssen dafür keine Aktien herauspicken oder gar Geschäfte bewerten. Tatsächlich werden es Investoren, die es schaffen, an diesen Kernvorstellungen ein Investmentleben lang festzuhalten, schwer haben, *sich kein auskömmliches Vermögen aufzubauen*, größtenteils durch die Kraft des Zinseszinses, mit dem wir uns im nächsten Kapitel beschäftigen werden.

KAPITEL 2

ZINSESZINS

»Solche fantastischen exponentiellen Entwicklungen veranschaulichen den Wert dessen, entweder lange zu leben oder das eigene Geld durch Zinseszinsen zu vermehren. Zum ersten Punkt kann ich Ihnen keine hilfreichen Empfehlungen geben.«[13]

– 18. Januar 1963

Einstein wird zugeschrieben, den Zinseszins als das achte Weltwunder bezeichnet zu haben. Angeblich sagte er, dass »diejenigen, die es verstehen, es *verdienen*, und die es nicht verstehen, es *bezahlen*.«[14]

Indem er immer wieder auf humorvolle Geschichten in seinen Briefen zurückgreift, lehrt Buffett Investoren, dass kein anderer Faktor bei der Schaffung von Wohlstand durch Investitionen so machtvoll ist wie der Zinseszins. Der Zinseszins, der sich aus einer lebenslangen Geldanlage ergibt, ist ausnahmslos Ihre beste Strategie.

Ein Anlagekonzept ist von Grund auf ein Zinseszinskonzept. Es handelt sich um einen Prozess, bei dem Gewinne kontinuierlich reinvestiert werden, so dass jede nachfolgende Ergänzung selbst eine Rendite erwirtschaftet. Diese Gewinne auf Gewinne leiten einen immer dominierenderen Beitrag zu den Gesamtgewinnen des Anlagekonzeptes im Laufe der gesamten Zeit. Die zwei bestimmenden Faktoren für die schlussendlichen Ergebnisse sind (1) die jährlichen durchschnittlichen Zinserträge und (2) die Zeit.

Der Zinseszins bezieht seine Kraft aus seiner exponentiellen Natur: Je länger er sich auswirkt, desto durchschlagender wird seine Wirkung. Die Bedeutung wird von vielen unterschätzt. Zudem braucht der Zinseszinseffekt viel Zeit, um eine entsprechende Größenordnung zu erreichen, und damit ein entscheidender Treiber innerhalb eines Anlagekonzeptes zu werden. Wenn Sie diese Zusammenhänge früh verstehen und ihnen Zeit geben, brauchen Sie nicht viel mehr, um ein erfolgreicher Investor zu sein. Unglücklicherweise agieren viele Investoren kurzsichtig oder ungeduldig und versäumen es, den ganzen Vorteil aus diesem Potenzial zu ziehen.

Stellen wir uns ein Depot von 100 000 Dollar vor, das 10 Prozent im Jahr erwirtschaftet. Der Gesamtgewinn wird nach einer Fünf-Jahres-Periode rund 7 Prozent höher ausfallen, wenn die Gewinne reinvestiert anstatt abgeschöpft werden. Das ist noch nicht so beeindruckend. Nach zehn Jahren jedoch wird ein Depot, dass die Gewinne reinvestiert (lassen Sie uns dieses Depot den *Zinssammler* nennen), 30 Prozent mehr erbringen als eines, das nicht reinvestiert. Ab dem fünfzehnten Jahr wird das Ergebnis »pulsbeschleunigend«[15]. Jetzt ist der Zinssammler rund 70 Prozent besser. Der Zinseszins wirkt exponentiell, der Schwung nimmt mit dem Fortschreiten der Zeit zu. Nach 20 Jahren weitet sich der Vorteil auf 125 Prozent aus. Es gibt nichts Kraftvolleres. Ihrer Gewinne stattdessen abzuschöpfen, schmälert ihren Gesamtgewinn deutlich; als Investoren erlauben wir unseren Gewinnen, sich als Haupttreiber unseres Vermögensaufbaus übereinander aufzutürmen. Wir tun das mit entsprechender Geduld.

Die Bedeutung des Zinseszinses kann man schwer überbewerten. Sie erklärt, warum Charlie Munger einst sagte, dass Buffett einen Haarschnitt für zehn Dollar so betrachtete, als würde er ihn tatsächlich 300 000 Dollar kosten. Das erweist sich noch als bescheiden. Zehn Dollar für einen Haarschnitt, die Buffett im Jahr 1956 eingespart und stattdessen in die Investmentgesellschaft investiert hätte, wären heute zu über einer Million Dollar angewachsen (zehn Dollar mit 22 Prozent Zins und Zinseszins über 58 Jahre). Durch Buffetts Zinseszinsbrille betrachtet, ist leicht nachvollziehbar, warum er ein so genügsames Leben führt. Seine Haarschnitte waren wirklich kostspielig!

Mit Mitte 20 war Buffett überzeugt, dass die Macht des Zinseszinses ihn reich machen würde. Als er mit etwas mehr als 100 000 Dollar nach Omaha zurückkehrte – und bevor er die Investmentgesellschaften gründete –, betrachtete er sich als Ruheständler. Er stellte sich vor, dass er viel lesen und vielleicht einige Universitätskurse besuchen würde. Er war so vom Zinseszins überzeugt, dass er buchstäblich begann, sich Sorgen über die möglichen nachteiligen Auswirkungen seines zukünftigen Reichtums auf seine Familie zu machen; er wollte keine verwöhnten Kinder und suchte eine Strategie, damit sie bodenständig blieben. Auch wenn dieses Anliegen nachvollziehbar ist, dürfen wir nicht vergessen, dass er in den Zwanzigern war und sehr bescheidene Summen von seinem Schlafzimmer aus investierte.[16]

Daraus ergibt sich zwangsläufig eine Empfehlung: Wenn Sie es schaffen, Ihr Einkommen nicht vollständig auszugeben und auch nur eine geringfügig höhere Verzinsung als die durchschnittliche zu erhalten, wird es Ihnen finanziell vermutlich gut gehen. Entscheidend ist Geduld. Sie können Kapitalzuwachs durch Zinseszins nicht erzwingen, Sie müssen ihn über die Zeit entstehen lassen. Betrachten Sie das Beispiel von Ronald Read, einem Tankwart aus Vermont, der ein Nettovermögen von acht Millionen Dollar angesammelt hat, indem er immer einen kleinen Teil seines Gehaltes lebenslang in dividendenstarke Aktien investierte.[17]

Buffett war jahrzehntelang genauso unterwegs. Sein Lebens- und Investitionsansatz ist pragmatisch und erfüllend. Seine Geduld und Sparsamkeit haben es ihm erlaubt, den maximalen Betrag an Mitteln zu investieren und zu verzinsen. In Kombination mit der hohen Verzinsung hat ihn das in die Lage versetzt, die größte Spende für wohltätige Zwecke zu machen, die es in der Weltgeschichte je gegeben hat. Und darüber hinaus ist er einer glücklichsten Menschen, die ich kenne, der an den meisten Tagen seines Erwachsenenlebens genau das getan hat, was er sich vorgestellt hatte.

Die Freuden des Zinseszinses

Im Gespräch mit Partnern über die Macht des Zinseszinses nutzte Buffett gerne die folgende Tabelle, um die Gewinne der Verzinsung mit Zinseszins von 100 000 Dollar über zehn bis 30 Jahre bei Zinssätzen zwischen vier und 16 Prozent aufzuzeigen:

	4 %	8 %	12 %	16 %
10 Jahre	48.024 $	115.892 $	210.584 $	341.143 $
20 Jahre	119.111 $	336.094 $	864.627 $	1.846.060 $
30 Jahre	224.337 $	906.260 $	2.895.970 $	8.488.940 $

Nehmen Sie sich etwas Zeit, um diese Zahlen zu verdauen. Beginnen Sie oben links und arbeiten Sie sich durch bis zu der Zahl unten rechts. Beachten Sie den *gewaltigen* finanziellen Vorteil eines langen Anlagelebens und den *gewaltigen* Vorteil einer hohen Verzinsung. Wenn Sie diese beiden Faktoren kombinieren, sind die Ergebnisse verblüffend: 100 000 Dollar, verzinst mit 16 Prozent, werden nach 30 Jahren über 8,5 Millionen Dollar wert sein!

Buffett bezieht sich in seinen Briefen auf drei unterhaltsame Geschichten: Kolumbus, Mona Lisa und die Manhattan-Indianer (sie werden am Ende des Kapitels vollständig wiedergegeben), um folgende Punkte hervorzuheben: (1) Der Zinseszins reagiert gleichermaßen empfindlich auf Änderungen der zeitlichen Dauer wie auf Zinsänderungen. (2) Scheinbar unbedeutende Änderungen des Zinses summieren sich auf, wenn sie durch die Brille eines langfristigen Anlagekonzeptes betrachtet werden.

Die Geschichte von Christoph Kolumbus veranschaulicht, dass die Zeit definitiv auf unserer Seite ist, wenn es um den Zinseszins geht. Hätte Isabella nicht 30 000 Dollar ausgegeben, um die Reise von Kolumbus zu finanzieren, sondern diese Summe stattdessen in etwas investiert, das sich mit rund 4 Prozent jährlich verzinst hätte, wäre die Summe im Jahr 1963 auf 2 Milliarden Dollar (7,3 Milliarden Dollar heute) angewachsen. Buffett scherzte: »Ohne den seelischen Gewinn beurteilen zu wollen, den die Entdeckung einer neuen Erdhälfte mit sich bringt, muss darauf hingewiesen werden, dass selbst, wenn die illegalen Siedler ihre Ansprüche durchgesetzt hätten, das ganze Geschäft nicht gerade einer weiteren IBM-Aktie entsprach.«[18] Mit dem Vorteil langer Zeitperioden türmt sich selbst bescheidenes, zu moderaten Zinsen investiertes Kapital zu gigantischen Summen auf.

Nehmen Sie sich einen Augenblick, um noch mal die Tabelle mit den Zinseszinseffekten anzusehen und konzentrieren Sie sich dieses Mal auf die Spalte mit 8 Prozent Rendite. Zehn Jahre Zinseszinsen ergeben 115 892 Dollar. Verdoppeln Sie die Zeit und der Gewinn verdreifacht sich. Verdreifachen Sie die Dauer der Verzinsung (von zehn auf 30 Jahre) und der Gewinn nimmt fast um das Neunfache zu.

In der zweiten Geschichte berichtet Buffett von Franz I., der 20 000 Dollar für das Bild der Mona Lisa bezahlte. Hier zeigt Buffett auf, wie hohe Zinserträge *und* eine lange Zeitperiode zu einem aberwitzigen Ergebnis führen, wenn zu stark extrapoliert wird. Wären diese 20 000 Dollar mit 6 Prozent jährlich verzinst worden, wären sie bis zum Jahr 1964 auf 1 Billiarde Dollar angewachsen, ungefähr das 3 000-Fache der heutigen Staatsverschuldung. Buffett hat vielleicht seine Frau gemeint, eine Kunstliebhaberin und zeitweilige Kunstgaleriebesitzerin, als er sagte: »Ich will hoffen, dass dies alle Diskussionen in unserem Haushalt über das Gemäldekaufen als Anlage beendet.«[19]

Zweifellos ergibt die Kombination eines langen Zeitraums mit einer hohen Wachstumsrate in Summe unsinnige Projektionen, wenn man es damit übertreibt. Deshalb hat Buffett immer versucht, die Partner davon abzuhalten, seine Resultate zu weit in die Zukunft zu extrapolieren. Beispielsweise sagte er 1964: »Manche von Ihnen mögen deprimiert sein, weil ich in der oben aufgeführten Tabelle nicht den Zins von 22,3 Prozent aufgeführt habe ... Dieser Zinssatz ist natürlich der vor Einkommensteuern, die von Ihnen selbst bezahlt werden – und nicht von der Investmentgesellschaft. Aber selbst, wenn wir diesen Faktor ausklammern, würde eine solche Berechnung nur die Idee einer Verzinsung mit Zinseszinsen mit sehr hohen Zinsen ad absurdum führen – selbst bei ursprünglich kleinen Summen. ...«[20]

Nehmen wir ein aktuelleres Beispiel: Unter Buffetts Führung war Berkshire in der Lage, während der vergangenen 50 Jahre den Wert der Anteile jährlich um 21,6 Prozent zu steigern. Die Aktie, die 1965 für ungefähr 18 Dollar gehandelt wurde, ist zum Zeitpunkt der Manuskriptverfassung (2015) atemberaubende 218 000 Dollar *je Anteil* wert. Der gesamte Marktwert des Unternehmens beträgt heute 359 Milliarden Dollar. Wenn die Berkshire-Aktie es schafft, sich weiterhin jährlich mit derselben Rate zu verzinsen, wird der Wert je Anteil in 2065 3,8 Milliarden Dollar betragen und der Unternehmensmarktwert über 6 Billiarden liegen. Das ist weit mehr, als sämtliche börsennotierten Unternehmen der Erde zusammen wert sind.

Wie Sie sehen können, ist es unmöglich, auf Dauer hohe Wachstumsraten beizubehalten. Je größer ein Anlagekonzept wird, desto schwieriger ist es, zu wachsen. Dann greift das Gesetz der großen Zahlen, und was das angeht, war Buffett angefangen bei den Partnership Letters bis heute immer aufrichtig. Heutzutage ist Berkshire einfach zu groß, um deutlich schneller zu wachsen als die Wirtschaft allgemein.

Was für heutige Investoren auf dem Spiel steht

Buffett schätzte, dass sich der gesamte Markt im Schnitt über einen längeren Zeitraum betrachtet mit 5 bis 8 Prozent pro Jahr verzinst. Im Rückblick hat der S&P 500 tatsächlich seit 1950 eine kumulierte jährliche Wachstumsrate von etwas mehr als 7 Prozent geliefert, und der Durchschnitt aller 10-Jahres-Perioden in diesem Zeitraum betrug 6,8 Prozent. Rechnet man die unversteuerten Dividenden hinzu, läge er näher an 10 Prozent. Die unerwartet guten Ergebnisse gehen größtenteils auf den unerwarteten Rückgang der Leitzinsen zurück (je weniger Staatsanleihen abwerfen, desto wertvoller werden Aktien, da alles andere gleich bleibt). Heute liegen die Anleiherenditen knapp über null, also scheint es plausibel, 5 bis 6 Prozent an jährlichen Renditen über die nächsten 20 bis 30 Jahre anzunehmen. Bei diesen Renditen ist die Kraft des Zinseszinses genauso wichtig, es braucht jedoch länger, bis die Auswirkungen so richtig an Schwung gewinnen.

Die 5 bis 6 Prozent sind nur meine über den Daumen gepeilte Schätzung, Sie können Ihre eigene ansetzen. Am detailliertesten hat Buffett seine Gedanken dazu in einem Brief im Oktober 1969 beschrieben, als er gerade die Investmentgesellschaft auflöste. Mit diesem Brief wurden die Partner, die bald als Investoren auf sich gestellt sein würden, dabei unterstützt, darüber nachzudenken, welchen Teil ihres Kapitals sie in Aktien investieren sollten und wie die Erträge aussehen könnten:

> *»Die Zehn-Jahres-Erwartung für Unternehmensaktien als Gruppe ist vermutlich nicht besser als 9 Prozent insgesamt, sagen wir 3 Prozent Dividende und 6 Prozent Wertzuwachs. Ich bezweifle, dass das Bruttosozialprodukt um mehr als 6 Prozent im Jahr wächst – ich glaube nicht, dass Unternehmensgewinne als Anteil am Bruttosozialprodukt signifikant wachsen werden – und wenn sich die Ertragsmultiplikatoren nicht verändern (und mit diesen Annahmen und aktuellen Zinssätzen werden sie das wohl kaum), dürfte der Gesamtwert amerikanischer Kapitalgesellschaften nicht stärker wachsen als mit einem langfristigen Zinssatz von 6 Prozent pro Jahr. Diese typische Erfahrung bei Aktien könnte (für den bereits beschriebenen Steuerzahler*) 1,75 Prozent nach Steuern bei der Dividende und 4,75 Prozent nach Steuern beim Kapitalzuwachs, also ei-*

* Die Annahme ist eine 40 Prozent Steuerquote

ne Gesamtrendite nach Steuern von 6,5 Prozent ergeben. Die Vor-Steuer-Kombination von Dividende und Kapitalzuwachs könnte hier bei 4 Prozent und 5 Prozent liegen, was ein etwas niedrigeres Nach-Steuer-Ergebnis bringt. Das ist nicht weit von der historischen Erfahrung entfernt, und ich glaube, dass zukünftige Steuersätze für Kapitalgewinne wahrscheinlich gravierender ausfallen als in der Vergangenheit.«[21]

Welches Ergebnis auch immer der Aktienmarkt Ihnen während Ihres Lebens als Investor liefern wird, Buffetts letzte Geschichte in seiner Zinseszins-Trilogie verdeutlicht endgültig, wie selbst geringfügige Verminderungen – Bruchteile von Veränderungen bei den Zinsen – über lange Zeitabschnitte gewaltige Unterschiede bewirken. In einer unterhaltsamen Geschichte kalkuliert Buffett, dass die 24 Dollar, die den Indianern für die Halbinsel Manhattan gezahlt wurden, im Jahr 1965 12,5 Milliarden Dollar wert seien, beruhend auf einem Verzinsungsgewinn von 6,12 Prozent. Aber dann bringt er den eigentlichen Punkt: »Für einen Neuling klingt das vielleicht nach einem guten Geschäft. Allerdings bräuchten die Indianer nur eine Rendite von 6,5 Prozent zu erreichen (der Stammes-Anlagefondsvertreter hätte ihnen das versprochen), um sich über Peter Minuit ins Fäustchen zu lachen. Bei 6,5 Prozent werden aus 24 Dollar nach 338 Jahren 42105772 80 (42 Milliarden) Dollar. Und wenn sie nur noch ein halbes Prozent mehr rausgeschlagen hätten, wären es heute 205 Milliarden Dollar.«[22]

Diese Geschichte ist eine eindringliche Mahnung: Gebühren, Steuern und andere Formen von »Schwund« können sich zu einem enormen kumulativen Effekt aufaddieren. Auch wenn Kosten dieser Art mit 1 bis 2 Prozent gering erscheinen, sofern sie nur für ein bestimmtes Jahr betrachtet werden (und Sie können sich sicher sein, dass Finanzprodukte auf diese Art verkauft werden), die Macht des Zinseszinses wandelt etwas gering Erscheinendes in etwas tatsächlich Gigantisches. Beachten Sie die gewaltige Auswirkung auf das Ergebnis für einen Investor mittleren Alters, der die nächsten 20 bis 30 Jahre in einem Altersvorsorgeprogramm mit

5 Prozent oder 7 Prozent anspart: Mit 2 Prozent weniger pro Jahr ist das Endergebnis nach 30 Jahren nur halb so groß. Buffetts Geschichte der Manhattan Indianer macht das Ganze deutlich – beim Zinseszins zählt jeder Prozentpunkt!

Gebühren und Steuern (nicht zu vergessen Underperformance) haben die langfristigen Ergebnisse der meisten Amerikaner gedrückt. Tatsächlich lag das faktische Durchschnittsergebnis von Einzelinvestoren in Amerika Ende 2011 nach 20 Jahren nahe bei 2 Prozent. Die reale Kaufkraft des Vermögens (inflationsbereinigt) ist dadurch gesunken. Das ist eine skandalöse Bescherung in Relation zu den 7,8 Prozent, um die der Marktindex gestiegen ist.[23] Buffett und andere schlagen seit Jahrzehnten Alarm, aber leider erfolglos.

Investoren denken auf lange Sicht und betrachten Aktien als einen Bruchteil der Eigentumsansprüche an Geschäften. Sie lassen sich von Marktschwankungen nicht kopfscheu machen und vermeiden Gebühren und Steuern so weit wie möglich. Sie nutzen den exponentiellen Charakter des langfristigen Zinseszinses – der höchstmögliche Zins für die längstmögliche Zeitperiode. Das ist unser wichtigstes Instrument als Investor.

Aus den Partnership Letters: Die Freuden des Zinseszinses

18. Januar 1963

KOLUMBUS

Wie ich aus unbestätigten Quellen weiß, finanzierte Isabella die Reise von Kolumbus mit ungefähr 30 000 Dollar. Man bezeichnet das als eine mäßig erfolgreiche Nutzung von Wagniskapital. Ohne den seelischen Gewinn beurteilen zu wollen, den die Entdeckung einer neuen Erdhälfte mit sich bringt, muss darauf hingewiesen werden, dass selbst, wenn die illegalen Siedler ihre Ansprüche durchgesetzt hätten, das ganze Geschäft nicht gerade einer weiteren IBM-Aktie entsprach. Grob überschlagen würden sich die 30 000 Dollar, bei einer jährlichen Verzinsung von 4 Prozent im Jahr 1962 auf eine Größenordnung von 2 000 000 000 000 Dollar (das sind 2 Billionen Dollar für alle, die keine Regierungsstatistiker sind) belaufen. Geschichtsbewusste Fürsprecher der Indianer von Manhattan mögen Zuflucht in ähnlichen Kalkulationen finden. Solche fantastischen exponentiellen Entwicklungen veranschaulichen den Wert dessen, entweder lange zu leben oder das eigene Geld zu einer ansehnlichen Verzinsung zu vermehren. Zum ersten Punkt kann ich Ihnen keine hilfreichen Empfehlungen geben.

... es ist immer erschreckend, zu sehen, wie sich relativ geringe Zinsabweichungen über eine Reihe von Jahren zu beträchtlichen Summen aufaddieren. Deshalb halten wir ein paar Prozentpunkte Vorteil gegenüber dem Dow Jones für eine erstrebenswerte Leistung, selbst wenn wir auf mehr abzielen. Über ein oder zwei Jahrzehnte kann das viele, viele Dollars bedeuten.«

18. Januar 1964

MONA LISA

Jetzt kommt der pulsbeschleunigende Teil unserer Abhandlung. Letztes Jahr habe ich, um die Bedeutung des Zinseszinses unmissverständlich klarzumachen, Königin Isabella und ihre Finanzberater heruntergeputzt. Sie werden sich vielleicht erinnern, dass sie sich von einer so offensichtlich schlecht verzinsten Unternehmung wie der Entdeckung einer neuen Erdhälfte haben übertölpeln lassen.

Da das Thema Zinseszins einen unfeinen Beigeschmack hat, will ich versuchen, etwas Ansatz in die Diskussion zu bringen, indem ich mich der Kunstwelt zuwende. Franz I. von Frankreich hat 1540 insgesamt 4 000 Goldtaler für Leonardo da Vincis Mona Lisa gezahlt. Für den Fall, dass manche von Ihnen die Devisenkurse des Goldtalers nicht vollständig verfolgt haben, 4 000 Goldtaler sind umgerechnet rund 20 000 Dollar.

Wenn Franz realistisch geblieben wäre und er (sowie seine Treuhänder) eine Anlage zu 6 Prozent nach Steuern gefunden hätten, wäre dieses Vermögen nun ungefähr etwas über 1 000 000 000 000 000,00 Dollar wert. Das ist 1 Billiarde oder das mehr als 3 000-Fache der aktuellen Staatsverschuldung, alles erreichbar durch 6 Prozent Verzinsung. Ich will hoffen, dass dies alle Diskussionen in unserem Haushalt über Gemäldekäufe als Geldanlage beendet.

Wie ich jedoch letztes Jahr hervorgehoben habe, können wir daraus noch andere Lehren ziehen. Eine Weisheit ist die eines langen Anlagelebens. Der andere beeindruckende Faktor ist der Schwung, den geringfügige Veränderungen der Verzinsungsrate bewirken.

Hier sind die Gewinne aufgezeigt, die 100 000 Dollar bei verschiedenen Zinssätzen erwirtschaften:

	4%	8 %	12%	16%
10 Jahre	48.024 $	115.892 $	210.584 $	341.143 $
20 Jahre	119.111 $	336.094 $	864.627 $	1.846.060 $
30 Jahre	224.337 $	906.260 $	2.895.970 $	8.484.940 $

Es ist offensichtlich, dass eine Schwankung von wenigen Prozentpunkten eine gewaltige Auswirkung auf den Erfolg eines Zinseszins(anlage)konzeptes hat. Es ist auch offensichtlich, dass die Wirkung sich explosionsartig steigert, wenn die Zeitspannen länger werden. Wenn die Buffett Investmentgesellschaft über eine aussagekräftige Zeitperiode einen Vorsprung von wenigstens ein paar Prozent gegenüber den wichtigsten Anlageinstrumenten erzielen kann, hat sie ihre Aufgabe erfüllt.«

18. Januar 1965

MANHATTAN-INDIANER

»Leser früherer Briefe bekundeten Unmut über das reine Aufzählen zeitgenössische Investment-Erfahrungen. Sie hungerten nach einer intellektuellen Stimulation, die nur durch die eingehende Analyse jahrhunderteübergreifender Anlagestrategien geleistet werden kann. Das ist der Grund für dieses Kapitel.

Unsere letzten beiden Exkursionen in die Sagenwelt der Finanzexpertise haben aufgedeckt, dass vermeintlich gewitzte Investitionen von Isabella (die die Reise von Kolumbus unterstützte) und

Franz I. (Kauf des Mona-Lisa-Gemäldes) an fiskalischen Irrsinn grenzen. Fürsprecher dieser Kreise haben eine Palette sentimentaler Belanglosigkeiten vorgebracht. Diese Angriffe konnten unsere Zinseszinstabellen jedoch nicht verbeulen.

Aber eine Kritik hat doch ein bisschen wehgetan. Es wurde vorgebracht, dass diese Kolumne einen negativen Ton angenommen habe und sich nur zu den finanziellen Fehltritten vergangener Zeiten äußere. Wir sind deshalb aufgefordert worden, eine Geschichte zu solch finanzieller Scharfsicht zu erzählen, die lange Zeit als Maßstab für Brillanz dienen wird.

Eine Geschichte sticht hervor. Das ist natürlich die von der Handelstüchtigkeit der Manhattan-Indianer, als sie sich im Jahr 1626 ihrer Insel an diesen notorischen Geldverschwender Peter Minuit entledigten. Meines Wissens erhielten sie dafür 24 Dollar netto. Dafür erhielt Minuit 22,3 Quadratmeilen Land, was über 621 688 320 Quadratfuß entspricht. Obwohl es schwierig ist, auf Basis vergleichbarer Verkäufe eine präzise Schätzung abzugeben, scheint ein Schätzwert von 20 Dollar je Quadratfuß vernünftig, und damit liegt der Grundstückswert der Insel bei 12 433 766 400 Dollar (12,5 Milliarden Dollar).

Für einen Neuling klingt das vielleicht nach einem guten Geschäft. Allerdings bräuchten die Indianer nur eine Rendite von 6,5 Prozent zu erreichen (der Stammes-Anlagefondsvertreter hätte ihnen das versprochen), um sich über Peter Minuit ins Fäustchen zu lachen. Bei 6,5 Prozent werden aus 24 Dollar 42 105 772 80 (42 Milliarden) Dollar nach 338 Jahren. Und wenn sie nur noch ein halbes Prozent mehr rausgeschlagen hätten, wären es heute 205 Milliarden Dollar.

So viel dazu.

Manche von Ihnen betrachten ihre Anlagepolitik vielleicht kurzfristiger. Um es Ihnen nicht zu schwer zu machen, führen wir unsere übliche Tabelle auf, die die Gewinne aus der Verzinsung von 100 000 Dollar zu verschiedenen Zinssätzen anzeigt:

	4%	8%	12%	16%
10 Jahre	48.024 $	115.892 $	210.584 $	341.143 $
20 Jahre	119.111 $	336.094 $	864.627 $	1.846.060 $
30 Jahre	224.337 $	906.260 $	2.895.970 $	8.484.940 $

Diese Tabelle zeigt die finanziellen Vorteile auf von

1. einem langen Anlageleben (im gebildeten Vokabular der Finanzexperten wird dies auch als die Methusalem-Methode bezeichnet)
2. einem hohen Zinssatz
3. einer Kombination aus beidem (von diesem Autor besonders empfohlen)

Beachtet werden sollten die enormen Vorteile, die durch relativ kleine Zugewinne bei den jährlichen Erträgen erreicht werden. Das erklärt unsere Einstellung, jeden Prozentpunkt Anlagerendite, der über dem Durchschnitt liegt, als bedeutsam anzusehen, auch wenn wir hoffen, mit unserer Marge deutlich über den durchschnittlichen Anlageerträgen zu liegen.«

Die Zinseszinsen der Weisheit

Buffett versteht die Kraft des Zinseszinses so gut wie jeder andere. Seine Geschichten bieten in humorvollem und herzlichem Ton unzählige Beispiele für die Kosten und Vorteile, die sich aus geringfügigen Veränderungen der durchschnittlichen Zinssätze oder der Dauer des Zinseszinsprogrammes ableiten. In Ergänzung zur Lehre von Graham – dass Aktien ein Geschäft sind und der Markt dazu da ist, zu dienen, nicht zu informieren – haben wir nun ein anderes Mantra: »Anlageentscheidungen sollten getroffen werden auf der Basis der wahrscheinlichsten Verzinsung des Nettowertes nach Steuern mit minimalen Risiko.«[24] Jedermann hat die Fähigkeit, auf diese Weise zu denken und zu investieren, und wer das tut, erzielt einen deutlichen Wettbewerbsvorteil gegenüber vielen Investoren, deren Sinn auf den schnellen Gewinn abzielt.

Daraus ergibt sich die wichtige Frage: Sollten Sie versuchen, Aktien herauszupicken und Buffetts Anleitung als Stockpicker folgen, oder sollten Sie einfach Ihren Weg zum Wohlstand mit dem Durchschnittskosteneffekt ebnen, indem Sie Ihren Anteil am Geschäftsleben durch einen kostengünstigen Index ein Leben lang steigern? Außer Indexierung nichts zu tun ist eine attraktive Alternative – verglichen mit dem bisschen Zeit und Aufwand, die erforderlich sind, können die Ergebnisse, über viele Jahre verzinst, tatsächlich bemerkenswert gut sein. Für die meisten Menschen ist dies die beste Wahl.

KAPITEL 3

Marktindexierung – Grundprinzip Nichtstun

»Der Dow Jones als Anlagewettbewerber ist kein Schwächling und die große Mehrheit der Investmentfonds in diesem Land hat Probleme, seine Performance zu übertreffen oder überhaupt zu erreichen.«[25]

– 24. Januar 1962

Wie im vorherigen Kapitel ausführlicher dargestellt, sagte Buffett den Partnern, dass er im Durchschnitt und auf lange Sicht (20 bis 30 Jahre) vom Markt eine jährliche Verzinsung von 5 bis 7 Prozent erwartet. Bezogen auf das obere Ende dieser Bandbreite würde dies bedeuten, dass sich der Markt alle zehn Jahre verdoppelt. So leistungsfähig sind Amerikas Wirtschaft und der Zinseszins. Heute können Investoren diese Stärke nutzen, indem sie über einen kostengünstigen Indexfonds den gesamten Markt besitzen. Dies ist eine der am besten funktionierenden Strategien. Es ist der Ansatz des »Nichtstuns«. Abgesehen davon, dass er so gut funktioniert, besteht sein größter Vorteil darin, dass er sich günstig und einfach von Ihnen selbst umsetzen lässt. Sie müssen niemandem eine hohe Gebühr dafür zahlen, dass er Ihnen sagt, Sie sollen den Markt kaufen, Sie können sich zurücklehnen und von der Kraft des Zinseszinses profitieren.

1975 gründete John Bogle den Vangard 500 Indexfonds und schuf damit das erste Wertpapier, das selbst einen Anteil an jedem Unternehmen im S&P 500 besaß. Allerdings waren Indexfonds in der BPL-Ära nicht üblich. Hätten die Partner nicht bei Buffett angelegt, hätten sie vermutlich in einen Investment-Trust oder Anlagefonds investiert. Aus diesem Grund enthielt jeder von Buffetts Jahresabschlussbriefen eine Vergleichstabelle der BPL-Performance, der Marktperformance *und* die Ergebnisse einer Handvoll führender Investmentgesellschaften. Dazu lieferte er den Partnern folgende Argumentation:

> *»Ich skizziere die Ergebnisse der Investmentgesellschaften nicht, weil wir auf ähnliche Weise operieren oder ähnliche Investitionen tätigen. Der Grund besteht darin, dass solche Fonds eine öffentliche ›Trefferbilanz‹ des professionellen, hochbezahlten Anlage-Managements repräsentieren, das mit der bedeutenden Summe von 20 Milliarden Dollar an Wertpapieren hantiert. Ich glaube, dass ein solches Management repräsentativ ist für das Managen noch größerer Summen. Ich denke, dass viele Partner als Alternative zu einem Anteil an der Partnership ähnlich investiert hätten.«*[26]

Buffett hebt gewissenhaft hervor, dass der Gesamtmarkt-Durchschnitt wahrscheinlich der härtere Wettbewerber sein wird und die Mehrzahl der aktiv gemanagten Fonds dazu neigen, in ihrer Performance hinter dem Dow Jones zurückzubleiben.

Höhere Standards für heutige Anlagefonds

In Anbetracht mangelnder Alternativen überrascht es nicht, dass Buffett die Underperformance zu jener Zeit hinnahm:

> *»Der kollektive Erfolg solcher Anlagevehikel ist zwangsläufig an den Erfolg der amerikanischen Unternehmen gekoppelt. Abgesehen von ungewöhnlichen Fällen liegen ihre Verdienste nicht in überragenden Ergebnissen oder größerer Widerstandsfähigkeit gegenüber einem Wertverlust. Stattdessen haben sie meiner Meinung nach ihre Berechtigung, weil sie einfach zu handhaben sind, die Anleger davon befreien, Entscheidungen treffen zu müssen, eine automatische Diversifikation liefern, plus – und das ist vielleicht das Wichtigste – vor der Versuchung schützen, offenkundig schlechtere Techniken einzusetzen, die anscheinend so viele Möchtegern-Investoren anlocken.«*[27]

Die Wahrheit ist, dass John Bogle mit dem kostengünstigen Indexfonds die Messlatte für Anlagefonds und alle anderen Produkte, die zuvor Investoren *»einfaches Handling«* und *»breite Diversifikation«* geboten hatten, deutlich angehoben hat. Indexfonds können das besser. Heute müssen alle Investoren, professionelle wie private, eine bessere Performance zeigen als der Vergleichsindex, um ihr Handeln zu rechtfertigen. Die meisten schaffen das nicht. Viele Fonds, insbesondere diejenigen, die gleichzeitig in Hunderte von Aktien investieren (Buffett nennt dies die Arche-Noah-Schule des Investierens – zwei von allem), scheinen an einem Geschäftsmodell zu kleben, dessen Aussterben unausweichlich scheint. Vangard und vergleichbare Indexprodukte haben den aktiven Fondsmanagern beständig Marktanteile abgenommen, seit sie vor 40 Jahren auf den Markt kamen.

Bis zu welchem Ausmaß ist die Anlagefondsbranche bedingt durch diesen neuen Wettbewerber ein »Auslaufmodell«? Angesichts der großen Mehrheit an Fonds, die dabei versagt haben, besser als ihr kostengünstiger Wettbewerber zu sein, hat sich diese Frage lange abgezeichnet. Wer möchte schon eine höhere Gebühr für ein schlechteres Ergebnis zahlen?

Natürlich wird ein erfahrener Investor, der über eine ausgedehnte Zeitspanne hinweg den Index schlägt, eine beträchtliche Wertsteigerung erzielen und immer gefragt sein, unabhängig von der

Konstellation (Partnerschaft, Hedgefonds oder anderweitig) und der Menge von Aktien in seinem Besitz. Selbst geringfügig bessere Resultate schaffen einen enormen finanziellen Vorteil, wenn sie über lange Zeit verzinst werden. Allerdings erzielt die Mehrheit derjenigen, die selbst investieren oder Anteile aktiv gemanagter Fonds halten, schlechtere Renditen als der Markt. Die Chance, durch aktives Investieren besser abzuschneiden als beim passiven Ansatz, geht mit dem erheblichen Risiko einher, dass die Ergebnisse sogar schlechter ausfallen.

Buffetts Testament spiegelt seine Sichtweise in diesem Punkt deutlich wider, wie in seinem jährlichen Brief aus dem Jahr 2013 umrissen:

> *»Einzelpersonen wie auch Institutionen werden ständig von denjenigen zum Handeln gedrängt, die davon profitieren zu beraten oder Wertpapiergeschäfte durchzuführen. Die daraus resultierenden Reibungsverluste können immens sein und die Kosten bringen Investoren in Summe keinen Gegenwert. Also besser das Geschwätz ignorieren, die Kosten niedrig halten und in den Lagerbestand investieren, wie Sie es bei einer Farm tun würden. Mit meinem Geld, sollte ich vielleicht ergänzen, mache ich es genauso: Was ich hier empfehle, ist im Wesentlichen identisch mit bestimmten Anweisungen in meinem Testament. Ein Legat bestimmt, dass das Geld zu Gunsten meiner Frau an einen Treuhänder geht (ich kann nur über Geld verfügen, denn meine Berkshire-Anteile gehen in den zehn Jahren, nachdem ich meine Augen für immer geschlossen habe, an wohltätige Einrichtungen). Mein Rat an den Treuhänder könnte nicht einfacher sein: Legen Sie 10 Prozent des Geldes in kurzfristige Staatsanleihen und 90 Prozent in einem kostengünstigen S&P-Indexfonds (ich empfehle Vangard) an. Ich glaube, die langfristigen Ergebnisse des Treuhandvermögens aus dieser Anlagepolitik werden überragend sein im Vergleich zu dem, was die meisten Investoren erreichen – ob Pensionsfonds, Institutionen oder Einzelpersonen –, die hoch bezahlte Manager beschäftigen.«*[28]

Seit langem lehrt er die Investoren, dass man nicht viel mehr vom Markt erhalten kann, als man hinein steckt. Wenn Sie desinteressiert, unfähig oder nicht willens sind, Ihren Investments Zeit und Mühe zu widmen, sollten Sie Anteile eines Indexfonds kaufen. Der einzige Grund, ein aktiv gemanagtes Investment-Produkt zu kaufen, ist die Überzeugung, dass Sie, oder der von Ihnen ausgewählte Anlage-Manager, die Strategie des »Nichtstuns« übertreffen können.

Die meisten Fonds schlagen nicht mit den Flügeln

Selbst als es in den 1960er-Jahren noch keine Indexfonds gab, hatte Buffett dieses Prinzip instinktiv erfasst. Er sah den Dow Jones als seinen Hauptwettbewerber und machte es zu seinem Grundsatz, diesen zu übertreffen. Er betrachtete die *absolute* Performance, den Prozentwert an Zuwächsen oder Verlusten, die ein Fonds in einem bestimmten Jahr erreichte, größtenteils als Zufall. Bei Investoren wird die Fähigkeit durch *relative* Performance gemessen – wie viel besser (oder schlechter) die eigenen Erträge in Relation zum Markt sind. So hat er es ausgedrückt:

> *»Die Ergebnisse dieser (Investment-) Unternehmen ähneln gewissermaßen den Bewegungen einer Ente, die auf einem Teich schwimmt. Wenn das Wasser (der Markt) steigt, hebt sich die Ente mit; wenn es sinkt, geht die Ente runter. ... Meiner Meinung nach kann die Ente nur den Ruhm (oder die Schande) für die eigenen Bewegungen einheimsen. Das Steigen und Sinken des Wasserspiegels ist schwerlich etwas, worüber sie quaken kann. Der Pegelstand ist zwar wichtig für die Performance von BPL ... allerdings schlagen wir gelegentlich auch mit den Flügeln.«*[29]

Während der Begriff Indexfonds immer noch eine Dekade weit entfernt war, sollte die Bezeichnung »Behavioral Finance« noch länger brauchen, bis sie in einem Lexikon auftauchte. Bemerkenswerterweise hat Buffett diese beiden zusammenhängenden Megatrends des Investierens vorweggenommen: die Bedeutung des Index als vorrangigen Maßstab und die psychologischen Faktoren, die die chronische Underperformance von Managern aktiver Fonds zur Folge haben.

Warum tun sich kluge, mit genügend Mitarbeitern und Ressourcen ausgestattete, bestens vernetzte und erfahrene Anlage-Manager kontinuierlich so schwer, einen nicht aktiv gemanagten Index zu schlagen? Buffett hat 1965 seine eigene Meinung dazu kundgetan:

> *»Diese Frage ist von enormer Bedeutung, und man würde erwarten, dass sie Gegenstand einer umfangreichen Analyse seitens der Anlage-Manager und bedeutenden Investoren sei. ... Eigenartigerweise findet sich in der Wall-Street-Literatur praktisch nichts dazu, und es ist auch kein Gesprächsthema auf Kongressen, Seminaren und anderen Treffen der Gemeinschaft von Wertpapieranalysten. Meiner Meinung nach ist es die allererste Aufgabe jeder vermögensverwaltenden Organisation, die eigenen Methoden und Ergebnisse zu analysieren, bevor man über die Führungsqualitäten und Performance der bedeutenden Unternehmenseinheiten der Vereinigten Staaten urteilt.*
>
> *In der Mehrzahl der Fälle ist die Unfähigkeit, einen ungemanagten Indexfonds zu übertreffen oder wenigstens mit ihm gleichzuziehen, keineswegs ein Hinweis auf fehlende intellektuelle Begabung oder Seriosität. Meiner Meinung nach resultiert das eher aus: (1) Gruppenentscheidungen – meine möglicherweise voreingenommener Ansicht ist, dass es fast unmöglich ist, herausragendes Anlage-Management mit einer Gruppe beliebiger Größe zustande zu bringen, in der alle bei Entscheidungen mitreden; (2) dem Wunsch, sich der Politik und (in gewissem Ausmaß) dem Portfolio anderer großer, angesehener Organisationen anzupassen; (3) einem institutionellen Rahmen, in dem der Durchschnitt als »sicher« gilt und die persönlichen Belohnungen für unabhängiges Handeln in*

keiner Weise das Risiko kompensieren, das mit solchen Aktivitäten verbunden ist; (4) ein Festhalten an bestimmten Diversifikationspraktiken, die absurd sind; und last but not least (5) Trägheit.«[30]

Die klassische Volkswirtschaftstheorie nimmt an, dass sich Individuen stets rational verhalten. Aber die *Prospect Theorie* (auch: Neue Erwartungstheorie), die grundlegende Abhandlung von Kahnemann und Tversky, zeigt, dass ökonomische Entscheidungen oft nicht im klassischen Sinn rational sind (Kahnemann wurde 2002 mit dem Nobelpreis ausgezeichnet). Nach der Veröffentlichung 1979 führte das zur Verhaltensökonomie und einem neuen Denken. Beachten Sie jedoch, dass diese Entwicklung fast 15 Jahre nach Buffetts Kritik einsetzte.

Die Empfehlung an Investoren ist klar und eindeutig: Ziehen Sie ernsthaft einen kostengünstigen, passiven Indexfonds als beste Anlageentscheidung in Betracht. Obwohl die Vorteile bei einer Rendite unbestritten sind, die über dem Marktzins liegt, gelingt es den meisten Investoren nicht, diese zu erreichen. Aktien gezielt zu selektieren, ist schwer. Investoren, die sich entscheiden, Buffett auf dem Weg des aktiven Investierens zu folgen, können nicht behaupten, dass Professor Buffett nicht frühzeitig Warnungen ausgesprochen und eine Alternativroute empfohlen hätte.

Aus den Partnership Letters: Plädoyer für passives Investieren

Anmerkung: Die Performancetabelle, die Buffett in jeden Jahresabschlussbrief aufgenommen hat und auf die er sich in den folgenden Auszügen bezieht, befindet sich in Anhang A.

24. Januar 1962

»Sie mögen das Gefühl haben, dass ich einen unangemessen niedrigen Maßstab eingeführt habe, bei dem es vielleicht ausgesprochen einfach erscheint, besser abzuschneiden als ein ungemanagter Index mit 30 führenden Standardwerten. Tatsächlich hat sich dieser Index als ziemlich harter Konkurrent entpuppt.«

6. Juli 1962

»Bei dem Ausmaß, mit dem Fonds in Aktien investieren, sei es durch Investmentgesellschaften, Investment-Berater, Bankfondsabteilungen oder im Do-it-Yourself Verfahren, sind wir davon überzeugt, dass die überwiegende Mehrheit Ergebnisse erzielen wird, die annähernd dem Dow Jones entsprechen. Unserer Meinung nach bewegen sich Abweichungen vom Dow eher in Richtung einer schlechteren als einer besseren Performance.«

24. Januar 1962

»Meine eigene Bilanz von Investitionen derartig großer Geldbeträge wäre nicht besser, falls überhaupt so gut, wenn die Aktivitäten, die ich in den Unternehmen ergreifen könnte, in die wir investiert haben, beschränkt sind. Ich weise auf diese Zahlen hin, um zu betonen, dass der Dow Jones als Anlagewettbewerber kein Schwächling ist und die große Mehrheit der Investmentfonds in diesem Land Probleme haben wird, seine Performance zu übertreffen oder überhaupt zu erreichen.«

18. Januar 1964

»Innerhalb ihres institutionellen Rahmens und angesichts der vielen Milliarden Dollar, um die es geht, sind die erreichten Ergebnisse die einzig erzielbaren. Sich in diesem Rahmen unkonventionell zu verhalten, ist extrem schwierig.

Der kollektive Erfolg solcher Anlagevehikel ist zwangsläufig an den Erfolg der amerikanischen Unternehmen gekoppelt. Abgesehen von ungewöhnlichen Fällen liegen ihre Verdienste nicht in überragenden Ergebnissen oder größerer Widerstandsfähigkeit gegenüber Wertverlusten. Stattdessen haben sie meiner Meinung nach ihre Berechtigung, weil sie einfach zu handhaben sind, die Anteilseigner davon befreien, eigene Entscheidungen treffen zu müssen, weil sie eine automatische Diversifikation liefern, plus

– last but not least – vor der Versuchung schützen, offenkundig schlechtere Techniken einzusetzen, die anscheinend so viele Möchtegern-Investoren anlocken.«

18. Januar 1965

Weil ich diese Tabellen zum wiederholten Mal gezeigt habe, fragten einige Partner: »Warum in aller Welt geschieht das bei sehr intelligenten Managements, die mit (1) aufgeweckten, tatkräftigen Mitarbeitern, (2) praktisch unbegrenzten Mitteln, (3) umfangreichsten Geschäftskontakten und (4) buchstäblich Jahrhunderten gesammelter Investment-Erfahrung arbeiten?« (Bei der letzten Qualifikation kommt mir ein Bursche in den Sinn, der sich für einen Job bewarb und angab, er hätte 20 Jahre Erfahrung – was von seinem früheren Arbeitgeber berichtigt wurde in: »ein Jahr Erfahrung – zwanzigfach«.)

Diese Frage ist von enormer Bedeutung und man würde erwarten, dass sie Gegenstand einer umfangreichen Analyse seitens der Vermögensverwalter und bedeutenden Investoren sei. Immerhin macht jedes Prozent von 30 Milliarden im Jahr 300 Millionen aus. Eigenartigerweise findet sich in der Wall-Street-Literatur praktisch nichts dazu, und es ist auch kein Gesprächsthema bei Kongressen, Seminaren und anderen Treffen der Gemeinschaft von Wertpapieranalysten. Meiner Meinung nach ist es die allererste Aufgabe jeder vermögensverwaltenden Organisation, die eigenen Methoden und Ergebnisse zu analysieren, bevor man über die Führungsqualitäten und Performance der bedeutenden Unternehmen der Vereinigten Staaten urteilt.

In der Mehrzahl der Fälle ist die Unfähigkeit, einen ungemanagten Indexfonds zu übertreffen oder wenigstens mit ihm gleichzuziehen, keineswegs ein Hinweis auf fehlende intellektuelle Begabung oder Seriosität. Meiner Meinung nach resultiert das eher aus: (1) Gruppenentscheidungen – meine möglicherweise voreingenommener Ansicht ist, dass es fast unmöglich ist, herausragendes Anlage-Management mit einer Gruppe beliebiger Größe zustande zu bringen, in der alle bei Entscheidungen mitreden; (2) dem Wunsch, sich der Politik und (in gewissem Ausmaß) dem Portfolio anderer großer, angesehener Organisationen anzupassen; (3) einem institutionellen Rahmen, in dem der Durchschnitt als »sicher« gilt und die persönlichen Belohnungen für unabhängiges Handeln in keiner Weise das Risiko kompensieren, das mit solchen Aktivitäten verbunden ist; (4) ein Festhalten an bestimmten Diversifikationspraktiken, die absurd sind; und last but not least (5) Trägheit.«

Möglicherweise sind die vorangegangenen Kommentare ungerecht. Vielleicht sind sogar unsere statistischen Vergleiche ungerechtfertigt. Sowohl unser Portfolio als auch unsere Arbeitsmethoden unterscheiden sich wesentlich von den Investmentgesellschaften in der Tabelle. Allerdings glaube ich, dass sowohl unsere Partner als auch deren Anteilseigner das Gefühl haben, dass ihr Management dasselbe Ziel anstreben – die maximal erreichbare langfristige Durchschnittsrendite auf das Kapital bei minimalem Risiko, dabei permanente Verluste einzugehen, und das Ganze vor dem Hintergrund, fortlaufend in Aktien investiert zu sein. Da wir gemeinsame Ziele haben sollten und die meisten Partner, als Alternative zu ihrem Anteil an BPL, wahrscheinlich ihre Mittel in Vehikel investieren würden, die vergleichbare Ergebnisse wie diese Investmentgesellschaften produzieren, denke ich, dass deren Performancebilanz von Bedeutung bei der Beurteilung unserer eigenen Ergebnisse ist.

Es steht außer Frage, dass von Investmentgesellschaften, Investmentratgebern, Fondsabteilungen und anderen eine bedeutende Dienstleistung an Investoren erbracht wird. Diese Leistung dreht sich darum, eine angemessene Diversifikation hinzubekommen, langfristig gute Perspektiven zu schaffen, Entscheidungen für ein Investment und den Umgang damit möglichst leicht zu machen nicht zu vergessen, offenkundig unterlegene Investment-Methoden zu vermeiden, die manche Personen geradezu magisch anzuziehen scheinen. Bis auf wenige Ausnahmen versprechen die Organisationen nicht explizit, eine überragende Performance zu liefern. Allerdings muss es kaum jemanden wundern, dass die Allgemeinheit einen entsprechenden Rückschluss aus der lautstarken Betonung des professionellen Managements zieht.

Eines verspreche ich Ihnen als Partner – so wie ich den vorangegangenen Performancevergleich heute für bedeutsam halte, werde ich es auch in Zukunft sehen, egal, wie sich die Geschichte entwickelt. Sollten Sie also einen solchen Standard nicht für wichtig halten, dann äußern Sie das jetzt und schlagen Sie andere Standards vor, die nach vorne und nicht rückwärts gerichtet angewandt werden können.

Noch eine Anmerkung: Ich habe keine Spalte in meiner Tabelle für den weltweit am häufigsten konsultierten Vermögensberater – Bell Management. Menschen, die zwar ihr Gewicht, ihr Handicap beim Golf und ihre Tankrechnungen im Auge behalten, scheinen quantitative Bewertungen ihrer Fähigkeiten zu meiden, ein Vermögen zu verwalten, obwohl dies den wichtigsten Kunden der Welt betrifft – sie selbst. Während es von akademischem Interesse sein kann, die Managementleistungen des Massachusetts Investor Trust oder der Lehman Bank zu bewerten, ist es von immenser finanzieller Bedeutung, objektiv die Leistungen desjenigen Typen zu bewerten, der Ihr Geld betreut – auch wenn Sie das selbst sind.«

9. Juli 1965

»Natürlich ist das Schöne an der amerikanischen Wirtschaftsszene, dass zufällige Ergebnisse verdammt gute Ergebnisse sind. Der Wasserstand ist gestiegen. Unserer Meinung nach ist es wahrscheinlich, dass er – über einen langen Zeitraum hinweg – weiter steigen wird, mit Sicherheit nicht ohne bedeutende Unterbrechungen. Unsere Politik wird allerdings sein, uns zu bemühen, kräftig zu schwimmen, mit dem Strom oder gegen den Strom. Wenn unsere Performance auf ein Niveau zurückgeht, das Sie auf dem Rücken treibend erreichen können, packen wir unsere Siebensachen.«

Verzinste Weisheit

Das Aufkommen kostengünstiger Indexfonds war eine bahnbrechende Veränderung für die traditionelle Anlagefondsbranche. Deren vorrangige Rolle, für »einfache Handhabung« zu sorgen und es

Einzelpersonen abzunehmen, selbst Aktien selektieren zu müssen, wurde ersetzt durch ein überlegenes, kostengünstigeres Produkt. Indexstrategien oder passive Investments haben fast ohne Unterbrechungen mit unverminderter Geschwindigkeit an Popularität gewonnen, seit diese Produkte in den späten 1970er-Jahren eingeführt wurden. Buffett selbst hat in seinem letzten Willen als Vorsorgemaßnahme für seine Ehefrau einen Indexfonds einem aktiv gemanagten Fonds vorgezogen. Diese Tatsache allein schon sollte jedem Investor zu denken geben.

Gebühren, Steuern und Psychologie arbeiten alle gegen die Manager aktiver Fonds, und die Erträge, die Sie als Indexinvestor voraussichtlich erhalten, sind nicht nur ziemlich gut, sondern erfordern auch wenig bis gar keine Überlegungen oder Anstrengungen. Sie können ein Investment-Programm via Nutzung eines kostengünstigen Indexfonds in weniger als einer Stunde aufstellen, es dann umsetzen und brauchen in den nächsten Jahrzehnten noch nicht mal hinzusehen. Selbstverständlich sind die finanziellen Vorteile anhaltender Outperformance genauso verlockend, vorausgesetzt, Sie finden einen Weg, diese zu erreichen. Natürlich kann nicht jeder über dem Durchschnitt liegen. In Anbetracht dessen, was auf dem Spiel steht, wenn Sie sich für den aktiven Ansatz entscheiden, brauchen Sie ein objektives Verfahren, um Ihre Ergebnisse zu überprüfen, unabhängig davon, ob diese von Ihnen stammen oder einem professionellen Vermögensverwalter.

Bis jetzt haben sich Buffetts Lektionen aus den Briefen um sechs Schlüsselaspekte für alle Investoren gedreht: Betrachten Sie Aktien (1) als anteilige Ansprüche an einem Gesamtgeschäft, (2) das kurzfristig launenhaft pendelt, (3) das sich aber langfristig mehr an den Gewinnen des zugrunde liegenden Geschäftswertes ausrichtet, der, (4) durch die Brille eines langfristigen Zinseszinsprogramms gesehen, (5) tendenziell sehr gute Erträge hervorbringt, die (6) mit einem Indexprodukt auf kostengünstige, leicht zu implementierende Weise effizient erlangt werden können. Jetzt wenden wir uns Buffett als aktivem Investor zu und sehen uns zunächst an, was genau er erreichen will und wie er das messen will.

KAPITEL 4

Vergleichsmessung – Nichtstun versus Tun

»Wenn unsere Performance auf ein Niveau zurückgeht, das Sie auf dem Rücken treibend erreichen können, werden wir unsere Siebensachen packen.«[31]

– 9. Juli 1965

Die korrekte Messung der Performance beim aktiven Investieren ist für Buffett so entscheidend, dass er ihr zwei der acht Grundregeln gewidmet hat. Schlechte Messung ist in Buffetts Augen eine gefährliche Investmentsünde. Er stellt zwei fundamentale Regeln auf, um (a) zu etablieren, *wie* gemessen wird. Im Wesentlichen beruht seine Art zu messen auf einem Test in Relation zur Marktperformance und um dann (b) festzulegen, *wie lang* gemessen wird. Hier geht es um die Mindestzeitspanne, über die eine Investment-Aktivität beurteilt werden kann.

»Besonders wichtig bei der Auswahl meiner Partner sowie bei meiner darauffolgenden Beziehung zu ihnen ist die Festlegung, dass wir den gleichen Maßstab benutzen. Wenn meine Performance schlecht ist, erwarte ich, dass die Partner ihr Kapital abziehen, und ich muss in der Tat eine neue Möglichkeit finden, meine eigenen Mittel zu investieren. Wenn die Perfor-

> *mance gut ist, werde ich in meiner Leistung bestätigt, ein Zustand, auf den ich mich sicher einstellen kann.«*[32]

Wie wir bereits gesehen haben, bedeutet die Kraft des Zinseszinses, dass selbst geringe Outperformance über die Zeit gewaltige schrittweise Zuwächse bei Ihren letztendlichen Erträgen produzieren kann. Wenn Ihre Techniken dem Gesamtmarkt auf einer Basis von drei bis fünf Jahren unterlegen sind, macht es allerdings Sinn, innezuhalten und ernsthaft zu überlegen, *»das Handtuch zu werfen«* (Buffetts Worte) und den Index zu kaufen. Für einen Investor besteht der einzige Weg, herauszufinden, wo sie stehen, darin, einen geeignet formulierten Test zu entwickeln und einzusetzen. Buffett gibt uns die Werkzeuge, um genau das zu tun:

Grundregel 4:

> *»Ob wir gut oder schlecht gewirtschaftet haben, wird nicht daran gemessen, ob wir auf ein Jahr bezogen ein Plus oder Minus erreicht haben. Es wird im Vergleich zur generellen Erfahrung mit Wertpapieren gemessen, die durch den Dow Jones, durch führende Investmentfirmen und so weiter repräsentiert wird. Wenn unsere Bilanz besser ist als diese Messlatten, betrachten wir das als ein gutes Jahr, unabhängig davon, ob wir ein Plus oder ein Minus erwirtschaftet haben. Wenn wir schlechter abschneiden, haben wir versagt.«*[33]

Grundregel 5:

> *»Ich bevorzuge eine Fünf-Jahres-Betrachtung, aber drei Jahre sind das absolute Minimum, um eine Performance zu bewerten. Zweifellos werden wir Jahre erleben, in denen die Performance der Partnerschaft schlechter, möglicherweise sogar wesentlich schlechter ausfällt als der Dow Jones. Wenn eine Periode von mindestens drei Jahren schlechte Ergebnisse hervorbringt, sollten wir uns alle nach anderen Möglichkeiten umsehen, unser Geld anzulegen. Ausnahme: Die drei Jahre umfassen eine Spekulationsblase in einem Bullenmarkt.«*[34]

Diese zwei einfachen Maßstäbe funktionieren heute noch gut für Investoren. Der erste Test misst die Erträge für jedes Jahr in Relation zur Marktperformance – wir machen uns keine Gedanken darüber, ob wir uns in einem bestimmten Jahr nach oben oder nach unten entwickelt haben. Stattdessen konzentrieren wir uns darauf, ob das Jahr besser oder schlechter war als der Marktdurchschnitt. Wenn der generelle Trend nach oben geht, und Sie es schaffen, in Märkten, die verlieren, etwas weniger zu verlieren, und in steigenden Märkten etwas mehr zugewinnen, wird Ihre Performance wahrscheinlich herausragend sein. Investoren wollen den Durchschnitt auf einer relativen Basis kumulativ und so oft wie möglich schlagen, und die Gewinn- und Verlustjahre rein rechnerisch einfach laufen lassen.

Der zweite Test, den Buffett den Investoren an die Hand gibt, legt fest, dass die relative Performance auf der Basis von mindestens drei aufeinanderfolgenden Jahren gemessen werden sollte, um relevant zu sein, und dass ein Test auf der Basis von fünf Jahren sogar besser ist. Auch hier gilt: Wer es aus welchen Gründen auch immer ständig nicht schafft, über einen Zeitraum von drei bis fünf Jahren zu outperformen, sollte eine Alternative für seine Mittel in Erwägung ziehen. Warum sollten wir schließlich diesen ganzen Aufwand für ein schlechteres Ergebnis betreiben?

Buffett bestand darauf, dass alle Partner mit seinem Ansatz einverstanden waren, jeder musste dem Markt als Maßstab und seinem Drei-Jahres-Test zustimmen, bevor der erste Dollar investiert wurde. Er war darauf bedacht, jedem neuen Partner diese Richtlinien beizubringen, auf die er in seinen Briefen immer wieder einging.

Er beharrte nicht darauf, dass seine Richtlinien die besten seien oder andere keine vergleichbare Gültigkeit besäßen. Aber dabei handelte es sich um *seine* Richtlinien und er machte deutlich, dass nur diejenigen, die damit einverstanden waren, sich der Investmentgesellschaft anschließen sollten. Wenn er erreichte, was er sich vornahm, wollte er die angemessenen Lobeshymnen erhalten. Wenn nicht, erwartete er von den Partnern, dass sie ihr Kapital abzögen. Wir anderen ziehen daraus die Erkenntnis, Messlatten einzuführen und sicherzustellen, dass sie frühzeitig eingerichtet sind, um jedes Missverständnis darüber zu vermeiden, wofür Sie Beifall spenden. Denn – wie Buffett es ausdrückt – Sie wollen nicht, dass mit Tomaten geworfen wird, wenn Sie tosenden Applaus erwarten.

Wenn sich alle professionellen Vermögensmanager an seine Richtlinien halten würden, könnten wir eine Rekordzahl von Vorruheständlern an der Wall Street beobachten. Buffett legt noch heute die Fünf-Jahres-Messlatte der relativen Performance bei Berkshire Hathaway an.[35] Das war und bleibt eine sehr hohe Latte. Alle Investoren brauchen eine Messlatte. Wenn Sie sich einen besseren Test ausdenken, ist das wunderbar, aber stellen Sie sicher, ihn im Vorhinein zu etablieren.

Ehrgeizige Ziele

Buffetts persönliche Performanceziele für die Investmentgesellschaft sind nicht so einfach zu erreichen. Nachdem er zunächst festgelegt hatte, was er vermeiden wollte (eine relative Underperformance auf der Basis einer Drei- bis Fünf-Jahres-Betrachtung), setzte er sich das Ziel, den Dow Jones mit einer durchschnittlichen Marge von 10 Prozent im Jahr zu schlagen. Das hielt er für maximal möglich und dieses Ziel wollte er schaffen. Wenn also der Dow Jones ein Minus von 5 Prozent im Jahr machte, hoffte er, 5 Prozent im Plus zu liegen. Investoren fragen sich vielleicht, wie er auf die Zahl von 10 Prozent gekommen ist, und ehrlich gesagt weiß ich es auch nicht. Allerdings habe ich nicht allzu lange über diese Frage nachgedacht – wir sollten mehr als zufrieden sein, wenn wir es schaffen, im Laufe der Zeit auch nur minimal besser zu sein als der Markt. Nach der Obergrenze für unsere mögliche Outperformance zu suchen, würde bedeuten, das Pferd vom Schwanz her aufzuzäumen.

Buffett hatte zwar keine Vorstellung davon, was der Gesamtmarkt in einem bestimmten Jahr erbringen würde, aber rufen Sie sich in Erinnerung, dass es im Durchschnitt 5 bis 7 Prozent sind.

Der zusätzliche Vorsprung von 10 Prozent bedeutet, dass er 15 bis 17 Prozent an jährlichen Erträgen anstrebte. 100 000 Dollar mit 15 Prozent über 10 Jahre verzinst wachsen auf 405 000 Dollar an, und nach 20 Jahren sind es schon 1,6 Millionen Dollar. Dieses Ergebnis wäre atemberaubend gut.

Praktisch jeder Kommentar, den er zur Performance abgibt, beruht auf einer relativen Basis. Einmal erläutert er seine Denkweise, als er ob mit einem Golfkumpel sprechen würde:

> *»Ich würde ein Jahr, in dem wir 15 Prozent verlieren und der Durchschnitt bei 30 Prozent Minus liegt, als ein wesentlich besseres Jahr betrachten als eines, in dem sowohl wir als auch der Durchschnitt um 20 Prozent wachsen. Im Laufe der Zeit wird es gute und schlechte Jahre geben, es gibt keinen Grund, enthusiastisch oder deprimiert zu sein, aufgrund der Reihenfolge, in der sie auftreten. Wichtig ist, das Par zu schlagen. Vier bei einem Par-3-Loch ist nicht so gut wie fünf bei einem Par-5-Loch und es ist unrealistisch anzunehmen, dass wir nicht unseren Anteil an Par-3- wie Par-5-Löchern haben werden.«*[36]

Investoren wird beigebracht, Performance auf eine Art zu betrachten: Wenn der Markt im Keller ist und Sie geringere Verluste haben, haben sie ein gutes Jahr gehabt und umgekehrt. Solange Ihre Performance auch nur minimal besser ist als der Gesamtmarktschnitt, sind die Ergebnisse wahrscheinlich hervorragend, egal ob die Performance in einem Markt erfolgt, der Tief- oder Höchststände ausweist.

Auch wenn die Investmentgesellschaft niemals ein Verlustjahr erlebte oder auch nur ein Jahr, in dem sie schlechter war als der Markt, betonte Buffett gegenüber den Investoren, auf beides eingerichtet zu sein.

Seine Fähigkeit als Investor, sein Vorteil, mit relativ kleinen Summen arbeiten zu können, ein Markt, der zu seinem Ansatz passte und Glück waren die Faktoren, die dazu beitrugen, dass die Investmentgesellschaft beständig solche herausragenden Ergebnisse erzielte. Inzwischen hat Berkshire auch ein paar Underperformance- sowie Verlustjahre erlebt, allerdings in bescheidenem Ausmaß.

Der beste Test ist ein Langzeittest

Investoren sollten von keinem Investitionsansatz zu viel Kontinuität erwarten. Alles hat seine Zeit. Mit der Auffassung, dass seine relative Performance wahrscheinlich variieren werde, warnte Buffett, dass er dem Markt in schlechten Jahren durchaus um bis zu 10 Prozent hinterherhinken, ihn jedoch anderseits um 25 Prozent übertreffen könne, wenn »alles passte«.[37] Auf Grund der erwarteten Schwankungsbreite zwischen zwei beliebigen Jahren, sah er es als wesentlich an, dass Investoren die Performance ihrer Ergebnisse über eine mehrjährige Periode messen sollten. Eine Periode von drei Jahren betrachtete er als Minimum, bevorzugte jedoch eindeutig fünf Jahre. Am besten lässt sich das während einer flach verlaufenden Marktperiode testen. Auf diese Weise werden Veränderungen des Gesamtmarktes durch Spekulationseifer als Faktor ausgeklammert. Er brachte den Anlegern bei und erinnerte sie stets daran, dass selbst die relative Performance eines jeden Einzeljahres überwiegend Glückssache war. Sie beruht auf der Natur des Marktes als Stimmungsbarometer für kurzfristige Marktbewegungen. Wenn Sie Ihren Bewertungshorizont ausweiten, funktioniert der Test mehr und mehr wie eine Waage.

Buffett lehrt Investoren auch, dass es für den mehrjährigen Test einen Vorbehalt gibt: Eine Underperformance in den letzten Phasen eines spekulativen Bullenmarktes ist äußerst wahrscheinlich. Diese Warnung wiederholt er bis heute.

Wir haben diesen Effekt in den letzten Jahren der Investmentgesellschaft erlebt, als ein paar »Performancefonds« die BPL während der Boomphase deutlich schlugen, die zu dem verheerenden Marktcrash Anfang der 70er-Jahre führte. Wir erlebten das dann noch einmal, als Buffett und Berkshire Hathaway vor dem Platzen der Internetblase im Jahr 2000 als »weit abgeschlagen« betrachtet wurden. Die Markthysterie in ihrem vollen spekulativen Ausmaß führt dazu, dass Aktien von ihren Geschäftsgrundlagen abgetrennt werden. Diejenigen, die den Markt als »Stimmungsbarometer« sehen, florieren in solchen Umgebungen, während Buffett und andere Investoren, die dem Prinzip der »Waage« anhängen, scheinbar aus dem Tritt geraten.

Wegen der konservativen Art unseres wertorientierten Anlageansatzes lehrt uns Buffett, grundsätzlich eine bessere relative Performance in Verlustmärkten zu erwarten. Noch einmal: Für ihn war klar, dass er in solchen Perioden Verluste erleiden könnte, aber er erwartete geringere Verluste als im Gesamtmarkt. Investoren, die heute seinen Grundregeln folgen, sollten auch diese Erwartung teilen. Wegen der eingesetzten Methoden und der Art der gekauften Wertpapiere tendieren Verlustmärkte dazu, die beste Performance zu zeigen. Wie Buffett seinen Partnern 1962 mitteilte, »gibt uns ein rückläufiger Dow Jones die Chance, zu brillieren und Prozentvorteile zu sammeln, die uns in Verbindung mit einer lediglich durchschnittlichen Performance während steigender Märkte sehr zufriedenstellende langfristige Ergebnisse bringen wird. Unser Ziel ist ein Rückgang von ungefähr 0,5 Prozent wenn der Dow Jones 1 Prozent zurückgeht, und wenn wir das schaffen, verfügen wir über ein beträchtlich konservativeres Vehikel für Aktieninvestitionen als alle denkbaren Alternativen.«[38] Buffett erinnert die Investoren daran, dass sich die Grundregeln – einschließlich jener zur Messung der Performance – nicht ändern. Er bestand für aktive Manager auf einem mindestens dreijährigen Vergleich mit dem Markt, als die Branche noch nicht wirklich maß. Gegen Ende der 60er-Jahre war die Branche vom Nicht-Messen übergegangen zu einem viel zu häufigen Messen. Er befürwortete weiterhin den Dreijahrestest als Minimum, während die anderen fast minütlich maßen, was genauso schlecht ist, wie gar keine Messung durchzuführen.

Wir lernen von Buffett, auf eine Art und Weise über die Performance-Messung zu denken, die mit den anderen Grundsätzen übereinstimmt. Wenn wir als ersten Grundsatz davon ausgehen, dass der Aktienmarkt nicht sehr effizient ist, wäre es inkonsequent zu denken, wir müssten unserer kurzfristigen Performance große Aufmerksamkeit schenken. Die Kapriolen sind gewissermaßen »zum Johlen«. Wir sollten die Dreijahreszeiträume (als Minimum) im Auge behalten, weil dies die Mindestzeitspanne ist, ab der Märkte effizient werden können. Fünf Jahre sind noch besser. Ein vollständiger Marktzyklus (Markttief bis zum nächsten Markttief oder Markthoch bis zum nächsten Markthoch) ist die beste Periode, über die man einen aktiven Vermögensverwalter bewertet.

Aus den Partnership Letters: Vergleichsmessungen

24. Januar 1962

»Ein Wort zu Par

Besonders wichtig bei der Auswahl meiner Partner sowie für meine darauffolgende Beziehung zu ihnen ist die Festlegung, dass wir den gleichen Maßstab benutzen. Wenn meine Performance schlecht ist, erwarte ich, dass die Partner ihr Kapital abziehen, und ich muss in der Tat eine neue Möglichkeit finden, meine eigenen Mittel zu investieren. Wenn die Performance gut ist, werde ich in meiner Leistung bestätigt, ein Zustand, auf den ich mich sicher einstellen kann.

Der Trick dabei ist, wir können sicher sein, dass alle die gleiche Vorstellung davon haben, was gut und was schlecht ist. Ich trete dafür ein, Maßstäbe vor dem Handeln festzulegen, im Rückblick kann man so ziemlich alles gut aussehen lassen, indem man es in Relation zu irgendetwas setzt.

Ich habe kontinuierlich den Dow-Jones-Index als unser Maß für Par genutzt. Mein Gefühl sagt mir, dass drei Jahre das absolute Minimum für einen Performancetest sind und dass der beste Test einen Zeitraum umfasst, der lang genug ist, dass der abschließende Punktestand des Dow Jones halbwegs dem Ausgangspunktestand entspricht.

Auch wenn der Dow Jones (genau wie andere) als Performance-Maßstab nicht perfekt ist, hat er den Vorteil, sehr bekannt zu sein, seit geraumer Zeit zu bestehen und mit akzeptabler Genauigkeit die generelle Erfahrung von Investoren mit dem Markt widerzuspiegeln. Ich habe nichts gegen die Nutzung irgendeiner anderen Messmethode für die generelle Marktperformance, so wie andere Aktienmarkt-Durchschnitte, führende diversifizierte Aktienanlagefonds, Bankinvestmentfonds und so weiter.«

8. Juli 1964

»Wir werden dieser Politik ordnungsgemäß folgen, wohin sie auch führen mag. Es ist vielleicht überflüssig, zu sagen, dass unsere Politik der Performance-Messung auf keinen Fall gute Ergebnisse garantiert – sie garantiert lediglich eine objektive Bewertung. Ich möchte die Punkte betonen, die in den »Grundregeln« zur Anwendung des Bewertungsmaßstabs erwähnt werden – und zwar, dass er auf Grund der Art unserer Tätigkeit auf einer Basis von mindestens drei Jahren angewandt werden sollte, und auch, dass wir während einer Spekulationsblase vielleicht hinter dem Feld zurückbleiben. Allerdings kann ich Ihnen eines versprechen: Wir sind mit einem Meter als Maßstab gestartet, und dabei bleiben wir auch. Wenn wir dem nicht gewachsen sind, wechseln wir nicht einfach den Maßstab. Meiner Meinung nach würde das gesamte Feld der Vermögensverwaltung, die Hunderte Milliarden Dollar umfasst, zufriedenstellender ausfallen, wenn jeder einen guten Meter-Maßstab für die Messung der Leistungsfähigkeit hätte und vernünftig anwenden würde. Dies wird von den meisten Menschen beim Führen ihres eigenen Geschäftes ordnungsgemäß getan, wenn sie Märkte, Menschen, Maschinen, Methoden und anderes bewerten, und Vermögensmanagement ist das größte Geschäft der Welt.«

20. Januar 1966

»Ich glaube ganz sicher nicht, dass die Standards, die ich bei der Bewertung meiner Performance nutze (und von denen ich mir wünsche, dass meine Partner das ebenfalls tun) für alle Vermögensmanager die passenden sind. Aber ich glaube mit Sicherheit, dass jeder, der in der Vermögensverwaltung tätig ist, einen Standard für

Bewertungen haben sollte, und dass sowohl er als auch die Parteien, deren Geld angelegt wird, ein klares Verständnis brauchen, warum dieser Standard geeignet ist, welche Zeitspanne betrachtet werden sollte und so weiter.

Frank Block hat das in der Ausgabe November/Dezember 1965 des Financial Analysts Journal sehr gut zum Ausdruck gebracht. Über das Bewerten der Anlage-Performance schreibt er: ›... Tatsache ist allerdings, dass die Literatur zu diesem Thema eine gähnende Lücke aufweist. Wenn vermögensverwaltende Organisationen immer nach der besten Performance gestrebt hätten, wäre die sorgfältige Bewertung von Investment-Ergebnissen keine Ausnahmeerscheinung. Es spielt keine Rolle, dass der Kunde versäumt hat, nach einer offiziellen Darstellung der Ergebnisse zu fragen. Allein der Stolz sollte dafür sorgen, dass jeder von uns objektiv die Qualität seiner Empfehlungen bestimmt. Ohne genaue Kenntnisse über die Ergebnisse ist das kaum möglich. Steht dieses Wissen einmal zur Verfügung, sollte es möglich sein, die Analyse bis zu dem Punkt auszudehnen, an dem Schwächen und Stärken in bestimmten Mustern erkennbar werden. Wir kritisieren ein Unternehmensmanagement, wenn es versäumt, die besten Methoden einzusetzen, um über die Entwicklung einer komplizierten industriellen Organisation Bescheid zu wissen. Wir können uns schwerlich herausreden, wenn wir es unterlassen, uns selbst mit ähnlichen Methoden auszustatten, um die Wirksamkeit unserer Bemühungen im Umgang mit dem Geld anderer Leute zu zeigen.

... Deshalb ist es unsere unangenehme Pflicht zu verkünden, dass Systeme zur Performance-Bewertung nicht automatisch in der EDV der meisten vermögensverwaltenden Organisationen enthalten sind. Es ist eine traurige Tatsache, dass manche es anscheinend vorziehen, nicht zu wissen, wie gut oder schlecht sie arbeiten.‹«

20. Januar 1966

»Offen gesagt habe ich ganz eigennützige Gründe, darauf zu bestehen, dass wir einen Maßstab verwenden, und zwar alle den gleichen. Natürlich macht es mir großen Spaß, besser als Par zu sein –

oder um es mit den lyrischen Worten von Casey Stengel zu sagen: ›Zeige mir einen guten Verlierer und ich zeige dir einen Versager.‹ Noch wichtiger ist dabei: Ich stelle sicher, dass ich nicht aus dem falschen Grund (ein Verlustjahr erleiden) getadelt werde, sondern nur aus dem richtigen Grund (schlechter abzuschneiden als der Dow Jones). Zu wissen, dass die Partner mich auf der richtigen Basis benoten, hilft mir, meine Sache besser zu machen. Und schließlich sorgt das frühzeitige Einrichten des relevanten Maßstabs dafür, dass wir uns alle aus diesem Geschäft zurückziehen, falls die Ergebnisse mittelmäßig (oder schlechter) werden. Das bedeutet, dass früherer Erfolg nicht die Beurteilung aktueller Ergebnisse verschleiern kann. Es sollte die Möglichkeit verringern, schlechte Leistung erfindungsreich zu rechtfertigen (die schlechte Beleuchtung am Bridge-Tisch irritiert mich neuerdings). Auch wenn dieser masochistische Bewertungsansatz nicht gerade vorteilhaft erscheint, kann ich Ihnen aus eigener Beobachtung von Geschäftsbetrieben versichern: Solche Evaluationen hätten in zahlreichen Investmentorganisationen und Industrieunternehmen eine Menge bewirkt.

Wenn Sie also andere (oder sich selbst) im Bereich Investitionen bewerten, überlegen Sie sich einige Standards, wenden sie diese an und interpretieren sie die Ergebnisse. Wenn Sie nicht das Gefühl haben, unser Standard (ein mindestens dreijähriger Vergleich mit dem Dow Jones) sei anwendbar, sollten Sie nicht in der Investmentgesellschaft sein. Wenn Sie denken, dass er anwendbar ist, sollten Sie in der Lage sein, die Verlustjahre mit Gelassenheit im Bauch, aber auch im Kopf, auszuhalten – solange wir die Ergebnisse des Dow Jones übertreffen.«

24. Januar 1962

»Über einen langen Zeitraum betrachtet wird der Dow Jones aus einer Kombination von Dividenden und Marktwertsteigerung vermutlich Erträge in der Größenordnung von 5 bis 7 Prozent pro Jahr erbringen. Trotz der Erfahrung der letzten Jahre wird vermutlich jeder enttäuscht sein, der substantiell bessere Erträge vom Gesamtmarkt erwartet.

Unsere Aufgabe ist es, Jahr für Jahr einen Vorsprung gegenüber der Performance des Dow Jones anzusammeln, ohne zu sehr darauf zu schauen, ob die absoluten Ergebnisse in den einzelnen Jahren positiv oder negativ sind. Ich würde ein Jahr, in dem wir 15 Prozent Verlust machen und der Dow Jones 25 Prozent verliert, als ein deutlich erfolgreicheres betrachten als ein Jahr, in dem sowohl die Investmentgesellschaft als auch der Dow Jones um 20 Prozent zugelegt haben. Ich habe diesen Punkt bei Gesprächen mit Partnern betont und habe gesehen, dass sie mit unterschiedlicher Begeisterung genickt haben. Es ist äußerst wichtig für mich, dass Sie meinen Gedankengang in dieser Hinsicht vollkommen verstehen und ihm zustimmen, nicht nur im Kopf, sondern auch mit dem Bauch.

Aus den in meiner Arbeitsweise umrissenen Gründen werden unsere besten Jahre im Vergleich zum Dow Jones wahrscheinlich in rückläufigen oder statischen Märkten sein. Deshalb wird der Vorsprung, den wir suchen, wahrscheinlich in sehr unterschiedlichen Größenordnungen eintreten. Es wird zweifellos Jahre geben, in denen uns der Dow Jones überholt, aber wenn wir über eine längere Zeit im Durchschnitt 10 Prozent pro Jahr besser sind, werde ich die Ergebnisse als zufriedenstellend ansehen.

Insbesondere, wenn der Markt um 35 Prozent oder 40 Prozent in einem Jahr abstürzt (und ich glaube, dass das mit einer hohen Wahrscheinlichkeit in einem der nächsten zehn Jahre eintreten wird – es weiß nur niemand, in welchem Jahr das genau sein wird), sollten wir nur 15 Prozent oder 20 Prozent Verlust machen. Wenn das während des Jahres mehr oder weniger unverändert bleibt, können wir hoffen, 10 Prozentpunkte besser abzuschneiden. Wenn er 20 Prozent oder mehr steigt, werden wir kämpfen, um genauso stark zuzulegen. Eine solche Performance über eine Reihe von Jahren, bei der der Dow Jones aufgezinst einen Gesamtgewinn von 5 bis 7 Prozent pro Jahr produziert, würde bedeuten, dass ich hoffe, dass unsere Ergebnisse dann bei 15 bis 17 Prozent pro Jahr liegen.

Diese Erwartungen wirken vielleicht vorschnell, und es steht außer Frage, dass dies aus dem Blickwinkel von 1965 bis 1970 erst recht so wirken kann. Möglicherweise wird sich herausstellen, dass ich vollkommen falsch liege. Allerdings glaube ich, dass die Partner ein Recht darauf haben, zu wissen, was ich in dieser Hinsicht denke, selbst wenn die Art unseres Geschäftes bei solchen Erwartungen eine hohe Wahrscheinlichkeit mit sich bringt, sich zu irren. In jedem Jahr können die Schwankungen erheblich sein. Dies ist 1961 so gewesen, aber glücklicherweise war die Veränderung positiv. Das wird nicht immer so sein!«

8. Juli 1964

»Wenn das Wasser (der Markt) ansteigt, hebt sich die Ente mit; wenn es sinkt, geht die Ente runter. Tierschutz hin oder her, ich denke, die Ente kann nur den Ruhm (oder die Schande) für ihre eigenen Aktivitäten einheimsen. Das Steigen und Fallen der Seeoberfläche ist schwerlich etwas, worüber sie quaken kann. Der Pegelstand ist für die Performance der BPL von großer Bedeutung ... Allerdings schlagen wir auch gelegentlich mit den Flügeln.«

18. Januar 1965

»...Ich möchte betonen, dass das Vorhergehende nur Vermutungen sind, vielleicht stark beeinflusst von Eigeninteresse, Stolz und ähnlichem. Jeder mit einem Sinn für Finanzgeschichte weiß, dass diese Art von Mutmaßung enormen Irrtümern unterliegt und aus diesem Brief herausgelassen werden sollte. Aber es ist eine Frage, die oft und berechtigterweise von den Partnern gestellt wird. Langfristig zu erwartende Gewinne sind das, was uns alle bei BPL beschäftigt, und sollten daher von mir zu Protokoll gegeben werden, so albern es mich später auch womöglich aussehen lässt. Nach meiner eher puritanischen Auffassung sollte jede Vermögensverwaltung, ob sie als Broker, Investment-Berater, Treuhandabteilung, Investmentfirma oder sonst etwas agiert, bereit sein, unmissverständlich zu erklären, was sie zu erreichen versucht und wie sie zu messen gedenkt, in welchem Ausmaß sie die Aufgabe erfüllt hat.«

Verzinste Weisheit

Inwiefern andere im Markt ihre Maßstäbe auch ändern mögen – ganz gleich, ob sie zu unregelmäßig oder zu häufig gemessen haben – Buffett lehrt uns, unsere Maßstäbe niemals zu ändern. Es ist der Markt, der sich um das fest verankerte Denken des Investors herum verändert, uns aber nie beherrscht.

Mit Ausnahme spekulativer Bullenmärkte ging Buffett davon aus, dass er den Markt mit großem Vorsprung schlagen könnte. Er lehrt uns, klare, beständige Messungen einzuführen, damit die Performance überwacht sowie angemessen und genau beurteilt werden kann. Er schildert präzise, was wir vorzeitig festlegen müssen, und ermutigt uns, regelmäßig unsere Leistungen in Relation zum Maßstab zu prüfen.

Heute ist die Performance-Messung auf dem Gebiet der Kapitalinvestitionen mit Begriffen wie Alpha, Beta-Faktor, Sharpe Ratio, Treynor Ratio und weiteren verwirrend und fehleranfällig. Es muss nicht so kompliziert sein. Investoren, die sich entscheiden, den aktiven Weg zu gehen, müssen das nur frühzeitig durchdenken und sich verpflichten, an einem Messplan festzuhalten. Ob Sie selbst aktiv investieren oder über einen Experten, überwachen Sie die Ergebnisse von drei und fünf aufeinanderfolgenden Jahren, und wenn eine chronische Underperformance vorhanden ist – in Abwesenheit eines spekulativen Bullenmarktes – sollten Sie ernsthaft einen Wechsel in Betracht ziehen. Die Auswirkungen einer langfristigen Underperformance sind einfach zu teuer.

Sich eine neue Vermögensverwaltung zu suchen, könnte sehr wichtig sein, ebenso wie das Verständnis dessen, welche Anreize die Macht haben, das Verhalten eines Managers in die eine oder die andere Richtung zu treiben. Indem wir die Struktur von Buffetts Investmentgesellschaft untersuchen – was wir als nächstes tun werden – zeigen wir die potentiellen Konfliktfelder zwischen einem Investor und einem Vermögensverwalter auf. Das wird helfen, von Anfang an die bessere Entscheidung zu treffen.

KAPITEL 5

Die Investmentgesellschaft – eine elegante Struktur

»Die neue Investmentgesellschaft wird meine gesamten Anlagegeschäfte in marktfähigen Wertpapieren darstellen, sodass meine Ergebnisse unmittelbar proportional zu Ihren sind, abgesehen von dem Vorteil, den ich erhalte, wenn wir besser abschneiden als 6 Prozent.«[39]

– 2. Juli 1961

Der Anreiz bestimmt das Verhalten. Ob wir über Vermögensverwalter, Wirtschaftsführer oder Mitglieder des öffentlichen Sektors sprechen, Menschen werden sich mehr oder weniger immer entsprechend dem verhalten, wofür sie belohnt werden.

Indem Sie verstehen, wie und warum ein Vermögensverwalter bezahlt wird, können Sie dessen erwartetes Verhalten mit Ihrem eigenen Vorteil abgleichen. Obwohl die meisten Menschen die Vorstellung haben, dass man bekommt, wofür man Honorar zahlt, wird das wahre Ausmaß noch unterschätzt, wie diese Kraft den Empfänger beeinflusst. Wie Charlie Munger, Buffetts Freund während der Jahre als Investmentgesellschafter und jetziger Vice

Chairman von Berkshire, es formuliert: »Ich glaube, ich habe fast während meines gesamten Erwachsenenlebens zu den 5 Prozent meiner Altersgruppe gehört, die die Kraft von Anreizen verstehen, und trotzdem habe ich deren Macht stets unterschätzt. Es vergeht kein Jahr, in dem ich nicht eine Überraschung erlebe, die meine Einschätzung zur Kraft von Anreizen verstärkt.«

Federal Express ist eines seiner Lieblingsbeispiele. Wie er erklärt, ist die Funktionsfähigkeit des Federal-Express-Systems sehr darauf angewiesen, an einem zentralen Standort innerhalb eines bestimmten Zeitfensters Pakete schnell aus- und einzuladen. Vor Jahren hatte das Unternehmen große Probleme, seine Mitarbeiter dazu zu bringen, alle Pakete schnell genug aus den Flugzeugen aus- und wieder einzuladen. Man probierte verschiedene Ansätze aus, die alle nicht funktionierten, bis jemand die geniale Idee hatte, die Arbeiter nicht pro Stunde, sondern pro Schicht zu bezahlen. Und schon war das Problem gelöst.[40]

Das alte Entlohnungssystem von FedEx gemäß Zeitaufwand belohnte jene, die länger brauchten. Sie hatten einen Anreiz, *länger* zu brauchen. Der Wechsel zur Bezahlung pro Schicht motivierte die Arbeiter, schneller und trotzdem fehlerfrei zu arbeiten, damit sie früher nach Hause gehen konnten und zugleich den Lohn für die komplette Schicht bekamen. Umgerechnet erhielten die Arbeiter dadurch auch einen höheren Stundenlohn. Indem die Interessen des Unternehmens mit den Anreizen der Arbeiter in Einklang gebracht wurden, erzielten sowohl Federal Express als auch die Arbeiter das gewünschte Ergebnis.

Im Bereich der Vermögensverwaltung läuft es nicht anders. »Wenn du willst, dass die Ameisen kommen, streu Zucker auf den Boden.«[41] Wenn Sie wollen, dass Ihre Vermögensverwalter in Ihrem Sinne handeln, müssen Sie dafür sorgen, dass Ihre Interessen miteinander in Einklang stehen. Buffett stand meisterhaft mit seinen Investoren in Einklang.

Das Modell Investmentgesellschaft wurde von Newman-Graham konzipiert, einem der ersten Hedgefonds im Land. Graham hatte der grundlegenden Struktur den Weg bereitet. Es gab einen

General Partner, den *GP* (Buffett), der für das Management verantwortlich und prozentual am Gewinn beteiligt war. Die Limited Partners, die *LPs* (wie Tante Alice) steuerten Kapital bei, hatten jedoch kein Mitspracherecht, wie die Fondsmittel eingesetzt wurden.

Buffett beschreibt, wie diese erste Investmentgesellschaft zustande kam, als er mit fünfundzwanzig im Anschluss an seine Tätigkeit bei Graham-Newman nach Omaha zurückkehrte:

> *»Ich hatte nicht vor, eine Investmentgesellschaft zu gründen oder mir einen Job zu suchen. Solange ich allein agieren konnte, machte ich mir keine Sorgen. Und ganz sicher wollte ich nicht wieder Wertpapiere für andere Menschen verkaufen. Durch puren Zufall sagten sieben Leute, einschließlich einiger Verwandter, zu mir: ›Du hast Aktien verkauft, und wir möchten, dass du uns sagst, was wir mit unserem Geld anfangen sollen.‹ Ich antwortete: ›Ich will das nicht wieder tun, aber ich werde eine Investmentgesellschaft in der Art gründen, wie Ben und Jerry sie hatten, und wenn ihr wollt, könnt ihr einsteigen.‹ Mein Schwiegervater, mein Mitbewohner aus dem College, seine Mutter, meine Tante Alice, meine Schwester, mein Schwager und mein Anwalt machten alle mit. Ich steuerte hundert Dollar bei. Das war der Anfang – total zufällig.«*[42]

Die erste Investmentgesellschaft entstand mit Menschen, an denen ihm viel lag. Zweifellos beeinflussten diese Emotionen, wie er die Vergütungsstruktur jeder Investmentgesellschaft im Detail formulierte. Zwischen 1956 und 1961 wurden zehn weitere eigenständige Investmentgesellschaften gebildet. Wenn Investmentgesellschaften hinzugefügt wurden, bot Buffett unterschiedliche Konditionen an, je nach Risikotoleranz der neuen Gruppe. Die meisten der aufgenommenen Partner kannte er persönlich. Viele lebten in Omaha.

In jedem Fall nahm Buffett einen Prozentsatz der Gewinne oberhalb einer bestimmten Mindestrendite, der als *Zinsprovision* bezeichnet wird. Im Allgemeinen nahm er einen größeren Prozentsatz vom Überschuss, wenn er einen größeren Teil des Risikos übernahm. Bei den elf Investmentgesellschaften reichten die Zinsprovisionen von 0 bis 6 Prozent. Die älteste Investmentgesellschaft hatte eine Regelung zur Verlustbeteiligung, bei der sich Buffett bereit erklärte, einen Prozentsatz jedes Verlustes persönlich zu übernehmen. Er war stets fair und kulant gegenüber den Bedürfnissen und der Risikotoleranz der verschiedenen Partner. Diejenigen, die weniger Risiko tragen wollten, bekamen auch weniger Gewinn ausgezahlt. Wenn er ein zusätzliches Risiko einging, berechnete er mehr.

Die BPL

Er begann mit 105100 Dollar und einer einzelnen Investmentgesellschaft und wuchs bis 1960 auf 1900000 Dollar, verteilt auf sieben verschiedene Investmentgesellschaften, an. Das wurde ein bisschen unhandlich. Zum ersten Mal äußerte er den Wunsch, die Investmentgesellschaften zu verschmelzen, wobei ihm das Problem der unterschiedlichen Performance in den Investmentgesellschaften bewusst war:

> *»... die Familie wächst. Keine Investmentgesellschaft weist eine beständig überlegene oder unterlegene Bilanz im Vergleich zum Gruppendurchschnitt auf, aber trotz meiner Bemühungen, alle Investmentgesellschaften in denselben Wertpapieren und in etwa denselben Mengen investiert zu halten, zeigt sich jedes Jahr eine gewisse Abweichung. Diese Abweichung könnte natürlich beseitigt werden, indem die vorhandenen Investmentgesellschaften zu einer großen zusammengefasst werden. Ein solcher Schritt würde auch sehr viele Details und eine geringe Summe an Kosten eliminieren. Offen gesagt hoffe ich, in den nächsten paar Jahren etwas in der Art zu tun. Das Problem ist, dass verschiedene Partner Präferenzen für ab-*

> *weichende Vereinbarungen der Investmentgesellschaften zum Ausdruck gebracht haben. Nichts wird ohne einstimmige Einwilligung der Partner geschehen.«*[43]

Die Zusammenlegung zu einer Einheit im Jahr 1962, Buffett Partnership Ltd. (BPL), sorgte dafür, dass es keine Leistungsabweichungen zwischen den verschiedenen Partnern mehr geben konnte. Dieser Schritt war zeitlich klug terminiert, denn das Gesamtkapital der Investmentgesellschaften hatte sich in einem einzigen Jahr mehr als verdreifacht auf 7178500 Dollar. Buffetts persönlicher Anteil betrug 14,3 Prozent, und wenn man die Anteile seiner Familienmitglieder addierte, entfielen auf die Buffett-Familie etwas mehr als 25 Prozent. Das ist ein bemerkenswert hoher Prozentsatz, der eher dem eines Family Office ähnelt als dem eines Hedgefonds oder einer Investmentgesellschaft. Buffett war nun nicht mehr nur der *General Manager*, der Zinsen erhielt; für ihn und seine Familie stand nun finanziell auch mehr auf dem Spiel als für jeden anderen Limited Partner.

Die Konditionen der BPL

Bei der Zusammenfassung aller Investmentgesellschaften zur BPL wurden sämtliche LPs (Limited Partners) gebeten, sich auf einheitliche Konditionen einzulassen. Die Dividende wurde für jeden auf 6 Prozent festgelegt, über die hinaus Buffett 25 Prozent der Gewinne erhielt. Er kalkulierte, dass der Markt im Schnitt um 5 bis 7 Prozent ansteigen würde. Seine Gebühr wurde also so festgelegt, dass er nichts verdienen würde, wenn er den Markt nicht übertraf. Er hatte eine »Hochwassermarke« – jeder kumulierte Fehlbetrag unter 6 Prozent Jahresgewinn musste erst wiedergewonnen werden, bevor er wieder seine Gebühr bekam.

Einige Partner waren finanziell auf das Einkommen durch die Investmentgesellschaft angewiesen und ließen sich ihren Gewinn auszahlen. Andere wollten, dass der Großteil ihres Gewinns investiert blieb. Um beiden Gruppen entgegenzukommen, wurden die 6

Prozent an diejenigen ausgeschüttet, die das wollten – jeden Monat ein 0,5 Prozent. Diejenigen, die wollten, dass ihr Geld voll investiert blieb, konnten auf die Auszahlung dieser Gewinne verzichten; diese wurden dann am Jahresende wieder in die Investmentgesellschaft reinvestiert.

Lassen Sie uns nun einen Blick darauf werfen, inwiefern Buffetts Struktur für die Investmentgesellschaft ein brillantes Beispiel dafür ist, wie man die Ziele von Investoren und die Anreize für Vermögensverwalter unter einen Hut bringt. Die Fähigkeit, einfache, leicht verständliche Anreizstrukturen zu gestalten, ist eine Schlüsselquelle von Buffetts Erfolg während der Jahre als Investmentgesellschafter und seiner gesamten Karriere geblieben.

Wie Manager bezahlt werden, wenn Investoren leer ausgehen

Die heutigen Hedgefonds und Anlagefonds berechnen für gewöhnlich eine Verwaltungsgebühr als festen Prozentsatz des verwalteten Investorenkapitals. Diese kann pro Jahr von 0,25 Prozent bis zu 2 Prozent oder darüber hinaus reichen, und sie wird ungeachtet der Leistung gezahlt.

Weil das Geschäft des Asset Managements sehr gut skalierbar ist – eine Zunahme des Kapitals erfordert für gewöhnlich nur geringe Zusatzkosten – macht der Asset Manager umso mehr Profit, je mehr Volumen er managt. Obwohl die Leistung sicher eine Schlüsselkomponente für die Wachstumsfähigkeit eines Fonds ist, können starke Marketing-Bemühungen neue Investoren anlocken und das Kapital noch schneller wachsen lassen. Die meisten Asset Manager – vor allem Fondsgesellschaften – verdienen an Gebühren und haben von daher einen Anreiz, ihr Gesamtkapital zu vergrößern.

Gebühren, die auf einem festen Prozentsatz des verwalteten Kapitals basieren, machen es einem Asset Manager schwer, den »Zusatzdollar« für Investorenkapital abzulehnen, selbst wenn das eindeutig eine dämpfende Auswirkung auf die Leistung hat. Wenn sich das vorrangige Interesse des Investors (jährliche prozentuale Gewinne) nicht im Gleichklang mit dem vorrangigen Interesse des Managers bewegt (mehr Kapital, mehr Gebühren), liegt ein potentieller Konflikt vor. Buffett berechnete keine Verwaltungsgebühr. Er wurde nur nach Leistung bezahlt. Sein System war besser, weil es eine Quelle potenzieller Konflikte zwischen seinen Interessen und denen der LPs beseitigte.

Underperformance-Gebühr

Zusätzlich dazu, dass er keine Verwaltungsgebühr berechnete, fand Buffett, dass er nur für Leistung bezahlt werden solle, die das übersteigt, was ein nach dem Passivansatz anlegender Investor andernfalls bekommen würde; er erhielt nur eine Gebühr für alles über einem Sockelertrag von 6 Prozent, was dem Mittelwert der durchschnittlichen Ertragsrate des Marktes von 5 bis 7 Prozent entspricht. Auf diese Weise brachte er seine Interessen noch stärker mit denen seiner Partner in Einklang.

Heutzutage berechnen Hedgefonds in der Regel das, was als 2/20 Regel bezeichnet wird. Die 2 Prozent sind die Verwaltungsgebühr, dazu kommen 20 Prozent von allen Profiten, dabei gibt es keinen Sockelertrag. Manager können hohe Gebühren einfahren, auch wenn sie zwar nominell positive Ergebnisse erbringen, den Markt jedoch nicht übertreffen. Dies ist seit dem Ende der Finanzkrise zu einem unerfreulichen Sachverhalt geworden, in der die Hedgefonds-Branche zusammengenommen es Jahr für Jahr nicht schafft, den breiten Gesamtmarktindex zu übertreffen (2008-2014). Entsprechend Buffets Analogie mit den Enten haben diese Fonds es nicht geschafft, »mit den Flügeln zu schlagen«, aber die Investoren in diese Produkte werden trotzdem aufgefordert, 20 Prozent ihrer »Gewinne« als Gebühren zu zahlen. Buffets Struktur, sich nur nach Leistung bezahlen zu lassen, wird seinen eigenen Vorstellungen gerecht, Menschen so zu behandeln, wie er umgekehrt bei einem Rollentausch auch behandelt werden wollte.

Bei Kopf gewinne ich, Zahl verlierst du

In vielen Fällen haben die Fondsmanager keinen großen Anteil an dem von ihnen gemanagten Kapital. Von ihren persönlichen Vermögenswerten steht nicht annähernd so viel auf dem Spiel. Das kann zu einer Dynamik nach dem Motto »Bei Kopf gewinne ich, Zahl verlierst du« führen, bei der ein Manager, der gute Leistung zeigt, eindrucksvoll bezahlt wird. Ist seine Leistung jedoch schlecht, dann schneiden auch wir schlecht ab, während der Manager lediglich seinen Fonds schließt. Ein Manager, der ein Verlustjahr von 30 Prozent verzeichnet, jedoch keinen signifikanten Anteil seines oder ihres Nettowerts im Fonds hält, wird zwar keine Leistungsgebühr bekommen, aber im Vergleich zu seinen Investoren auch geringere Verluste einfahren. Wenn der Fonds geschlossen werden muss, verlieren die Investoren nicht nur 30 Prozent ihres Kapitals, sondern den Wert der Hochwassermarke, der es ihnen ermöglicht, ihre Verluste auszugleichen, bevor sie wieder anfangen, Leistungsgebühren zu zahlen.

Buffett und seine Familie waren die größten Partner bei BPL. Mit dem meisten Kapital, das auf dem Spiel stand, waren seine Interessen im Gleichklang mit den Interessen der Partner, die Leistung zu maximieren. Er musste sich auf das Risiko fokussieren, um sein eigenes Kapital zu schützen, und auf Belohnung, um das Kapital, das er in der Partnership hatte, wachsen zu lassen und Gebühren zu generieren. Buffett und seine Familie glich in dieser Hinsicht insofern vielen der heutigen Hedgefonds, als er sicher war, hervorragend abzuschneiden, wenn die Ergebnisse gut waren. Einzigartig war jedoch seine Festlegung, dass bei schlechten Ergebnissen für die Partnership sein Ergebnis genauso miserabel sein würde.

Liquiditätsregeln

Buffett setzte seine Statuten so auf, dass Gelder nur einmal im Jahr eingezahlt oder abgezogen werden konnten. Das zwang die Investoren, ihre Performance langfristig zu betrachten. Allerdings konnten die Partner bis zu 20 Prozent ihres Kapitals leihen oder die Jahresend-Einzahlung vorab in den Fonds stecken. Für diese Vergünstigung berechnete beziehungsweise zahlte Buffett 6 Prozent Zinsen und verschaffte den LPs die Möglichkeit, im Notfall an ihre Mittel heranzukommen, und jene mehr als fair zu entschädigen, die ihre bestehenden Investitionen ausbauen wollten.

Buffett erklärt seine »Buffett-untypische« 6-Prozent-Festlegung wie folgt:

> *»Wieso die Bereitschaft, 6 Prozent für Vorauszahlungen zu geben, wenn wir doch bei kommerziellen Banken für wesentlich geringere Zinsen Geld leihen können? Zum Beispiel erhielten wir in der ersten Jahreshälfte einen beträchtlichen sechsmonatigen Bankkredit zu 4 Prozent. Die Antwort lautet, dass wir langfristig damit rechnen, mehr als 6 Prozent zu verdienen (die Zuteilung für den General Partner beträgt 0, wenn das nicht gelingt, obwohl es größtenteils Glückssache ist, ob wir die 6 Prozent kurzfristig erreichen). Darüber hinaus kann ich eine andere Haltung bei der Investition von Geld annehmen, von dem sich annehmen lässt, dass es schon bald Teil unseres Eigenkapitals ist, als ich bei kurzfristig geliehenem Geld kann. Die Vorauszahlungen haben für uns zudem den Vorteil, die mit dem neuen Geld getätigten Investitionen über das ganze Jahr verteilen zu können, statt alles im Januar zu investieren. Andererseits sind 6 Prozent mehr als unsere Partner durch kurzfristige Festgeldanlagen bekommen können, deshalb ist es meiner Meinung nach für beide Seiten profitabel.«*

Durch die Kommentare und Beschreibung der Struktur der Investmentgesellschaft bringt Buffett Investoren wichtige Dinge darüber bei, wie die Anreize für Manager mit den Zielen des Investors abgestimmt werden können. Um uns ein eigenes Urteil zu bilden und den Manager auszusuchen, der am stärksten mit unseren Zielen übereinstimmt, können wir auf die Verwaltungsgebühr achten, auf die Performancegebühr, darauf, wie viel er selbst riskiert, und wie hoch die Liquiditätshaltung im Fonds laut Statuten geregelt ist.

Darüber hinaus ist es ein wertvolles Hilfsmittel, die Welt durch die Brille der Anreize zu betrachten, wann immer Sie eine Vorhersage über ein Ergebnis treffen wollen, an dem Menschen involviert sind. Anreize regieren die Welt. Es hilft, das Ganze im Rückblick zu durchdenken und danach Ausschau zu halten, wo andere gut abschneiden, Sie jedoch nicht – ein offensichtliches Warnsignal.

Wenn Sie heutzutage überlegen, ihr Geld einem aktiven Manager anzuvertrauen, können Sie sicher sein, dass die meisten Vertriebsleute Sie nicht auf diese Anreize aufmerksam machen werden – Sie müssen sie schon selbst finden. Wieder sehen wir die Macht von Mungers »Ausrichtung nach Anreizen«, und die Schwierigkeit besteht darin, »jemanden zu engagieren, der Ihr Denken umsetzt«. Wie er sagte, funktioniert das in den meisten Fällen überhaupt nicht. Aber Sie können nur Ihr Bestes geben, und falls Sie einen Manager engagieren, sichern Sie sich eine gute Startposition, indem Sie aus dem Vergleich mit der Struktur von Buffetts Investmentgesellschaft lernen und Fehlanreize vermeiden.

Aus den Partnership Letters: Brief von 1960 zur BPL Struktur in voller Länge

22. Juli 1961

»An meine Partner:

In der Vergangenheit merkten viele Partner an, dass ein Brief pro Jahr eine lange Pause sei, und dass halbjährliche Briefe doch eine gute Idee seien. Es sollte nicht allzu schwer sein, zweimal im Jahr etwas Gehaltvolles zu sagen, zumindest in diesem Jahr ist es das nicht. Deswegen wird dieser Brief in den folgenden Jahren fortgesetzt. Während der ersten Jahreshälfte 1961 lag der Gesamtgewinn des Dow Jones Industrial Average (DJIA) bei 13 Prozent, einschließlich Dividenden. Obwohl das eine Zeitspanne ist, in der wir die größten

Schwierigkeiten haben müssten, diesen Standard zu übertreffen, haben alle Partnerships, die während dieser sechs Monate agierten, moderat besser abgeschnitten.

Partnerships, die 1961 gebildet wurden, haben vom Zeitpunkt ihrer Bildung an dem Dow Jones entweder entsprochen oder ihn sogar übertroffen, was vor allem abhängig davon war, wie lange sie bereits agierten.

Lassen Sie mich jedoch zwei Punkte hervorheben. Zum einen ist ein Jahr eine viel zu kurze Zeitspanne, um sich eine Meinung zur Investment-Performance zu bilden, und Messungen, die auf sechs Monaten basieren, sind noch unzuverlässiger. Ein Grund, warum ich gezögert habe, halbjährliche Briefe zu schreiben, ist die Angst, dass meine Partner dann möglicherweise anfangen, in puncto Performance kurzfristig zu denken, was leicht in die Irre führen kann. Meine eigene Denkweise ist sehr viel mehr auf einen Performance-Zeitraum von fünf Jahren ausgerichtet, vorzugsweise mit Bewertungen der relativen Ergebnisse sowohl in starken als auch in schwachen Märkten.

Zweitens möchte ich, dass jeder Folgendes versteht: Wenn wir in einem Markt weitermachen, der in derselben Geschwindigkeit wie in der ersten Hälfte des Jahres 1961 fortschreitet, dann bezweifle ich nicht nur, dass wir die Ergebnisse des Dow Jones übertreffen, sondern dann fällt unsere Leistung höchstwahrscheinlich dahinter zurück.

Unsere Holdings, von denen ich stets glaube, dass sie im Vergleich zu sonstigen Portfolios konservativ sind, wachsen in der Regel zurückhaltender als der allgemeine Markt. Ich versuche, jederzeit einen Teil unseres Portfolios in Wertpapieren zu halten, mit denen sie zumindest teilweise vor dem Verhalten des Marktes geschützt sind, und dieser Anteil sollte zunehmen, wenn der Markt steigt. So appetitanregend der Braten sogar für Amateurköche auch sein mag (und vielleicht gerade für die), so stellen wir doch fest, dass nicht mehr von unserem Portfolio auf dem Herd steht.

Wir haben auch auf dem offenen Markt mit der Akquisition einer potenziell großen Beteiligung begonnen, von der ich natürlich hoffe, dass für mindestens ein Jahr nichts Entscheidendes am Markt passiert. Eine solche Bindung kann kurzfristig Performance kosten, verspricht jedoch über eine mehrjährige Periode kombiniert mit wesentlichen defensiven Eigenschaften überragende Ergebnisse.

Es wurden Fortschritte dabei gemacht, alle Partner zum Jahresende zusammenzufassen. Ich habe mit allen Partnern gesprochen, die in diesem Jahr dazugestoßen sind, über dieses Ziel gesprochen und bin diese Pläne außerdem mit den maßgeblichen Partnern älterer Partnerships durchgegangen.

Einige der Regeln lauten wie folgt:

(A) Eine Verschmelzung aller Partnerships, basierend auf dem Marktwert am Jahresende, mit Regeln zur ordentlichen Verteilung der in der Zukunft fälligen Steuerzahlungen auf die zum Jahresende nicht realisierten Gewinne unter den Partnern. Die Zusammenlegung selbst ist steuerfrei und wird die Realisierung von Profiten nicht steigern;

(B) eine Aufteilung der Profite zwischen Limited Partners und General Partner, mit der Maßgabe, dass die ersten 6 Prozent pro Jahr an die Partner gehen, basierend auf dem Startkapital am Markt. Überschüsse werden zu einem Viertel an den General Partner und zu drei Viertel entsprechend ihrem Kapital an alle Partner verteilt. Jegliche Defizite bei den Einnahmen unter 6 Prozent werden mit zukünftigen Einnahmen verrechnet, jedoch nicht rückwirkend. Derzeit gibt es drei Profitvereinbarungen, die für neue dazukommende Partner optional sind:

	Zinsprovision	Überschuss an General Partner	Überschuss an Limited Partners
(1)	6 Prozent	1/3	2/3
(2)	4 Prozent	1/4	3/4
(3)	Keine	1/6	5/6

Falls wir Gewinne machen, muss die neue Aufteilung offensichtlich besser für Limited Partners sein als die ersten beiden. Hinsichtlich der dritten wird die neue Vereinbarung bis zu 18 Prozent pro Jahr besser sein, aber oberhalb dieses Zinssatzes stehen die Limited Partners mit der aktuellen Vereinbarung besser da. Mehr als 80 Prozent des Gesamtkapitals der Partnership haben die ersten beiden Vereinbarungen gewählt, und ich hoffe für den Fall, dass wir im Jahr besser als 18 Prozent abschneiden, dass sich dann auch die Partner, die momentan die dritte Vereinbarung gewählt haben, nicht über den Tisch gezogen fühlen;

(C) bei Verlusten werden diese nicht rückwirkend mit den mir als General Partner zugeteilten Beträgen verrechnet. Es wird jedoch eine Verrechnung mit zukünftigen Gewinnen geben. Da meine Frau und ich jedoch die größte Einzelinvestition in der neuen Partnership haben werden, vermutlich etwa ein Sechstel des Gesamtkapitals der Partnership, und dadurch für uns weitaus mehr auf dem Spiel steht als für jeden anderen Partner unserer Gemeinschaft, füge ich eine Vereinbarung in die Partnership-Regeln ein, die mir und meiner Familie den Kauf marktgängiger Wertpapiere untersagt. Anders ausgedrückt, die neue Partnership wird meine gesamten Investment-Aktivitäten marktgängiger Wertpapiere repräsentieren, sodass meine Ergebnisse direkt proportional zu Ihren sein müssen, abgesehen von dem Vorteil, den ich erhalte, wenn wir besser als 6 Prozent performen;

(D) eine Regel für monatliche Zahlungen in der Gesamthöhe von 6 Prozent jährlich, basierend auf dem zu Jahresbeginn am Markt bewerteten Kapital. Partner, die momentan kein Geld herausnehmen möchten, bekommen dies automatisch als Vorauszahlung gutgeschrieben, erhalten 6 Prozent darauf, um einen zusätzliche Kapitalanteil der Partnership am Jahresende zu erwerben. Das beseitigt einen Stolperstein, der bisher auf dem Weg der Zusammenlegung lag, da viele Partner sich regelmäßige Entnahmen wünschen und andere wiederum das gesamte Geld reinvestieren wollen;

(E) das Recht, während des Jahres bis zu 20 Prozent des Wertes Ihres Partnership-Anteils zu 6 Prozent Zinsen zu leihen. Solche Kredite müssen zum Jahresende oder bereits früher zurückgezahlt werden. Denn eine solche Regelung erfordert von einer Investition ein Maß an Liquidität, die momentan nur am Jahresende bereitgestellt werden kann. Es ist nicht beabsichtigt, in der Partnership in etwas anderes als in relativ langfristige Assets zu investieren, und wir haben nicht den Wunsch, eine Bank daraus zu machen. Stattdessen erwarte ich, dass dies eine relativ unübliche Vereinbarung ist, die zur Verfügung steht, wenn etwas Unerwartetes passiert und ein Partner dadurch in Bedrängnis kommt, wenn er bis zum Jahresende auf die Auszahlung eines Teils seiner Anteile warten muss;

(F) eine Vereinbarung, dass jede relativ kleine Steueranpassung, die in späteren Jahren auf die Erträge der Partnership anfällt, direkt von mir bewertet wird. Auf diese Weise werden wir nicht mit dem Problem konfrontiert, achtzig Leute oder mehr bitten zu müssen, ihre früheren Einnahmen wegen einer geringfügigen Kleinigkeit zu berichtigen. Nach jetzigem Stand könnte etwa die Entscheidung, dass eine von der Partnership erhaltene Dividende 63 statt 68 Prozent Kapitalertrag ausmacht, jede Menge Papierkram verursachen. Um das zu vermeiden, werden alle Veränderungen im Ausmaß von unter 1000 Dollar an Steuern direkt von mir beglichen.

(G) Wir haben die vorgeschlagene Vereinbarung an Washington übermittelt, für eine Regelung, dass der Zusammenschluss steuerfrei bleibt, und dass die Partnership auch im Hinblick auf die Steuergesetze wie eine Partnership behandelt wird. Das alles ist zwar eine Menge Arbeit, wird die Dinge in Zukunft jedoch sehr erleichtern. Sie sollten diesen Brief vielleicht aufheben, um ihn noch einmal in Zusammenhang mit der Vereinbarung zu lesen, die Sie später in diesem Jahr erhalten werden.

(H) Die Mindestinvestition für neue Partner beträgt derzeit 25 000 Dollar, aber das gilt natürlich nicht für bereits vorhandene Partner. Unser Vorgehen wird es den Partnern ermöglichen, Gelder jeder Größenordnung (in glatten 100-Dollar-Beträgen) zum Jahresende einzuzahlen oder sich auszahlen zu lassen. Das geschätzte Gesamtkapital der Partnership wird sich auf 4 Millionen Dollar belaufen, was es uns ermöglicht, über Investitionen wie die früher in diesem Brief erwähnte nachzudenken, die wir noch vor einigen Jahren hätten verstreichen lassen müssen.

Dieser Brief ist etwas aufwendiger geraten als meine üblichen. Falls Sie Fragen haben, vor allem im Hinblick auf meine Aussagen zur neuen Partnership-Vereinbarung, lassen Sie mich das bitte wissen. Sollte es viele Fragen geben, werde ich einen ergänzenden Brief an alle Partner schicken, die Fragen äußern, und ihnen Antworten geben.«

Verzinste Weisheit

Sobald Sie anfangen, die Welt durch die Brille der Anreize zu sehen, werden viele ansonsten schwierige Entscheidungen plötzlich einfacher. Wenn wir wissen, was Menschen motiviert, wissen wir auch ziemlich genau, wie sie sich verhalten. Die Lektionen aus der Partnership-Struktur gehen deshalb weit über Aussagen dazu hinaus, wie Sie Fehler vermeiden, wenn Sie Ihren nächsten Vermögensverwalter aussuchen, obwohl sie auch bei dieser Entscheidung helfen.

Wenn wir anfangen, Geschäfte und vor allem Geschäftsführer zu bewerten, sehen wir, wie Anreize im Alltag wirken. Als Geschäftsinhaber (Anteilseigner) wollen wir die motivierenden Antriebskräfte derjenigen verstehen, die unser Kapital betreuen. Hier sprechen wir von Wertpapieranalyse und Stockpicking. Im nächsten Kapitel werden die drei Arten von Stockpicking betrachtet, die Buffett für sein Partnership durchführte: Er bezeichnete diese drei Kategorien als Generals, Workouts und Controls.

TEIL II

KAPITEL 6

Die Generals

»Wir mögen gutes Management – wir mögen aussichtsreiche Geschäfte– wir mögen es, wenn es in einem bislang schlafenden Management oder Aktionärstrupp ein bisschen gärt. Aber, wir wollen Value.«[44]

– 18. Januar 1964

Wie definieren Sie Ihren Anlagestil? Werden Sie von Deep Values (»verborgenen Werten«) angezogen? Sind Sie gern auf der Jagd nach dem absolut günstigsten Angebot, unabhängig von der zugrunde liegenden Geschäftsqualität oder dem gegenwärtigem Zustand, und gehen Sie davon aus, dass Sie auf jeden Fall von einem attraktiven Kaufpreis profitieren, weil der Aktienkurs sich über kurz oder lang bei seinem langjährigen Mittelwert einpendelt? Das war eine von Grahams grundlegenden Vorgehensweisen und definiert immer noch, nach welchen Grundsätzen viele großartige Investoren heute operieren.

Oder ziehen Sie es vielleicht vor, nach einem tollen, gut geschützten Franchise-Geschäft mit hoher Rendite zu suchen, das über lange Zeiträume überdurchschnittliche Zinseszinsen bringt, also nach Unternehmen in Situationen, in denen der Wettbewerb irgendwie in Schach gehalten wird? Ein riesiger Schwarm anderer Investoren verbringt seine Zeit vorrangig auf diesem Gebiet und sucht nach tollen Unternehmen zu vernünftigen Preisen.

Vielleicht sind Sie als Investor dann am besten, wenn Sie das Universum nach winzigen Nebenwerten absuchen, die für institutionelle Investoren nicht in Frage kommen, oder aber Sie neigen dazu, den größten Wert den mittleren und großen Unternehmen beizumessen, die für jedermann sichtbar gehandelt werden? Vielleicht möchten Sie die »unentdeckten« Möglichkeiten selbst finden, oder Sie warten lieber, bis angesehene, gut informierte Investoren den ersten Schritt machen und hängen sich dann an die Rockschöße von deren Ideen. Vielleicht sind Sie sogar daran interessiert, selbst das Management eines Unternehmens zu beeinflussen, indem Sie eine beträchtliche Portion der ausgegebenen Aktien ansammeln. Bei sehr kleinen Nebenwerte-Unternehmen steht so manchem auch diese Option offen.

Was davon war nun Buffetts Ansatz während der Zeit seiner Investmentgesellschaft, als er mit relativ bescheidenem Kapital arbeitete? Die Antwort lautet: Alle. Es besteht absolut keine Notwendigkeit, dass Sie sich in eine bestimmte Investmentschublade einordnen. Sie werden jedoch herausfinden müssen, was für Sie funktioniert und was nicht. Es gibt keine richtigen Antworten. Keine Vorgehensweise ist besser als die andere, allerdings können manche *für Sie besser sein als andere.* Sobald Sie das herausgefunden haben, können Sie einfach dorthin gehen, wo sich Chancen ergeben.

Indem wir die Palette und die Vielfalt von Buffetts Investment-Ansätzen verfolgen und verstehen, warum er den Fokus von Grahams Deep Value-Investment hin zu einem breiteren Interesse an Qualität verschob, können wir jene Methoden übernehmen und einsetzen, die für unser Investmentunterfangen am besten funktionieren. Wir beginnen mit den Generals, den Aktien unterbewerteter Unternehmen, denn diese waren und bleiben das Alltagsgeschäft, welches das Value-Investing stets definiert hat.

Für Buffett waren Generals ein streng geheimes, extrem konzentriertes Portfolio unterbewerteter Aktien, die den Großteil des Gesamtgewinns der Partnership ausmachten. Buffett war der ultimative Meister in der Kunst des Stockpickings, und dies war das vorrangige Gebiet, auf dem er seinen Aktivitäten nachging. Kein General wurde jemals explizit genannt, mit einer Ausnahme, der Commonwealth Trust Bank. Buffett lüftete das Geheimnis, sobald die Investmentoperation abgeschlossen und die Aktie nicht länger im Besitz der Partnership war. Er machte es publik, um zu veranschaulichen, welche Art von Aktien er in dieser Kategorie kaufte. Einzelinvestitionen wurden ansonsten als Handelsgeheimnisse betrachtet.

Unter Verwendung von Moody's Manuals und anderen Primärquellen für statistische Daten durchkämmte Buffett das Feld nach Aktien, die im Hinblick auf ihren wahren Wert zum niedrigsten Preis gehandelt wurden. Dies waren oft winzige, verborgene, nicht wahrgenommene Unternehmen, die unter ihrem Substanzwert gehandelt wurden. Vor allem in den ersten Jahren war die Partnership klein genug, um größtenteils zwanglos agieren zu können, was bedeutete, dass man sich überall umschauen und alle Gelegenheiten nutzen konnte. Als die Partnership wuchs, kamen kleinere Unternehmen immer weniger in Frage; als BPL zu groß wurde, wären die investierten Dollars in Summe zu klein gewesen, um den entscheidenden Ausschlag bei den Gesamtergebnissen der Investmentgesellschaft zu geben, auch wenn man theoretisch noch eine beträchtliche Anzahl ausgegebener Aktien von solchen Unternehmen hätte kaufen können.

Unabhängig von der Größe können wir alle als Investoren Buffetts Anleitung folgen und zuschlagen, wenn wir endlich eine richtig gute Idee haben, die unseren Anforderungen entspricht. Während der Partnership-Jahre steckte Buffett in der Regel 5 bis 10 Prozent des Gesamtkapitals in fünf oder sechs Generals in Kombination mit kleineren Positionen bei weiteren zehn bis fünfzehn Aktiengesellschaften.[45]

Sich auf die besten Ideen zu konzentrieren, war eine Schlüsselkomponente seines Erfolgs. Wir können beobachten, dass er dieses Konzept 1965 sogar noch forcierte, als er die Grundregeln modifizierte und zuließ, dass bis zu 40 Prozent des Portfolios auf einen einzigen General entfiel.

Sie werden sich aus den Lektionen in Teil I daran erinnern, dass der Hauptfokus des Investoren auf der korrekten Geschäftsanalyse und Bewertung liegt und nicht auf dem Zeitpunkt, wann sich Gewinne in barer Münze auszahlen. Viele Generals blieben über Jahre im Portfolio. Als die Partnership wuchs und zusätzliches Kapital erhielt, kaufte Buffett bei vorhandenen Positionen zu, die immer noch zu attraktiven Preisen zu bekommen waren. Buffett vertraute seiner Methode so sehr, dass er sich nicht von den tagtäglichen Launen des Marktes beirren ließ; er war davon überzeugt, dass der Markt früher oder später seine Analysen und Bemühungen um eine faire Bewertung belohnen würde.

Bei einem Portfolio mit Value-Aktien sollten die Investoren erwarten, dass einige »funktionieren« – also im Preis schneller steigen als der Gesamtmarkt – während andere brachliegen oder sogar sinken. Irving Kahn, ein Zeitgenosse von Buffett und ehemaliger Assistent von Graham, fand dafür die beste Analogie. Er lehrte, dass ein Investment-Portfolio wie ein Garten voller Obstbäume sei. Du kannst nicht jedes Jahr von allen Bäumen Früchte erwarten. Alle reifen in ihrem eigenen, uns in der Regel unbekanntem Tempo.[46] Zusammengefasst sollte ein Portfolio sorgfältig ausgewählter Generals im Laufe der Zeit jedoch besser abschneiden als der Markt. Für die Partnership ging Buffett von einer um 10 Prozent besseren Performance aus.

> *»Manchmal sind sie sehr schnell erfolgreich; oft dauert es Jahre. Es ist schwierig, zum Kaufzeitpunkt irgendeinen genauen Grund zu benennen, warum sie an Wert gewinnen. Aber weil ihnen jeglicher Glanz und die Perspektive auf eine unmittelbare positive Marktbewegung fehlen, sind sie überhaupt nur zu diesem günstigen Preis erhältlich. Für den gezahlten Preis kann man eine Menge Wert bekommen. Dieser deutliche Wertüberschuss schafft bei jeder Transaktion eine komfortable Sicherheitsmarge. Diese individuelle Sicherheitsmarge, gekoppelt mit einer Vielfalt an Beteiligungen, schafft das attraktivste Paket an Sicherheit und Wertzuwachspotenzial. Über die*

> *Jahre ist unser Timing von Käufen beträchtlich besser gewesen als unser Timing von Verkäufen.*
> *Wir steigen in diese Generals nicht mit der Vorstellung ein, auch noch den letzten Cent herauszupressen, sind aber für gewöhnlich zuversichtlich, sie auf einem Niveau zwischen unserem Kaufpreis, und dem, was wir als angemessenen Wert für einen privaten Eigentümer ansehen, verkaufen zu können.«*[47]

Mit der Privateigentümer-Methode – der Wertermittlung über die Frage, was ein gut informierter privater Käufer für die ganze Firma zahlen würde – wurden viele Generals mit enormen Nachlässen auf ihren geschätzten Eigenwert erworben. In der Regel handelte es sich dabei um kleinere Unternehmen, bei denen – wenn sich der Kurs der Aktie lange genug nicht verändert hatte – Buffett einen Anteil erwarb, der groß genug war, um mitreden zu können, wie die Firma geführt werden sollte. Faktisch war er bereit, selbst der »gut informierte private Käufer« zu werden. Durch diesen Prozess wurden etliche Unternehmen, die als Generals begonnen hatten, zu kontrollierten Investments der Partnership, einer völlig anderen Kategorie von Investments, auf die wir später in diesem Kapitel noch eingehen werden.

Gelegentlich wurden die Aktien eines Generals von anderen Privatinvestoren – Dritten, nicht Buffett – aufgekauft, weil diese selbst die Kontrolle haben wollten. Das machte die Privateigentümer-Methode zu einer Investment-Methode mit geringerem Risiko, da die Aktien entweder von allein im Wert stiegen oder Buffett (oder ein Dritter) genügend Aktien aufkaufte, um zumindest Einfluss ausüben und manchmal die vollständige Kontrolle über das Unternehmen übernehmen zu können. In der Regel brachte das die Unternehmen dazu, die nötigen Schritte zu tun, um den Eigenwert ihres Geschäfts zu erkennen. So lange er mit seiner Analyse richtig lag und der Wert tatsächlich existierte, war die Wahrscheinlichkeit dauerhafter Verluste bei dieser Art von Investitionen gering.

Später expandierte Buffett bei der Auswahl von Generals über seine Privateigentümer-Methode hinaus und erwarb die Aktien von Unternehmen, die er für zu groß für einen einzelnen Privatinvestor hielt, die aber in Relation dazu, wie Peer-Unternehmen gehandelt wurden, immer noch unterbewertet waren. Um diese Gruppe abzugrenzen, unterteilte er die Generals. Die Generals, über die wir bisher gesprochen haben, wurden nun als »Generals – Privateigentümer« bezeichnet, und die neue Kategorie hieß fortan »Generals – vergleichsweise unterbewertet«.

Diese neue Investment-Methode war ein wenig riskanter, da es für die Buffett Partnership oder andere Privateigentümer keine Möglichkeit gab, die Kontrolle in diesen Firmen zu übernehmen. Buffett schwächte dieses Risiko durch Hedging ein bisschen ab, was bedeutete, wenn er ein Unternehmen kaufte, dann verkaufte er das teurere Peer-Unternehmen leer.* Indem er zum Beispiel eine Aktie mit einem Kurs-Gewinn-Verhältnis (KGV) von zehn kaufte und gleichzeitig ein ähnliches Unternehmen mit einem KGV von zwanzig leerverkaufte, reduzierte Buffett das Risiko, für das gewünschte Unternehmen zu viel zu zahlen. Denn wenn es beispielsweise auf ein KGV von acht zurückgeht, würde man erwarten, dass die Aktie des Unternehmens, die er leerverkauft hatte (zu einem KGV von 20) noch weiter sinkt.

Beide Kategorien von Generals reagieren sensibler auf den Marktzyklus als Workouts und Controls. Wie Buffett es formuliert:

> *»Nur weil etwas billig ist, heißt das nicht, dass der Kurs nicht sinkt. Während plötzlicher Marktabschwünge kann dieses Segment in Prozenten genauso verlieren wie der Dow. Ich bin davon überzeugt, dass die Generals den Dow über einen Zeitraum von mehreren Jahren schlagen werden, und während stark steigender Jahre ... ist das der Teil unseres Portfolios, der die besten Ergebnisse einfährt. In einem zurückgehenden Markt ist es natürlich auch der anfälligste Teil.«*[48]

Weil sich der Markt mit der Zeit nach oben entwickelt, haben wir langfristig gesehen keinen Nachteil, dennoch kann er die jährli-

* Einer Position, die von einem Preisverfall profitiert.

chen Performancezahlen beeinflussen. Wenn die Partnership nur in Generals investieren würde, wären die jährlichen Bilanzen weniger stabil ausgefallen.

Die wesentlichen Methoden beim Investieren in Generals reduzieren sich darauf, die Bewertung gut und regelmäßig durchzuführen. Der innere Wert kann auf zahlreiche Weisen bestimmt werden. Die meisten sind (1) eine Ableitung der Bewertung der Vermögensgegenstände oder (2) der Ertragskraft des Unternehmens. Jede Methode, substanz- oder ertragsbasiert, kann zu unterschiedlichen Zeiten nützlich sein und beide sind durchaus miteinander verbunden; der Wert jedes Kapitals wird immer in Zusammenhang mit den Erträgen stehen, die es hervorzubringen in der Lage ist. Je nach Situation ist einer der Ansätze in der Regel praktischer.

Das aktuelle Ertragsniveau in Relation zum Kapital eines Geschäfts kann Ihnen helfen, den passenden Ansatz auszuwählen. Oft kann mit dem jeweils anderen Ansatz eine Gegenkontrolle durchgeführt werden. Die Briefe liefern Beispiele, wie Buffett beide einsetzt.

In manchen Situationen kaufte Buffett Unternehmen, die nicht sehr profitabel waren, jedoch über wertvolle Substanz verfügten. Wenn ein Unternehmen schlecht darin ist, ausreichende Erträge in Relation zum Wert seiner Substanz zu erwirtschaften, kann ein Liquidationsansatz, bei dem der realisierbare Verkaufs- oder Versteigerungswert der Vermögensgegenstände geschätzt wird, der bessere Ansatz sein. Graham ist für diesen Ansatz sehr bekannt. Er wurde enthusiastisch, wenn er sehr billige Unternehmen entdeckte, die über liquides Umlaufvermögen (wir sprechen hier von Bankguthaben, nicht verkauften Vorräten und von Forderungen) verfügten, das in Summe – selbst nach Abzug aller Geschäftsverbindlichkeiten – mehr wert war als der Marktwert des Unternehmens. Wir sehen bei Buffett, dass er diesen Ansatz auch nutzt, vor allem in seinen Anfangsjahren.

In anderen Fällen, wenn Unternehmen beträchtliche Erträge erwirtschafteten, lässt sich beobachten, dass Buffett eine ertragsbasierte Bewertung einsetzt. Das kann der richtige Weg sein, wenn von dem Geschäft erwartet werden kann, dass es weitgehend so weiterläuft, »wie bisher«. Es ist eine einfache Schätzung des aktuellen Wertes aller zukünftig erwarteten Erträge.

Wie erwähnt war die Commonwealth Trust Bank in Union City, New Jersey, das erste und einzige Mal, dass ein General in einem der Briefe beschrieben und dadurch ein kurzer Blick auf Buffetts Vorgehensweise ermöglicht wurde. Buffett bewertete den Unternehmenswert auf der Basis des Ertragswertverfahrens. Commonwealth hatte Gewinne in Höhe von 10 Dollar je Aktie, die er als stabil und wachsend ansah. So wie er es beschrieb, bezifferte er den inneren Wert eines solchen Gewinnflusses mit 125 Dollar je Aktie, und er ging davon aus, dass dieser Wert im Laufe der Zeit aufgebaut würde.* Es sollte dann keine Überraschung sein, dass er 1957 – als die Aktie zu 50 Dollar erhältlich war – 10 bis 20 Prozent der verschiedenen Investmentgesellschaften in diese Aktie investierte. Er verkaufte 1958 zu 80 Dollar, um zu einer anderen Aktie zu wechseln, die er noch mehr schätzte.

Sie können aus einer sorgfältigen Analyse von Buffetts Generals wichtige Erkenntnisse gewinnen. Er bewertete beständig den Wert von so vielen Aktien wie möglich und suchte nach den Aktien, bei denen er das Gefühl hatte, genügend von dem Geschäft zu verstehen, um eine solide Einschätzung des Wertes vornehmen zu können. Mit seinem außerordentlichen Gedächtnis und vielen Jahren intensiver Analyse baute er eine umfangreiche Wissensbank mit diesen Einschätzungen und Beurteilungen zu einer riesigen Zahl von Unternehmen auf. Wenn dann Mr. Market eines dieser Unternehmen zu einem ausreichend attraktiven Abschlag auf den geschätzten Wert anbot, kaufte Buffett; dabei konzentrierte er sich oft auf eine Handvoll der attraktivsten. Gute Bewertungsarbeit und das richtige Temperament waren stets die zwei Säulen seines Erfolgs als Investor.

---

* Auch wenn Buffett niemals explizit seine Berechnungen aufgedeckt hat, beträgt der Wert von 10 Dollar jährlichem Gewinn bei einem Wachstum von 2 Prozent 125 Dollar, wenn mit einem 10 Prozent Zins auf den heutigen Wert abgezinst wird.

Buffett war ein sehr disziplinierter Käufer, insbesondere in den Anfangsjahren. In vielen Fällen stieg eine Aktie, in die er investierte, im Kurs, bevor er das ganze Volumen kaufen konnte, das er anstrebte. Er klagte bei verschiedensten Gelegenheiten über die verlorenen Chancen, und merkte an, dass die Partner vielleicht mit den kurzfristigen Performance-Zahlen zufrieden waren, die diese »Bruchstück«-Positionen erbrachten, doch er sehe, dass er mehr hätte kaufen können, wenn diese Aktien nicht so schnell gestiegen wären, und dass das letztendliche Ergebnis für die Partnerschaft besser gewesen wäre. So geschah es etwa im Jahr 1966:

> *»Während jeder Gewinn in dem Marktumfeld, das sich 1966 bekanntermaßen entwickelt hat, besonders gut aussah, können Sie sicher sein, dass ich nicht erfreut bin, aus Bergen Maulwurfshügel zu machen. Natürlich spiegeln sich die Maulwurfshügel in den Gewinnen von 1966 wieder. Allerdings wären wir langfristig betrachtet besser gestellt, wenn die Ergebnisse 1966 um 5 Prozent schlechter ausgefallen wären und wir weiterhin nennenswerte Mengen der Aktie zum niedrigen Preis gekauft hätten, der im diesjährigen Marktumfeld hätte erwartet werden können.«*[49]

Warum Generals funktionieren

Am 17. Mai 1984 legte Buffett am 50. Jahrestag der Erstausgabe von *Securites Analysis* (deutsche Ausgabe: *Die Geheimnisse der Wertpapieranalyse*) in einer seiner grundlegenden Reden mit dem Titel *The Superinvestors of Graham-and-Doddsville* dar, warum Value-Investing funktioniert. Die »Superinvestoren«, die er identifizierte, waren eine relativ kleine Gruppe von Graham-Studenten und Schülern, einschließlich seiner selbst und Charlie Munger, die alle eine lange Erfahrung mit Investments in Generals hatten. Für Buffett bewies die kollektive überlegene Performance dieser Gruppe die Berechtigung des Value-Investing-Ansatzes und brachte eine große Schwäche der Hypothese der Markteffizienz ans Tageslicht.

Buffett ermutigte die Zuhörer zu überlegen, wie unwahrscheinlich es wäre, dass zehn Finalisten in einem hypothetischen nationalen Münzwurf-Wettbewerb alle aus derselben Stadt stammten. Wenn der Erfolg von Investments nur von Glück und Zufall bestimmt würde (was die Theorie der Markteffizienz suggeriert) – wie beim Münzwurf – wie könnten dann alle der national Besten aus der gleichen Stadt kommen, Graham-and-Dodsville in den USA, wo jeder dieselben Methoden nutzt? Die fantastischen Ergebnisse der Superinvestoren aus Graham-and-Doddsville stellen eine statistische Absurdität im Konzept des effizienten Marktes dar, der prognostizieren würde, dass die erfolgreichen Investoren zufällig über das gesamte Land verstreut wären.

Nach der Vorstellung der herausragenden Erfolge dieser ungewöhnlichen Gruppe stellte Buffett deren verbindende Methode vor, die uns bekannt vorkommen sollte:

> »*Während sie sich im Ansatz deutlich unterscheiden, kaufen diese Investoren mental* IMMER DAS GESCHÄFT UND NICHT DIE AKTIE *(betont Buffett) ... Ihre Einstellung ist dieselbe, ob sie winzige Teile eines Geschäftes kaufen oder das Ganze. Manche von ihnen halten Portfolios mit Dutzenden von Aktien, andere konzentrieren sich auf eine Handvoll. Aber alle nutzen die Differenz zwischen dem Marktpreis eines Geschäftes und seinem inneren Wert.*«

Die Methoden der Value-Investoren sind in einer wichtigen Hinsicht untypisch. Wenn normalerweise eine neue Idee oder ein regelbasiertes Auswahlsystem eingeführt wird und sich als wirksam erweist, kopieren es die Marktteilnehmer, und dadurch wird die Überschussrendite aus dieser neuen Idee durch Arbitrage abgetragen. Billige Aktien zu kaufen ist dennoch eine bemerkenswert wirksame Strategie geblieben, trotz der Tatsache, dass ihre Wirksamkeit seit Dekaden nachgewiesen ist. Buffett schließt seine berühmte Rede, indem er diese Besonderheit anspricht:

»Ich kann Ihnen nur sagen, dass dieses Geheimnis seit 50 Jahren bekannt ist, seitdem Ben Graham und David Dodd das Buch ›Wertpapieranalyse‹ geschrieben haben. Dennoch habe ich keinen Trend zum Value-Investing in den letzten 35 Jahren gesehen, in denen ich damit arbeite. Es scheint eine verdrehte menschliche Charaktereigenschaft zu sein, gerne einfache Dinge kompliziert zu machen. Die akademische Welt hat sich, falls sie sich überhaupt damit befasst hat, im Verlauf der letzten 30 Jahre von der Lehre des Value-Investing zurückgezogen. Und so scheint es weiterzugehen. Schiffe umrunden die Welt, aber die Anhänger der Erdscheiben-Gesellschaft gedeihen nach wie vor. Es wird weiterhin große Diskrepanzen zwischen Preis und Wert auf dem Markt geben, und diejenigen, die Graham und Dodd lesen, werden auch zukünftig florieren.«

Und die Menge tobt ... Der Volltext der Rede ist auf der Website der Columbia Business School erhältlich.

Der Deep-Value-Ansatz

Graham schrieb – in einem Graham-Newman-Investorenbrief von 1946, den Buffett mit Sicherheit gelesen hat –, wie sein Investmentunternehmen sich überwiegend auf den Kauf von »Wertpapieren zu Preisen unterhalb ihres inneren Wertes, der durch sorgfältige Analyse bestimmt wurde, mit besonderem Schwerpunkt auf den Kauf von Wertpapieren unterhalb ihres Liquidationswertes«[50] konzentrierte. Der Ursprung dieses Ansatzes war in der Geschichte seines Schöpfers begründet.

Buffetts Mentor trieb der Aktiencrash 1929 in den Ruin; Benjamin Grahams eigene Mutter hatte ihr gesamtes Geld bereits bei einem früheren Börsencrash verloren. Es ist kein Wunder, dass Graham sich auf Nettosachvermögen und Liquidationswerte konzentrierte, um sicherzustellen, dass ein beträchtliches Auffangnetz von Substanz das Risiko eines Vollverlustes bei einem Investment beschränkte.

Da sein hauptsächlicher Fokus darauf lag, kein Geld zu verlieren, zog Graham es vor, »erst nach unten zu schauen, bevor er nach oben sah«. Er erwarb gern Firmen, die (wenn nötig) geschlossen werden konnten, bei denen alle Vermögenswerte ausverkauft und alle Schulden und Verbindlichkeiten beglichen werden konnten, und bei denen dennoch nach Abschluss all dieser Aktivitäten ein Restbetrag als Gewinn über dem Marktpreis übrig bleiben würde. Diese Unternehmen waren buchstäblich tot (in Liquidation) mehr wert als lebendig (als Unternehmen, die ihren Geschäften nachgingen). Dabei wurden gar nicht alle Unternehmen liquidiert, der Punkt war, dass selbst bei Liquidation noch Wert im Eigenkapital steckte. Grahams System generierte nicht nur beträchtliche Gewinne, sondern stellte auch sicher, dass er niemals wieder pleitegehen würde.

Buffett kaufte ebenfalls diese Art von Aktien für die Investmentgesellschaft, die kurz »Net-Nets« genannt wurden (nach der Bezeichnung Net Current Asset Value, Nettoumlaufvermögen). Dabei fand er oft irgendeine Kombination von großen Mengen an liquiden Mitteln, Wertpapieren auf der Bank, ausstehenden Forderungen oder verkäuflichen Vorräten vor. Der gesamte Liquidationswert dieser Vermögenswerte allein wurde mit allen Verbindlichkeiten des Unternehmens verrechnet – wenn das, was übrig blieb, immer noch mehr wert war als der Marktwert des Unternehmens, besaß er eine große Sicherheitsmarge.

Käufer wie Graham und Buffett (und der einst berühmte Ned »Net-Quick« Evans, dessen Name zu seiner Zeit genauso bekannt war, wie Buffetts heute) prägten ihre Zeit, indem sie in diese Art von Gelegenheiten investierten. Ob sie entschieden, das Unternehmen mit Gewinn abzuwickeln oder ihm erlaubten, sich aus eigener Kraft in die Gewinnzone zu manövrieren, sie kauften in der Regel unterhalb des Liquidationswertes und erhielten den Wert des zugrunde liegenden Geschäftes kostenlos dazu, oder sogar mit einem Abschlag.

Denken Sie darüber einmal nach. Nehmen wir als vereinfachtes Beispiel ein Unternehmen mit einem Marktwert von 45 Dollar, das schuldenfrei ist und liquide Mittel sowie Sicherheiten auf der

Bank in Höhe von 65 Dollar hat. Die einzige Möglichkeit, diesen Marktwert zu erklären, ist die Erwartung, dass das zugrunde liegende Geschäft des Unternehmens in der Zukunft entweder einen großen oder dauerhaften Verlust machen wird. Wie sonst könnte ein Geschäft einen negativen Zeitwert von 20 Dollar haben? Würde das Geschäft einfach liquidiert, würde der Käufer vollständig die 65 Dollar an liquiden Mitteln und Sicherheiten erhalten, damit einen 45-prozentigen Gewinn (20 Dollar) realisieren, vor dem Verkauf der anderen Vermögensgegenstände und der Kosten für die Abwicklung.

Natürlich werden alle gegenwärtig möglicherweise vorhandenen Überschüsse aufgezehrt, wenn das Geschäft – wie zu erwarten ist – immer weiter Verluste macht. In solchen Fällen muss etwas unternommen werden, um den Wert zu erhalten, entweder durch ein motiviertes Management oder durch die Aktionäre. Am Ende haben die Aktionäre – die Eigentümer des Geschäfts – das letzte Wort. Sie wählen den Aufsichtsrat, der wiederum den Vorstand einstellt und die Strategie festlegt.

Wie Buffett es beschrieb, stellten Generals, die auch das Potenzial für eine Mehrheitsbeteiligung boten,

> *»eine Situation dar, bei der man etwas in der Hinterhand hat. Entweder erzielen wir eine Wertsteigerung des Marktwertes durch externe Faktoren oder durch die Akquisition einer beherrschenden Position in einem Geschäft zu einem Schnäppchenpreis. Während das erste in der überwiegenden Zahl der Fälle geschieht, stellt das zweite eine Versicherung dar, die die meisten Investment-Aktivitäten nicht aufweisen.«*[51]

Mit anderen Worten war Buffett im Zweifelsfall bereit, die nötigen Handlungen zu ergreifen, um den Wert bei seinen Net-Nets zu realisieren. In den 1980er-Jahren wurde dieser Ansatz »Corporate Raiding« genannt, aber nun wird er etwas höflicher als aktivistisches investieren bezeichnet. Buffett war bereit, das Management zu übernehmen, wenn das notwendig war, um Wert zu schaffen.

Noch besser war, wenn er andere entdeckte, die die Arbeit im Namen aller Anteileigner erledigten, und er einfach mitlaufen konnte. An der Seite dieser Leute zu investieren, sich aber nicht direkt zu beteiligen, bezeichnete man als »auf der Erfolgswelle mitschwimmen.« Das kann jeder tun. Wertpapiere zu kaufen, direkt nachdem ein Corporate Raider eine Stimmrechtsmitteilung abgegeben hat – ein Dokument, mit dem der Börsenaufsicht mitgeteilt wird, dass ein Investor Einfluss auf die Unternehmensentscheidungen gewinnen will. Diese Strategie hat den Markt mit der Zeit deutlich geschlagen.[52]

Heute treten Graham-gemäße, extrem günstige Generals in der Regel bei kleinen, schwer durchschaubaren Wertpapieren auf. Sie werden oft abseits der großen Börsen gehandelt, und ihre Kurse werden häufig nur periodisch veröffentlicht, im Gegensatz zu den etablierten Emissionen, die täglich in den Zeitungen aufgeführt werden. Oft sind diese Unternehmen nicht im Blick von Wall-Street-Analysten. Buffett und seine Zeitgenossen haben nach ihnen gefahndet – und sie liebten die Suche.

Das ist fruchtbarer Boden für kleine, unternehmerisch eingestellte Investoren. Zuerst machen Sie sich selbst mit Net-Nets im Markt vertraut. Während Buffett das Moody's Manual Seite für Seite durchstöberte, gibt es heutzutage unzählige kostenlose Aktienportale im Internet, die Ihnen bei der Suche helfen. Wenn Sie tiefer einsteigen, streichen Sie diejenigen von der Liste, bei denen Sie ein Ausschlusskriterium finden, etwa eine versteckte Verbindlichkeit oder eine Klage, die die Aktie als Net-Net erscheinen lässt, obwohl sie das nicht ist.

Eine Warnung: Es ist sehr unwahrscheinlich, dass Ihnen irgendjemand diese Investment-Gelegenheiten liefert, Sie müssen sie selbst finden. Seien Sie insbesondere skeptisch bei Aktienempfehlungen in diesem Marktbereich. Wenn Sie merken, dass Sie mit einer Aktie dieses Typs »beworfen« werden, halten Sie Ihr Portemonnaie fest und laufen Sie weg!

Ein aktuelles Beispiel für eine Net-Net-Aktie ist Nam Tai Properties[53], ein vom Management gehaltenes Nebenwert-Unternehmen an der US-Börse (Symbol ist NTP), das sein Geschäft von der Produktion elektronischer Komponenten auf die Immobilienentwicklung in China verlagert hat. Der gesamte Marktwert des Unternehmens beträgt derzeit 219 Millionen Dollar, oder 5,52 Dollar für jede der 39,62 Millionen Aktien, die sich im Umlauf befinden. Bei einem Nettovermögen von 250 Millionen, oder 6,15 Dollar pro Aktie, das auf dem Bankkonto liegt, kann ein Investor heute Nam Tais Dollars auf dem Konto für 90 Cent pro Stück kaufen und bekommt noch die anderen Werte des Unternehmens dazu, überwiegend Immobilien in China, die nach meiner Überzeugung einen substantiellen Wert haben.

Nam Tais extrem günstiger Preis ist zwar größtenteils eine Besonderheit, kann aber durch mehrere entscheidende Fakten nachvollzogen werden: Erstens ist es ein sehr kleines Unternehmen. Mit einem Gesamtbörsenwert von unter 250 Millionen Dollar erachten es die meisten professionellen Investoren als zu klein, um damit zu arbeiten. Zweitens ist es noch dabei, sein Geschäftsmodell von der Produktion auf die Immobilienentwicklung zu verlagern, und deshalb fällt es schwer, einigermaßen verbindlich zu sagen, welches Ertragsniveau es in Zukunft tatsächlich zu erreichen imstande ist. Drittens veröffentlicht kein Wall-Street-Analyst derzeit Informationen über dieses Unternehmen. Und schließlich agiert dieses Unternehmen ausschließlich in China, und China ist momentan nicht angesagt.

Das neue Konzept

»Super-Investoren«, die dem Graham-Ansatz folgten, wurde ursprünglich beigebracht, von günstiger Aktie zu günstiger Aktie zu hüpfen. Die Ergebnisse waren normalerweise überragend und das Verlustrisiko gering. Nochmals, die meisten davon sind keine vorbildlichen Unternehmen, aber sie sind verlockend billig, und für Käufer eines Portfolios dieser Wertpapiere waren gute Gewinne angesichts des gezahlten Preises meistens garantiert. Buffett sagte im Rückblick auf zwölf Jahre der Partnership:

> *»Im Laufe der Zeit war dies unsere beste Gruppe, gemessen am Durchschnittsgewinn, und hat sich bei weitem als höchster Prozentanteil der profitablen Transaktionen gehalten. Dieser Ansatz entsprach der Art und Weise, wie ich das Geschäft gelernt hatte, und er machte früher einen großen Teil unserer Investment-Ideen aus. Unsere Gesamtgewinne in dieser Gruppe waren während der zwölf Jahre der BPL wahrscheinlich mindestens 50-mal größer als unsere Gesamtverluste.«*

Buffett hat seitdem die gesamte Gruppe von Net-Nets und anderen supergünstigen Aktien als seine »aufgeweichten Zigarrenstummel« bezeichnet. Bis heute beschreibt er diese oft wenig profitablen Unternehmen aus unternehmerischer Sicht, aber eine Zeit lang fuhr er ziemlich gut damit, in diese zu investieren, weil sie einen »freien Zug« (Gewinn) mit einem geringen Risiko boten, dabei einen Totalverlust zu erleiden. Heute wäre eine partielle Beteiligung an einer Gegebenheit wie Nam Tai Properties, selbst für 220 Millionen für das gesamte Unternehmen, für Buffett wenig interessant, er sucht nach Multimilliarden-Dollar-Anlagemöglichkeiten. Nam Tai ist nicht reizvoll, selbst wenn er das ganze Unternehmen zum aktuellen Preis kaufen könnte.

Während der gesamten Partnership-Zeit, als sein Vermögen wuchs und sich seine Denkweise herausbildete, erweiterte Buffett kontinuierlich die Bandbreite der Definition dessen, was »Value« wirklich bedeutet, und er erweiterte zunehmend auch den Spielraum dessen, was er als Form der Absicherung gegen Verluste akzeptieren würde. Er begann, mehr auf die Qualität des Unternehmens zu achten, um zu bestimmen, wie nachhaltig und deshalb wertvoll dessen Erträge sein könnten, und er entfernte sich schrittweise vom Ansatz der Bewertung statistisch günstiger materieller Vermögenswerte, den er für die »Zigarrenstummel« Net-Nets angewandt hatte.

Für die Partner lieferte Buffett die ausführlichste Bestätigung dieser entwicklungsmäßigen Veränderung in seinem Herbstbrief 1967. Dort schrieb er:

»Die Einschätzung von Wertpapieren und Geschäften zu Investitionszwecken hat immer eine Mischung von qualitativen und quantitativen Faktoren einbezogen. An dem einen Extrem würde der exklusiv an qualitativen Faktoren orientierte Analyst sagen: ›Kaufen Sie das richtige Unternehmen (mit den richtigen Aussichten, den innewohnenden Branchenbedingungen, Management et cetera) und der Preis wird sich von selbst ergeben.‹ Andererseits würde der quantitative Vertreter sagen: ›Kaufen Sie zum richtigen Preis und das Unternehmen (und die Aktie) werden sich von alleine einpendeln.‹ Wie so oft ist das angenehme Ergebnis in der Welt der Wertpapiere, dass sich mit beiden Ansätzen Geld verdienen lässt. Und natürlich verbindet jeder Analyst die beiden einigermaßen – seine Einordnung in eine der Schulen hängt vom relativen Gewicht ab, das er den verschiedenen Faktoren zuweist, und nicht davon, dass er nur eine Gruppe von Faktoren berücksichtigt und die andere Gruppe ausschließt.
Obwohl ich mich selbst in erster Linie der quantitativen Schule zuordnen würde (und während ich das schreibe, ist niemand aus der Versenkung aufgetaucht – ich scheine der einzig Verbliebene in der Klasse zu sein), schlagen sich interessanterweise die wirklich sensationellen Ideen, die ich im Laufe der Jahre gehabt habe, eher in Richtung der qualitativen Seite, wenn ich eine »Eingebung von großer Wahrscheinlichkeit« hatte. Das bringt die Kasse wirklich zum Klingeln. Jedoch ist es ein seltenes Ereignis, wie es Eingebungen für gewöhnlich sind, und natürlich ist auf der quantitativen Seite keine Scharfsinnigkeit erforderlich – die Zahlen sollten in Großbuchstaben für sich selbst sprechen. Also neigt das wirklich große Geld dazu, von Anlegern verdient zu werden, die klar auf der qualitativen Seite stehen, und doch scheint zumindest meiner Meinung nach auf Basis der eindeutig quantitativen Entscheidungen das sicherere Geld zu warten.«

– Oktober 1967

Wenn Sie seine Kommentare lesen, denken Sie daran, dass die Net-Nets und ultrapreiswerten Aktien um 1967 größtenteils verschwunden waren, und obwohl er das Gefühl hatte, mit seinem quantitativen Ansatz beim Investieren »der einzig Verbliebene in der Klasse zu sein«, handelte es sich lediglich um ein vorübergehendes Phänomen. Quantitativ bestimmbare Gelegenheiten sind häufig gegeben, besonders wenn der Marktzyklus am Boden ist, und während die Extremfälle von ultrapreiswerten Net-Nets von Zyklus zu Zyklus seltener geworden sind, fahren Value-Investoren mit eher quantitativer Ausrichtung und geringfügig niedrigeren Anforderungen dazu, was sie als billig definieren, sehr gut mit den Schnäppchen, die sie finden.

Wie er im Brief von 1967 weiter ausführt,

> *»sind solche statistischen Schnäppchen im Laufe der Jahre tendenziell eher verschwunden. Das kann dadurch bedingt sein, dass permanente Investments im Zuge der letzten zwanzig Jahre systematisch durchkämmt werden, ohne dass ein Wirtschaftsbeben wie in den 30er-Jahren eine negative Einstellung gegenüber Aktien geschaffen und Hunderte von neuen Wertpapierschnäppchen hervorgebracht hätte. Es kann durch die neu wachsende soziale Akzeptanz und folgliche Nutzung von Übernahmeangeboten verursacht sein (oder vielleicht ist es umgekehrt – ich werde es die Behavioristen herausfinden lassen). Überangebote haben eine natürliche Neigung, sich auf Schnäppchen zu konzentrieren. Es kann mit der explosionsartig wachsenden Gruppe von Wertpapieranalysten zu tun haben, die ihre genaue Prüfung von Sachverhalten noch, weit über das hinaus intensiviert haben, was vor Jahren existierte. Was auch immer die Ursache ist, das Ergebnis ist faktisch, dass Schnäppchen verschwunden sind, die sich quantitativ bestimmen lassen – und verschwindet auch unser Lebensunterhalts Es kann noch ab und an einige wenige geben. Es wird auch gelegentlich das Wertpapier geben, bei dem ich wirklich in der Lage bin, ein entschei-*

> *dendes qualitatives Urteil zu fällen. Das wird unsere beste Chance für große Gewinne bieten. Solche Umstände werden jedoch selten sein. Einiges von unserer guten Performance während der letzten drei Jahre geht auf eine einzelne Idee dieser Art zurück.«*[54]

Hier können wir zwei verschiedene Faktoren gleichzeitig wirken sehen. Erstens wurde es, als der Bullenmarkt reifte, immer schwieriger, preiswerte Aktien zu finden — ein Phänomen, das für jeden Zyklus typisch ist. Doch zweitens erkennt Buffett interessanterweise die Eigenschaften an, die ein Geschäft »gut« machen anstatt einfach nur günstig und das unabhängig vom Marktzyklus. Als er sagte, dass »einiges von unserer guten Performance während der letzten drei Jahre bedingt auf eine einzelne Idee dieser Art zurückgegangen«[55] sei, sprach er über das große Investment, das er bei American Express, einem hochwertigen Franchisegeschäft, tätigte, das im Sinn von Graham nicht statistisch preiswert war, aber eine enorme Wahrscheinlichkeit künftiger Erträge mit sich brachte. Es war ein Lizenzgeschäft. Als er zunehmend mehr Vermögensgegenstände erwarb, blieb ihm keine andere Wahl, als die Zigarrenstummel-Strategie hinter sich zu lassen; er war finanziell darüber hinaus gewachsen.

Lassen Sie uns zu Buffetts Berkshire-Brief 2014 springen, in dem er auf diese Zeit in seinem Leben und die Verdienste der anfänglichen Zigarrenstummel-Strategie zurückblickt:

> *»Meine Zigarrenstummel-Strategie hat sehr gut funktioniert, als ich kleine Summen gemanagt habe. Tatsächlich haben die vielen Dutzend kostenloser Züge, die ich in den 1950er-Jahren genommen habe, dieses Jahrzehnt zu dem bei weitem besten meines Lebens sowohl im Hinblick auf die relative als auch auf die absolute Performance gemacht …*
> *Aber eine Hauptschwäche dieses Ansatzes ist allmählich sichtbar geworden: Zigarrenstummel-Investments sind nur bis zu einem bestimmten Punkt skalierbar. Bei großen Summen würden sie nie gut funktionieren.*

Und obwohl zu günstigen Preisen gekaufte, wenig beachtete Unternehmen als Kurzzeit-Investments attraktiv sein können, sind sie das falsche Fundament, um darauf ein großes und dauerhaftes Unternehmen zu errichten. Um einen Ehepartner auszuwählen, sind anspruchsvollere Kriterien nötig, als wenn es nur um eine Verabredung geht. (Hierzu die Anmerkung, dass Berkshire eine sehr zufriedenstellende ›Verabredung‹ gewesen wäre:) Wenn wir [das Übernahmeangebot] angenommen hätten, wäre der gewichtete jährliche Ertrag von BPL auf sein Investment bei Berkshire ungefähr 40 Prozent gewesen.«

Die Methode der Qualitätssteigerung

Buffetts langsame Entwicklung weg von statistischen Schnäppchen, Net-Nets und Zigarrenstummeln hin zu besseren Geschäften haben ihn veranlasst, die Kategorie zu spalten, um einige seiner neuen Ideen aufzunehmen. Die neue Unter-Kategorie von Generals wurde »Generals – relativ unterbewertet« genannt.

Hier löste sich Buffett noch stärker von Graham, was größtenteils auf den Einfluss von Munger zurückgeht. Wie er in seinem Rückblick weiter ausführte,

»war Charlie Munger notwendig, um meine Zigarrenstummel-Gewohnheiten zu brechen und die Weichen für den Aufbau eines Geschäftes zu stellen, das enorme Größe mit zufriedenstellenden Gewinnen verbinden konnte. ... Die Vorlage, die er mir gegeben hat, war einfach: Vergiss alles, was du über das Kaufen guter Geschäfte zu wunderbaren Preisen weißt; kauf stattdessen wunderbare Geschäfte zu guten Preisen.«

Munger meldete sich in besagtem Brief zu Wort, indem er zurückblickte auf die Denkweise, die sich bei ihnen herausgebildet hatte, und sagte:

> *»Angefangen bei Grahams Methoden – die übrigens gut funktioniert haben – hat sich allmählich etwas herausgebildet, was ich bessere Erkenntnisse nennen würde. Wir verstanden, dass Unternehmen, die für den zwei- oder dreifachen Buchwert verkauft wurden, immer noch ein verdammt gutes Schnäppchen sein konnten, wegen des Schwungs, der in ihrer Marktposition manchmal implizit vorhanden war, mitunter kombiniert mit einer ungewöhnlichen Managementfähigkeit, die durch die eine oder andere Person oder das eine oder andere System vorhanden war.*
> *Und sobald wir die Erkenntnishürde überwunden hatten, dass eine Chance auf quantitativen Bewertungszahlen basieren kann, die Graham entsetzt hätten, haben wir angefangen, über bessere Geschäfte nachzudenken. ... Die Buffett Partnership zum Beispiel besaß American Express und Disney, als diese nach unten gerissen wurden.«*[56]

Buffett führte diese neue Kategorie 1964 bei seinen Partnern ein, im selben Jahr, in dem er einen großen Anteil an American Express kaufte. Es gab einen Skandal bei einer der Tochtergesellschaften, der den Ruf und Wert der Marke bedrohte – die Aktie war angeschlagen. Sobald Buffett begriffen hat, dass die Probleme behebbar waren, American Express den Skandal überleben konnte und Marke, Ruf und Geschäftsgrundlagen intakt bleiben würden, schlug er zu. Das Schöne an American Express war, wie bei vielen anderen in der Kategorie »General – Relativ unterbewertet«, dass das Unternehmen Jahr für Jahr herausragende Gewinne schrieb. Er konnte das Unternehmen unter Umständen lange halten, während die meisten Generals – Privatmarktinvestments, mit ihrem einen, kostenlosen Zug, ausgesprochen arbeitsintensiv waren.

American Express beherrschte das Portfolio der Partnership während ihrer letzten Jahre. Das war die Aktie, die Buffett dazu gebracht hatte, die Grundregeln zu ergänzen, sodass er bis zu 40 Prozent des Fonds in das Unternehmen investieren konnte. Die 13 Millionen Dollar, die er investierte, haben unbeschreibliche 20 Millionen Dollar Gewinne eingebracht, das war mehr, als jedes andere BPL-Investment jemals mit einem einzelnen Wertpapier schaffte.

Ein weiterer größerer Zukauf für diese neue Kategorie von Generals war die Walt Disney Corporation. Nachdem er und Munger das Geschäft analysiert hatten, während die Kinder durch den Park streiften, kaufte Buffett im Jahr 1965 5 Prozent des Unternehmens für 4 Millionen Dollar.[57] Buffett hatte herausgefunden, dass er mit der wertvollen Videobibliothek ein weniger greifbares, aber ebenso wertvolles Sicherheitsnetz hatte, das allein schon Aktienpreis rechtfertigte, und die Parks und das Studio »gratis dazugegeben wurden.« In gewisser Hinsicht trennte er die Qualitätsaktien von den materiellen Vermögenwerten der Zigarrenstummel. Heute spricht Buffett vom Kauf großartiger Unternehmen zu einem guten Preis – es waren großartige Unternehmen zu einem großartigen Preis. In Übereinstimmung mit seiner früheren Regel, keine Namen einzelner Unternehmen preiszugeben, in denen die Partnership investiert war, hat Buffett seinen Partnern nie gesagt, dass sie in beträchtlichem Umfang Eigentümer dieser beiden Unternehmen waren.

Was sollen Sie tun?

Lassen Sie uns zur Eingangsfrage dieses Kapitels zurückkehren: Angenommen, Sie wären ein Anleger, der mit bescheidenen Summen operiert, sollten Sie dann eher einem Ansatz wie von Graham und dem frühen Buffett folgen, der sich nach dem Substanzwert richtet, oder sollten Sie Qualität hervorheben, so wie Buffett gegen Ende der Partnership investierte?

Sollten Sie sich auf die sichereren Dinge bei bilanzorientierten Schnäppchen konzentrieren, oder ist es besser, nach großen, dauerhaften Geschäften mit hoher Qualität zu suchen, die seit 1967 mehr oder weniger das Gütesiegel der Akquisitionsstrategie von Berkshire geworden sind? Man kann starke Argumente für beide Methoden vorbringen, so wie viele angesehene Anleger es auch tun. Beides kann funktionieren, aber was für Sie richtig ist, hängt vom Umfang der Mittel ab, mit denen Sie arbeiten, von Ihrer Persönlichkeit, Ihrer Bewertungsfähigkeit und Ihrer Fähigkeit, die Grenzen Ihrer eigenen Kompetenz objektiv zu definieren.

Mit seinem Buch 2014 erschienenen Buch »Deep Value« ist Tobias Carlisle ein gutes Beispiel für einen Puristen nach Graham. Seine Forschung zeigt, dass sich eine Aktie wahrscheinlich umso besser entwickelt, je schlechter die Fundamentaldaten eines Unternehmens sind. Mit seiner zutiefst quantitativen Orientierung hat Tobias etwas entwickelt, um gute Investment-Entscheidungen zu identifizieren und systematisch zu treffen, das er als »Acquirer's Multiple«[58] (das Vielfache für den Erwerber) bezeichnet. Er scheint etwas gefunden zu haben, das ihm sinnvoll erscheint und gut funktioniert. Beachten Sie, dass er den Aspekt der Qualität bei seinem Ansatz, Value zu finden, geradezu vermeidet.

Bei unterdurchschnittlichen Gewinnen neigen Mitbewerber in einer Branche zur Flucht. Eine Unternehmensführung, die zumindest den Einsatz an Zeit und Geld wettmachen will, ändert häufig die Strategie, verbessert seine Vorgehensweise oder trennt sich von den Verlustgeschäften. Der Kauf von Aktien, die preiswert sind, weil ein Unternehmen ums Überleben kämpft, gibt dem Investor die Chance auf zweimalige Belohnung: zum ersten durch verbesserte Geschäftsergebnisse und zum zweiten durch eine erhöhte Marktbewertung, die mit den besseren Geschäftsergebnissen einhergeht. Tobias' ausgewählte Aktien sind auf seiner Website abrufbar.

Etwas zu finden, das für ihn funktioniert, ist clever. Noch cleverer ist jedoch, das zu vermeiden, was nicht funktioniert. Natürlich würde er es vorziehen, ein großartiges Geschäft statt einem schlechten Geschäft zu kaufen, *wenn* er sicher sein könnte, damit auch in Zukunft hohe Gewinne einzufahren. Allerdings hat er bisher noch keinen Weg gefunden, die Unternehmen mit den Faktoren zu identifizieren, die nötig sind, um diese hohen Gewinne vor der Konkurrenz zu schützen, zumindest nicht systematisch, also meidet er sie.

In einem System der freien Märkte ziehen Geschäfte mit hohen Erträgen natürlich Mitbewerber an, die mitmischen wollen. Ohne Markteintritts-Barrieren werden solange Mitbewerber in eine Branche eintreten, bis sich alle außerordentlichen Gewinne nivelliert haben. Diese Dynamik ist zwar der Motor unseres Wirtschaftssystems und der Grund für jahrzehntelange, massive Produktivitätsgewinne bei amerikanischen Unternehmen, aber sie ist auch der Grund dafür, warum sich Gewinne auf das Eigenkapital durchweg bei 12 bis 14 Prozent bewegen. Das galt in den 1950er-Jahren genauso wie heute. Wettbewerb neigt mit nur wenigen Ausnahmen dazu, gute Gewinne zu mäßigen. Die Investoren, die beschlossen haben, Value in sehr gewinnbringenden Unternehmen zu entdecken, müssen diejenigen Unternehmen finden, die es schaffen, ihre Gewinne zu halten.

Tom Gayner, der langjährige Vermögensverwalter der Markel Corporation, ist ein wunderbares Beispiel eines modernen Investors mit tief verankerter Neigung zu Qualität. Er ist gewillt, die Zukunftsfähigkeit eines Geschäfts mit hoher Qualität zu bewerten. Er sucht nach hohem Gewinn, etablierten Geschäftsmodellen mit überzeugenden Erfolgsbilanzen über vergangene Konjunkturzyklen hinweg, die von Managern geführt sind, die gleichermaßen Talent haben und integer sind. Wenn es nach ihm geht, sollen Unternehmen die Gewinne in Projekte mit hohen Zusatzgewinnen reinvestieren, wenn solche verfügbar sind, und andernfalls sollen sie die Gewinne an die Aktionäre auszuschütten. Und er achtet auf einen angemessenen Kaufpreis. Er hat mit seinem System einen Weg gefunden, die Indizes seit Jahrzehnten zu schlagen.

Tom betont, dass man bei dieser Strategie nur eine sehr kleine Anzahl von richtigen Unternehmen finden muss, damit es sich lohnt. Die richtigen Unternehmen machen sich dann die Macht des Zinseszinses zunutze und wachsen, und überkompensieren damit die Fehler. Er behauptet, dass Investoren, die ungefähr 20 gute Käufe in ihrem Leben tätigen, davon ein oder zwei so wachsen sehen, dass diese zu einem bedeutenden Prozentsatz ihres Vermögens werden.

Tom hat ein schönes Beispiel für dieses Phänomen, das uns auch daran erinnert, Ben Graham nicht in die Schublade der reinen Deep Value-Investoren einzuordnen. Graham hat für Qualität bezahlt, als er die Versicherungsgesellschaft GEICO kaufte – am Ende erzielte er mehr Gewinne aus dieser einzelnen Investition, als aus allen anderen Aktivitäten zusammen.[59]

Die Strategie von Tom ist fast das Gegenteil von Tobias, aber es ist für ihn sinnvoll und funktioniert. Keine der beiden Strategien ist »richtig« oder »falsch«, jeder hat sein Value-System entwickelt, das für ihn funktioniert. Beim Investieren ist das richtig, was für die jeweilige Person funktioniert.

Andere, sehr angesehene heutige Investoren, die auch bei der Größe ihrer Kapitalbasis keinen Beschränkungen unterliegen, sind imstande, beide Ansätze beim Investieren einzusetzen. Professor Joel Greenblatt, ein hervorragender Vermögensverwalter, hat eine der besten Erfolgsbilanzen der Geschichte erreicht, indem er Unternehmen in besonderen Situationen sowie in falsch interpretierte Small Caps investiert. Er verwendet jetzt ein System, das quantitativ hochwertige Qualitätsaktien identifiziert, die zu attraktiven Bewertungen gehandelt werden. Das bezeichnet er als die magische Formel, die auch außerordentlich gut funktioniert.

Wie Sie sehen, gibt es viele Arten, wie heutige Investoren die unterschiedlichen Methoden erfolgreich einsetzen, die in den Jahren der Partnership genutzt wurden – sogar diejenigen, die Buffett selbst schon lange nicht mehr anwendet. Als sie für ihn verfügbar waren, ist er mit den Net-Nets und Zigarrenstummeln, die Tobias jetzt bevorzugt, gut gefahren. Einige seiner besten Gewinnjahre hatte er, als er in den 1950er-Jahren in Unternehmen in speziellen Situationen investierte, mit denen Greenblatt später so erfolgreich war. Als seine Fonds zu einer Dimension heranwuchsen, die zu groß war, um den Performancezeiger bei dieser Art von Aktivitäten noch ausschlagen zu lassen, verlegte er sich auf den Investmentstil, den Tom Gaynor größtenteils aufgegriffen hat. Alle funktionieren. Die wichtige Frage ist, was für Sie funktioniert.

Auch hier geht es, wie Sie sich wahrscheinlich inzwischen vorstellen können, wieder darum, sich selbst zu kennen, einen Bereich, den Buffett später den Kompetenzkreis nennen wird. In diesem Kreis zu bleiben, ist ein Dreh- und Angelpunkt des Erfolgs von Buffett. Er hat fortwährend gezeigt, dass er dann zuschlägt, wenn er etwas findet, was er mag und versteht, ob es ein Net-Net oder ein Zinseszins-Investment ist. Er verzichtet auf alles, was er außerhalb des Kreises einordnet.

In einem Gespräch mit Studenten im Jahr 2007 gab Buffett den folgenden Rat, der die Vorstellung davon zusammenfasst, wie Sie unter Beachtung Ihres Kompetenzkreises in Generals investieren sollten:

> *»Ich habe drei Postkästen in meinem Büro – EINGANG, AUSGANG und ZU MÜHSAM. Ich scherzte mit Studenten am Massachusetts Institute of Technology, dass ich einen ZU-MÜHSAM-Kasten brauchte, und sie bauten mir einen, also habe ich ihn jetzt und nutze ihn auch. Ich werde nur auf Plätzen spielen, die ich wirklich mag. Wenn Sie das zehn Mal in Ihrem Leben tun, werden Sie reich sein. Sie sollten sich dem Investieren annähern, als hätten Sie eine Stempelkarte mit 20 Feldern, für jeden Handel in Ihrem Leben eines.«*[60]

Buffett fuhr in seinem Gespräch mit den Studenten fort:

> *»Die Menschen wären meiner Meinung nach besser gestellt, wenn sie in ihrer gesamten Lebenszeit nur zehn Gelegenheiten hätten, Aktien zu kaufen. Wissen Sie, was geschehen würde? Sie würden sicherstellen, dass jeder Kauf ein guter Kauf wäre. Sie würden enorm viele Recherchen anstellen, bevor sie den Kauf durchführten. Sie brauchen gar nicht viele Gelegenheiten mit viermal so starkem Wachstum, um reich zu werden. Sie müssen gar nicht so viel tun, aber die Umgebung gibt Ihnen das Gefühl, dass Sie die ganze Zeit etwas tun müssen.«*[61]

Anhand der folgenden Checkliste können Sie eine potenzielle Investition in einen General bewerten: (1) Orientierung: Welche

Werkzeuge oder speziellen Kenntnisse sind erforderlich, um die Situation zu verstehen? Habe ich diese? (2) Analysieren: Welche wirtschaftlichen Daten kennzeichnen das Unternehmen und die Branche? In welcher Beziehung stehen sie zu meinen langfristigen Erwartungen an Ertrag und Cash Flow? (3) Umgekehrte Betrachtung: Wo könnte ich mich am ehesten irren? Wenn ich mich irre, wie viel kann ich verlieren? (4) Wie ist der aktuelle innere Wert des Unternehmens? Wie schnell wächst oder schrumpft es? Und schließlich, (5) Vergleichen: Ist der Preisabschlag in Bezug auf den inneren Wert richtig ausgewogen, um sowohl die Verlustrisiken als auch die Gewinne im Vergleich mit allen anderen verfügbaren Optionen günstig erscheinen zu lassen?

Wenn Sie sich nicht in der Lage sehen, sich durch die ganze Checkliste zu arbeiten, dann schreiben Sie in einem einzelnen Absatz die Vorzüge des Investment auf. Wenn Sie sich unterwegs verlieren, stecken Sie entweder mehr Arbeit hinein oder vergessen Sie einfach die Idee als »zu mühsam« und gehen Sie zu etwas anderem über.

Auch wenn Buffett während seiner langen Karriere viele Investments getätigt hat, ist nur eine kleine Handvoll für den Großteil seines Reichtums verantwortlich. In Anerkennung dessen ermuntert Buffett Investoren dazu, eine Stempelkarte zu erstellen und diese nur einzusetzen, wenn sie sich innerhalb des eigenen Kompetenzkreises befinden. Beachten Sie das, wenn Sie die folgende Fallstudie von Buffetts frühem General, der Commonwealth Trust Bank in Union City, New Jersey, lesen, in die er 20 Prozent vom Vermögen der frühen Partnerschaft investierte.

BPL Fallstudie – Commonwealth Trust Bank

11. Februar 1959

»TYPISCHE SITUATION

Damit Sie unsere Vorgehensweise besser verstehen, wäre es aus meiner Sicht gut, eine bestimmte Aktivität von 1958 nochmals zu betrachten. Im letzten Jahr habe ich mich auf unsere größte Beteiligung bezogen, die 10 bis 20 Prozent des Vermögens der verschiedenen Partnerships umfasst hat. Ich habe darauf hingewiesen, dass es in unserem Interesse sei, wenn diese Aktie günstiger würde oder relativ unverändert bliebe, sodass wir eine noch größere Position erwerben konnten, und dass aus diesem Grund solch ein Papier wahrscheinlich unsere Performance in einem Bullenmarkt vergleichsweise beschränken würde.

Diese Aktie war Commonwealth Trust Co. aus Union City, New Jersey. Zu der Zeit, als wir anfingen, die Aktie zu kaufen, hatte sie einen inneren Wert von 125 Dollar je Aktie, auf einer konservativen Basis berechnet. Es gäbe jedoch, aus guten Gründen, überhaupt keine Bardividende trotz des Ertrags von ungefähr 10 Dollar pro Aktie. Das war größtenteils der Grund für den niedrigen Preis von ungefähr 50 Dollar pro Aktie. Also hatten wir hier eine sehr gut geführte Bank mit substanziellen Gewinnmöglichkeiten, die für einen großen Preisabschlag auf ihren inneren Wert verkauft wurde. Das Management begegnete uns neuen Aktionären freundlich, und die Gefahr eines jeden Totalverlustes schien minimal.

Commonwealth war zu 25,5 Prozent im Besitz einer größeren Bank (Commonwealth hatte ein Vermögen von ungefähr 50 Millionen Dollar – ungefähr die Hälfte im Vergleich zur First National in Omaha), die seit vielen Jahre eine Fusion wünschte. Solch eine Fusion wurde aus persönlichen Gründen verhindert, aber es gab Anzeichen, dass diese Situation nicht endlos weiterbestehen würde. Deshalb hatten wir eine Kombination von:

- sehr stark defensiven Zügen des Investments;
- gutem, solidem Wert, der sich mit zufriedenstellender Geschwindigkeit entwickelt und;
- Indizien, dass dieser Wert schließlich freigesetzt werden würde, obwohl das ein oder auch zehn Jahre dauern konnte. Wenn Letzteres zutreffen würde, würde sich der Wert vermutlich zu einer beträchtlich größeren Zahl, sagen wir 250 Dollar pro Aktie, aufgebaut haben.

Über eine Zeitdauer von ungefähr einem Jahr waren wir erfolgreich, knapp 12 Prozent der Bank zu einem Preis zu erhalten, der im Durchschnitt 51 Dollar pro Aktie beträgt. Offensichtlich war es eindeutig zu unserem Vorteil, dass die Aktie im Preis weiter schlummerte. Unser Aktienpaket stieg im Wert, als seine Größe zunahm, insbesondere nachdem wir der zweitgrößte Aktionär mit ausreichend Stimmrecht geworden waren, um bei jedem Fusionsvorschlag mitreden zu dürfen.

Commonwealth hatte nur ungefähr 300 Aktionäre und wurde wahrscheinlich im Durchschnitt ungefähr zweimal pro Monat gehandelt. Deshalb können Sie verstehen, warum ich sage, dass das Geschehen an der Aktienbörse allgemein sehr wenig Wirkung auf die Preisentwicklung unserer Beteiligung hatte.

Leider mussten wir etwas Konkurrenz beim Kauf erleben, was den Preis auf ungefähr 65 Dollar trieb, wobei wir weder als Käufer noch als Verkäufer auftraten. Sehr kleine Kauforders können Preisänderungen dieser Größenordnung bei einer wenig liquiden Aktie hervorrufen. DAS ERKLÄRT AUCH, WIE WICHTIG ES IST, nichts bezüglich unseres Beteiligungsportfolios durchsickern zu lassen.

Gegen Ende des Jahres waren wir mit der Entdeckung einer speziellen Situation erfolgreich, bei der wir der größte Aktionär zu einem attraktiven Preis werden konnten. Deshalb haben wir unser Commonwealth-Paket verkauft und 80 Dollar pro Aktie erhalten, obwohl der Börsenkurs zu dem Zeitpunkt ungefähr 20 Prozent niedriger lag.

Natürlich könnten wir immer noch mit einer 50-Dollar-Aktie dasitzen und geduldig Kleckerkram kaufen, und ich wäre mit solch einem Programm durchaus glücklich, obwohl unsere Performance hinsichtlich des Marktes im letzten Jahr schwach ausgesehen hätte. Das Jahr, in dem eine Situation wie bei Commonwealth auf einen realisierten Gewinn hinausläuft, ergibt sich größtenteils rein zufällig. Deshalb gelten für unsere Performance in jedem Jahr große Einschränkungen, wenn wir sie als Grundlage zur Einschätzung langfristiger Ergebnisse schätzen. Doch glaube ich, dass ein Konzept, in solche unterbewerteten, gut geschützten Wertpapiere zu investieren, das sicherste Mittel ist, um langfristige Gewinne mit Wertpapieren zu erzielen.

Ich könnte erwähnen, dass der Käufer der Aktie bei 80 Dollar im Laufe der Jahre vermutlich ganz gut damit fahren wird. Jedoch unterscheidet sich die relative Unterbewertung von 80 Dollar zu einem inneren Wert von 135 Dollar ziemlich von einem Preis von 50 Dollar bei einem inneren Wert von 125 Dollar, und es schien mir, dass unser Kapital in der Situation besser eingesetzt werden konnte. Das neue Engagement ist etwas größer als Commonwealth und repräsentiert ungefähr 25 Prozent des Vermögens der verschiedenen Partnerships. Während das Ausmaß der Unterbewertung nicht größer ist als bei vielen anderen Wertpapieren in unserem Besitz (oder sogar einige andere), sind wir der größte Aktionär, und das bringt bedeutende Vorteile für die Festlegung der Zeitdauer mit sich, die erforderlich ist, um die Unterbewertung zu korrigieren. Bei dieser speziellen Beteiligung können wir gewissermaßen für die Zeitspanne, in der wir die Beteiligung halten, sicher eine bessere Performance erzielen als die des Dow Jones sicher sein.

Die aktuelle Situation

»Je höher das Marktniveau, desto seltener sind unterbewertete Wertpapiere, und ich sehe es als schwierig an, sich eine entsprechende Zahl von attraktiven Investments zu sichern. Ich würde es vorziehen, den Prozentsatz unseres Vermögens in Workouts zu vergrößern, aber diese sind sehr schwierig zu den richtigen Bedingungen zu finden.

So weit wie möglich versuche ich deshalb, meine eigenen Workouts zu schaffen, indem ich große Positionen von verschiedenen unterbewerteten Wertpapieren erwerbe. Solch eine Politik sollte zur Erfüllung meiner früheren Prognose führen – eine überdurchschnittliche Performance in einem Bärenmarkt. Ich

hoffe, dass ich auf dieser Basis beurteilt werde. Wenn Sie irgendwelche Fragen haben, fühlen Sie sich frei, diese zu stellen.«
WARREN E. BUFFETT 11.2.1959

Aus den Partnership Letters: Die Generals

18. Januar 1964

»›Generals‹ – Eine Kategorie allgemein unterbewerteter Aktien, in erster Linie durch quantitative Standards bestimmt, aber können mit beträchtlicher Aufmerksamkeit auch auf den qualitativen Faktor beurteilt werden. Es gibt häufig wenig oder nichts, um eine unmittelbare Marktverbesserung anzuzeigen. Den Themen fehlt es an Glanz oder Marktsponsoring. Ihre Hauptqualifikation ist der Schnäppchenpreis; das bedeutet eine Gesamtbewertung des Unternehmens wesentlich unter dem, was eine sorgfältige Analyse einem privaten Eigentümer als Wert anzeigen würde. Lassen Sie mich noch einmal betonen, dass das Quantitative zuerst kommt und notwendig ist, dass aber die Qualität wichtig ist. Wir mögen gutes Management – wir mögen aussichtsreiche Geschäfte – wir mögen es, wenn es in einem bislang schlafenden Management oder Aktionärstrupp ein bisschen gärt. Aber, wir wollen Wert.«

24. Januar 1962

»Im Laufe der Jahre ist das unsere größte Kategorie an Investments gewesen, und hier wurde mehr Geld verdient als in jeder der anderen Kategorien. Wir haben gewöhnlich ziemlich große Positionen (5 bis 10 Prozent unseres Gesamtvermögens) in jedem der fünf oder sechs Generals, mit kleineren Positionen in weiteren zehn oder fünfzehn.

»Manchmal sind sie sehr schnell erfolgreich; oft dauert es Jahre. Es ist schwierig, zum Kaufzeitpunkt irgendeinen genauen Grund zu kennen, warum sie an Wert gewinnen sollen. Für den gezahlten Preis kann man eine Menge Wert bekommen. Dieser deutliche Wertüberschuss schafft bei jeder Transaktion eine komfortable Sicherheitsmarge.

Diese individuelle Sicherheitsmarge, zusammen mit einer Vielfalt an Beteiligungen, schafft das attraktivste Paket an Sicherheit und Wertzuwachspotenzial. Über die Jahre ist unser Timing bei Käufen beträchtlich besser gewesen als unser Timing bei Verkäufen.

Wir steigen in diese Generals nicht mit der Vorstellung ein, auch noch den letzten Cent herauszupressen, sind aber für gewöhnlich zuversichtlich, sie auf einem Niveau zu verkaufen, das zwischen unserem Kaufpreis und dem liegt, was wir als angemessenen Wert für einen privaten Eigentümer ansehen.«[62]

Die Generals neigen dazu, sich in puncto Markt sehr stark in Einklang mit dem Dow zu verhalten. »Nur weil etwas billig ist, heißt das nicht, dass es nicht sinkt. Während plötzlicher Marktabschwünge kann dieses Segment in Prozenten ausgedrückt genauso verlieren wie der Dow. Ich bin davon überzeugt, dass die Generals den Dow über einen Zeitraum von mehreren Jahren schlagen werden, und während stark steigender Jahre wie 1961 ist das der Teil unseres Portfolios, der die besten Ergebnisse einfährt. In einem zurückgehenden Markt ist es natürlich auch der anfälligste Teil.«

18. Januar 1963

»In Generals zu investieren, heißt oft ›auf der Erfolgswelle mitzuschwimmen‹, wobei wir das Gefühl haben, dass die vorherrschende Aktionärsgruppe Pläne hat, unrentables oder zu wenig rentabel angelegtes Vermögen besser einzusetzen. Wir haben das selbst bei Sanborn und Dempster getan, aber in allen anderen vergleichbaren Situationen möchten wir lieber andere die Arbeit tun lassen. Offensichtlich müssen in so einem Fall nicht nur die Werte groß sein, sondern wir müssen auch aufpassen, wem wir da in den Mantel helfen.«

18. Januar 1965

»In dieser Kategorie stellt sich oft die wünschenswerte Situation ein, ›etwas in der Hinterhand zu haben. Entweder erzielen wir zu einem Schnäppchenpreis eine Steigerung des Marktwertes durch externe Faktoren oder durch die Akquisition einer beherrschenden Stellung in einem Geschäft. Während das erste in der überwiegenden Zahl der Fälle geschieht, stellt das zweite eine Versicherung dar, die die meisten Investment-Aktivitäten nicht aufweisen. Wir haben die Positionen in den drei im Halbjahresbericht 1964 beschriebenen Unternehmen weiter vergrößert, bei denen wir der größte Aktionär sind. Alle drei Unternehmen steigern ihren fundamentalen Wert in einem sehr zufriedenstellen Ausmaß, und wir sind in zwei Situationen vollkommen passiv und in der dritten nur in einem sehr geringem Umfang aktiv. Es ist unwahrscheinlich, dass wir jemals einen wirklich aktiven Teil bei der Strategieplanung in einem dieser drei Unternehmen übernehmen werden, aber wir sind dazu bereit, falls es erforderlich wird.«

20. Januar 1966

»Unsere zum Jahresende 1964 größte Investition in dieser Kategorie wurde 1965 auf der Grundlage eines Angebots getätigt ... Das grundlegende Konzept der General-Private-Eigentümerkategorie wird durch den oben genannten Fall demonstriert. Ein privater Eigentümer war bereit (und unserer Meinung nach ausgesprochen klug), einen Preis für die Kontrolle des Unternehmens zu bezahlen, den einzelne Aktienkäufer bereitwillig nicht für nur sehr kleine Bruchteile des Unternehmens zahlen wollten. Das war viele Jahre lang eine ziemlich übliche Lage auf den Wertpapiermärkten, und obwohl Käufe in dieser Kategorie im Sinne des generellen Börsenverhaltens ausreichend gut laufen, gibt es den gelegentlichen drastischen Gewinn auf Grund von Beteiligungsverkäufen wie dem geschilderten.«

25. Januar 1967

»Mitte 1965 haben wir angefangen, eine sehr attraktive Streubesitzaktie zu kaufen, die weit unter dem Wert verkauft wurde, den sie für einen privaten Eigentümer hatte. Unsere Hoffnung bestand darin, dass wir über eine Periode von zwei oder drei Jahren 10 Millionen Dollar oder mehr zum bestehenden günstigen Preis in diesen Wert investieren könnten. Die verschiedenen Geschäfte, die das Unternehmen betrieb, waren verständlich, und wir konnten die Wettbewerbsstärken und -schwächen gründlich anhand von Mitbewerbern, Händlern, Kunden, Lieferanten, Ex-Mitarbeitern und anderen Informationsquellen überprüfen. Besondere Marktbedingungen dieser Aktie gaben uns die Hoffnung, dass wir – mit Geduld – wesentliche Stückzahlen der Aktie kaufen könnten, ohne den Preis zu beeinflussen.

Zum Jahresende 1965 hatten wir 1956 980 Dollar investiert, und der Marktwert unserer Beteiligung betrug 2358 412 Dollar, sodass 401432 Dollar zur Performance 1965 beigetragen haben. Wir hätten es natürlich vorgezogen, wenn der Kurs niedriger gewesen wäre, da wir Interesse an zusätzlichen Kaufen hatten und nicht an Verkäufen. Das hätte die Performance der Buffett Partnerships Ltd. im Jahr 1965 gedämpft und vielleicht das Wohlbefinden der Partner reduziert (psychisch, das Bilanzergebnis für alle Partner wäre ein Patt gewesen, da der General Partner im Markt mitgeschwommen wäre), hätte aber die langfristige Performance erhöht. Die Tatsache, dass die Aktie etwas über unsere Kosten gestiegen ist, hat bereits unser Kauf-Programm verlangsamt und dadurch den letztendlichen Gewinn gemindert.

Ein noch dramatischeres Beispiel für den Konflikt zwischen der kurzfristigen Performance und der Maximierung der langfristigen Ergebnisse ergab sich 1966. Ein anderer Anbieter, der mir vorher völlig unbekannt war, legte ein Übernahmeangebot vor, das zugleich künftige Gelegenheiten für günstige Käufe ausschloss. Ich habe die Entscheidung getroffen, dass der klügste Kurs (möglicherweise war er es auch nicht), darin besteht, unsere Beteiligung abzustoßen. Dadurch haben wir im Februar einen

Gesamtgewinn von 1269181 Dollar realisiert, von dem 867749 Dollar dem Jahr 1966 zuzurechnen sind.

Während jeder Gewinn im Marktumfeld, das sich 1966 bekanntermaßen entwickelt hat, besonders gut aussah, können Sie sicher sein, dass ich nicht erfreut bin, aus Bergen Maulwurfshügel zu machen. Natürlich spiegeln die Gewinne von 1966 die Maulwurfshügel wider. Allerdings wären wir vom langfristigen Standpunkt aus besser gestellt, wenn die Ergebnisse 1966 um 5 Prozent schlechter ausgefallen wären und wir weiterhin nennenswerte Anteile der Aktie zum niedrigen Preis gekauft hätten, der in dem diesjährigen Marktumfeld hätte erwartet werden können.

Wenn es gute Ideen wie Sand am Meer gäbe, wäre solch ein verfrühtes Ende nicht unangenehm. Es gibt natürlich etwas zu sagen, wenn bei einer Geschäftsoperation Misserfolge bescheidene Gewinne erzeugen. Jedoch können Sie sehen, wie schwer es ist, Ersatzideen auszubrüten, indem wir unsere durchschnittlichen Investments in der Kategorie Private Eigentümer überprüfen – wir haben während des restlichen Jahres trotz niedrigerer Aktienpreise nichts gefunden, was der Entdeckung solcher neuer Gelegenheiten förderlich gewesen wäre.«

22. Januar 1969

»Generals – Privater Eigentümer

Im Laufe der Zeit war dies unsere beste Gruppe, gemessen am Durchschnittsgewinn, und sie hat sich bei weitem als höchster Anteil an profitablen Transaktionen gehalten. Dieser Ansatz entsprach der Art und Weise, wie ich das Geschäft gelernt habe, und hat früher einen großen Teil unserer Investment-Ideen ausgemacht. Unsere Gesamtgewinne in dieser Gruppe waren während der zwölf Jahre der BPL wahrscheinlich mindestens 50 Mal größer als unsere Gesamtverluste. Die Kasse hat bei einer einfachen Branchenidee (auf verschiedene Weise umgesetzt) in diesem Bereich 1968 richtig geklingelt. Wir haben sogar eine nennenswerte Gebühr (im Jahresabschluss unter ›andere Einkünfte‹ ausgewiesen) für etwas Arbeit auf diesem Gebiet erhalten.«

18. Januar 1965

»In den vergangenen jährlichen Briefen habe ich immer drei Kategorien benutzt, um die Investment-Aktivitäten zu beschreiben, die wir tätigen. Ich finde jetzt, dass eine Vier-Kategorien-Aufteilung passender ist. Teilweise spiegelt die Hinzufügung einer neuen Abteilung – ›Generals – relativ unterbewertet‹ – meine weiterführende Betrachtung von wesentlichen Unterschieden wider, die immer in einem kleinen Ausmaß mit unserer ›Generals‹-Gruppe bestanden haben. Genauso reflektiert es die wachsende Wichtigkeit dessen, was einmal eine sehr kleine Unterkategorie war, aber jetzt ein wesentlich bedeutenderer Teil unseres Gesamt-Portfolios ist. Diese zunehmende Bedeutung ist bis heute von ausgezeichneten Ergebnissen flankiert worden, was die viele Zeit und die großen Anstrengungen rechtfertigt, die zur Entdeckung von zusätzlichen Gelegenheiten in diesem Bereich nötig sind. Schließlich spiegelt es teilweise die Entwicklung und Durchführung einer neuen und einzigartigen Investment-Technik wider, die dazu führt, die Lebensdauer und Beständigkeit von Aktivitäten in dieser Kategorie zu erhöhen.«

18. Januar 1965

»›Generals – relativ unterbewertet‹. Diese Kategorie besteht aus Wertpapieren, die im Vergleich zu Wertpapieren derselben allgemeinen Qualität zu relativ günstigen Preisen verkauft werden. Wir verlangen wesentliche Abweichungen zu aktuellen Bewertungsstandards, verstehen jedoch (gewöhnlich wegen der besonderen Größe) nicht, dass Wert für einen privaten Eigentümer ein bedeutungsvolles Konzept wäre. Es ist in dieser Kategorie natürlich wichtig, Äpfel mit Äpfeln zu vergleichen – und nicht mit Birnen, und wir arbeiten hart daran, dorthin zu kommen. Bei der Mehrzahl der Fälle wissen wir einfach nicht genug über die Branche oder das Unternehmen, um zu einer vernünftigen Beurteilung zu kommen – in dieser Situation sehen wir von einem Investment ab.

Wie bereits erwähnt, ist diese neue Kategorie gewachsen und hat sehr zufriedenstellende Ergebnisse gebracht. Wir haben kürzlich begonnen, eine Methode einzuführen, die verspricht, das Risiko durch eine vollständige Änderung in Bewertungsstandards ganz erheblich zu reduzieren. Das Risiko tritt beispielsweise auf, wenn wir etwas zum zwölffachen Ertrag kaufen, während Unternehmen von vergleichbarer oder schlechterer Qualität für den zwanzigfachen Ertrag verkauft werden, wenn daraufhin aber eine größere Neubewertung stattfindet, sodass die Vergleichsunternehmen nur noch für das Zehnfache ihres Ertrags verkauft werden.

Dieses Risiko hat uns immer enorm geplagt, da wir im Vergleich zu den ›Generals – private Eigentümer‹ oder zu den ›Workouts‹ dann in eine hilflose Position manövriert werden konnten. Mit diesem verminderten Risiko hat diese Kategorie unserer Meinung nach eine viel versprechende Zukunft.«

20. Januar 1966

»Unsere abschließende Kategorie ist, Generals – relativ unterbewertet‹. Diese Kategorie ist in der relativen Bedeutung gewachsen, da die Einstiegschancen in den anderen Kategorien seltener werden.

Offen gesagt erfordert es etwas mehr Feingefühl, auf diesem Feld zu operieren als in den anderen drei Kategorien, und ich bin gerade nicht der feinfühlige Typ. Deshalb finde ich, dass Ergebnisse hier weniger beständig und vielleicht für Zukunftsprognosen weniger aussagekräftig sind als in den anderen Kategorien. Dennoch waren unsere Erträge in der Gruppe ›Generals – relativ unterbewertet‹ 1965 ziemlich gut, teilweise wegen der Umsetzung der Methode, die im Brief letzten Jahres vorgestellt wurde, und die dazu dient, Risiken zu reduzieren und potenzielle Gewinne zu vermehren. Sie sollte Risiken in jedem Jahr reduzieren und hat die Gewinne 1965 mit Sicherheit erhöht. Ich komme allerdings nicht umhin, darauf hinzuweisen, dass die Gewinne in dieser Kategorie nur durch zwei Investitionen stark zum Besseren hin ausgeschlagen haben.«

25. Januar 1967

»Ein Schlusswort zur Kategorie ›Generals – relativ unterbewertet‹. In dieser Abteilung hatten wir auch einen Kandidaten, der die Ergebnisse 1966 verbessert, unsere langfristigen Aussichten jedoch beeinträchtigt hat. Wir hatten 1966 eine wirklich aussichtsreiche neue Idee in dieser Kategorie. Gegen Ende des Frühlings fingen wir an zu kaufen, kamen aber nur bis zu ungefähr 1,6 Millionen Dollar (der Kauf konnte zwar stetig, aber nur mit mäßiger Geschwindigkeit vorangetrieben werden), als externe Bedingungen den Aktienpreis bis zu einem Punkt steigerten, an dem weitere Käufe vergleichsweise unattraktiv waren. Obwohl unser Gesamtgewinn 728141 Dollar bei einer durchschnittlichen Halteperiode von sechseinhalb Monaten im Jahr 1966 betrug, wäre es weitaus wünschenswerter gewesen, dass sich der Aktienkurs über einen langen Zeitraum nicht verändert hätte, während wir eine wirklich substantielle Position ansammelten.«

Verzinste Weisheit

In seinen Kommentaren zu Generals erleben wir, wie sich Buffett vom Erläutern der *Grundsätze* löst und zum Erläutern der *Methoden* wechselt. Während sich Grundsätze nie ändern – sie sind zeitlos – können und sollten sich Methoden häufig ändern, damit sie zu einem gegebenen Investment-Umfeld passen. Es lassen sich unterschiedliche Methoden ausmachen, die Buffett in verschiedenen Phasen der Partnership und in unterschiedlichen Phasen des Marktzyklus angewandt hat, um am besten nach seinen Grundsätzen handeln zu können. Obwohl sich sein Ansatzes von Substanzwert in Richtung Qualität gewandelt hat, versorgt er uns mit mehreren Methoden für unsere eigenen Anlagebemühungen.

›Generals – private Eigentümer‹ und relativ unterbewertete Generals sind die ersten beiden Werkzeuge, die er uns gegeben hat, und sie stellen uns womöglich ein breites Angebot an potenziellen Auswahlmöglichkeiten auf dem Markt zur Verfügung. Wir können nach Schnäppchen suchen oder Jagd auf große Geschäfte machen. Mit seinen Erläuterungen zu Workouts und Controls, unseren folgenden beiden Kapiteln, werden wir damit fortfahren, Werkzeuge zu unserem Werkzeugset hinzuzufügen, und sehen, wann Buffett zu welchem greift.

KAPITEL 7

Die Workouts

»Gib einem Mann einen Fisch und du ernährst ihn einen Tag. Bring ihm bei, wie Arbitrage funktioniert, und er hat ausgesorgt.«[63]

– Berkshire Hathaways Annual Report 1988

Als Junge zahlte Buffett im Geschäft seines Großvaters 25 Cent für einen Sixpack Cola und verkaufte die einzelnen Dosen dann für jeweils 5 Cent. Er verdiente an jedem Sechserpack 20 Prozent und hatte ein sogenanntes Arbitragegeschäft durchgeführt – eine Vorgehensweise, die einer einfachen Formel folgt: Etwas wird zum Preis X gekauft, es wird um einen bestimmten Wert angereichert oder ein Risiko wird übernommen und dann wird der Verkauf zum Preis X plus einem Gewinn durchgeführt.

Bei der traditionellen oder »risikofreien« Arbitrage, werden Gewinne gemacht, wenn zwei identische oder nahezu identische Einheiten zeitgleich an verschiedenen Orten zu unterschiedlichen Preisen gehandelt werden. Wenn zum Beispiel die Aktie eines Unternehmens (in jeder Hinsicht identisch) in New York für einen niedrigeren Preis gehandelt wird als in London, können Aktien-Arbitrageure die Aktien in der einen Stadt kaufen, sie in der anderen verkaufen und die Differenz einstreichen. Weil das innerhalb von einer Nanosekunde getan werden kann (der elektronische Handel ermöglicht es, die Aktien in London zu kaufen und innerhalb eines Sekundenbruchteils in New York zu verkaufen) wird diese Operation in der Regel als risikolos angesehen. Da die »risikolose Arbitrage« Gratisgeld produziert, sind die Gelegenheiten dazu eher selten.

Ein anderes Beispiel: Buffett im Alter von 24 Jahren führt für Graham eine frühe Arbitrage durch, die nicht völlig risikolos, aber doch zumindest risikoarm war. Er hat sie wie folgt beschrieben:

> *»Rockwood & Co., ein in Brooklyn ansässiges, wenig profitables Unternehmen für Schokoladenprodukte, hatte 1941 die LIFO Bestandsbewertungsmethode eingeführt, als Kakao für 5 Cent das Pfund verkauft wurde. 1954 stieg der Preis aufgrund eines vorübergehenden Engpasses auf über 60 Cent. Daraufhin wollte Rockwood seinen wertvollen Lagerbestand abstoßen – und zwar schnell, bevor der Preis wieder fallen würde. Hätten sie aber den Kakao einfach verkauft, wären fast 50 Prozent Steuern auf die Einnahmen angefallen.*
>
> *Das Steuergesetz von 1954 brachte die Rettung. Es enthielt ein Hintertürchen, durch das die sonst auf LIFO-Profite anfallenden Steuern wegfielen, wenn der Lagerbestand im Rahmen einer geplanten Reduzierung des Geschäftsbetriebs veräußert wurde. Rockwood entschloss sich, eine seiner Geschäftssparten zu schließen, den Verkauf von Kakaobutter, und gab an, dass 13 Millionen Pfund seines Lagerbestands an Kakaobohnen auf diese Geschäftssparte entfielen. Entsprechend bot das Unternehmen an, seine Aktien im Tausch gegen die Kakaobohnen zurückzukaufen, die nicht länger gebraucht wurden, und zahlte 80 Pfund Bohnen je Aktie.*
>
> *Über Wochen kaufte ich fleißig Aktien, verkaufte Bohnen und machte regelmäßig Halt bei Schroeder Trust, um Aktien gegen Lagerempfangsscheine einzutauschen. Die Profite waren gut und meine einzigen Kosten bestanden in Fahrscheinen für die U-Bahn.«*

Solange sich die unterschiedlichen Preise nicht zu sehr bewegten, konnte mit der Rockwood-Arbitrage leicht Geld verdient werden. Aktien wurden für 34 Dollar gekauft und gegen Bohnen im Wert von 36 Dollar getauscht, die wiederum gegen Barzahlung verkauft wurden und 2 Dollar Profit einbrachten. Solange der Preis für Kakao oben blieb, waren die 2 Dollar Profit ein sicherer Gewinn. Jede Transaktion brachte eine Rendite von 5,8 Prozent auf das eingesetzte Kapital. 100 Dollar, die für die Rockwood-Arbitrage eingesetzt wurden, konnten pro Jahr Jahr(ohne Zinsen) 58 Dollar bringen, wenn der komplette Prozess sich zehnmal vollzog. Arbitrage-Chancen mit solch geringen Risiken ergeben sich leider nur selten. Arbitrageure müssen auf der Risikoleiter schon eine Sprosse höher steigen, um eine ausreichende Anzahl an Gelegenheiten zu finden.

Risikoarbitrage

Für BPL war das eine Investitionskategorie, die Buffett als »Workouts« bezeichnete – bekannter unter dem Namen Risikoarbitrage oder Merger Arbitrage. Dazu zählt auch das Wetten auf die Wahrscheinlichkeit, dass eine angekündigte Transaktion (für gewöhnlich, dass ein Unternehmen ein anderes kauft) tatsächlich zum Abschluss kommt. Wenn ein Unternehmen seine Absicht bekannt gibt, ein anderes börsennotiertes Unternehmen zu kaufen, steigen die Aktienkurse des verkauften Unternehmens auf ein Level nahe dem angekündigten Kaufpreis, ohne diesen jedoch ganz zu erreichen. Die Differenz zwischen Übernahmekurs und Aktienkurs spiegelt das Risiko wider, dass etwas passieren wird, was den Abschluss scheitern lässt, sowie den Zeitwert von Geld zwischen dem heutigen Tag und dem Tag des erwarteten Abschlusses. Aus diesem Punkt ergibt sich die Arbitrage-Gelegenheit. Buffett strebte Arbitrage-Transaktionen an, bei denen die Differenz groß genug war und die Wahrscheinlichkeit hoch, dass das Geschäft zustande kam.

Das kann ein sehr lohnendes Geschäft sein, und für Buffett war es das sicherlich. Wie bei vielen seiner Aktivitäten bei BPL hatte er die Methode von Graham gelernt. Unter Nutzung der Bilanzen von Graham-Newman, BPL und Berkshire Hathaway in den 65 Jahren bis 1988, bezifferte Buffett den durchschnittlichen nicht fremdfinanzierten Ertrag im Arbitrage-Geschäft auf jährlich 20 Prozent. Im Geschäftsbericht des betreffenden Jahres sagte er: »Gib einem Mann einen Fisch und du ernährst ihn einen Tag. Bring ihm bei, wie Arbitrage funktioniert, und er hat ausgesorgt.« Allerdings. Wir wissen, was eine jährliche Verzinsung von durchschnittlich 20 Prozent plus Zinseszinsen über 65 Jahre bringt – sie verwandelt 100 Dollar in 14 Millionen.

Die Ergebnisse haben jedoch die Tendenz, sich in beide Richtungen zu vergrößern, denn in der Regel wird zusammen mit dem Kapital des Partners noch geliehenes Geld genutzt, um größere Positionen eingehen zu können. Buffetts selbstauferlegte Grenze bei der Verwendung von Fremdkapital für Arbitrage-Geschäfte lag bei 25 Prozent des Partnership-Vermögens. Keine unbedeutende Summe. Das Erfolgsgeheimnis dieses Geschäfts besteht darin, sich nicht oft zu irren. Denn wenn Fremdkapital genutzt wurde, waren die tatsächlichen Renditen für Investoren noch höher.

Um bei einer Risikoarbitrage Geld zu verdienen, muss die Übernahme zum Abschluss gebracht werden. Die meisten laufen auch wie geplant durch, aber einige scheitern an ungünstigen Kartellvorschriften, Steuerregeln, an der Ablehnung der Anteilseigner und so weiter. Buffett bezeichnete das als »den Apfelkarren umkippen«, im Sinne von »alles über den Haufen werfen«. Wenn das eintrat, fiel die Übernahmeaktie in der Regel sehr schnell auf den Preis zurück, der vor der angekündigten Übernahme aktuell war. Wenn das Geschäft profitabel war, beschrieb Buffett es als »die letzten 5 Cent einkassieren, nachdem der andere Kerl 95 Cent gemacht hat.« Sich auf der falschen Seite eines geplatzten Arbitrage-Geschäfts zu befinden, kann teuer werden. Ihnen entgehen nicht nur die 5 Cent, Sie können außerdem einen beträchtlichen Teil der 95 Cent verlieren. Buffett hat vermutlich die meisten Deals abgeschätzt, war jedoch sehr wählerisch, an welchen er sich letztlich beteiligte. Workouts sind ein Geschäft, das nicht zu viele Fehler duldet.

Anlagegelder konzentriert einzusetzen war allen Buffett-Operationen gemein. Während viele Risikoarbitrage-Unternehmen dazu neigen, ihre Investments gleichzeitig über viele Unternehmen zu streuen, konzentrierte sich BPL in der Regel auf zehn bis fünfzehn ein Unterschied zum typischen Arbitrageur, bei dem es möglicherweise fünfzig oder mehr sind. Weil er sich auf wenige Unternehmen konzentrierte, waren Buffetts Fehler in diesem Bereich schmerzhaft sichtbar. In einem für Workouts schwierigen Jahr sagte Buffett dazu:

> *»1967 waren die Straßen voll mit umgestürzten Apfelkarren – unseren Apfelkarren. Bei einer durchschnittlichen Investition von 17246879 Dollar betrug unser Gesamtgewinn 153273 Dollar. Für jene von Ihnen, deren Rechenschieber nicht bis in solche beschämenden Dimensionen vordringt: Das entspricht einer Rendite von 0,89 Prozent. Ich habe zwar keine vollständigen Zahlen, bezweifle jedoch, dass wir in einem der vergangenen Jahre unter 10 Prozent geblieben sind. Wie in anderen Kategorien konzentrieren wir unsere Investitionen auch im Bereich ›Workouts‹ auf ein paar wenige Gelegenheiten im Jahr. Diese Vorgehensweise führt zu größeren Abweichungen bei den Jahresergebnissen als bei einer flächendeckenden Vorgehensweise. Ich bin davon überzeugt, dass unser Ansatz langfristig zu einer genauso großen oder noch größeren Profitabilität führt, aber mit den Ergebnissen von 1967 lässt sich das nicht gerade beweisen.«*[64]

In seinem Brief von 1988 an die Anteilseigner von Berkshire nannte Buffett die vier erforderlichen Fragen, um einen Workout zu beurteilen: (1) Wie groß ist die Chance, dass der Deal zustande kommt? (2) Wie lange wird es bis zum Abschluss dauern? (3) Wie wahrscheinlich ist es, dass jemand anderer ein besseres Angebot macht? Und (4) Was passiert, wenn der Deal platzt?

Performance-Gegengewicht

Workouts würden langfristig genauso gut abschneiden wie die Generals, das war die Erwartung (zehn Punkte besser als der Markt oder im Schnitt 15 bis 17 Prozent pro Jahr). Sie erbrachten nicht nur ziemlich stabile Renditen, sondern ihr Erfolg war auch größtenteils unabhängig vom Dow und schützte von daher BPLs Gesamt-Performance in rückläufigen Märkten. In den meisten Jahren machten sie 30 bis 40 Prozent des Kapitals aus. Diese Aufteilung war für Buffett eine Art zweckdienlicher Kippschalter. In seinem allerersten Brief teilte er den Partnern mit, dass er erwarte, dass BPL die Portfoliozusammensetzung hin zu Generals kippen würde, wenn der Markt fallen würde, und hin zu Workouts, wenn er steigen würde. Ein paar Jahre danach sollten Controls die Workouts als marktunabhängiges Geschäft ergänzen. Buffett bezeichnete das als einen »zufallsbedingten« Faktor, der manchmal die Performance steigerte und sie manchmal bremste:

> »*Um ein Beispiel zu nennen, wie wichtig der lästige Umstand ist, unsere Assets auf diese drei Kategorien aufzuteilen, lassen Sie mich die letzten drei Jahre beschreiben. Wir verwenden eine völlig anderen Berechnungsweise als diejenige, die wir zum Messen der Gesamt-Performance von BPL nutzen. Dabei wird die durchschnittliche monatliche Investition zum Marktwert je Kategorie betrachtet, geliehenes Geld und Bürobetriebskosten und so weiter bleiben ausgenommen (das ist die genaueste Basis für Vergleiche zwischen Gruppen, spiegelt jedoch nicht die BPL Gesamtergebnisse wider). Entsprechend stellen sich die Generals (beide vorhandenen Kategorien zusammen), die Workouts und der Dow wie folgt dar:*

Jahr	Generals	Workouts	Dow
1962	-1,0 Prozent	14,6 Prozent	-8,6 Prozent
1963	20,5 Prozent	30,6 Prozent	18,4 Prozent
1964	27,8 Prozent	10,3 Prozent	16,7 Prozent

Offensichtlich haben die Workouts (zusammen mit den Controls) 1962 die Lage gerettet. Und wenn wir in jenem Jahr in dieser Kategorie wenig investiert hätten, wäre unser Endergebnis wesentlich schlechter ausgefallen, es wäre aber immer noch ziemlich ansehnlich in Anbetracht der Marktbedingungen im betreffenden Jahr; wir hätten in diesem Jahr genauso gut einen wesentlich kleineren Anteil unseres Portfolios in Workouts investieren können; die Verfügbarkeit hat diese Entscheidung herbeigeführt, und nicht meine Vorstellung davon, was der Markt tun würde. Daher ist es wichtig zu erkennen, dass wir 1962 im Hinblick auf die Zusammensetzung der Kategorien einfach nur Glück hatten.

1963 hatten wir ein sensationelles Workout mit stark davon beeinflussten Ergebnissen, und die Generals zeigten sich von ihrer guten Seite, was zu einem erfolgreichen Jahr führte. Wären die Workouts auf einem normalen gewesen (sorry, es war fast so wie 1962) hätten wir im Vergleich zum Dow wesentlich schlechter ausgesehen. In dem Fall war es nicht unsere selbstbestimmte Verteilung der Assets auf die verschiedenen Kategorien, die viel für uns getan hat, sondern es waren vielmehr die ausgezeichneten Gelegenheiten.

Und schließlich waren 1964 die Workouts ein ziemlicher Bremsklotz für die Performance. Das wäre normal bei jedem Ereignis, solange der Dow ein so starkes Plus hinlegte wie 1964, aber wegen der nur mittelmäßigen Ergebnisse waren sie ein noch größerer Bremsklotz als erwartet. Rückblickend wäre es sinnvoll gewesen, komplett auf Generals zu setzen, aber wir spielen das Spiel nun mal nicht rückblickend.

Ich hoffe, die oben gezeigte Tabelle macht klar, dass Ergebnisse in einem bestimmten Jahr von vielen Variablen abhängen – und einige gewähren uns wenig Einblick und Kontrolle. Wir betrachten alle Kategorien als gutes Geschäft und sind froh, auf mehrere bauen zu können, statt nur auf eines. Das sorgt für mehr Differenzierung innerhalb jeder Kategorie und verringert die Wahrscheinlichkeit, dass wir vollständig aus der Bahn geworfen werden, wenn wir die Möglichkeiten in einer einzelnen Kategorie eliminieren würden.«[65]

Lassen Sie uns Arbitrage-Geschäfte machen

Bereit, mit Arbitrage-Geschäften anzufangen? Freuen Sie sich auf im Durchschnitt 20 Prozent jährlicher Renditen ohne den Hebel durch Fremdfinanzierung? Seien Sie vorsichtig dabei. Buffetts Erfolg in dieser Kategorie lässt es womöglich einfacher aussehen, als es tatsächlich ist – der Teufel steckt oft im Detail bei diesen Transaktionen, und sich auf der falschen Seite der Risikoarbitrage zu befinden, kann teuer werden. Wie jede von Buffetts drei Investment-Kategorien führt auch diese nur zum Erfolg, wenn Sie sich innerhalb Ihres Kompetenzkreises befinden – Sie müssen verstehen, was Sie tun, bevor Sie es tun. Weil die nicht fremdfinanzierten, nicht aufs Jahr umgerechneten Renditen bescheiden sind, muss das Sicherheitsintervall extrem hoch sein, um diese Aktivitäten zu betreiben. Wenn die Arbitragegelegenheit nicht gerade offensichtlich ist, dann lässt man von diesen Transaktionsarten besser die Finger.

Während Sie im Folgenden das Fallbeispiel zu Texas National Petroleum lesen, sollten Sie sich fragen: Wie gut wären Sie in der Lage gewesen, Aussagen darüber zu treffen, mit welcher Wahrscheinlichkeit der gemeinnützige Status der Universität von Südkalifornien kein Problem für die IRS sein würde und wie wahrscheinlich folglich eine ABC-Finanzstruktur in diesem Fall erlaubt würde?

BPL-Fallstudie – Texas National Petroleum – Jahresabschlussbrief 1963

18. Januar 1964

»Diese Situation war ein ganz normales Workout, das aus den der Quelle Nummer Eins von Workouts der vergangenen Jahre hervorging – dem Ausverkauf der erdöl- und gasproduzierenden Unternehmen.

TNP war ein relativ kleiner Produzent, mit dem ich mich schon seit Jahren ein bisschen befasst hatte.

Anfang 1962 erfuhr ich gerüchtehalber, ein Ausverkauf an die Union Oil of California sei geplant. Auf solche Informationen reagiere ich normalerweise nicht, aber in diesem Fall traf es zu und wir hätten wesentlich mehr Geld verdient, wenn wir bereits im Gerüchtestadium eingestiegen wären, statt erst dann, als es bekannt gegeben wurde. Aber das ist nicht mein Geschäft, sondern das von jemand anderem.

Anfang April 1962 wurden die Bedingungen des Geschäfts bekannt gegeben. TNP hatte drei Arten von Wertpapieren, die sich im Umlauf befanden:

1. 6,5 Prozent Unternehmensanleihen, kündbar zu 104,25 Prozent, die bis zum Verkauf Zinsen bringen und dann gekündigt würden. Es standen noch 6,5 Millionen Dollar aus, von denen wir 264 000 Dollar als kapitalisierten Betrag vor Verkaufsabschluss kauften.
2. Etwa 3,7 Millionen Aktien, von denen dem Management etwa 40 Prozent gehörten. Das Proxy Statement (eine Art Aktionärsinformation) schätzte, dass die Erlöse aus dem Verkauf sich auf 7,42 Dollar pro Aktie belaufen würden. Wir kauften während der etwa sechs Monate zwischen der Bekanntgabe und dem Verkaufsabschluss 64 035 Aktien.
3. 650 000 Optionsscheine, um Stammaktien zu 3,50 Dollar die Aktie zu kaufen. Wir nutzten die Schätzung der Aktionärsinfor-

mation von 7,42 für das Workout auf die Stammaktie und errechneten 3,92 Dollar für das Workout auf die Optionsscheine. Wir waren in der Lage, innerhalb von sechs Monaten 83 200 Optionsscheine oder etwa 13 Prozent der gesamten Emission zu kaufen.

Das Risiko einer Ablehnung durch die Anteilseigner lag bei null. Das Geschäft wurde von den Anteilseignern ausgehandelt, die die Kontrolle ausübten, und der Preis war gut. Jede Transaktion wie diese unterliegt der Klärung der Eigentumsrechte, der rechtlichen Möglichkeiten und so weiter, aber das Risiko lässt sich manchmal auch auf so gut wie null einschätzen. Es gab keine kartellrechtlichen Probleme. Und dass es weder rechtliche noch kartellrechtliche Probleme gibt, ist keineswegs selbstverständlich.

Das einzige Haar in der Suppe war, dass noch die notwendige Steuerauskunft eingeholt werden musste. Union Oil verwendete eine übliche ABC-Finanzierungsmethode aus der Umsatzbeteiligung. Der Universität von Südkalifornien floss diese Umsatzbeteiligung zu, und es gab eine gewisse Verzögerung wegen des gemeinnützigen Status.

Das schuf für das Finanzamt ein neues Problem, wir erkannten jedoch, dass die Universität von Südkalifornien bereit war, diesen Status aufzugeben, wodurch für sie immer noch ein zufriedenstellender Gewinn übrig blieb, nachdem sie das ganze Geld von der Bank geliehen hatten. Obwohl es zu einer Verzögerung führte, diesen Punkt zu klären, gefährdete es das Geschäft nicht.

Als wir am 23. und 24. April Gespräche mit dem Unternehmen führten, schätzten dessen Vertreter, dass der Abschluss im August oder September stattfinden würde. Die Aktionärsinformation wurde am 9. Mai verschickt und besagte, dass der Verkauf im Laufe des Sommers 1962 durchgeführt werden würde und dass innerhalb der darauffolgenden Monate der größte Teil der Erlöse aus Liquidation an die Anteilseigner ausgeschüttet werden würde.‹ Wie bereits erwähnt, lag die Schätzung bei 7,42 Dollar je Aktie. Bill Scott nahm am 29. Mai an der Aktionärsversammlung in Houston teil, auf der verkündet wurde, dass man immer noch davon ausging, den Verkauf am 1. September abzuschließen.

Im Folgenden ein paar Auszüge aus Telefonaten, die wir in den anschließenden Monaten mit Vertretern des Unternehmens führten:

Am 18. Juni erklärte uns der Sprecher: »Der Union wurde mitgeteilt, dass ein vorteilhafter Bescheid des Finanzamtes ausgestellt wurde, dass dieser jedoch noch von weiteren Mitarbeitern des Finanzamtes abgesegnet werden muss. Dennoch hoffen wir auf eine Entscheidung im Juli.«

Am 24. Juli teilte der Vorsitzende mit, dass er den Bescheid des Finanzamtes »Anfang nächster Woche« erwarte.

Am 13. August informierte uns der Finanzchef, dass die TNP, Union Oil und USC Vertreter alle in Washington seien und versuchten, eine Entscheidung herbeizuführen.

Am 18. September informierte uns der Finanzchef: »Keine Neuigkeiten, allerdings sagt das Finanzamt, der Bescheid könne bis nächste Woche fertig sein.«

Die Schätzung für die Ausschüttung lag immer noch bei 7,42 Dollar.

Der Bescheid kam Ende September, und am 31. Oktober wurde das Geschäft zum Abschluss gebracht. Unsere Anleihen wurden am 13. November gekündigt. Kurz darauf wandelten wir unsere Optionsscheine in Stammaktien um und erhielten am 4. Dezember 1962 3,50 Dollar auf die Stammaktie, am 4. Februar 1963 3,90 Dollar und am 24. April 1963 15 Cent. In ein oder zwei Jahren werden wir vermutlich weitere 4 Cent bekommen. Bei 147 235 Anteilen (nach Umwandlung der Optionsscheine) sind auch 4 Cent pro Aktie von Bedeutung.

Das veranschaulicht das übliche Muster: (1) Die Geschäftsabschlüsse ziehen sich länger hin als veranschlagt; und (2) die Auszahlung ist in der Regel ein bisschen besser als geschätzt. Bei TNP hat es ein paar Monate länger gedauert, und wir erhielten ein paar zusätzliche Prozent.

Die Finanzergebnisse bei TNP waren wie folgt:

1. Wir investierten 260773 Dollar in die Anleihen und hatten eine durchschnittliche Haltedauer von unter fünf Jahren. Wir erhielten 6,5 Prozent Zinsen auf unser Geld und erzielten einen Kapitalzuwachs von 14446 Dollar. Das summierte sich zu einer Gesamtrendite von etwa 20 Prozent im Jahr.
2. Auf die Aktien und Optionsscheine realisierten wir einen Kapitalzuwachs von 89304, und wir haben Restabrechnungen im derzeitigen Wert von 2946. Die ursprüngliche Investition von 146000 Dollar im April wuchs als Beteiligung auf einen Wert von 731000 Dollar im Oktober an. Bezogen auf die Zeit, in der das Geld investiert war, betrug der jährliche Zinssatz beziehungsweise die jährliche Rendite etwa 22 Prozent pro Jahr.

In beiden Fällen berechnet sich die Rendite auf ein vollständig eigenkapitalfinanziertes Investment. Meiner Meinung nach ist geliehenes Geld bei einem Portfolio von Workouts absolut gerechtfertigt, bei Generals halte ich es dagegen für eine gefährliche Vorgehensweise.

Wir präsentieren TNP nicht als welterschütternden Triumph. Wir hatten Workouts, die wesentlich besser waren und andere, die schlechter waren. Das ist typisch für unser Geschäft. Wir versuchen, uns alle möglichen Fakten zu besorgen, mit Entwicklungen Schritt zu halten und all das vor dem Hintergrund unserer Erfahrung zu bewerten. Ganz sicher lassen wir uns nicht auf alle Möglichkeiten ein, die uns begegnen – deren Attraktivität variiert stark. Wenn ein Workout scheitert, ist die daraus resultierende Verminderung des Marktwertes gravierend. Deshalb kann man sich nicht viele Fehler erlauben, obwohl uns durchaus bewusst ist, dass sie gelegentlich vorkommen.

Lektionen aus den Partnership Letters: Workouts

24. Januar 1962

»Unsere zweite Kategorie sind die ›Workouts‹. Dabei handelt es sich um Wertpapiere, deren Finanzergebnisse von Kapitalmaßnahmen abhängen und nicht von der Angebots- oder Nachfragesituation des Wertpapiers, die von Käufern und Verkäufern geschaffen wird. Anders ausgedrückt: Es sind Wertpapiere mit einem Zeitplan, bei dem wir – mit einer vernünftigen Irrtumswahrscheinlichkeit – vorhersagen können, wann wir wie viel bekommen werden und was »den Apfelkarren umstoßen« könnte. Unternehmensereignisse wie Fusionen, Geschäftsauflösungen, Umstrukturierungen, Spin-offs und so weiter führen zu Workouts. In den vergangenen Jahren sind Übernahmen von Ölproduzenten durch riesige Ölkonzerne zu einer wichtigen Quelle geworden.

Diese Kategorie produziert von Jahr zu Jahr vernünftige, stabile Gewinne, die im Wesentlichen unabhängig vom Kurs des Dow Jones sind. Wenn wir während eines Jahres einen Großteil unseres Portfolios in Workouts investieren, so stehen wir extrem gut da, wenn sich das Jahr für den Dow als schlecht herausstellt. Wir stehen ziemlich schlecht da, wenn es für den Dow ein sehr gutes Jahr ist. Im Laufe der Jahre haben Workouts unsere zweitgrößte Kategorie gebildet. Zu jedem beliebigen Zeitpunkt können wir in zehn bis fünfzehn davon investiert sein; einige davon stehen ganz am Anfang, andere sind bereits im Endstadium ihrer Entwicklung. Ich glaube an die Nutzung von Fremdkapital, um einen Teil unseres Workout-Portfolios zu finanzieren, da in dieser Kategorie ein hohes Maß an Sicherheit besteht. Das betrifft sowohl die Endergebnisse als auch die Frage, wie der Markt sich zwischenzeitlich verhält. Die Ergebnisse liegen, wenn man mal die Hebelwirkung von geliehenem Geld außer Betracht lässt, für gewöhnlich im Bereich von 10 bis 20 Prozent. Meine selbst auferlegte Obergrenze im Hinblick auf Fremdkapital liegt bei 25 Prozent des Eigenkapitals der Partnership. Oftmals schulden wir miemandem Geld, und wenn wir welches ausleihen, dann ist cyx nur ein Ausgleich für Workouts.«

18. Januar 1965

»Langfristig erwarte ich, dass die Workouts hinsichtlich unserer Gewinnmarge über dem Dow eine ähnliche Größenordnung erreichen wie die Generals.«

24. Januar 1968

»Wie bei den anderen Kategorien konzentrieren wir unsere Investitionen auch im Bereich Workouts auf ein paar wenige Situationen im Jahr. Diese Vorgehensweise führt zu größeren Ausschlägen bei den Jahresergebnissen als bei einer flächendeckenden Vorgehensweise. Ich bin davon überzeugt, dass unser Ansatz langfristig zu einer genauso großen oder noch größeren Profitabilität führt, aber mit den Ergebnissen von 1967 lässt sich das nicht gerade beweisen.«

18. Januar 1964

»… in dieser Kategorie reden wir nicht über Gerüchte oder ›Insiderinformationen‹ bezüglich solcher Entwicklungen, sondern über öffentlich bekannt gegebene Aktionen dieser Art. Wir warten, bis wir darüber in der Zeitung lesen. Das Risiko betrifft nicht vorrangig das allgemeine Marktverhalten (obwohl das manchmal in einem gewissen Umfang damit verknüpft ist), sondern stattdessen etwas, das den Apfelkarren zum Umstürzen bringen kann, sodass die erwartete Entwicklung nicht eintritt.«

»… Der Bruttoertrag vieler Workouts wirkt ziemlich gering. Ein Freund bezeichnet das als die letzten 5 Cent einkassieren, nachdem der andere Kerl 95 Cent gemacht hat. Aber die Vorhersagbarbarkeit in Kombination mit einer kurzen Halteperiode bringt ganz anständige jährliche Renditen hervor. Diese Kategorie beschert von Jahr zu Jahr mehr dauerhafte absolute Profite als die Generals. In Jahren, in denen der Markt verliert, bringt sie uns große Profite auf; während sie Bullenmarktphasen die Performance bremst. Langfristig erwarte ich, dass die Workouts hinsichtlich unserer Gewinnmarge über dem Dow eine ähnliche Größenordnung erreichen wie die Generals.

Wie ich bereits früher erwähnt habe, wird die Aufteilung unseres Portfolios größtenteils durch Zufall oder Verfügbarkeit bestimmt. Von daher ist es zwar reine Glückssache, ob wir in einem Verlustjahr für den Dow hauptsächlich in Generals oder in Workouts investiert sind, aber es hat eine Menge mit unserer Performance in Relation zum Dow zu tun. Das ist einer der Gründe, warum ein einzelnes Performancejahr eine geringe Bedeutung hat und, sei das nun gut oder schlecht, nie zu ernst genommen werden sollte.

Falls es irgendeinen Trend gibt, während unser Kapital wächst, dann geht er vermutlich in Richtung Controls, was bislang unsere kleinste Kategorie gewesen ist. Ich mag bei dieser Erwartung irren – ein Großteil hängt natürlich vom zukünftigen Verhalten des Marktes ab, den Sie genauso einschätzen können wie ich (ich mache in dieser Beziehung keine Prognose). Während ich dies schreibe, ist ein Großteil unseres Kapitals in Generals investiert, Workouts kommen an zweiter Stelle, und Controls an dritter.«

Verzinste Weisheit

Workouts und andere Formen von Arbitrage-Geschäften können ein sehr attraktiver Bereich sein, um Profite aus eigener Kraft zu erzielen. Sie haben den zusätzlichen Nutzen, die Quellen der jährlichen Gewinne auf eine Weise zu diversifizieren, die die Gesamtergebnisse in rückläufigen Märkten schützt. Sie boten Buffett ein Ventil für seinen Handlungsdrang, wenn der Gesamtmarkt hoch war – nichts zu tun, wenn es nichts zu tun gibt, kann für dynamische Investoren eine Herausforderung sein. Wenn Charlie Munger Workouts in zukünftigen Jahren unterzeichnen würde, würde er sagen: »Okay, zumindest hält es dich von den Kneipen fern.«[66] Für Buffett bedeuteten sie eine jährliche Rendite von 20 Prozent. Wenn die Aktienpreise stiegen, machten Workouts einen größeren Teil des Kapitals aus. Wenn reichlich Gelegenheiten vorhanden waren, in Generals zu investieren, sank der Prozentanteil der Workouts.

Jeder kann von der Diversifikation durch das Workout-Angebot profitieren, aber mit der Handhabung von Workouts fühlt sich nicht jeder wohl. Wer zu dieser Gruppe gehört, für den gibt es andere Ansatzpunkte für Investitionen, die hohe Renditen bringen können und zudem nicht so eng mit der jeweiligen tagesaktuellen Richtung des Gesamtmarktes verbunden sind. Falls Sie der Meinung sind, dass Workouts nicht das Richtige für Sie sind, könnten privat gehaltene Unternehmen den Zweck erfüllen. Wir erfahren mehr über eine Form davon, Controls genannt, im folgenden Kapitel.

KAPITEL 8

Die Controls

»Wir wollen nicht nur handeln um des Handelns willen. Bei ansonsten gleichen Parametern würde ich lieber andere die Arbeit machen lassen. Wenn jedoch eine aktive Rolle nötig ist, um den Einsatz von Kapital zu optimieren, können Sie sicher sein, dass wir nicht tatenlos zusehen werden.«[67]

– 20. Januar 1966

Stellen Sie sich eine Gruppe schwerfälliger alter Männer vor, die Ende der 1950er-Jahre als Mitglieder eines kleinen, börsennotierten Unternehmens fungierten. Die Gruppe kam seit vielen Jahren zu einer *Besprechung* und *Prüfung* des Geschäfts (eine großzügige Beschreibung ihrer Aktivitäten) zusammen, und raucht im Anschluss gute Zigarren. Sie fanden es alle recht angenehm – es war ein einfach zu managendes, leicht verständliches Geschäft, und niemand stellte zu viele Fragen oder verursachte zusätzliche Arbeit. Außerdem entlohnten sie sich selbst großzügig. Shareholder Value (stand ganz unten auf der Prioritätenliste, falls dieser Begriff überhaupt da stand. Und dann änderte sich alles, als sie erfuhren, dass jemand, von dem sie nie zuvor gehört hatten, 20 Prozent der frei verkäuflichen Aktien gekauft und nun die Kontrolle über 20 Prozent des Unternehmens innehatte. Wer war dieser Typ? Mit der Kontrolle über genügend Aktien, um ein wesentliches Mitspracherecht bei den künftigen Aktivitäten zu haben? Was hatte er vor?

So stelle ich mir gern den Anfang der Geschichte von Sanborn Map vor, dem ersten Control Investment der Partnership. Stellen Sie sich die Mienen der Mitglieder vor, als Buffett 1959 zum ersten Mal auftauchte. Sie müssen mindestens zweimal geschockt gewesen sein: erstens, als sie Buffett sahen, denn er war gerade mal Ende zwanzig, und zum zweiten Mal, als der eine Aufteilung von Sanborns gewaltigem Wertpapier-Portfolio verlangte, das allein 65 Dollar die Aktie (netto) wert war, 20 Dollar mehr als der Marktwert des gesamten Unternehmens. Es besteht kein Zweifel, dass die Leute bei Sanborn keinen Schimmer hatten, mit wem sie es da zu tun bekamen ... zumindest am Anfang nicht. Aber sie würden es bald herausfinden.

Hier ist die vollständige Geschichte aus Buffetts Brief, datiert auf den 30. Januar 1961. Während Sie den Brief lesen, sollten Sie sich stets zwei Dinge vor Augen halten – erstens war das ein winziges Unternehmen. Der Buchwert betrug nur 4,3 Millionen Dollar oder 35 Millionen Dollar im Jahr 2015. Zweitens hatte Buffett mehr als ein Drittel des Partnership-Vermögens in diese Aktie investiert.

BPL Fallstudie – Sanborn Map Company

30. Januar 1961

»Letztes Jahr wurde eine Investition angesprochen, die sich auf einen sehr hohen und ungewöhnlichen Anteil (35 Prozent) unseres Nettovermögens belief, nebst dem Kommentar, dass ich eine gewisse Hoffnung hatte, diese Investition würde 1960 abgeschlossen sein. Diese Hoffnung hat sich verwirklicht. Die Geschichte einer Investition von dieser Größenordnung interessiert Sie vielleicht.

Sanborn Map Co. beschäftigt sich mit der Veröffentlichung und ständigen Überarbeitung detaillierter Straßenkarten aller Städte der Vereinigten Staaten. Zum Beispiel wiegen die Bände, die Omaha abbilden, an die fünfzig Pfund und liefern minuziöse Details zu jedem Bauwerk. Die Karten werden durch Überkleben überarbeitet und zeigen neue Bauwerke, eine veränderte Nutzung, neue Brandschutzeinrichtungen, veränderte bauliche Strukturen und so weiter. Diese Überarbeitungen erfolgen ungefähr einmal jährlich, und eine neue Karte wird alle zwanzig oder dreißig Jahre herausgegeben, wenn weitere Überklebungen kaum mehr möglich sind. Die Kosten, um eine Karte für einen Omaha-Kunden stets aktuell zu halten, belaufen sich auf etwa 100 Dollar im Jahr.

Diese detaillierten Informationen, die den Durchmesser von Wasserleitungen unter den Straßen, die Standorte von Hydranten, den Aufbau von Dächern und so weiter zeigen, waren vor allem für Feuerversicherungsgesellschaften von Nutzen. Deren Risikoprüfungsabteilungen, untergebracht in einer Zentrale, konnten das Geschäft ihrer Vertreter landesweit bewerten. Die Theorie war, dass ein Bild mehr sagt als tausend Worte, und eine solche Beurteilung würde entscheiden, ob das Risiko korrekt eingestuft war, ob die Gefahr von Flächenbränden in diesem Gebiet, ratsame Rückversicherungsmaßnahmen berücksichtigt waren und so weiter. Den Großteil seines Geschäfts machte Sanborn mit etwa dreißig Versicherungsgesellschaften, obwohl die Karten auch an Kunden außerhalb der Versicherungsbranche verkauft wurden, wie zum Beispiel öffentliche Versorgungsunternehmen, Hypothekenbanken und Steuerbehörden.

Fünfundsiebzig Jahre lang agierte die Firma auf mehr oder weniger monopolistische Weise, erwirtschaftete jedes Jahr Profite und war nahezu immun gegenüber Rezession und bar jeder Notwendigkeit, sich um einen Verkauf zu bemühen. Während der ersten Geschäftsjahre machte sich die Versicherungsbranche Sorgen, dass die Profite von Sanborn zu groß werden könnten, und platzierte einige bedeutende Versicherungsleute in Sanborns Board of Directors, die quasi als Wachhunde agierten.

Anfang der 1950er-Jahre zeigte eine als ›Carding‹ bekannte konkurrierende Risikoprüfungsmethode Wirkung auf das Geschäft von Sanborn, und die Profite nach Steuern des Landkartengeschäfts fielen von einem durchschnittlichen Jahresniveau von über 500 000 Dollar Ende der 1930er-Jahre auf unter 100 000 Dollar in den Jahren 1958 und 1959. Wenn man den Aufwärtstrend der Wirtschaft während dieser Periode berücksichtigt, kam das einem nahezu vollständigen Verschwinden dessen gleich, was einst eine ansehnliche, stabile Ertragskraft gewesen war.

Während der frühen 1930er-Jahre hatte Sanborn jedoch begonnen, ein Investment-Portfolio aufzubauen. Es gab keine Kapitalanforderungen durch das Kerngeschäft, sodass alle Rücklagen diesem Projekt zufließen konnten. Im Laufe der Zeit wurden etwa 2,5 Millionen Dollar investiert, ungefähr die Hälfte in Anleihen und die andere Hälfte in Aktien. Von daher blühte vor allem in den vergangenen zehn Jahren das Investment-Portfolio, während das Geschäft mit den Karten vor sich hin welkte.

Um Ihnen eine Vorstellung davon zu geben, wie extrem diese beiden Faktoren auseinanderklafften, erlauben Sie mir folgende Anmerkung: Als sich 1938 der Dow Jones-Industrial-Average im Bereich 100 bis 120 bewegte, wurde die Sanborn Aktie zu 110 Dollar verkauft. 1958, mit einem Durchschnitt im Bereich von 550, war die Sanborn-Aktie 45 Dollar wert. Im selben Zeitraum stieg der Wert des Sanborn Investment-Portfolios von etwa 20 Dollar je Aktie auf 65 Dollar je Aktie. Faktisch bedeutet das, dass der Käufer von Sanborn-Aktien im Jahr 1938 eine positive Bewertung von 90 Dollar je Aktie für das Kartengeschäft ansetzte (110 Dollar minus 20 Dollar für den Wert der Investition, die nicht in Zusammenhang mit Kartengeschäft steht), in einem Jahr mit schleppenden Geschäften und vergleichsweise schlechten Bedingungen am Aktienmarkt. Im viel dynamischeren Klima von 1958 wurde das gleiche Kartengeschäft auf ein Minus von 20 Dollar geschätzt, bei einem Aktienkäufer, der nicht bereit war, mehr als 70 Cent pro Dollar für das Investment-Portfolio zu zahlen, und das Kartengeschäft als kostenlose Dreingabe sah.

Wie konnte es dazu kommen? Sowohl 1958 als auch 1938 besaß Sanborn einen Reichtum an Informationen mit substanziellem Wert für die Versicherungsbranche. Die detaillierten Informationen zu reproduzieren, die sie im Laufe der Jahre gesammelt hatten, hätte Millionen von Dollar gekostet. »Carding« hin oder her, immerhin waren über 500 Millionen Dollar an Feuerprämien von

Unternehmen versichert worden, die die Landkarten nutzten. Allerdings waren die Informationen über die Jahre unverändert geblieben durch die Art, wie Sanborn sein Produkt verkaufte und verpackte, und diese Trägheit spiegelte sich dann schließlich in den Erträgen wider.

Allein die Tatsache, dass sich das Investment-Portfolio so gut entwickelt hatte, verringerte in den Augen der meisten Direkten die Notwendigkeit, das Kartengeschäft neu aufzulegen. Sanborn hatte ein jährliches Umsatzvolumen von etwa 2 Millionen Dollar, und dem Unternehmen gehörten börsengehandelte Wertpapiere im Wert von etwa 7 Millionen Dollar. Das Einkommen aus dem Investment-Portfolio war beträchtlich, das Unternehmen hatte keine denkbaren finanziellen Sorgen. Die Versicherungsgesellschaften waren zufrieden mit dem Preis, den sie für die Karten bezahlten, und die Anteilseigner erhielten Dividenden. Diese Dividenden wurden jedoch in acht Jahren fünfmal gekappt, während ich nie irgendwelche Aufzeichnungen über Vorschläge finden konnte, wonach auch die Gehälter oder der Honorare von ›Aufsichtsräten und des Vorstands gekürzt werden sollten.

Bevor ich dem Board beitrat, waren neun der vierzehn Mitglieder bekannte Männer aus der Versicherungsbranche, die zusammen 46 von 105 000 im Umlauf befindlichen Aktien hielten. Trotz ihrer Top-Positionen bei Großunternehmen, worurch sie vermutlich das nötige Kleingeld gehabt hätten, zumindest eine bescheidenen Einsatz zu tätigen, umfasste die größte Beteiligung in dieser Gruppe zehn Anteile. In etlichen Fällen gehörten den Versicherungsunternehmen, die diese Männer leiteten, kleine Aktienblöcke, aber verglichen mit den Portfolios, die sie sonst hatten, waren das Investments von nur symbolischer Bedeutung. Während der vergangenen zehn Jahre hatten die Versicherungsunternehmen bei jeder Transaktion, die Sanborn-Aktien betraf, nur verkauft.

Der zehnte war ein Syndikus, der zehn Aktien besaß. Der elfte war ein Banker mit zehn Aktien, der die Probleme des Unternehmens erkannte, deutlich darauf hinwies und später seinen Aktienbesitz aufstockte. Die nächsten beiden Verwaltungsräte waren die Topmanager von Sanborn, denen zusammen etwa 300 Aktien gehörten. Diese Manager waren fähig, sich der Probleme des Geschäfts bewusst, wurden jedoch vom in einer untergeordneten Rolle gehalten. Das letzte Mitglied bei unserer Filmbesetzung war der Sohn eines verstorbenen Präsidenten von Sanborn. Der Witwe gehörten etwa 15 000 Anteile.

Ende 1958 strebte der Sohn, der mit der Geschäftsentwicklung unzufrieden war, die Leitung des Unternehmens an, wurde jedoch abgelehnt. Daraufhin reichte er seine Kündigung ein, die akzeptiert wurde. Kurz darauf unterbreiteten wir seiner Mutter ein Angebot für ihr Aktienpaket, das sie annahm. Zu dieser Zeit gab es zwei weitere große Beteiligungen, eine mit etwa 10 000 Aktien (verteilt unter den Kunden einer Brokerfirma) und eine mit 8 000. Diese Leute waren ziemlich unzufrieden mit der Situation und wollten – genau wie wir – eine Trennung des Investment-Portfolios vom Kartengeschäft durchsetzen.

Daraufhin vergrößerten wir unsere Beteiligungen (einschließlich denen der Partner) durch Käufe am offenen Markt auf etwa 24 000 Aktien, und die Anzahl der von diesen drei Gruppen insgesamt gehaltenen Anteile stieg auf 46 000 Aktien. Wir setzten darauf, die beiden Geschäfte zu trennen, einen angemessenen Preis für das Investment-Portfolio zu erhalten und daran zu arbeiten, das gewinnbringende Kartengeschäfts wieder herzustellen. Es schien eine echte Chance zu bestehen, die Kartenprofite zu vervielfachen, indem wir Sanborns Reichtum an Basisinformationen nutzten und sie mithilfe von elektronischen Hilfsmitteln in die für den Kunden brauchbarste Form umwandelten.

Im Verwaltungsrat gab es beträchtlichen Widerstand gegen Veränderungen jeder Art – vor allem gegen solche, die ein Außenstehender anregte –, obwohl das Management klar hinter unserem Plan stand und ein ähnliches Konzept von Booz, Allen & Hamilton (Managementexperten) empfohlen worden war. Einen Kampf um Aktionärsstimmen wollten wir verhindern (dazu wäre es vermutlich gekommen und wir hätten ihn wahrscheinlich gewonnen), doch wir wollten keine Zeit verlieren, in der ein Großteil des Geldes von Sanborn in Blue-Chips-Aktien gebunden war, worüber ich mir bei den aktuellen Preisen jedoch keine Sorgen machte. Also wurde ein Plan entwickelt, alle Anteilseigner zum Zeitwert auszuzahlen, die das wollten. Die Börsenaufsicht winkte unseren Plan als faires Angebot durch. Etwa 72 Prozent der Sanborn-Aktien, das betraf 50 Prozent der 1600 Anteilseigner, wurden gegen Wertpapiere aus dem Portfolio zum Zeitwert eingetauscht. Das Kartengeschäft behielt über Staats- und Kommunalanleihen im Wert von 1,25 Millionen Dollar als Reservefonds, damit ließ sich eine potenzielle Steuer auf die Gewinne aus Unternehmenskapital in Höhe von mehr als 1 Million Dollar vermieden. Die verbliebenen Aktionäre erhielten einen leicht verbesserten Kapitalwert, wesentlich höhere Ergebnisse pro Aktie und eine erhöhte Dividende.

Dieses kleine Melodram ist natürlich nur eine Zusammenfassung der Investment-Operation. Sie zeigt jedoch, wie wichtig es ist, unsere Portfolio-Aktivitäten geheimzuhalten, und wie sinnlos es ist, unsere Ergebnisse über einen kurzen Zeitraum von beispielsweise einem Jahr zu messen. Solche Control-Situationen treten meist sehr selten auf. Unser Tagesgeschäft besteht darin, unterbewertete Wertpapiere zu kaufen und sie zu verkaufen, wenn die Unterbewertung korrigiert wird. Das geht einher mit Investments in speziellen Situationen, in denen der Profit eher vom jeweiligen Unternehmen abhängt als von Marktbewegungen. In dem Maße, in dem die Partnership-Fonds weiter wachsen, steigt womöglich die Zahl der Gelegenheiten, in »Control-Situationen« zuzugreifen.«

Lektionen aus Controls

Nach Sanborn fuhr Buffett während der restlichen Partnership-Ära fort mit Control-Transaktionen und besprach zwei weitere, Dempster Mill und Berkshire Hathaway detailliert. Beide Fälle liefern heutigen Investoren entscheidende Einblicke; jeder hat seine eigene Art, die Verbindung zwischen dem Wert eines Wertpapiers und dem Wert eines Unternehmens auf eine Weise zu beleuchten, die hilft, den wahren ökonomischen Wert aus dem Zahlenmaterial abzulesen.

Möglicherweise haben Sie schon irgendwo gehört, der Begriff *Value-Investing* sei überflüssig, weil das Investieren stets wertbasiert sei – niemand macht sich auf, um absichtlich überteuerte Aktien zu kaufen. Dies ähnelt ein wenig der Idee des »Investierens« in ein Geschäft, im Gegensatz dazu, in dem Geschäft tätig zu sein. Aktien sind schlichtweg ein Vehikel, über das wir zum Eigentümer von Unternehmenskapital werden. Wenn wir unser Kapital in die Aktien eines Unternehmens investieren, treten wir in dessen spezielles Geschäft ein. 1960 steckte ein Drittel des Partnership-Vermögens in Sanborn Aktien, was bedeutet, dass ein Drittel der Partnership aktiv damit beschäftigt war, Versicherungskarten zu verkaufen und das Wertpapierportfolio des Unternehmens zu managen. In seinen Erläuterungen zu Controls lehrt uns Buffett, nicht über das »Investieren in eine Aktie« nachzudenken, sondern vielmehr zu denken, dass wir »in einem Geschäft« tätig sind.

Ob Sie ein Unternehmen leiten oder es bewerten, eine Frage hat weiterhin Vorrang: Wie hoch ist dessen Wert, sowohl im Hinblick auf die vorhandenen Vermögensgegenstände als auch auf die produzierten Erträge, und wie kann er maximiert werden? Die Fähigkeit, diese Fragen zu beantworten, bestimmt den Erfolg von Investoren und Wirtschaftsmanagern gleichermaßen. Buffetts Lektionen, vermittelt durch die Brille seiner Kommentare zu Controls, werfen ein klares Licht auf das Thema. Graham hat es als erster gesagt und Buffett wiederholt es oft: »Ein Investment ist dann am intelligentesten, wenn es als Geschäft gesehen wird, und ein Geschäft ist dann am intelligentesten, wenn es als Investment betrachtet wird.«

Lassen Sie uns diese Erkenntnis in der Praxis betrachten – bei der Geburt einer Control-Investition. Aus unserer Betrachtung der Generals erinnern Sie sich vermutlich daran, dass es sich dabei oft um Aktien handelte, die zu einem geringeren Preis als ihrem wahren inneren Wert gekauft wurden, mit der Idee, sie zu halten, bis ihr Preis gestiegen ist und sie dann zu verkaufen. Wie er es ausdrückte: »Wir steigen in diese Generals nicht mit der Vorstellung ein, auch noch den letzten Cent herauszupressen, sind aber für gewöhnlich zuversichtlich, sie auf einem Niveau zwischen unserem Kaufpreis, und dem, was wir als angemessenen Wert für einen privaten Eigentümer ansehen, zu verkaufen.«[68]

In bestimmten Fällen stagniert der Preis eines Generals jedoch lange genug, so dass BPL die Mehrheit der frei handelbaren Aktien erwerben kann, in der Regel durch Käufe über Jahre hinweg. Wenn das passiert, können daraus Controls werden.

Buffett hatte kein Problem damit, Mehrheitseigner zu werden, und betrachtete es als logische Erweiterung seiner Vorgehensweise. Stets ging er von dem aus, was ein vernünftiger Privateigentümer für das gesamte Geschäft zahlen würde. Unter Umständen selbst dieser Privateigentümer zu werden, gab ihm mehr Handlungsspielraum. Schließlich war es vor allem der Vorteil, »zwei Eisen im Feuer zu haben«, der die Kategorie der »Generals – Privateigentümer« so attraktiv machte und dazu beitrug, dass die Partnership einzigartig war. Während der für den General bezahlte Preis selbst eine attraktive Sicherheitsmarge bot, wurde das Risiko der Investition weiter reduziert durch das Potenzial, die Kontrolle zu übernehmen.

Wie angesprochen erforderten Controls oftmals, dass Buffett die Ärmel hochkrempelte und auf Konfrontationskurs ging, auf ähnliche Weise, wie wir es aktive Investoren heute tun sehen. Vielleicht hat er deshalb auch schließlich damit aufgehört (seine aktive Phase beschränkte sich auf die Zeit, als er BPL leitete). Zum Beispiel musste er dem Verwaltungsrat von Sanborn Maps mit einem Rechtsstreit drohen, um sie zum Handeln zu bewegen. Es mit einem Verwaltungsrat zu tun zu haben, der nicht den Wert für die Aktionäre im Blick hatte, brachte Buffetts Blut zum Kochen.[69] Bei Dempster Mill werden wir sehen, dass er den CEO feuern und seinen eigenen Mann, Harry Bottle, in das Unternehmen bringen musste. Gemeinsam lösten sie große Teile des Geschäfts auf, um die Wirtschaftlichkeit des Unternehmens wiederherzustellen. Buffett wurde dafür in der Regionalpresse verunglimpft.[70] Während er sich selbst als Retter des Unternehmens betrachtete, der dazu die morschen Teile herausschnitt, sahen Kritiker nur die verlorenen Arbeitsplätze. In seiner Anfangszeit bei Berkshire musste er den CEO feuern und bezüglich der Kapitalaufwendungen im Bereich Textilien voll auf die Bremse treten, bevor er das Unternehmen neu auf Versicherungen und auf das Bankgeschäft ausrichtete. Es war nie leicht und oft mit Stress verbunden, aber wenn Handlungsbedarf bestand, dann tat er auch etwas. Er selbst drückte das so aus: »Bei ansonsten gleichen Parametern würde ich lieber andere die Arbeit machen lassen. Wenn jedoch eine aktive Rolle nötig ist, um den Einsatz von Kapital zu optimieren, können Sie sicher sein, dass wir nicht tatenlos zusehen werden.«[71]

Buffett war nicht nur bereit, aktiv zu werden, indem er seine Fähigkeit ausübte, ein Unternehmen zu steuern, sondern er war auch bereit, sich darauf zu fokussieren. Mit einem Mitspracherecht dazu, wie das Unternehmen gemanagt werden sollte, war das Risiko begrenzt. Allein der Wert der Wertpapiere garantierte praktisch, dass er Geld verdienen würde. Wenn Buffett eine überaus lohnende Situation wie Sanborn entdeckte, bei der der Vorteil ersichtlich und das Verlustrisiko gering war, hatte er keine Angst, einzusteigen und hoch zu wetten. Bis 1959 entfielen auf Sanborn 35 Prozent der Partnership. Der Wert war eindeutig da. Und er brauchte nichts weiter zu tun, als ihn herauszuholen.

Bei Sanborn war Buffett der bei weitem größte Aktieninhaber, aber er hatte nicht die Stimmrechtsmehrheit inne – den anderen Aktionären gehörte gemeinsam mehr als die Hälfte des Unternehmens. In anderen Fällen hatte die Partnership jedoch diese Mehrheit – und damit die volle Kontrolle. Hier konnte Buffett nicht überstimmt werden. Zum ersten Mal erleben wir das bei Dempster Mill, einer Firma, die landwirtschaftliche Geräte herstellte und deren Aktien er über einen Zeitraum von fünf Jahren kaufte, wodurch sie sich von einem General bis zum Jahr 1961 in einen Control verwandelte. Als Buffett 70 Prozent der Aktien kontrollierte, die im Umlauf waren, beeilte er sich, darauf hinzuweisen, dass seine »eigenen Aktivitäten auf solch einem Markt die Kursnotierung drastisch beeinflussen können.« Dasselbe galt, als er die Mehrheit bei

Berkshire innehatte. Bei einem Markt, der so klein war wie bei diesen beiden Aktien, konnte sogar ein Kauf oder Verkauf in geringem Umfang dramatische Auswirkungen auf die Kursnotierung haben. Die Diversified Retailing Company (DRC) war ein Unternehmen in Privatbesitz, das gegen Ende der Partnership erworben wurde und deren Aktien nie öffentlich gehandelt wurden. Der Wert musste bei allen drei Unternehmen geschätzt werden.

»Wenn wir eine Mehrheitsbeteiligung halten, gehört uns ein Unternehmen statt einer Aktie, und eine Beurteilung dieses Unternehmens ist angebracht.«[72] Fehlte ein verlässlicher Marktwert, um den Wert des Control-Unternehmens am Jahresende zu erfassen, blieb Buffett keine andere Wahl, als seine eigene Bewertung vorzunehmen. Dies konnte bei rückläufigen Märken von großem Vorteil sein, weil es den Bilanzwert der Position (und den von BPL) vor den Launen des Marktes schützte; bei stark steigenden Märkten, würde der Bewertungsansatz Erträge jedoch zurückhalten. So oder so – Mr. Market hatte nicht länger das Sagen – der Wert jedes Controls wurde allein durch die laufende Bewertung vom inneren Wert des Unternehmens bestimmt, ausgeführt von Buffett und jährlich bestätigt von den Revisoren.

Bei den Jahresabschlussbewertungen handelte es sich um eine marktübliche, konservative Beurteilung und nicht um seine persönliche Einschätzung, was die Controls seiner Meinung nach in Zukunft wert sein *würden*. Seinen Partnern sagte er:

> *»Der geschätzte Wert sollte nicht den Wert widergeben, der hoffentlich in Zukunft vorhanden sein wird oder den ein sehr interessierter Käufer ansetzen würde etc., sondern die Schätzung, was unser Anteil bringen würde, wenn wir ihn unter den momentanen herrschenden Bedingungen kurzfristig zu einem angemessenen Preis verkaufen würden.«*[73]

Behalten Sie stets im Kopf, dass Partner ihr Kapital nur einmal im Jahr entnehmen oder erhöhen konnten, deshalb war diese Bewertung, vor allem wenn sie ein Drittel des Partnership-Vermögens oder mehr umfasste, eine große Sache. Weil der Markt die Jahresabschlussbewertung bei den Positionen der Partnership bei den Generals und den Workouts bestimmte, war es einfach und unkompliziert, zu benennen, was diese wert waren. Controls zu bewerten, erforderte jedoch einen Schätzwert. Das ist etwas völlig anderes als ein Marktwert. Control-Bewertungen unterliegen der Interpretation und sind Ansichtssache; es existiert nicht der eine korrekte Ansatz. Sollte Buffett ein Control überbewerten, würde das seine Performance (und seine Performancegebühr) aufblähen, und das wäre für all seine Partner schädlich. Jene, die die Partnership in einem Jahr verließen, in dem der Schätzwert zu hoch war, würden auch auf Kosten der verbleibenden Partner zu hoch abgefunden. Wenn Buffett andererseits zu konservativ in seiner Bewertung war, würden die Partner, die Kapital einzahlten, auf Kosten jener profitieren, die ausstiegen oder keinen entsprechenden Betrag einzahlten. Buffett achtete sehr darauf, dass seine Bewertungen sowohl für hinzukommende wie auch für aussteigende Partner fair waren, und die Ergebnisse wurden von jener Firma geprüft, die später zu KPMG wurde.

Der Brief vom November 1966 liefert den detailliertesten Bericht über die Funktionsweise seiner Bewertungen:

> *»Die dominierenden Faktoren, die Control-Bewertungen beeinflussen, sind Ertragskraft (vergangene und zukünftige) sowie Anlagevermögen. Die Natur unserer Control-Unternehmen, die Qualität der eingesetzten Vermögensgegenstände und die Tatsache, dass die auf das Nettovermögen anwendbare BundesEinkommensteuer unsere Bewertungen beträchtlich übersteigt, bringt uns dazu, wesentlich mehr Gewicht auf den Faktor Vermögensgegenstände zu legen, als es bei den meisten Geschäftsbewertungen üblich ist. ... Die Partnership-Vereinbarung überträgt mir die Verantwortung, einen gerechten Wert für Mehrheitsbeteiligungen festzulegen, und das bedeutet fair zu sein, gegenüber den Partnern, die zu einem bestimmten Zeitpunkt hinzukommen wie auch aussteigen. Große Veränderungen in der Marktbewertung von Aktien spiegeln sich*

> *an einem gewissen Punkt offenkundig in der Geschäftsbewertung wider, obwohl dieser Faktor von geringerer Bedeutung ist, wenn die Substanz des Unternehmens (vor allem bei erheblichen laufenden Beteiligungen) die Ertragskraft im Bewertungsprozess überschatten. ...«*[74]

Ist Ihnen aufgefallen, dass Buffett davon spricht, dass die Natur der Controls von BPL ihn dazu bringt, »wesentlich mehr Gewicht auf den Faktor Vermögensgegenstände zu legen als es bei den meisten Geschäftsbewertungen üblich ist«? Sanborn, Dempster und Berkshire waren allesamt Anlageschäfte. Der Substanzwert ihrer Vermögensgegenstände, abzüglich aller Verbindlichkeiten, überstieg bei weitem den Marktpreis der Aktien. Sie waren keine guten Unternehmen, sie erwirtschafteten keine adäquaten oder besseren Erträge auf das eingesetzte Kapital und waren nicht leicht auf Basis der laufenden Erträge zu bewerten. Wenn sie es wären, würde eine realistische Prüfung vergangener und zukünftiger Geschäftserträge eine dominantere Rolle spielen.

Ein Geschäft auf Basis seiner Vermögenssubstanz bewerten

Viele von Buffetts Controls verdienten nur wenig oder waren sogar Verlustgeschäfte. Diese frühen »Zigarrenstummel« verlangten von Buffett, Grahams Methode anzuwenden, die Werte der in den Bilanzen aufgeführten Vermögenssubstanz anzupassen, um ihren wahren Wert aufzudecken. Obwohl das größtenteils auf Statistiken basierte, erforderte die Anpassung dennoch neben der Wissenschaft auch eine gewisse Versiertheit.

Kapitel 43 der Wertpapieranalyse lieferte die perfekte Basis für diese Methode. Laut Graham

> *»enthält die Bilanz eines Unternehmens keine genauen Informationen über dessen Liquidationswert, doch liefert sie Rück-*

> *schlüsse und Hinweise, die dafür nützlich sein können. Die erste Regel bei der Ermittlung des Liquidationswertes ist, dass die Verbindlichkeiten feststehen, wohingegen der Wert der Vermögensgegenstände fraglich ist. Daher müssen alle tatsächlichen Verbindlichkeiten in der Bilanz mit ihrem Nennwert angesetzt werden. Der realisierbare Wert der Vermögensgegenstände ist je nach deren Charakter unterschiedlich.«*[75]

Für die Liquidationsgeschäfte, so riet Graham als Faustregel pro Dollar 100 Cent bei Bargeld zu rechnen, 80 Cent je Dollar bei Forderungen, 67 Cent je Dollar für den Lagerbestand (mit großer Bandbreite je nach Geschäft) und 15 Cent je Dollar für weitere Vermögensgegenstände.

Wenn wir uns in Buffetts detaillierten Bericht zu Sanborn Map und später Dempster Mill und Berkshire Hathaway vertiefen, werden wir erforschen, wie Buffett es anpackte, der Vermögenssubstanz jedes Unternehmens Werte zuzuschreiben. Sanborn hatte einen »versteckten Vermögensgegenstand« in seinem Wertpapierportfolio, das weitaus mehr wert war als die Bilanzen nahelegten (damals war es üblich, Wertpapiere zu ihren Anschaffungskosten und nicht zu ihrem Marktpreis zu bilanzieren, sodass der Wert »heraufgesetzt« werden musste). Die Vermögensgegenstände von Dempster Mill, abzüglich aller Verbindlichkeiten, wurden in den Bilanzen als Werte aufgeführt, die beträchtlich höher waren als der Gesamtwert der Aktie auf dem Markt. Die Buchwerte waren sonnenklar. Die Frage, auf die Buffett stieß, lautete: Was war die Vermögenssubstanz *tatsächlich* wert?

Für Buffett, wie auch für alle anderen Investoren, besteht die »Kunst« darin, den »Charakter« der Vermögensgegenstände richtig zu bewerten, das Ganze zu durchdenken und die geeigneten Anpassungen vorzunehmen, wenn diese von den Buchwerten abweichen – Werte, die nur Fakten darüber widerspiegeln, was das Unternehmen selbst für die Vermögensgegenstände gezahlt hat, und die Abschreibung (Wertminderung), seit diese erworben wurden.

Werte von Vermögensgegenständen anpassen: Nach oben oder unten?

Ein vereinfachtes Beispiel kann helfen, zu erklären, wie dieser Prozess funktioniert. Stellen Sie sich einen Tickethändler vor, der fünf Eintrittskarten zu den Endspielen der Baseball-Profiliga für 1000 Dollar (zu jeweils 200 Dollar) gekauft hat, die nur für das Yankee Stadion gültig sind. Wenn die Yankees es bis in die Finalrunden schaffen, werden die Karten ein Vermögen wert sein. Falls nicht, sind die Karten wertlos. Im Hinblick auf die Buchführung folgt unser Händler der Konvention und führt in seiner Bilanz jedes Ticket zu seinen Anschaffungskosten als Vermögensgegenstand auf. Angenommen, dieses Geschäft ergibt sich einen Monat vor Beginn der Baseballsaison. Was ist es ihrer Meinung nach wert? Um es zu vereinfachen: Nehmen wir an, die fünf Tickets sind der einzige Vermögensgegenstand des Unternehmens und der Händler musste sich 300 Dollar leihen, um sie kaufen zu können. Was auch immer die Vermögensgegenstände Ihrer Meinung nach wert sind (abzüglich der Schulden), das ist Ihre Bewertung des betreffenden Unternehmens.

Wie Professor Greenblatt seinen Studenten an der Columbia Business School gern erzählte (sie ist immer noch das intellektuelle Zentrum des Value-Investings): »Wenn Sie gute Bewertungsarbeit leisten und recht haben, wird Mr. Market Sie entlohnen.«[76] Der Weg, den Sie beim Bewerten des Tickethandels oder bei jedem anderen Geschäft gehen, wird die Qualität Ihrer Investment-Ergebnisse bestimmen und liegt dem Value-Investing-Prozess zugrunde.

Die Ausgangsfrage ist immer dieselbe: Sind Sie in der Lage, zu schätzen, wie viel *diese* Vermögensgegenstände wert sind? Oder, wie Buffett es ausdrückt: Befinden Sie sich innerhalb Ihres Kompetenzkreises? Falls die Antwort »nein« lautet, vergessen Sie es nehmen Sie sich etwas anderes zur Bewertung vor. Das ist nicht schlimm; tatsächlich sollten Sie stolz sein zu wissen, was Sie bewerten können und was Sie nicht bewerten können. Diese Selbsterkenntnis unterscheidet die großen Investoren von den anderen.

Fehler zu vermeiden ist genauso wichtig wie die erfolgreiche Auswahl von Gewinnern. Buffett wirft den Großteil der potenziellen Investments auf den Stapel »zu mühsam zu bewerten« und zieht einfach weiter.

Was sagen uns die Finanzwerte unseres Tickethändlers? Wir wissen, dass die Verbindlichkeiten fix sind – das ist immer der einfache Teil – wir haben 300 Dollar Schulden. Wir wissen auch, dass die Tickets für 1000 Dollar gekauft wurden, und als zu ihren Anschaffungskosten aufgeführte Vermögensgegenstände finden wir sie auch in der Bilanz. Bei 1000 Dollar an Vermögensgegenständen minus 300 Dollar an Schulden bleibt eine Differenz von 700 Dollar als »Eigenkapital« oder »Buchwert«.

Nur weil die Vermögensgegenstände für 1000 Dollar erworben wurden, heißt das aber nicht, dass sie das zum jetzigen Zeitpunkt auch wert sind. Die Umstände könnten sich geändert haben. Die Bilanz zeigt lediglich auf, was in der Vergangenheit passiert ist. Wenn Sie Ihre Bewertungsarbeit machen, sind die Vermögensgegenstände (in diesem Fall Tickets) immer das Geld wert, zu dem sie verkauft werden können, und es wird immer davon ausgegangen, dass die Verbindlichkeiten vollständig zu zahlen sind. Das ist der Unterschied zwischen *Buch*wert und ökonomischen oder tatsächlichem *Eigen*wert.

In einigen Fällen, vor allem wenn das Unternehmen von schlechter Qualität ist, werden die Vermögensgegenstände weniger wert sein als ihr Buchwert. Denken Sie daran, Graham empfahl, pro Dollar 100 Cent bei Bargeld zu rechnen, 80 Cent je Dollar bei Forderungen, 67 Cent je Dollar für Lagerbestand (mit großem Spielraum je nach Geschäft) und 15 Cent je Dollar für Vermögensgegenstände. Das ist nur eine grobe Empfehlung; Sie müssen Ihre eigene logische Bewertung durchführen.

Sie würden logischerweise nicht einen Penny mehr als 200 Dollar für das Unternehmen des Tickethändlers zahlen, wenn die Yankees vor den letzten zehn Spielen kaum noch eine Chance haben und StubHub die Karten für 100 Dollar das Stück anbietet, was den Wert der 5 Karten des Händlers auf insgesamt 500 Dollar zusammenschrumpfen lässt. Bei Dempster war Buffett mit genau dieser Situation konfrontiert. 1961 belief sich der Buchwert des Unternehmens auf 76 Dollar, was die Aktie mit 28 Dollar geradezu lächerlich billig wirken ließ, zumindest auf dem Papier. Zuzusehen, wie Buffett die Bewertung der Vermögensgegenstände bei Dempster geschickt herabsetzte, ist eine gute Gelegenheit, ihn in Aktion zu erleben, da er den tatsächlichen Marktwert Zeile für Zeile konservativ beurteilt. In diesem Fall fand Buffett, dass die Aktie auch nach seiner Preisreduktion immer noch außerordentlich günstig war.

In anderen Fällen, häufig bei guten Geschäften, untertreibt die Bilanz den ökonomischen Wert der Vermögensgegenstände in bemerkenswerter Weise. Kehren wir zu unserem Beispiel mit dem Tickethändler zurück. Was wäre, wenn die Yankees mit Sicherheit die Finalrunde erreichen und StubHub ähnliche Tickets für 500 Dollar pro Stück (gesamt 2 500 Dollar) anbietet? Während der Buchwert in jedem Fall immer 700 Dollar sein wird, liegt der tatsächliche Liquidationswert in diesem Fall bei 2 200 Dollar. Genau das hat Buffett bei Sandorn Map gesehen, ein Unternehmen, das ein Wertpapierportfolio erworben hatte, welches in seinen Büchern zum Anschaffungspreis (und nicht zum Marktwert) geführt wurde. Weil die Wertpapiere im Wert gestiegen waren, belief sich ihr Wert auf einiges mehr als die in der Bilanz aufgeführte Summe. Durch Sanborn bekommen wir die Chance zu sehen, wie Buffett die angesetzten Finanzwerte umwirft und dabei demonstriert, wie er eine Aktie findet, bei der er 70 Cents je Dollar für ein Wertpapierportfolio zahlt und den Rest des Geschäfts kostenlos dazu bekommt.

Die Geschäftsaktivität unmittelbar mit dem Wert in Verbindung bringen

Den ökonomischen oder tatsächlichen Wert der Vermögensgegenstände zu schätzen, statt sich auf die Buchwerte zu verlassen, ist die Kunst des Investierens in Generals und Controls. Dieser Prozess ist derselbe, ob sie nun ein Stück des Unternehmens (Aktie) bewerten oder den ganzen Kuchen. Als Minderheitsaktionär sind Sie der Gnade des vorhandenen Managements und des Verwaltungsrates ausgeliefert. Obwohl deren Aufgabe darin besteht, im besten Interesse des Anteilseigners zu handeln, werden sie ihrer Verantwortung nicht immer gerecht. Das sind die potenziellen Reibungsverluste, die Sie verkraften müssen, wenn Sie nicht die Kontrolle haben. Sie sind der Grund, warum die Bewertung des Managements ein sehr wichtiger Bestandteil der Investment-Entscheidung sein kann.

Bei einem Control kommt die zusätzliche Fähigkeit, das Kommando zu übernehmen, was ein echter Vorteil ist, wenn Veränderung nötig ist. Indem er Generals in Controls umwandelte, war Buffett in der Lage, das Verhalten von Unternehmen zu verändern. Er stoppte die wertzerstörenden Aktivitäten bei Dempster und Berkshire, reparierte die schiefe Kapitalstruktur von Sanborn Map. Durch die Controls erfahren wir nicht nur, wie Buffett es schaffte, unterbewertete Wertpapiere zu erkennen, sondern auch, wie er Geschäfte wertvoller machte, indem er die Erträge auf das Kapital (Vermögensgegenstände) verbesserte, das sie einsetzten. In einem optimal geführten Geschäft ist der Wert der Kontrolle für einen Finanzinvestor gleich null. Das Recht, Veränderung erzwingen zu können, ist nur wertvoll, wenn ein Missstand behoben werden muss. Alle drei Controls boten beträchtliche Gelegenheiten für eine Verbesserung.

Auf der Erfolgswelle mitschwimmen

Einige der besten Situationen entstehen, wenn Sie ein General finden, bei dem Sie selbst ein beträchtliches Investment vornehmen können, aber irgendein anderer Investor Ihnen die Arbeit abnimmt, die Entscheidungsfindung des Managements zu verbessern. Heutzutage beunruhigen aktivistische Investoren die Vorstände immer noch damit, ihre Aktivitäten verbessern zu wollen. Tatsächlich ist es zu einer beliebten Strategie geworden, die eine Menge Aufmerksamkeit gewonnen hat; dieser Vorgehensweise gewidmete Fonds haben viel Vermögen angezogen. Carl Icahn, Nelson Peltz, Dan Loeb und Bill Ackman und andere haben bei den Investoren quasi den Status von Rockstars erlangt. Aber nicht alle Investoren verdienen es, dass man ihnen folgt, und Buffett sprach auf dem Berkshire-Meeting 2015 abschätzig über die heutigen aktivistischen Investoren und sagte, das meiste, was er heute sehe, sei »wirklich übertrieben anspruchsvoll«, womit er meinte, dass er nicht zwangsläufig davon ausging, dass deren Pläne im Interesse langfristiger Anteilseigener waren.[77]

In der Partnership-Ära war Buffett manchmal zweifellos einflussreicher als die heutigen aktivistischen Investoren, weil er ein wesentlich größeres Aktienpaket kontrollierte. Die Unternehmen, bei denen er sich engagierte, waren auch kleiner und wesentlich preisgünstiger. Heutzutage erwerben viele aktivistische Investoren deutlich kleinere Aktienpakete in sehr viel größeren Unternehmen und drängen das Management in offenen Briefen und über andere öffentlichkeitswirksame Maßnahmen zu einer Veränderung. Dabei hoffen sie, von den Aktionären in der Gesamtheit unterstützt zu werden.

Mitunter liegt der Schlüssel jedoch darin, das Potenzial für mehr Werthaltigkeit in einem Wertpapier zu erkennen, und das kann davon abweichen, was der Markt darin sieht, und dann etwas zu unternehmen, was die Lücke schließt. Wie wir bei den Partnership Investments gesehen haben, können derartige Situationen zu großen Feindseligkeiten führen. Heutzutage muss man sich nur die Schlacht zwischen aktivistischen Investoren, wie Nelson Peltz und seiner Firma Trian mit DuPont, ansehen. Diese beiden Gruppen befinden sich in einem öffentlichen Schlagabtausch mit hohem Einsatz. Trians Kapital und vermutlich der Job von DuPonts CEO stehen auf dem Spiel. Trian will große Kosteneinsparungen initiieren und strebt vermutlich eine Zerschlagung des Unternehmens an. DuPonts CEO will so weitermachen wie bisher. Die Investoren müssen selbst entscheiden, wer Recht hat. Graham würde hier sagen: »Die Öffentlichkeit muss lernen, solche Kontroversen dem Grunde nach zu beurteilen, auf der Basis von Fakten und vernünftigen Argumenten. Sie darf sich nicht von reinen Beschuldigungen oder irrelevanten Persönlichkeiten beeinflussen lassen.«[78]

Heutzutage können Investoren die aktivistischen Investoren und ihre Erfolgsbilanzen sorgfältig studieren. Wenn Sie dann sehen, dass ein aktivistischer Investor etwas unternimmt, beurteilen Sie die Vorzüge seiner Argumentation selbst. Falls Sie damit einverstanden sind, kann es eine tolle Strategie sein, auf dem Trittbrett mitzufahren. Wer auf der Erfolgswelle eines aktivistischen Investors mitschwimmt, profitiert oft sehr viel schneller von freigesetzten Werten, als bei Erhalt des Status quo. Im Fall von DuPont beispielsweise »entdeckte« das Unternehmen schnell eine große Menge an Kosteneinsparungen, die es (nach eigenen Angaben) selbst gefunden hat, kurz nachdem Trian mit seiner Kampagne an die Öffentlichkeit ging. Die pure Anwesenheit eines aktivistischen Investors genügt manchmal, um die Unternehmensführung zu wertschaffenden Veränderungen zu bringen. Der aktivistische Investor, der im besten langfristigen Interesse aller Anteilseigner arbeitet, spielt eine bedeutende Rolle dabei, Reibungskosten zu vermindern, die naturgemäß bei Managementteams auftreten, die nicht Eigentümer des Unternehmens sind. Wir sollten froh sein, dass jemand diese Rolle übernimmt. Bei ansonsten gleichen Parametern würde Buffett lieber andere die Arbeit machen lassen. Aber, wie er schon sagte: »Seien Sie vorsichtig, auf wessen Erfolgswelle Sie da mitschwimmen.«

Nach dem Ende der Partnership hat Buffett nie einen feindlichen Deal durchgezogen. Die gängige Meinung lautet, dass seine Fonds zu groß geworden sind oder dass er eine bessere Strategie mit höherer Rendite gefunden hat. Ich glaube, dass mehr dahinter steckt. Seine Fonds wurden erst viele Jahre nach dem Ende der BPL größer als die größten Fonds heutiger aktivistischer Investoren (inflationsbereinigt, in Dollar). Er sagt auch, dass die Methoden, die er während der BPL-Ära einsetzte, heute immer noch gut funktionieren würden, und diese Behauptung wird durch die heutigen Renditen aktivistischer Investoren untermauert.

Obwohl kein Zweifel besteht, dass Buffett es zunehmend vorzog, ganze Unternehmen zu besitzen, statt nur Scheibchen davon (wem ginge es anders?), legen seine Aufzeichnungen nahe, dass er die Zigarrenstummel-Controls hauptsächlich deshalb aufgab, weil er sie nicht mochte, und weniger, weil er der Meinung war, er müsse mehr für seine investierten Dollars bekommen. Die Controls aufzugeben, verringerte in den ersten Jahren seine jährliche Rendite vermutlich sogar um ein paar Punkte, und doch schien er mit seiner Wahl mehr als zufrieden zu sein. Warum sich auch nur ein bisschen Kummer für einen oder zwei zusätzliche Prozentpunkte Rendite aufhalsen, wenn man schon reich ist? Ich denke, man kann das an den Kommentaren zum Ende seiner Partnership-Zeit ablesen, kurz bevor er entschied, BPL aufzulösen, als er sagte:

> *»Die zufriedenstellenden Ergebnisse unserer Aktivität in Unternehmen, bei denen wir eine Mehrheitsbeteiligung besitzen, ist ein weniger wichtiger Grund für die bescheidenen Investmentziele, die im Brief vom 9. Oktober erörtert wurden. Wenn ich mit Menschen zu tun habe, die ich mag, bei Geschäften, die ich anregend finde (welches Geschäft ist das nicht?) und lohnende Gesamtrendite auf das eingesetzte Kapital erhalte (sagen wir 10 bis 12 Prozent), dann scheint es dumm, von Situation zu Situation zu hetzen, um ein paar Prozentpunkte mehr zu erhalten. Genauso wenig erscheint es mir vernünftig, bekannte angenehme persönliche Beziehungen mit herausragenden Menschen zu einer vernünftigen Ertragsrate gegen möglichen Ärger, Verschlechterung oder Schlimmeres einzutauschen für potenziell höhere Renditen.«*
>
> – 24. Januar 1968

Am aktivistischen Investieren ist nichts Falsches, um eine Formulierung von Munger zu benutzen: »Wenn du das Rasieren aushältst.« Ordentlich durchgeführt, scheint es heutzutage »ein paar mehr Prozentpunkte« jährlicher Rendite abzuwerfen, so wie damals für Buffett. Den richtigen aktivistischen Investor zu entdecken, der eine vernünftige Argumentation in einer Situation vorbringt, die seiner Aufmerksamkeit bedarf, kann eine wunderbare Investmentstrategie sein. Achten Sie nur darauf, es selbst zu durchdenken. Folgen Sie so jemandem nicht blind. Und noch einmal: Seien Sie vorsichtig, auf wessen Erfolgswelle Sie mitschwimmen.

Lektionen aus den Partnership Letters: Controls

24. Januar 1962

»Die letzte Kategorie umfasst die Situationen mit größeren Beteiligungen, in denen wir entweder das Unternehmen kontrollieren oder eine sehr große Position erwerben und versuchen, die Unternehmenspolitik zu beeinflussen. Solche Aktivitäten sollten unbedingt auf mehrjähriger Basis gemessen werden. In einem bestimmten Jahr bringen sie vielleicht nichts hervor, da es gewöhnlich unser Vorteil ist, wenn der Kurs über einen langen Zeitraum stagniert, während wir die Aktien erwerben. Diese Situationen haben auch relativ wenig gemeinsam mit dem Verhalten des Dow Jones. Natürlich kaufen wir uns manchmal mit dem Hintergedanken in einen General ein, dass er sich zu einer Mehrheitsbeteiligung entwickeln könnte. Wenn der Preis für lange Zeit niedrig genug bleibt, kann das durchaus passieren. Wenn er steigt, bevor wir einen maßgeblichen Prozentsatz an Unternehmensaktien haben, verkaufen wir auf höheren Levels und schließen eine erfolgreiche General-Operation ab. Momentan erwerben wir Aktien in Situationen, die sich in einigen Jahren als Mehrheitsbeteiligungen entpuppen können.«

18. Januar 1964

»Wenn wir nicht mit dem Erwerb eines ansehnlichen Aktienbündels starten, entwickeln sich Controls aus der General-Kategorie. Sie resultieren aus Situationen, in denen ein preiswertes Wertpapier für so lange Zeit keine Preisänderung erfährt, dass wir in der Lage sind, einen signifikanten Anteil der Unternehmensaktien zu kaufen. An diesem Punkt sind wir vermutlich in einer Position, zu einem gewissen Maß oder gar vollständig die Kontrolle der Unternehmensaktivitäten zu übernehmen; ob wir nun aktiv werden oder relativ passiv bleiben, hängt an diesem Punkt von unserer Beurteilung ab, wie sich die Zukunft des Unternehmens gestaltet und wie fähig das Management ist. Der General, den wir in den vergangenen Monaten am aggressivsten gekauft haben, besitzt ein ausgezeichnetes Management. Es verfolgt eine Politik, die uns wirklich sinnvoll erscheint. Wenn unsere fortgesetzten Aktienkäufe uns irgendwann in der Zukunft in eine wesentliche Beteiligung bringen, werden wir vermutlich im Hinblick auf unsere Aktivität oder dieses Unternehmen sehr passiv bleiben. Wir wollen nicht handeln um des Handelns willen. Bei ansonsten gleichen Parametern würde ich lieber andere die Arbeit machen lassen. Wenn jedoch eine aktive Rolle nötig ist, um den Einsatz von Kapital zu optimieren, können Sie sicher sein, dass wir nicht tatenlos zusehen werden.«

Aktiv oder passiv, in einer Kontrollsituation sollte es einen eingebauten Gewinn geben. Die conditio sine qua non dieser Aktivität ist ein attraktiver Kaufpreis. Sobald die Kontrolle erreicht ist, wird der Wert unserer Investition durch den Wert des Unternehmens bestimmt, nicht durch die häufige Unvernunft des Marktes.

Dass wir bereit und zudem finanzkräftig genug sind, eine Mehrheitsbeteiligung zu übernehmen, gibt uns eine nach beiden Seiten ausgerichtete Elastizität im Hinblick auf viele Käufen in unserer Gruppe von Generals. Wenn der Markt seine Meinung zum Besseren ändert, wird das Wertpapier im Preis steigen. Wenn es das nicht tut, werden wir fortfahren, Aktien zu erwerben, bis wir zur Bestätigung unseres Urteils auf das Unternehmen selbst statt auf den Markt schauen können.

Die Investment-Ergebnisse in der Control-Kategorie müssen auf der Grundlage von mehreren Jahren gemessen werden. Ein richtiger Kauf nimmt Zeit in Anspruch. Wenn erforderlich, muss das Management gestärkt, das die Kapitalverwendung geändert, ein zufriedenstellender Unternehmensverkauf oder eine Fusion angestrebt werden et cetera. Das sind allesamt Faktoren, die das Geschäft einträglich machen, wenngleich das in Jahren, und nicht Monaten, gemessen werden muss. Deshalb suchen wir bei Controls nach großen Gewinnspannen – wenn es gar nicht danach aussieht, lassen wir es sein.

Controls bewegen sich in der Kaufphase größtenteils im Gleichklang mit dem Dow. In den späteren Phasen richtet sich ihr Verhalten mehr an dem von Workouts aus.«

18. Januar 1964

»Falls es irgendeinen Trend gibt, während unser Kapital wächst, dann geht er vermutlich in Richtung Controls, die bislang unsere kleinste Kategorie gewesen sind. Ich mag mich bei dieser Erwartung irren – ein Großteil hängt natürlich vom zukünftigen Verhalten des Marktes ab, den Sie genauso einschätzen können wie ich (ich mache in dieser Beziehung keine Prognose). Während ich dies schreibe, ist ein Großteil unseres Kapitals in Generals investiert, Workouts kommen an zweiter Stelle und Controls an dritter.«

18. Januar 1965

»Eine Investment-Aktivität, die davon abhängt, dass der Endkäufer ein schlechtes Geschäft macht (an der Wall Street nennen sie das die »Greater-Fool-Theorie«, die Theorie des größeren Narren), ist tatsächlich jämmerlich. Wie viel zufriedenstellender ist es, zu wirklichen Schnäppchenpreisen zu kaufen, sodass eine nur durchschnittliche Anlage erfreuliche Ergebnisse bringt!«

20. Januar 1966

»Die ›Control‹-Abteilung unseres Geschäfts hat ein neues Mitglied erhalten, das aus unserer Kategorie ›Generals – private Eigentümer‹ stammt. Anteile an Berkshire Hathaway waren seit November 1962 aus den gleichen Überlegungen heraus erworben worden wie das vorher erwähnte Wertpapier. Im Fall von Berkshire haben wir es allerdings geschafft, genügend Aktien zu kaufen, um selbst eine Mehrheitsbeteiligung zu übernehmen, statt wie sonst üblich, unsere Aktien entweder auf dem Markt oder an einen einzelnen Investor zu verkaufen.

Unsere Käufe von Berkshire haben 1962 zu einem Preis von 7,60 Dollar je Aktie angefangen. Dieser Preis spiegelt teilweise die großen Verluste wider, die unter dem vorherigen Management im Rahmen der Schließung einiger Fabriken angefallen sind, die durch veränderte Bedingungen innerhalb der Textilbranche unrentabel geworden waren (was das alte Management ziemlich spät erkannt hat). In der Nachkriegszeit ging es mit dem Unternehmen beträchtlich bergab, dabei hatte es in der Spitze 1948 ungefähr 29,5 Millionen Dollar vor Steuern verdient und ungefähr 11 000 Arbeiter beschäftigt. Die Produktion war auf 11 Textilfabriken verteilt.

Zu dem Zeitpunkt im Frühling 1965, als wir die Stimmrechtskontrolle übernommen haben, war Berkshire auf zwei Fabriken mit ungefähr 2 300 Angestellten geschrumpft. Es war eine angenehme Überraschung festzustellen, dass die verbliebenen Einheiten ein ausgezeichnetes Management hatten, und wir keinen einzigen Mann von außen in den Betrieb bringen mussten. Unseren anfänglichen Anschaffungskosten lagen bei 7,60 Dollar je Aktie (die durchschnittlichen Kosten beliefen sich jedoch auf 14,86 Dollar je Aktie, was auf sehr starke Käufe Anfang 1965 zurückgeht). In Relation dazu hatte das Unternehmen am 31. Dezember 1965 allein ein Nettoumlaufvermögen von ungefähr 19 Dollar je Aktie (bevor die Fabrikanlagen und die Ausrüstung bewertet wurde).

Es ist ein Vergnügen, Berkshire zu besitzen. Es steht außer Frage, dass der Zustand der Textilbranche der dominierende Faktor zur Bestimmung der Ertragskraft dieses Unternehmens ist. Doch sind wir sehr glücklich, Ken Chance zu haben, der das Geschäft auf erstklassige Weise führt, und dass wir auch einige der besten Vertriebsleute in diesem Unternehmen haben, die diesen Part in ihren jeweiligen Abteilungen leiten.

Während Berkshire in einem hypernervösen Umfeld schwerlich so gewinnbringend sein wird wie Xerox, Fairchild Camera oder National Video Markt, ist es ein großer Trost, so etwas zu besitzen.

Wie mein Westküstenphilosoph sagt: ›Es ist gut, eine Diät zu haben, die aus Hafergrütze sowie Windbeuteln besteht.‹

Wegen unserer Mehrheitsbeteiligung wird unser Investment in Berkshire in unserer Rechnungslegung als Unternehmen bewertet, nicht als ein handelsfähiges Wertpapier. Wenn Berkshire um 5 Dollar je Aktie auf dem Markt steigt, bringt das BPL keinen Nutzen – unsere Beteiligung soll nicht verkauft werden. Entsprechend hat es keine Bedeutung für uns, wenn die Aktie um 5 Dollar fällt. Der Wert unserer Beteiligung wird unmittelbar durch den Wert des Unternehmens bestimmt. Ich habe keine göttliche Eingebung bei der Bewertung unseres Vermögens gehabt. (Vielleicht erhalten die Eigentümer der drei Wunderaktien, die oben erwähnt sind, wirklich eine solche Botschaft hinsichtlich ihrer Beteiligungen – ich würde laut Bauchgefühl etwas mindestens so Zuverlässiges brauchen, um bei den gegenwärtigen Preisen gut zu schlafen.) Ich bemühe mich, eine konservative Bewertung anzuwenden, die sich auf meine Kenntnisse über Vermögen, Ertragskraft, Branchenbedingungen, Wettbewerbsposition und Ähnliches stützt. Wir würden bei dieser Zahl von Aktien nicht als Verkäufer unserer Beteiligung auftreten, noch würden wir die anderen Werte in unserem Portfolio zu Jahresabschlussbewertungen verkaufen – sonst hätten wir sie schon längst verkauft.«

25. Januar 1967

»Es gab 1966 drei Haupt-Gewinnquellen bei den Unternehmen der Kategorie ›Controls‹. Dazu zählen: (1) einbehaltene Geschäftserträge, die auf unsere Beteiligungen 1966 anrechenbar sind; (2) zusätzliche Aktienkäufe auf dem freien Markt unterhalb der Bewertung für unsere Mehrheitsbeteiligung; und (3) nicht realisierte Wertsteigerungen marktfähiger Wertpapiere, die von den kontrollierten Unternehmen gehalten werden. Die Summe aller positiven Einzelpunkte ergibt für 1966 den Betrag von 2 600 838 Dollar.

Allerdings wurde dieser Gewinn durch Faktoren, die ich in meinem Brief vom 1. November 1966 erwähnt habe, wie etwa spezifische Branchenbedingungen und andere relevante Bewertungskriterien, um 1034 780 Dollar reduziert, um zum 31. Dezember 1966 zu einer angemessene Bewertung der Mehrheitsbeteiligungen zu finden. So wurde der Gesamtgewinn in der Control-Kategorie für das betreffende Jahr auf 1566 058 Dollar reduziert.

Wir waren zweifellos gut beraten darin, im Verlauf des Jahres 1966 einen relativ hohen Prozentsatz des Nettovermögens in Mehrheitsbeteiligungen und nicht in Aktien zu investieren. Dasselbe Geld in allgemeinen Marktbeteiligungen hätte wahrscheinlich im Laufe des Jahres einen – womöglich beträchtlichen – Verlust erzeugt. Das war nicht geplant, und wenn der Aktienmarkt während des Jahres wesentlich gestiegen wäre, wäre diese Kategorie eine entscheidende Bürde für die Gesamtperformance gewesen. Die gleiche Situation wird 1967 vorherrschen.«

22. Januar 1969

»Insgesamt haben die kontrollierten Unternehmen im Laufe des Jahres 1968 ein anständiges Ergebnis geliefert. Diversified Retailing Company Inc. (wir besitzen 80 Prozent) und Berkshire Hathaway Inc. (wir besitzen 70 Prozent) erzielten zusammen Nettoerträge nach Steuern von über 5 Millionen Dollar.

Besonders hervorragende Performance zeigten Associated Cotton Shops, eine von Ben Rosner geleitete Tochtergesellschaft von DRC, und National Indemnity Company, einer Tochtergesellschaft von B-H, geleitet von Jack Ringwalt. Beide Unternehmen haben ungefähr 20 Prozent auf das in ihrem Geschäft eingesetzte Kapital erwirtschaftet. Von den ›Fortune 500‹ (den größten Produktionsgesellschaften im Land, angefangen bei General Motors), haben im Jahr 1967 nur 37 Unternehmen diese Zahl erreicht, und unsere Jungs haben damit viel bekanntere (aber nicht viel geschätztere) Unternehmen wie IBM, General Electric, General Motors, Procter & Gamble, DuPont, Control Data, Hewlett Packard et cetera in den Schatten gestellt.

Ich bekomme immer noch manchmal Kommentare von Partnern wie: ›Berkshire ist 4 Prozentpunkte gestiegen – das ist großartig!‹ oder ›Was geschieht mit uns? Berkshire ist letzte Woche um

3 Prozentpunkte gefallen!‹ Der Marktkurs ist bei der Bewertung von unseren Mehrheitsbeteiligungen für uns irrelevant. Wir haben Berkshire Hathaway zum Jahresabschluss 1967 mit 25 bewertet, als der Markt bei ungefähr 20 lag, und zum Jahresabschluss 1968 lag unsere Bewertung bei 31, als der Markt bei ungefähr 37 lag. Wir hätten dasselbe getan, wenn die Märkte bei 15 beziehungsweise 50 gewesen wären (‚Preis ist, was Sie bezahlen. Wert ist, was Sie bekommen‹). Wir werden bei unseren Mehrheitsbeteiligungen durch die operative Performance unserer Geschäfte Erfolg haben oder leiden – aber wir werden nicht versuchen, Profit zu erzielen, indem wir verschiedene Spielchen auf den Wertpapiermärkten spielen.«

Verzinste Weisheit

Ob Sie ein Unternehmen betreiben, ein Unternehmen besitzen oder durch einen anteiligen Anspruch (Aktie) in einem Unternehmen involviert sind, hilft die Erläuterung von Buffett zu Controls Ihnen zu lernen, wie ein Eigentümer zu denken. Es hilft Ihnen auch, eine auf Vermögensgegenständen basierende Bewertung durchzuführen, als ob Sie das komplette Geschäft kaufen würden. Als nächstes werden wir die Dempster-Mill betrachten, diejenige Mehrheitsbeteiligung, der Buffett in seinen Briefen den größten Teil der Zeit gewidmet hat. Es ist eine perfekte Fallstudie, die sich eingehender mit diesen Ideen befasst, und wir können dabei sehen, wie Vermögensgegenstände zuerst bewertet, dann anders eingesetzt werden, um die Erträge des Unternehmens zu erhöhen und einen beträchtlichen Shareholder Value zu erschließen.

KAPITEL 9

Bei Dempster groß einsteigen – das Asset-Umwandlungsspiel

»Wir suchen nach großen Gewinnspannen, wenn es gar nicht danach aussieht, lassen wir es sein.«[79]

– 18. Januar 1964

Den größten Spaß beim Investieren macht die Jagd nach lohnenden Zielen. Auf eine so günstige Net-Net-Situation wie bei Dempster Mill zu stoßen, gleicht dem Glück eines Kunsthändlers, der einen Renoir unter einer Malerei von »Hunde auf Samt« findet, die bei einer Haushaltsauflösung für 25 Dollar verkauft wird. Es ist ein außerordentlich seltenes Ereignis und verlangt ein bisschen Arbeit, um den echten Wert zu erkennen. Aber bei diesem Preis ist sicher, dass sich dadurch ein riesiger Gewinn erzielen lässt.

Stellen Sie sich den aufregenden Moment im Jahr 1956 vor, als Buffett das Moody's Manual durchblätterte und auf eine winzige, unbekannte Produktionsgesellschaft stieß, deren Aktie im vorhergehenden Jahr um 75 Prozent gefallen war. Er erkannte, dass das Unternehmen jetzt für einen Bruchteil des Nettoumlaufvermögens und einen noch kleineren Bruchteil des Buchwerts zu haben war, und begann, die Aktie für nur 17 Dollar das Stück zu kaufen. Bekommen hat er 80 Dollar.

Buffetts Äußerungen zur Geschichte der Dempster Mill stellen den umfassendsten Bericht über ein Investment dar, das er für die Partnerschaft getätigt hat. Seine damalige Vorgehensweise wird darin sehr gut eingefangen und gleichzeitig beleuchtet, wie er den quantitativen Investmentansatz von Graham umsetzte. Dempster war eine konzentrierte Investition, die sogar bei konservativer Betrachtung günstig war, von Buffett ein aktives Engagement verlangte, ein Asset-Umwandlungsspiel darstellte, und sich steuerbegünstigt durchführen ließ. Für diejenigen, die gerne der quantitativen Investment-Lehre »Generals – private Eigentümer« folgen, dient ein näherer Blick auf Dempster als Blaupause dafür, im Spiel um unterbewertete Zigarrenstummel von heute Unternehmen unter Nutzung des Substanzwertansatzes zu bewerten.

Den Windmühlen den Wind nehmen

Kurz nachdem er die allererste Partnership gegründete hatte, begann Buffett mit dem Kauf von Aktien. Das Moody's Manual eines jeden Jahres Jahr beschrieb Dempster als einen »Hersteller von Windmühlen, Pumpen, Zylindern, Wassersystemen, Schleuderpumpen, Stahltanks, Ausrüstungen für die Wasserversorgung, Düngerstreuern und Farmwerkzeugen«. Es handelte sich um eine Familiengesellschaft, ein winziges Unternehmen in Beatrice, Nebraska, das nur minimale Gewinne erzeugte. Das Eigenkapital wäre jedoch dem kritischen Blick eines jedes Schülers von Buffett aufgefallen – das Unternehmen wurde zu einem bedeutsamen Preisnachlass gehandelt.

Nicht lange nach seinem ersten Kauf rückte Buffett in den Verwaltungsrat des Unternehmens auf, und setzte den Kauf von Aktien über die nächsten fünf Jahre fort. Dann wurde 1961 ein großes Aktienpaket von der Familie Dempster zum Verkauf angeboten. Im

August desselben Jahres erreichte Buffett die Stimmrechtsmehrheit – er besaß 70 Prozent und einige »Partner« weitere 10 Prozent. Alles in allem betrug sein durchschnittlicher Kurswert 1,2 Millionen Dollar (28 Dollar je Aktie), was ungefähr einem 50-prozentigen Preisabschlag auf das Betriebskapital und einem 66-prozentigen Preisabschlag auf den Buchwert entsprach. Für Partnerschaftszwecke setzte er einen Liquidationswert von 35 Dollar je Aktie für das Unternehmen an, ein Prozess, der »von besonderer faktischer Bedeutung gewesen ist, denn neue Partner kauften sich zu diesem Preis ein und alte Partner verkauften einen Teil ihrer Anteile für denselben Preis.«[80] Am Jahresende machte Dempster 20 Prozent des Gesamtvermögens von BPL aus.

Das war jedoch ein weiteres großes Engagement für Buffett und zunächst eine verzwickte Situation. Die Lagerbestände waren zu hoch und stiegen rasant weiter. Buffett versuchte, mit dem bestehenden Management zusammenzuarbeiten, musste es aber schließlich hinauswerfen, als die Lagerbestände sich immer weiter aufbauten. Die Bank des Unternehmens war besorgt und drohte, die Sicherheiten zu pfänden, die zur Absicherung des Darlehens dienten. Sie begann, über die Schließung von Dempster zu sprechen, und Buffett musste schnell handeln.[81] Ginge ein Geschäft, in dem 20 Prozent seines Kapitals gebunden waren, unter, würde die Partnerschaft in großen Schwierigkeiten stecken. Glücklicherweise traf Buffett, auf Empfehlung von Munger, einen »Macher« namens Harry Bottle und stellte ihn sofort ein.

Harry war ein Turnaround-Spezialist und machte sich sofort an die Arbeit. Er erinnert sich an das überbordende Lagerbestandsproblem:

> *»... in meiner Verzweiflung habe ich einfach einen Maler geholt und ließ ihn in drei Metern Höhe eine weiße, 15 Zentimeter breite Linie an die Innenwand unseres größten Lagers malen. Dann rief ich den Fabrikleiter und informierte ihn, dass ich jedes Mal, wenn ich in das Gebäude gehen würde und die Linie über dem Stapel von Kisten nicht sehen könnte,*

> *alle außer der Versandabteilung entlassen würde, bis die Linie sichtbar wurde. Ich habe allmählich diese Linie heruntergesetzt, bis ich einen zufriedenstellenden Warenumschlag im Lager erreicht hatte.«*[82]

Harry war so gut darin, das Unternehmen energisch auf Kurs zu bringen, dass Buffett ihn im Brief des Folgejahres den »Mann des Jahres« nannte. Er reduzierte nicht nur die Lagerbestände von 4 Millionen Dollar auf 1 Million Dollar, zerstreute die Sorgen der Bank (deren Darlehen schnell zurückgezahlt wurde), sondern reduzierte auch Verwaltungs- und Vertriebskosten um die Hälfte und schloss fünf unrentable Niederlassungen. Mit Unterstützung von Buffett und Munger konnte Dempster auch die Preise für die gebrauchte Ausrüstung um bis zu 500 Prozent erhöhen, was sich nur in geringem Umfang auf das Umsatzvolumen auswirkte und kaum Widerstand bei den Kunden hervorrief.[83] Alles zusammen führte dazu, dass das Unternehmen wieder einen gesunden wirtschaftlichen Ertrag erwirtschaftete.

Flexibles Denken

Es gibt eine zusätzliche Komponente bei Dempster, welche Buffett von der großen Mehrheit seiner Zeitgenossen unterschied und welche die Flexibilität seines Denkens demonstriert: Sein Job als Unternehmenseigner und sein Job als Anleger waren für ihn ein und dasselbe. Die meisten Menschen sehen sich entweder in der einen oder in der anderen Rolle; Buffett hat früh verstanden, dass beide Rollen insofern identisch sind, als beide entscheiden, wo das Kapital hinfließt.

Allzu oft denken Manager bei Unternehmen mit miserablen Renditen, ihnen bliebe keine andere Wahl, als die Gewinne wieder in ihr Geschäft zu investieren. Dann beurteilen sie ihren Erfolg in Relation zu einer Branchenvergleichsgruppe. Das führt oft dazu, dass sie »unter den Blinden der Einäugige« sind, der gutes Geld für eine niedrige zusätzliche Verzinsung reinvestiert und nur dazu beiträgt, das System der mageren Renditen aufrechtzuerhalten.

Buffett war anders verdrahtet und erreicht unter anderem deshalb bessere Ergebnisse, weil er beim Investieren eine absolute Skala nutzt. Bei Dempster hatte er keine emotionale Vorbelastung wie etwa ein Veteran des Windmühlengeschäfts. Er war eingestiegen, um die höchste Rendite auf das Kapital zu erzielen, das er an die Vermögensgegenstände des Geschäfts gebunden hatte. Diese absolute Skala ließ ihn erkennen, dass es Dempster nicht besser gehen würde, wenn er nur wieder in das Windmühlengeschäft investieren würde. Deshalb stoppte er diesen Vorgang sofort und begann stattdessen, das Kapital herauszuziehen.

Mit Gewinnen und Erlösen aus der Umwandlung von Lagerbeständen und anderen Vermögensgegenständen in Bargeld, kaufte Buffett von ihm bevorzugte Aktien. Im Grunde verwandelte er Kapital, das vorher in einem schlechten (ertragsschwachen) Geschäft, nämlich Windmühlen, genutzt wurde, in Kapital, das in einem guten (ertragsstarken) Geschäft, nämlich Wertpapieren, eingesetzt werden konnte. Je länger er das praktizierte, desto weniger sah Dempster aus wie eine Produktionsgesellschaft und desto mehr wirkte es wie die Investment Partnership. Die Bereitschaft und Fähigkeit, Investitionskapital als beliebig austauschbar zu betrachten, egal ob es Kapital ist, das an die Vermögenswerte eines Unternehmens gebunden ist, oder Kapital, das in Wertpapiere investiert wird, sind außerordentlich seltene Charakterzüge.

Als Buffett am Ruder war, sorgte er dafür, dass Vermögen, das umgeschichtet werden konnte, auch tatsächlich umgeschichtet wurde. Dann ließ er das Unternehmen pro Aktie einen Kredit von 20 Dollar aufnehmen, um damit noch mehr der von ihm bevorzugten Aktien zu kaufen. Die anfängliche Bewertung von 35 Dollar im Jahr 1961 bezog sich ausschließlich auf Dempster; zum Jahresabschluss 1962 umfasste die Bewertung von Buffett, jetzt 51 Dollar je Aktie, Wertpapiere zum Marktwert von 35 Dollar und den Produktionsbetrieb im Wert von 16 Dollar. Das Wertpapier-Portfolio von Dempster war so groß geworden wie der Rest der Partnership.[84]

Buffett machte auf die natürlichen Folgen dieser Änderung aufmerksam:

> *»Es sollte darauf hingewiesen werden, dass Dempster im letzten Jahr zu 100 Prozent ein Asset-Umwandlungsproblem und deshalb vollkommen unbeeinflusst vom Aktienmarkt gewesen ist, aber enorm durch unseren Erfolg mit den Vermögenswerten beeinflusst worden ist. 1963 wird das Produktionsvermögen immer noch wichtig sein, aber vom Bewertungsstandpunkt aus wird es sich deutlich mehr wie ein General verhalten, da wir einen großen Teil seiner Gelder in Generals investiert haben werden, die größtenteils mit denen der Buffett Partnership Ltd. übereinstimmen.«*

Dempster war Buffetts erste Erfahrung, mit beiden Füßen in das Management eines Controls einzusteigen, und durch Bottle konnte er mit eigenen Augen sehen, was für einen Unterscheid ein ausgezeichneter, vertrauenswürdiger CEO bewirken kann. Harry Bottle wurde in den Briefen mit Lob überschüttet. Hier sehen wir die Ursprünge dessen, was später die Handschrift von Buffett geworden ist, die an Dale Carnegie angelehnt ist: Loben Sie namentlich, kritisieren Sie die Gruppe.

Buffett und Bottle reduzierten das Anlagevermögen von Dempster, bis die verbliebene Substanz einen zufriedenstellenden Ertrag erwirtschafteten. Damit endet die Geschichte 1963. Das restliche Produktionsvermögen von Dempster sowie die Marke wurden verkauft.

Ein letzter Aspekt der Geschichte demonstriert Buffetts Geschäftssinn, Gewinne nach Steuern zu maximieren. Nachdem das ganze Produktionsvermögen weg war, blieben nur die Wertpapiere. Buffett war in der Lage, Dempster die Kapitalertragssteuern durch einen Schachzug zu ersparen, der die BPL-Erträge verdoppelte, und BPL erlaubte, einen Gewinn von 45 Dollar je Anteil zu realisieren.

Obwohl das Investment in Dempster äußerst gewinnbringend war, hat Buffett nie wieder etwas Vergleichbares unternommen. Er wurde in der lokalen Presse als Liquidator verunglimpft.[85] Später, als er mit der Frage konfrontiert wurde, ob das Textilgeschäft von Berkshire 1969 liquidiert werden sollte, sagte er:

> *»Ich will keine Firma auflösen, die 1100 Menschen beschäftigt, wenn das Management hart daran arbeitet, die relative Branchenposition – mit angemessenen Ergebnissen – zu verbessern, so lange das Geschäft keine wesentlichen zusätzlichen Kapitalinvestitionen erfordert. Ich habe nicht den Wunsch, harte soziale Folgen gegen ein paar Prozentpunkte zusätzlichen Ertrag im Jahr einzutauschen.«*[86]

Zeitgenossen des Dempster-Einstiegs

Zu erleben, wie Buffett seine Investment-Kenntnisse nutzte, um Dempster umzukrempeln, ist für heutige Anleger in mehrfacher Hinsicht aufschlussreich. Erstens verweist es den von vielen gehegten Irrglauben ins Reich der Märchen, dass Controls nur etwas für Großinvestoren seien. Der Marktwert von Dempster betrug 1961 1,6 Millionen Dollar oder etwa 13,3 Millionen in heutigen Dollars. Zweitens war die Möglichkeit, in kleinerem Umfang zu experimentieren, für ihn in frühen Jahren ein genauso großer Vorteil, wie er das auch heute für jeden ist, der mit kleineren Summen arbeitet. Der Vorteil der Generals, »zwei Eisen im Feuer zu haben« – Aktien aus der Kategorie »privates Eigentum« ermöglichen sowohl Aktivismus als auch Kontrolle. Sogar diejenigen, die mit kleineren Summen arbeiten, können diesen Vorteil in sehr kleinen Nebenwerte-Unternehmen nutzen.

Buffett war nicht die einzige Investmentlegende, die mit stark unterbewerteten Wertpapieren anfing: David Einhorn, der 1996 den heute riesigen Hedgefonds Greenlight Capital mit weniger als 1 Million Dollar gegründet hat, identifizierte ein Nebenwert-Net-Net-Unternehmen mit dem Namen C.R. Anthony, das für 50 Prozent des Nettoumlaufvermögens gehandelt wurde. Einhorn setzte 15 Prozent seines Vermögens dort ein und landete bei einem Ertrag von 500 Prozent in dem Jahr, als das Unternehmen übernommen wurde. Als Milliardär wird er solche Gelegenheiten wohl kaum noch haben. Branchenexperten unterstreichen, wie schwierig es sei, im Jahr 2014 mehr als 1 Million Dollar in einer diversifizierten Net-Net-Strategie einzusetzen.[87] Wenn Sie dafür nicht bereits zu wohlhabend sind, dann wünsche ich Waidmannsheil.

Wert: Buchwert versus innerer Wert

Heutzutage bietet das Internet viele kostenlose Tools, um nach Aktien zu suchen, die unter ihrem Buchwert oder Nettoumlaufvermögen gehandelt werden. Einen ausgewogenen Korb dieser Kategorie mit sorgfältig ausgewählten Aktien zu kaufen und diese für ein oder zwei Jahre zu halten (eine der Strategien von Tobias) hat sich in der Vergangenheit als sehr wirksam erwiesen. Aber wenn Sie so wie Buffett stärker fokussiert investieren wollen, müssen Sie einige Analysen durchführen, angefangen beim Verständnis des tatsächlichen Geschäftswerts (realisierbarer Liquidationswert, den die Vermögensgegenstände eines Unternehmens haben.

Die auf Dempster bezogenen Briefe sind voller spezifischer Details zu Buffetts Vorgehensweise, um die Vermögenswerte solcher Unternehmen in Turbulenzen zu bewerten; es ist dasselbe Verfahren, das Deep-Value-Investoren heute einsetzen. Die Kommentare bezüglich Dempster sind einzigartig, weil wir nicht nur Buffetts anfängliche Einschätzung des Werts auf Basis einer zeilengenauen Bewertung in der Bilanz sehen, sondern weil wir auch sehen können, wie sich jene Werte verändert haben, als sich die Dinge voranschritten.

Wichtig ist, dass wir über den konservativ berechneten Liquidationswert sprechen, wenn es zu einem Vergleich von Substanzwert versus Ertragswert kommt »Der geschätzte Wert sollte nicht den Wert widergeben, der hoffentlich in Zukunft vorhanden sein wird, oder den ein sehr interessierter Käufer ansetzen würde etc., sondern die Schätzung, was unser Anteil bringen würde, wenn wir ihn unter den momentanen Bedingungen zu einem angemessenen Preis kurzfristig verkaufen würden.« Dieses Verfahren geht unmittelbar auf Graham zurück.

Wie in Anhang D ersichtlich, arbeitet Buffett die Liste der Bilanzpunkte, die entsprechend ihrer Liquidität aufgeführt werden, stufenweise ab. Bargeld ist so flüssig, dass wir ihm keinen neuen Schnitt verpassen müssen. Außenstände (von den Kunden von Dempster geschuldetes, aber noch nicht erhaltenes Geld) werden auf 85 Cent je Dollar bewertet; Lagerbestand, der mit den Anschaffungskosten in den Büchern geführt wird, wird auf 65 Cent abgewertet. Von vorausbezahlten Ausgaben und »anderen« Positionen wird angenommen, dass sie nur 25 Cent je Dollar wert sind. Wenn man die angepassten Zahlen aufsummiert, können Sie sehen, dass Buffett einen realen Wert von 3,6 Millionen Dollar für das Umlaufvermögen (überwiegend liquide) annimmt, trotz der Tatsache, dass es in den Büchern mit 5,5 Millionen geführt wird.

Dann bewertet er das Anlagevermögen, das normalerweise weniger liquide ist, mit geschätzten Versteigerungswerten. Bei Dempster wären das Produktionsanlagen und Ausrüstung (offiziell verzeichnet als Property, Plant & Equipment). Ist Ihnen die Schätzung von achthunderttausend Dollar im Vergleich 1,4 Millionen Dollar Buchwert aufgefallen? Denken Sie daran, dass Buffett sich danach orientiert, was diese Dinge im Falle eines kurzfristigen Verkaufs wert sind – der Buchwert sagt Ihnen nur, welcher Preis *vom* Unternehmen bezahlt wurde, um diese Sachen zu erwerben. Buffett sucht nach dem Preis, der *an* das Unternehmen gezahlt werden würde, wenn die Sachen verkauft würden. Die Annahmen sind bewusst konservativ, um Spielraum für mögliche Bewertungsfehler zu lassen.

Einige Unternehmen werden eine konservativere Betrachtung verlangen als andere. Zum Beispiel ist bei einem Einzelhändler mit einem Lagerbestand von größtenteils unmodernen T-Shirts ein viel größeren Preisabschlag nötig, als es für den Lagerbestand eines Herstellers erforderlich wäre, der aus unfertigen Waren (Stahlblech zum Beispiel) besteht. Sie können ein bisschen recherchieren, um genauere Anpassungsfaktoren je nach Branche zu finden. Das Buch *Wertpapieranalyse* taucht tief in die Feinheiten der Anlagenbewertung ein. Für unsere Zwecke genügt es, wenn Sie die Grundlagen dazu verstehen, wie das Verfahren abläuft und wie Sie bei Ihren Schätzungen auf Nummer sicher gehen. Das bedeutet, dass der Wert offensichtlich sein sollte, sobald Sie diese Arbeit tun. Wie Buffett in den Briefen schrieb, »suchen wir nach großen Gewinnspannen – wenn es gar nicht danach aussieht, lassen wir es sein.«[88]

Wie aus der Tabelle erkennbar, beliefen sich die angepassten Vermögenswerte auf 4,4 Millionen Dollar. Nach Abzug der Verbindlichkeiten von 2,3 Millionen Dollar (zum Nennwert) blieben 2,2 Millionen Dollar als der angepasste Geschäftswert übrig. Bei sechzigtausend Aktien kommt die anfängliche Schätzung von 35 Dollar je Aktie zum Tragen. Buffetts durchschnittlicher Preis von 28 Dollar entsprach 80 Prozent seines konservativ berechneten, angepassten Liquidationswertes. Mit anderen Worten: Obwohl das ein lächerlich niedriger Preis im Vergleich zum Buchwert war, war er – was noch wichtiger ist – immer noch erkennbar günstig im Vergleich zum angepassten oder inneren Wert.

Eine belebte Schätzung

In den sechs Monaten, in denen Harry Bottle seiner Tätigkeit nachging, war er imstande, bedeutende Fortschritte beim Turnaround des Unternehmens zu erzielen, und wir können in der Tabelle sehen, wie seine Fortschritte aus Dempster ein wertvolleres Unternehmen gemacht haben. Buffett berichtete begeistert:

> *»Die erfolgreiche Umwandlung von wesentlichen Teilen der Vermögenswerte von Dempster in Bargeld zu praktisch 100 Cent je Dollar war im Jahr 1962 der Höhepunkt. Zum Beispiel wird der Lagerbestand von 4,2 Millionen Dollar beim vorjährigen Jahresabschluss wahrscheinlich ungefähr 1,9 Millionen Dollar zum*

Jahresende betragen, und er wird den Preisabschlag für diesen Posten um ungefähr 920 000 Dollar (40 Prozent der Verminderung von 2,3 Millionen Dollar) reduzieren.«

Dass dieselben Anpassungsfaktoren für jeden Posten verwendet wurden, macht genauestens deutlich, wie diese Aktivität weitere 15 Dollar je Aktie an Wert »erzeugt« hat.

Buffett führt die Partner durch die Zahlen:

»Drei Tatsachen ragen heraus: (1) Obwohl der Nettowert etwas durch den Hausputz und die Abschreibungen reduziert worden ist (550 000 Dollar wurden aus dem Lagerbestand abgeschrieben; Sachanlagen haben insgesamt mehr gebracht als den Buchwert), haben wir Vermögenswerte mit einer Quote in Bargeld umgewandelt, die weit über unserer Vorjahres-Schätzung liegt. (2) Bis zu einem gewissen Grad haben wir die Vermögenswerte aus dem Produktionsgeschäft (das ein schlechtes Geschäft gewesen ist) in ein Geschäft umgewandelt, von dem wir denken, dass es ein gutes Geschäft ist: Wertpapiere. (3) Indem wir Vermögenswerte zu einem Schnäppchenpreis kaufen, brauchen wir keine Kaninchen aus dem Hut zu zaubern, um äußerst gute Renditen zu erreichen. Das ist der Eckstein unserer Investment-Philosophie: ›Niemals auf einen guten Verkauf setzen. Mach den Kaufpreis so attraktiv, dass sogar ein mittelmäßiger Verkauf gute Ergebnisse bringt. Die besseren Verkäufe setzen das Sahnehäubchen auf den Kuchen.‹«

Vergessen Sie nie die Bilanz

Buffett lehrt Investoren, Aktien wie ein Vehikel zu betrachten, durch das sie ihren Anteil an den Vermögensgegenständen besitzen können, die ein Unternehmen ausmachen. Der Wert dieses Geschäfts wird durch eine von zwei Methoden bestimmt: (1) was die Vermögensgegenstände wert sind, wenn sie verkauft werden, oder (2) das Niveau der Gewinne in Relation zum Wert der Vermögensgegenstände, die für deren Erzeugung erforderlich sind. Das ist für jedes einzelne Unternehmen zutreffend, und beide stehen in einer Wechselbeziehung zueinander. Erinnern Sie sich an den früher zitierten Kommentar von Buffett zu Dempster: »Harry hat dieses Jahr damit weitergemacht, zu gering genutzte Vermögensgegenstände in Bargeld umzuwandeln, doch zudem hat er das verbleibenden erforderliche Anlagevermögen produktiv gemacht.«

Operativ kann ein Geschäft nur auf drei Arten verbessert werden: (1) den Umsatz steigern (2) den prozentualen Anteil der Kosten am Umsatz reduzieren (3) den prozentualen Anteil der Vermögensgegenstände am Umsatz reduzieren. Die anderen Faktoren, (4) Fremdfinanzierung erhöhen oder (5) den Steuersatz senken. Das sind die finanziellen Treiber des Geschäftswerts. Das sind die einzigen Möglichkeiten, wie ein Geschäft sich selbst wertvoller machen kann.

Buffett hat bei Dempster »alle Hebel« betätigt. Die Erhöhung der Ersatzteilpreise und die Reduzierung der Betriebskosten kamen einer Betätigung von Hebel Nr. 1 und Nr. 2 gleich. Hebel Nr. 3 wurde betätigt, indem Lagerbestände (Vermögen) abgebaut wurden. Hebel Nr. 4 wurde betätigt, als Buffett Kredite aufnahm, um weitere Aktien zu kaufen. Hebel Nr. 5 wurde betätigt, als er eine große Steuerzahlung vermied, indem er das gesamte Betriebsvermögen der Gesellschaft verkaufte.

Wenn die Rentabilität steigt und das Kapital sinkt, das erforderlich ist, um diese zu erzeugen, steigen Umsatz und Wert des Geschäfts unmittelbar. Buffett hat das vollkommen verstanden, und Dempster ist ein gutes Beispiel für heutige Investoren, die sich auf Kosten von (3) wie besessen um (1) und (2) kümmern. Das schlecht genutzte Vermögen aus einem Unternehmen zu ziehen, erzeugt nicht nur Bargeld, das woanders eingesetzt werden kann, es macht das Geschäft besser und wertvoller. Das ist eine hervorragende Gedächtnisstütze für individuelle und berufliche Investoren gleichermaßen, um ihre Aufmerksamkeit zuerst auf die Bilanz zu richten (es gibt einen Grund, warum sie bei Steuererklärungen an erster

Stelle kommt). Verlieren Sie nie die Tatsache aus den Augen, dass es ohne Sachanlagen überhaupt keinen Ertrag geben würde.

Lektionen aus den Parternship Letters: Dempster Mill

22. Juli 1961

»Wir haben auch auf dem freien Markt mit der Akquisition einer potenziellen großen Beteiligung begonnen, von der ich natürlich hoffe, dass für mindestens ein Jahr nichts Entscheidendes am Markt passiert. Eine solche Bindung kann kurzfristig die Performance mindern, verspricht jedoch über eine mehrjährige Periode kombiniert mit wesentlichen defensiven Eigenschaften überragende Ergebnisse.«

24. Januar 1962

»Dempster Mill Manufacturing Company

Wir sind gegenwärtig an der Kontrolle von Dempster Mill Manufacturing Company aus Beatrice, Nebraska, beteiligt. Unsere erste Aktie wurde als ein generell unterbewertetes Wertpapier vor fünf Jahren gekauft. Ein Paket war später erhältlich, und ich bin vor ungefähr vier Jahren dem Verwaltungsrat beigetreten. Im August 1961 haben wir die Stimmrechtsmehrheit erreicht, was auf die Tatsache hinweist, dass viele unserer Aktivitäten nicht wirklich als ›Nacht- und Nebelaktion‹ bezeichnet werden können.

Wir besitzen 70 Prozent der Aktien von Dempster, einige Partner halten weitere 10 Prozent . Bei nur ungefähr 150 anderen Aktionären ist ein Markt für diese Aktie eigentlich nicht existent und der Streubesitz würde auch keinerlei Bedeutung für ein Mehrheitspaket haben. Unsere eigenen Aktivitäten auf solch einem Markt konnten den festgelegten Kurs drastisch beeinflussen.

Deshalb ist es für mich notwendig, den Jahresendwert unserer Mehrheitsbeteiligungen zu schätzen. Das ist von besonderer Bedeutung, denn faktisch kaufen sich neue Partner zu diesem Preis ein und alte Partner verkaufen einen Teil ihrer Anteile für denselben Preis. Der geschätzte Wert sollte nicht den Wert widergeben, der hoffentlich in der Zukunft vorhanden sein wird oder den ein sehr interessierter Käufer ansetzen würde etc., sondern die Schätzung, was unser Anteil bringen würde, wenn wir ihn unter den momentanen Bedingungen kurzfristig zu einem angemessenen Preis verkaufen würden. Unsere Anstrengungen werden der Erhöhung dieses Werts gewidmet sein, und wir glauben, dass die Chancen dafür gut stehen.

Dempster ist ein Hersteller von landwirtschaftlichen Maschinen und Bewässerungssystemen mit Umsätzen von ungefähr 9 Millionen Dollar im Jahr 1961. Der Betrieb hat in den letzten Jahren nur äußerst geringe Margen in Relation zum investierten Kapital erzeugt. Das spiegelt eine schlechte Managementleistung zusammen mit einer ziemlich ausweglosen Branchensituation wider. Aktuell beläuft sich der konsolidierte Nettowert (Buchwert) auf ungefähr 4,5 Millionen Dollar oder 75 Dollar je Aktie, das konsolidierte Betriebsvermögen auf ungefähr 50 Dollar je Aktie, und zum Jahresende haben wir unsere Beteiligung auf 35 Dollar je Aktie geschätzt. Obwohl ich in einer Sache wie dieser nicht den Anspruch erhebe, ein visionärer Prophet zu sein, glaube ich, das ist eine angemessene Schätzung sowohl für neue als auch alte Partner. Sicher ist eine höhere Bewertung gerechtfertigt, wenn zumindest eine mäßige Ertragskraft wieder hergestellt werden kann, und selbst wenn das nicht erreicht wird, sollte Dempster am Ende mit einem höheren Wert dastehen. Unser Mehrheitspaket wurde zu einem durchschnittlichen Preis von ungefähr 28 Dollar erworben, und diese Beteiligung macht zurzeit – auf dem von 35 Dollar basierend – 21 Prozent des Partnerschaftsnettovermögens aus.

Natürlich wird dieser Teil unseres Portfolios nicht mehr Geld wert sein, nur weil General Motors, U.S. Steel und andere Aktien höher notieren. In einem rasenden Bullenmarkt sind Aktivitäten in Mehrheitsbeteiligungen mitunter ein recht mühsamer Weg, Geld zu verdienen, im Vergleich dazu, einfach den allgemeinen Markt zu kaufen. Allerdings bin ich mir mehr der Gefahren bewusst, die ein aktuelles Marktniveau mit sich bringt, als der Gelegenheiten. Mehrzeitbeteiligungen sind, zusammen mit Workouts, ein Mittel, um einen Teil unseres Portfolios von diesen Gefahren zu schützen.«

1. November 1962

»Wir haben vor, dasselbe Verfahren wie letztes Jahr einzusetzen, um den Wert unserer Mehrheitsbeteiligung an Dempster Mill Manufacturing bei diesem Jahresabschluss zu beziffern. Dieses Verfahren berücksichtigte verschiedene Preisabschläge auf die Bilanzposten und gab damit meine Meinung dazu wider, wie viel Erlös bei einem sehr schnellen Verkauf erzielt werden könnte. Im letzten Jahr bedeutete das 40 Prozent Abschlag auf Lagerbestände, 15 Prozent Abschlag auf Forderungen, einen geschätzten Versteigerungswert von Sachanlagen etc., was zu einem ungefähren Wert von 35,00 Dollar je Aktie geführt hat.

»Die erfolgreiche Umwandlung von wesentlichen Teilen der Vermögenswerte von Dempster in Bargeld zu praktisch 100 Cent je Dollar war im Jahr 1962 der Höhepunkt. Zum Beispiel wird der Lagerbestand von vormals 4,2 Millionen Dollar im Jahresabschluss des letzten Jahres wahrscheinlich zum Ende dieses Jahres nur noch ungefähr 1,9 Millionen Dollar betragen, und den Preisabschlag für diesen Posten um ungefähr 920 000 Dollar (40 Prozent der Verminderung von 2,3 Millionen Dollar) reduzieren. Ich werde mich in meinem jährlichen Brief ausführlich der journalistischen Aufbereitung dieser Geschichte widmen. Es genügt, an diesem Punkt zu sagen, dass die Anwendung derselben Abschläge, die oben beschrieben sind, wahrscheinlich auf einen Jahresendwert von mindestens 50,00 Dollar je Aktie hinauslaufen wird. Das Ausmaß der Aufgabe, die Assets umzuwandeln, kann man vielleicht am besten in einem Satz veranschaulichen: Am 30. November 1961 hatten wir 166 000 Dollar Bargeld und 2 315 000 Dollar Verbindlichkeiten (Dempsters fiskalisches Jahresende), wogegen wir in diesem Jahr von ungefähr 1 Million Dollar Bargeld und Investments ausgehen (Investments des Typs, den die Partnerschaft kauft) und von 250 000 Dollar an Gesamtverbindlichkeiten. Die Aussichten für eine weitere Verbesserung dieser Situation im Jahr 1963 scheinen gut, und wir erwarten ein wesentlich erweitertes Investment-Portfolio bei Dempster im nächsten Jahr.

Bei der Bewertung von Dempster mit 50 Dollar je Aktie beläuft sich unsere Gesamtrendite (vor irgendwelchen Zahlungen an Partner) bis zum 31. Oktober 5,5 Prozent für die Partnerschaft. Dieser Vorsprung von 22,3 Prozentpunkten gegenüber dem Dow Jones wird, wenn er bis zum Ende des Jahres Bestand hat, zu den größten zählen, die wir jemals erzielt haben. Ungefähr 60 Prozent dieses Vorsprungs wurden durch das Portfolio ohne Dempster erreicht, und 40 Prozent sind das Ergebnis der Wertsteigerung bei Dempster.«

18. Januar 1963

»Dempster Mill Manufacturing

Aus Performance-Sicht war der Höhepunkt des Jahres 1962 unsere gegenwärtige Mehrheitsbeteiligung – der 73-Prozent-Anteil an Dempster Mill. Dempster war in erster Linie Hersteller von Windmühlen, Pumpen, Zylindern, Wassersystemen, Schleuderpumpen, Stahltanks, Ausrüstungen für die Wasserversorgung, Düngerstreuern und Farmwerkzeugen (größtenteils Gerätschaften und Anlagen, die für 1000 Dollar oder weniger im Einzelhandel verkauft werden).

Der Betrieb im letzten Jahrzehnt ist geprägt von stagnierenden Verkäufen, niedrigem Lagerumschlag und praktisch fehlenden Gewinnen in Relation zum investierten Kapital.

Wir übernahmen die Kontrolle im August 1961 zu einem durchschnittlichen Preis von ungefähr 28 Dollar je Aktie. In früheren Jahren hatten wir Aktien für lediglich 16 Dollar gekauft, aber die große Mehrheit übernahmen wir entsprechend einem Angebot von 30,25 Dollar im August. Wenn man die Kontrolle über ein Unternehmen übernommen hat, wird der Wert der Vermögensgegenstände – und nicht der Marktkurs für ein Stück Papier (die Aktie) – extrem wichtig. Im letzten Jahr wurde unsere Beteiligung an Dempster bewertet, indem wir Abschläge auf die verschiedenen Vermögensbestandteile vornahmen, die ich jeweils für angemessen hielt. Diese Bewertungen beruhten auf dem Status dieser Assets als Vermögensgegenstände ohne Erträge. Sie waren damit keine Einschätzungen auf der Grundlage ihres Potenzials, sondern wurden auf der Grundlage dessen bewertet, was ich an Erlös bei einem sofortigen Verkauf zu diesem Zeitpunkt für möglich hielt. Es war unsere Aufgabe, diese Werte zu einem angemessenen Preis anzusetzen. Die konsolidierte Bilanz vom letzten Jahr und die Berechnung des angemessenen Wertes werden unten aufgeführt. [Anhang D]

Das fiskalische Geschäftsjahr von Dempster endet am 30. November, und weil die Buchprüfung noch nicht vollständig verfügbar war, habe ich für einige Zahlen einen Näherungswert angesetzt und im letzten Jahr auf 35 Dollar je Aktie gerundet.

Am Anfang arbeiteten wir mit dem alten Management zusammen, um das Kapital effizienter zu nutzen, die Umsatzrentabilität zu erhöhen, Fixkosten abzubauen und so weiter. Diese Anstrengungen waren völlig unfruchtbar. Nachdem wir uns ungefähr sechs Monate lang nur im Kreis gedreht hatten, wurde offensichtlich, dass zwar Lippenbekenntnisse für unser Ziel abgegeben wurden, darüber hinaus aber aus Unfähigkeit oder Unwillen nichts passierte. Eine Veränderung war notwendig.

Ein guter Freund, der nicht gerade einen Hang zu übertriebenen Lobhudeleien hat, empfahl Harry Bottle wärmstens für unsere Art von Problem. Am 17. April 1962 traf ich Harry in Los Angeles und legte ihm einen Vertrag vor, wonach er Belohnungen erhalten sollte, wenn unsere Ziele erreicht wurden, und am 23. April saß er in Beatrice im Chefsessel. Harry ist zweifellos der Mann des Jahres. Jedes Ziel, das wir Harry gesetzt haben, wurde erreicht, und alle Überraschungen waren stets von der angenehmen Art. Er hakte eine Sache nach der anderen ab, die zuvor als unmöglich bezeichnet worden war, und nahm immer die schwierigen Punkte zuerst in Angriff. Unsere Gewinnschwelle hat sich nahezu halbiert, kaum absetzbare oder veraltete Waren wurden verkauft oder abgeschrieben, Marketingprozesse wurden gestrafft und unrentable Anlagen verkauft.

Die Ergebnisse dieses Programms werden teilweise in der Bilanz in Anhang D aufgezeigt, deren Zahlen, da sie noch ertragslose Vermögensgegenstände enthält, auf derselben Basis wie im letzten Jahr beruhen.

Am 2. Januar 1963 erhielt Dempster ein unbesichertes, befristetes Darlehen von 1250 000 Dollar. Diese Mittel, zusammen mit den bereits freigewordenen Mitteln machen es möglich, dass wir ein Wertpapierportfolio im Wert von ungefähr 35 Dollar je Aktie bei Dempster haben, also beträchtlich mehr, als wir für das ganze Unternehmen gezahlt haben. Deshalb schließt unsere gegenwärtige Schätzung einen Nettowert von ungefähr 16 Dollar je Aktie für den Produktionsbetrieb und 35 Dollar für ein mit der Buffett Partnership Ltd. vergleichbares Wertpapierportfolio ein.

Wir werden uns natürlich der Verzinsung der 16 Dollar im Produktionsbereich mit einem attraktiven Zinssatz widmen und haben wahrscheinlich schon einige gute Ideen, wie sich das erreichen lässt. Wenn das Unternehmen – wie gegenwärtig – Geld verdient, ist das natürlich leicht, aber wir haben auch einige vielversprechende Ideen, falls es je nicht mehr so sein sollte.

Wir wollen hier darauf hinweisen, dass Dempster im letzten Jahr zu 100 Prozent ein Asset-Umwandlungsproblem war und deshalb vollkommen unbeeinflusst vom Aktienmarkt war. Enormen Einfluss hatte dagegen unser Erfolg in Bezug auf die Vermögenswerte. 1963 wird das Produktionsvermögen immer noch wichtig sein, aber vom Bewertungsstandpunkt aus wird sich die Beteiligung deutlich mehr wie ein General verhalten, da wir einen großen Teil der Gelder in Generals investiert haben werden, die größtenteils mit denen der Buffett Partnership Ltd. übereinstimmen. Aus steuerlichen Gründen werden wir bei Dempster wahrscheinlich keine Workouts einsetzen. Deshalb hätte es eine deutliche Auswirkung auf die Bewertung von Dempster, sollte der Dow Jones in beträchtlichem Umfang fallen. Ebenfalls würde Dempster in diesem Jahr von einem steigenden Dow profitieren, was während des letzten Jahres größtenteils nicht der Fall war.

Da wäre noch ein letzter Punkt, der für die Buffett Partnership Ltd. wirklich von Bedeutung ist. Wir stehen jetzt in Kontakt mit einem operativen Manager, der bei zukünftigen Mehrheitsbeteiligungen von großem Vorteil sein könnte. Noch sechs Tage bevor Harry die Aufgabe übernommen hat, hat er im Traum nicht daran gedacht, ein Werkzeugunternehmen zu führen. Er ist mobil, fleißig und setzt Strategien um, sobald sie beschlossen sind. Er lässt sich gern gut für gute Leistung bezahlen, und ich arbeite gerne mit jemandem, der nicht vorrangig versucht herauszufinden, wie er sich die Armaturen in der Vorstandstoilette vergolden lassen kann.

Harry und ich mögen einander, und seine Beziehung zu Buffett Partnership Ltd. sollte für uns alle Gewinn bringen.«

10. Juli 1963

»In unserem letzten jährlichen Brief habe ich Harry Bottle als den ›Mann des Jahres‹ beschrieben. Wenn das keine Untertreibung war! Im letzten Jahr hat Harry sich außergewöhnlichen gut dabei geschlagen, unproduktive Vermögensgegenstände in Bargeld umzuwandeln, das wir dann natürlich genutzt haben, um in unterbewertete Wertpapiere zu investieren. Harry ist dieses Jahr damit fortgefahren, zu wenig genutzte Vermögensgegenstände in Bargeld umzuwandeln, aber außerdem hat er die verbleibenden Vermögensgegenstände, ohne die es nicht geht, produktiv gemacht. Dementsprechend haben wir die folgende Umgestaltung in den Bilanzen während der letzten neunzehn Monate gehabt [Anhang D]:

Ich habe oben die Umwandlungsfaktoren eingefügt, die wir vorher bei der Bewertung von Dempster für BPL-Zwecke verwendet haben, um die geschätzten Liquidationswerte ertragsloser Vermögensgegenstände zu beziffern.

Wie sich erkennen lässt, hat Harry die Vermögensgegenstände für einen viel besseren Preis verkauft, als es durch meine Bewertungen angenommen wurde. Das spiegelt größtenteils Harrys Erfahrung wider und geht, vielleicht, zu einem kleineren Teil auf meine konservative Herangehensweise bei der Bewertung zurück.

Genauso kann man erkennen, dass Dempster einen sehr zufriedenstellenden operativen Gewinn in der ersten Jahreshälfte gemacht (und außerdem beträchtliche, nicht realisierte Gewinne bei Wertpapieren verzeichnet) hat, und es steht außer Frage, dass das operative Geschäft in der Form, wie es jetzt geführt wird, eine zumindest bescheidene Rentabilität in Bezug auf die gewaltig reduzierten Vermögensgegenstände ausweist, die nun einmal notwendig sind. Da das Geschäft saisonal schwankt und zudem ein Steuervortrag besteht, ist die Ertragskraft noch nicht annähernd auf dem Niveau, das sich recht einfach durch einen Vergleich der Bilanzen vom 30.11.62 und vom 30.6.63 ableiten lässt. Teilweise aufgrund dieser Saisonabhängigkeit, aber mehr noch wegen möglicher Entwicklungen bei Dempster vor dem Jahresende 1963 haben wir für unsere Demster-Beteiligung dieselbe Bewertung von 51,26 Dollar in unseren Zahlen zur ersten Jahreshälfte von BPL angewandt wie zum Jahresende 1962. Ich wäre jedoch sehr überrascht, wenn wir zum Jahresende nicht besser als diese Zahl dastünden.

Ein Streiflicht für die Fundamentalisten in unserer Gruppe: BPL besitzt 71,7 Prozent an Dempster, die zu Kosten von 1262577,27 Dollar erworben wurden. Am 30. Juni 1963 hatte Dempster ein kleines Tresorfach bei der Omaha National Bank, das Wertpapiere im Wert von 2028415,25 Dollar enthält. Unser 71,7 Prozent-Anteil von 2028415,25 Dollar beläuft sich auf 1454373,70 Dollar. Somit ist alles über Tage Gewinn (und ein Teil davon liegt auch noch unter der Erde). Meine Freunde aus dem Bereich der Wertpapieranalyse mögen das als ziemlich primitive Form der Buchhaltung ansehen, aber zugegebenermaßen finde ich mehr Substanz in dieser über den Daumen gepeilten Schätzung, als innig darauf zu vertrauen, dass mir jemand das 35-Fache des nächsten Jahresgewinns bezahlen wird.«

Ein Brief an die Aktionäre von Dempster Mill (nicht in den Partnership Letters enthalten)[89]

20. Juli 1963

Sie erhalten mit diesem Schreiben die Einladung zu einer außerordentlichen Hauptversammlung der Aktionäre, die in Beatrice am Mittwoch, den 31. Juli 1963 um 19:00 Uhr, stattfindet. Dieser Brief soll Sie in die Lage versetzen, sich vorab mit den Angelegenheiten zu befassen, über die auf dieser Versammlung abgestimmt werden wird.

Beigefügt sind die Jahresabschlüsse, die den ungeprüften Ertrag für die ersten sieben Monaten des Geschäftsjahres zeigen, sowie die Bilanz, die die finanzielle Situation des Unternehmens zum 30. Juni 1963 aufzeigt. Es ist offensichtlich, dass die ausgezeichnete Arbeit, die Harry Bottle vergangenes Jahr als Präsident begonnen hat, sich in diesem Jahr fortgesetzt hat. Es gibt in unserem Geschäft eine große jahreszeitliche Abhängigkeit, somit dürfte das operative Geschäft im Laufe des Jahres in die Gewinnzone kommen. Abgesehen davon sieht es danach aus, dass die Aktivitäten des Gesamtjahres das laufende Jahr zu einem der besten in der jüngsten Unternehmensgeschichte machen werden.

Diese drastische Verbesserung der operativen Ergebnisse ist durch die Abschaffung unrentabler Produkte, die Schließung unrentabler Niederlassungen, die Beseitigung nicht benötigter Verwaltungskosten, die Anpassung von Preisen, sofern angemessen etc. herbeigeführt worden. Zusätzlich zur Rückführung des Unternehmens zu einem gewinnbringenden operativen Betrieb haben diese Maßnahmen den Kapitalbedarf des Geschäfts deutlich reduziert. Somit haben wir am 30. Juni ein Portfolio von 1772 000 Dollar in marktfähigen Wertpapieren mit einem Marktwert von damals 2 028 000 Dollar besessen. Offenbar wird das Unternehmen bald in der Lage sein, nur ungefähr 60 Prozent der Aktivposten fürs Produktionsgeschäft zu benötigen. Diese Überkapitalisierung stellt das Management vor große Probleme bei seinen Anstrengungen, eine zufriedenstellende Rendite auf das Gesamtkapital zu erwirtschaften, das dem Unternehmen zugeordnet ist.

Das Management hat viele alternative Möglichkeiten in Betracht gezogen, um dieses Kapital im Geschäft einzusetzen, sowie Überlegungen angestellt wie diese überschüssigen Mittel direkt an die Aktionäre ausgeschüttet werden könnten, ohne dass wesentliche Einkommensteuern darauf anfallen. Es scheint unmöglich zu sein, eine anteilsmäßige Ausschüttung vorzunehmen, ohne dass diese Ausschüttung als gewöhnliche Dividende der Besteuerung unterliegt. Laut Empfehlung unserer Rechtsberater ist die beste Möglichkeit, dieses Kapital in die Hände der Aktionäre von Dempster zu geben, sei, das operative Geschäft des Unternehmens nach dem Fortführungsprinzip zu verkaufen und die Aktiengesellschaft daraufhin zu liquidieren. Dadurch umgehen wir eine Liquidation des operativen Geschäftes, weil dieses vorher zum Fortbestand als eigenständiges Unternehmen verkauft wird. Dann können alle Mittel anteilsmäßig zum Aktienanteil ausgeschüttet werden und würden nur mit dem Teil der Kapitalertragssteuer unterliegen, der höher ist als die Besteuerungsgrundlage eines jeden Aktionärs für seine Aktien. Es wird insbesondere empfohlen, diese Handlung schnell vorzunehmen, da das Unternehmen nach Berechnung unserer Wirtschaftsprüfer seinen Steuervortrag in etwa ausgeschöpft hat und unsere operativen Gewinne künftig einer 52-prozentigen Einkommensteuer unterworfen sein werden.

So wie es jetzt geführt wird, geht der Verwaltungsrat übereinstimmend davon aus, dass das Geschäft von Dempster Mill als laufendes Geschäft einen Wert hat, der über den reinen Liquidationswert seiner Vermögensgegenstände hinausgeht. Deshalb ist es unserer Meinung nach zum Wohl der Aktionäre, Mitarbeiter und Kunden, wenn es als laufendes Unternehmen verkauft wird. Harry Bottle wird als Manager für jeden Käufer zur Verfügung stehen. Er ist beauftragt, das operative Geschäft in der Zwischenzeit bis zum Verkauf so weiterzuführen, dass es mit dem operativen Plan während des letzten Jahres im Einklang steht. Materialien werden eingekauft, die Produktion wird geplant etc. nach demselben Prinzip, das bezüglich der Produkte und des Vertriebs schon im letzten Jahr vorgeherrscht hat.

Vor kurzem hat es Verhandlungen zwischen dem Vorstand und Vertretern mehrerer möglicher Käufer gegeben, die nach solch einem laufenden Geschäft suchen. Diese führten aber zu keinem Abschluss, obwohl in zwei Fällen die Differenzen relativ gering erschienen. Zurzeit wird der Betrieb durch einen Interessenten analysiert, der uns gegenüber die Absicht geäußert hat, unter anderem eine wesentliche Vergrößerung des operativen Geschäfts in Beatrice zu erwägen.

Aufgrund der saisonalen Natur unseres Geschäfts muss ein potenzieller Käufer den Betrieb im frühen Herbst übernehmen, um sich vernünftig auf die große Verkaufssaison im Frühjahr vorbereiten zu können. Deshalb meint der Verwaltungsrat, in relativ naher Zukunft sollte etwas Konkretes geschehen.

Die beiliegende Einladung zur außerordentlichen Hauptversammlung beschreibt den Ablauf des Verfahrens:

Bis zum 13. September werden unsere Anstrengungen fortgesetzt, um das Geschäft nach dem Fortführungsprinzip auf Verhandlungsbasis zu verkaufen.

Die Verkaufsabsicht wird sofort nach der Hauptversammlung überall bekannt gegeben. Es ist geplant, sich mit führenden Unternehmen im Bereich Pumpen, Werkzeuge und Dünger in Verbindung zu setzen. Wir werden uns das Recht, auf Verhandlungsbasis zu verkaufen, bis zum 13. September vorbehalten. Bis dahin wird es möglich sein, einen Vertrag nach den Wünschen einer Kaufpartei auszuarbeiten.

Sollte ein Verkauf auf Verhandlungsbasis bis zum 13. September scheitern, wird das Unternehmen am 30. September öffentlich versteigert. Dann gilt ein Standardverkaufsvertrag, den wir zur Verfügung stellen werden und den die Bieter akzeptieren müssen. Es wird sich um einen Barverkauf handeln. BPL als Eigentümer von 44 557 Anteilen an Dempster beabsichtigt aktuell mitzubieten, wenn es zum Bieterverfahren kommt. Denkbar wäre auch, sich dabei einer Partnership oder einem Gemeinschaftsunternehmen mit einem anderem Aktionär oder einer Gruppe von Aktionären bei deren Angebot anzuschließen, wenn das gewünscht sein sollte. Jeder Aktionär von Dempster kann natürlich ein individuelles Angebot abgeben.

Wir möchten betonen, dass Dempster als laufendes Geschäft verkauft wird und der Käufer das Recht kaufen wird, den Namen Dempster im operativen Betrieb zu verwenden. Nach dem Verkauf beabsichtigt der Verwaltungsrat aktuell, mit der planmäßigen Ausschüttung der Verkaufserlöse fortzufahren und die Veräußerung anderer Vermögensgegenstände vorzubereiten, ausgenommen sind diejenigen Vermögensgegenstände, die sich praktischerweise in Form von ausschütten lassen.

Während es offensichtlich unmöglich ist zu schätzen, wie viel die Aktionäre letztlich bekommen werden, erscheint doch die Prognose gewiss, dass die Summe wesentlich höher sein wird als aktuelle oder frühere Kursnotierungen der Aktie von Dempster. Deshalb wäre es ratsam für Aktionäre, ihre Aktien, bis auf weiteres zu halten, zumindest bis weiterführende Informationen zum Fortschritt der Verkaufsanstrengungen vorliegen.

Wir hoffen, dass alle Aktionäre der außerordentlichen Hauptversammlung beiwohnen können, sodass all ihre Fragen beantwortet werden können. Wenn Sie nicht teilnehmen können, werden schriftliche Fragen schnell beantwortet.

Mit freundlichen Grüßen

WEB, Chairman of the Board.

6. November 1963

»1963 nötigten uns die hohen Körperschaftssteuern, denen wir gegenüberstanden (Harry hatte mich mit der Geschwindigkeit überrascht, mit der er unseren steuerlichen Verlustvortrag aufgezehrt hatte) in Verbindung mit überschüssigen flüssigen Mitteln innerhalb des Unternehmens, das Geschäft entweder in irgendeiner Form auszugliedern oder es zu verkaufen.

Wir machten uns daran, entweder das eine oder das andere noch vor Ende des Jahres 1963 zu tun. Eine Ausgliederung brachte einige Probleme mit sich, hätte aber faktisch den Ertrag für unsere Partner verdoppelt. Zudem wäre damit auch das Problem der Kapitalertragssteuer beseitigt, die das Unternehmen sonst auf Wertpapiere von Dempster hätte zahlen müssen.

Quasi in letzter Minute, nachdem mehrere frühere Abschlüsse in weit fortgeschrittenen Stadien nicht zustande gekommen waren, wurde ein Verkauf der Vermögensgegenstände erreicht. Obwohl es ziemlich viele Haken bei dem Verkauf gab, brachte er am Ende ungefähr den Buchwert. Das, verbunden mit dem Gewinn, den wir in unserem Portfolio mit marktgängigen Wertpapieren haben, bringt uns einen realisierten Gewinn von ungefähr 80 Dollar je Aktie. Dempster (das Unternehmen heißt jetzt First Beatrice Corporation – wir haben den Namen an den neuen Eigner mitverkauft) ist reduziert auf fast vollständig liquide Mittel und marktfähige Wertpapiere. Bei der Jahresabschlussprüfung von BPL wurde unsere First-Beatrice-Beteiligung mit dem Anlagewert (bei Wertpapieren zum Marktkurs) bewertet, abzüglich einer Reserve von 200 000 Dollar für verschiedene Eventualitäten.

Ich sollte vielleicht erwähnen, dass die Käufer unserer Meinung nach sehr gut mit Dempster fahren. Sie haben uns als fähige Leute beeindruckt, und sie haben vernünftige Pläne, um das Geschäft und seine Rentabilität zu erhöhen. Wir hätten Dempster gern auf einer nicht börsennotierten Basis betrieben, aber wir sind auch damit zufrieden, es für einen angemessenen Preis zu verkaufen. Unser Geschäft besteht darin, ausgezeichnete Käufe und nicht außergewöhnliche Verkäufe zu tätigen.

Harry arbeitet auf dieselbe Weise wie ich – er mag große Anreize. Er ist jetzt ein Gesellschafter mit beschränkter Haftung bei BPL und bei der nächsten Schlittenfahrt, die wir mit einem Unternehmen in Angriff nehmen, ist er unser Mann.

Aus der Dempster-Geschichte können wir mehrere Lehren ziehen:

1. Unser Geschäft erfordert Geduld. Es hat wenig gemeinsam mit einem Portfolio hochfliegender Glamour-Aktien, und wenn letztere gerade sehr beliebt sind, mögen wir dagegen ziemlich schwerfällig erscheinen.

2. Es ist zu unserem Vorteil, Wertpapiere zu besitzen, bei denen sich über Monate oder vielleicht Jahre preislich nichts tut, wäh-

rend wir sie kaufen. Deshalb müssen wir unsere Ergebnisse auch über eine ausreichend lange Zeitspanne zu messen. Wir schlagen drei Jahre als Minimum vor.

3. Über unsere aktuellen Investment-Aktivitäten können wir nicht reden. Eine derartige ›Politik der Offenheit‹ kann unsere Ergebnisse niemals verbessern, uns jedoch in manchen Situationen gravierend schaden. Sollte uns also jemand, selbst wenn es einer der Partner ist, fragen, ob wir an einer Aktie interessiert sind, müssen wir uns auf das in der Verfassung verankerte Recht, zu schweigen, berufen.«

Verzinste Weisheit

Sehr viel später sagte Buffett im Rückblick auf Dempster,

> *»Harry einzustellen, [war] möglicherweise die wichtigste Managemententscheidung, die ich jemals getroffen habe. Dempster war in großen Schwierigkeiten unter den zwei vorherigen Managern, und die Banken behandelten uns wie einen potenziellen Bankrotteur. Wenn Dempster untergegangen wäre, wären mein Leben und Schicksal von dieser Zeit an ganz anders verlaufen«.*[90]

Das ist nicht nur eine aufregende Geschichte, sondern es ist großartig, die Gelegenheit zu haben, über Buffetts Schulter zu spähen und zu sehen, wie sich das Investment von Jahr zu Jahr entwickelte. Die wichtigsten Techniken von Graham, Net-Nets zu bewerten, werden in dieser Geschichte aufgezeigt, und dann sehen wir, wie Buffett die fünf grundlegenden Hebel als Treiber des Geschäftswerts betätigte, um das Unternehmen erfolgreicher zu machen und seinen Wert zu steigern.

In den folgenden Kapiteln werden wir unsere Aufmerksamkeit den Partnership-Lektionen dazu widmen, wie sich einige häufige

Fehler beim Investieren vermeiden lassen. Dazu gehört zum Beispiel, herkömmliches Denken mit echtem konservativen Handeln zu verwechseln, dem Thema Steuern bei den Überlegungen zu viel Gewicht beizumessen, der Einfluss der Größe auf die Performance und die Bedeutung, Ihre Investment-Murmeln zu behalten, während alle um Sie herum die ihren verlieren.

TEIL III

KAPITEL 10

Konservativ versus konventionell

»Eine öffentliche Meinungsumfrage ersetzt nicht das Nachdenken.«

– 18. Januar 1965

Sich der Menge anzuschließen, kann in den meisten Situationen eine bemerkenswert erfolgreiche Strategie sein. Wenn Sie auf fremdem Gelände unterwegs sind und zu dem großen Spiel wollen, finden Sie für gewöhnlich das Stadion leicht, indem Sie kurz vor dem Anpfiff der Menge folgen. Und wenn Sie sehen, dass die Leute panisch aus dem Kino gelaufen kommen, ist das ein guter Hinweis, nicht hineinzugehen. Wenn Sie das nächste Mal eine Menschenansammlung sehen, bei der alle in dieselbe Richtung starren, sollten Sie versuchen, nicht ebenfalls dorthin zu schauen. Ich wette, das gelingt Ihnen nicht. Diesen den Menschen angeborenen Instinkt bezeichnet man als *soziale Bewährtheit (Social Proof)*, und er kann in vielen Situationen sehr hilfreich sein.

Der Social Proof ist auch die Muse der Investment-Unterwelt. Sie ködert Sie mit dem Wohlbehagen, Teil der Menge zu sein, und vernichtet dann Ihre Chancen auf Outperformance, denn Teil der Menge zu sein schließt per definitionem aus, dass sich Ihre Anlagestrategie hinreichend vom Durchschnitt abhebt. Für die Mehrheit ist es ziemlich schwer, besser als der Durchschnitt zu sein.

Erfolgreiches Investieren erfordert von Ihnen, selbst zu denken und sich darin zu üben, dass Sie sich wohlfühlen, wenn Sie »gegen den Strom schwimmen.« Man könnte sagen, dass gute Ergebnisse vor allem aus einer gut kalibrierten Balance aus Überheblichkeit und Demut entspringen – überheblich genug, zu glauben, dass Sie über Erkenntnisse verfügen, die dem gemeinsamen Wissen des Marktes überlegen sind. Und demütig genug, um die Grenzen Ihrer Fähigkeiten zu kennen und bereit zu sein, den Kurs zu ändern, wenn Irrtümer erkennbar werden.

Sie müssen Fakten und Umstände einschätzen, logisch denken, eine Hypothese begründen, und handeln, wenn sich die passenden Fakten einstellen, unabhängig davon, ob die Menge Ihren Schlussfolgerungen zustimmt oder nicht. Gutes Investieren bedeutet, gegen den Strom des Social Proof zu schwimmen; das zu tun, läuft den Instinkten zuwider, die genetisch in Ihre menschliche Natur einprogrammiert sind. Allein deshalb fällt uns das so schwer.

Howard Marks, ein Zeitgenosse Buffetts, der ebenfalls literarisch veranlagt ist, fordert seine Leser auf, »Mut zur Größe zu haben«, damit sie bessere Investoren werden. Wie er seinen Lesern sagt, »besteht die tatsächliche Frage darin, ob Sie sich trauen, die Dinge zu tun, die im Hinblick auf Größe nötig sind. Sind Sie bereit, anders zu sein, und sind Sie auch bereit, sich zu irren? Um eine Chance auf herausragende Ergebnisse zu haben, müssen Sie beidem gegenüber offen sein.«[91] Im Laufe seiner Karriere war Buffett erfolgreich, weil er sich traute, anders zu sein, und sich dabei selten irrte.

Die Briefe liefern Einblicke in die beiden Schlüsselideen hinter seiner unerschütterlich unabhängigen Vorgehensweise. Erstens basiert Konservatismus beim Investieren rein auf korrekten Fakten und folgerichtigem Denken – es kann zwar konventionell sein, ist aber häufig unorthodox. Ein Investment muss für Sie Sinn ergeben; die Vorlieben der Menge dürfen Ihre Überzeugungen nicht ins Schwanken bringen. Tatsächlich zahlt derjenige, der sich als letzter »der Menge anschließt«, vermutlich den höchsten Preis. Die besten Käufe werden genau im entgegengesetzten Moment getätigt, wenn Ihre Denkweise Sie in einen Widerspruch zur gängigen Meinung oder zu pauschalen Trends setzt.

Zweitens kann ein konzentriertes Portfolio tatsächlich konservativer sein als ein diversifiziertes, wenn die richtigen Bedingungen erfüllt sind. Konventionelles, wissenschaftliches Denken hadert häufig mit dieser Vorstellung. Wer konventionell denkt, lässt sich durch elegante Mathematik abbringen von der eigentlich besseren Schlussfolgerung »Weniger ist mehr!« Das ist ein Fehler, weil eine solche Denkweise auf einer falschen Voraussetzung beruht, der Vorstellung, dass das *Beta* einer Aktie (wie sehr die Aktie schwankt) ein geeignetes Maß dafür sei, wie riskant sie ist (wie wahrscheinlich sie dem Anleger einen dauerhaften Verlust beschert). Aus diesem falschen Zusammenhang wird dann abgeleitet, dass ein Portfolio mit einem niedrigeren Beta weniger riskant sei. Weil mathematisch gesehen jede weitere Aktie, die einem Portfolio hinzugefügt wird, dessen Gesamt-Beta reduziert, wird die schrittweise Diversifizierung einer schrittweisen Reduktion des Gesamtrisikos gleichgesetzt. Wenn A=B und B=C dann A=C, stimmt's? Die Vorstellung, dass Beta=Risiko ist, hat jede Menge verworrenes Investment-Denken verursacht (und tut es noch.) Munger und Buffett würden Ihnen sagen, dass dieser Fehler oft gemacht wird, weil der Rechenweg so elegant ist. Fachleute, die diese Art des Rechnens beherrschen, sind in der Lage, ihre fehlerhaften Schlussfolgerungen auf mehrere Nachkommastellen genau zu beziffern; eine solche Genauigkeit weckt ein falsches Gefühl von Sicherheit. Besser »ungefähr richtig« als »genau falsch«, wie Keynes zu sagen pflegte.

Buffett konzentrierte seine Investments sehr und hielt seine Aktionen für ausgeprägt konservativ. Warum Ihre zehntbeste Idee kaufen (ganz zu schweigen von Ihrer hundertstbesten Idee), wenn Sie immer noch mehr von Ihrer Lieblingsidee zu einem attraktiven Preis kaufen können? Man kann von Buffett eine Menge über das Managen von Risiko und über die Opportunitätskosten des letzten, ins Geschäft gesteckten Dollars lernen, indem man seine Kommentare über die wahre Bedeutung des Konservatismus genauer betrachtet.

Selbst denken

Für Buffett ist etwas dann konservativ, wenn es vernünftig ist. Punkt. Manchmal führt diese Vorgehensweise dazu, konventionell zu sein und manchmal nicht. Er drückte das so aus: »Wenn Ihre Hypothesen zutreffen, Ihre Fakten korrekt sind und Ihre Überlegungen vernünftig sind, dann werden Sie im Laufe vieler Transaktionen richtigliegen. Wahrer Konservatismus ist nur durch Wissen und Nachdenken möglich.« Beim Investieren macht die Herde in der Regel Fehler. Für einen Käufer von Wertpapieren ist der beste Zeitpunkt derjenige, an dem die Meute am meisten Angst hat. Wenn sogar die Taxifahrer über ihre Wertpapierdepots reden, ist es klug, vorsichtig zu sein.

An der Wall Street gibt es ein altes Sprichwort: »Was am Anfang eine gute Idee zu sein scheint, entpuppt sich am Ende als schlechte.« Buffett legte keinen Wert darauf, dass ihm viele Menschen zustimmten; es kümmerte ihn nicht, was Leute in einflussreichen Positionen und die Behörden dachten. Er erkannte, dass üblicherweise jemand den Test des Konservatismus besteht, wenn viele Leute zustimmen, einschließlich der »Experten«. Er legte großen Wert darauf, seine Sichtweise dessen, was etwas konservativ macht, von der konventionellen Sichtweise zu unterscheiden.

Die Partnership-Lektionen lehren Investoren, dass es nur eine Ausgangslage gibt, in der sie oder jemand anderer eine Investition tätigen sollte – wenn die wichtigen Fakten in einer Situation vollständig verstanden sind und das Vorgehen sonnenklar ist. Andernfalls lassen Sie die Finger davon. Als Buffett zum Beispiel bei Sanborn erkannte, dass er praktisch sicher sein konnte, mit dieser Aktie Geld zu verdienen, wenn er das Wertpapierportfolio zu 70 Cent kaufte und das Landkartenunternehmen gratis dazubekam, investierte er viel. Als er sah, dass Dempster noch unter dem Wert seines Lagerüberschusses zu kaufen war, stieg er voll ein. In beiden Fällen handelte er, da er sich innerhalb seines Kompetenzkreises befand und jene Faktoren verstand, die die wahrscheinlichen Ergebnisse bestimmten.

> *»Wir können uns mit einem Lächeln im Gesicht zurücklehnen, wenn wir auf Situationen stoßen, die wir verstehen, in denen die Fakten erfassbar und klar sind und das Vorgehen auf der Hand liegt. In diesem Fall – sei es konventionell oder unkonventionell, ob andere zustimmen oder nicht – schreiten wir progressiv auf konservative Weise voran.«*

Voll einsteigen

Wie Buffett seinen Partnern sagte, wäre es *natürlich* ideal, wenn wir fünfzig verschiedene Möglichkeiten mit gleichstarker Wahrscheinlichkeit auf einen 15-prozentigen Gewinn gegenüber dem Dow finden könnten. Dann wären die Ergebnisse auch dann noch unglaublich, wenn er sich in einigen Fällen irren würde. Aber, wie er es ausdrückte: »So läuft es nicht ... wir müssen sehr hart arbeiten, um auch nur ein paar attraktive Investment-Chancen zu finden.«

Die Vorteile schrittweiser Diversifikation entwickeln sich, nachdem die ersten sechs bis acht unkorrelierten Geschäfte (Aktien) zum Portfolio hinzugefügt wurden. An dieser Stelle reden wir davon, die Gewinntreiber jedes einzelnen Unternehmens zu diversifizieren, und wir reden nicht von der Kovarianz von deren Aktienkursen oder etwas ähnlich Technischem. Mit nur wenigen Ideen können Sie viele unbeabsichtigte Einsätze neutralisieren. Wenn Ihnen zum Beispiel Exxon Mobil (integriertes Ölunternehmen) und Sherwin Williams (Lackhersteller) gehören, wird Ihnen die Richtung des Erdölpreises ziemlich egal sein. Steigende Preise sind in der Regel gut für die Profite von Exxon, aber schlecht für Sherwin, weil Öl und ölbasierte Derivate den Löwenanteil von Exxons Erträgen ausmachen, aber auch den Löwenanteil von Sherwins Herstellungskosten. Vermutlich haben Sie aus einem Grund in diese beiden Geschäfte investiert, der nichts damit zu tun hat, wie sich der Ölpreis entwickelt (unbekannt), und deshalb ist es besser, ihn als Faktor zu neutralisieren, weil er sonst möglicherweise Ihr Portfolio – bei ansonsten gleichen Parametern – beeinträchtigen könnte.

Wenn Ihnen sechs bis acht unterschiedliche Ideen dazu kommen, können Sie den Großteil dieser unbeabsichtigten Auswirkungen neutralisieren.

Dieser ersten Handvoll Aktien noch weitere Aktien hinzuzufügen, reduziert das Risiko jedoch immer weniger. Der Nutzen wird schon bald zunichte gemacht durch die Verringerung der erwarteten Portfolioerträge. Der Punkt ist, dass sich gute Ideen – Investitions-Chancen mit geringem Risiko und hoher Rendite – nicht so oft ergeben. In den meisten Fällen wird die erwartete Rendite von Idee Nummer 7 weit unter Ihrer Idee Nummer 1 bleiben.

Buffetts Überzeugung wuchs, dass es am besten ist, voll einzusteigen, wenn die Bedingungen stimmen. 1965 modifizierte er die Grundregeln, um eine Regel aufzunehmen, die erlaubte, bis zu 40 Prozent von BPLs Nettowert in einem einzigen Wertpapier anzulegen, wenn »eine extrem hohe Wahrscheinlichkeit besteht, dass unsere Fakten und Überlegungen korrekt sind, und gleichzeitig die Wahrscheinlichkeit sehr gering ist, dass irgendetwas den zugrunde liegenden Wert des Investments drastisch verändern könnte.« Anders ausgedrückt: Wenn die Fakten erfassbar und klar sind, das Vorgehen auf der Hand liegt und die Wahrscheinlichkeit eines Verlustes gering scheint, steigen Sie voll ein.

Ende der 1990er-Jahre gab er einer Gruppe von Studenten den folgenden Rat:

> »*Wenn Sie sechs tolle Geschäfte identifizieren können, ist das alles an Diversifikation, was Sie brauchen. Und Sie werden viel Geld verdienen. Und ich kann Ihnen garantieren, dass es ein Riesenfehler wäre, in ein siebtes Geschäft zu investieren, statt mehr Geld in Ihr erstes zu stecken. Die wenigsten Leute sind mit ihrer siebtbesten Idee reich geworden. Deshalb würde*

ich jedem sagen, der mit normalem Kapital arbeitet und das Geschäft, in das er investiert hat, wirklich gut kennt, das sechs viel ist, und ich hätte vermutlich die Hälfte davon in das investiert, das mir am besten gefällt.«[92]

Genauso wie zu Zeiten der Partnership gibt es auch heute noch viele aktive Manager, die Portfolios von 100 und mehr Aktien betreuen. In den Briefen äußert sich Buffett verächtlich über diese Gruppe:

»Jeder, der so viele Wertpapiere hat, nachdem er vermutlich deren Investment-Vorzüge studiert hat (ihre Bezeichnungen können noch so prestigeträchtig sein) folgt dem, was ich als die Noah-Schule des Investierens bezeichne – von jedem zwei. Solche Investoren sollten Archen steuern. Während Noah in Einklang mit lange erprobten, biologischen Prinzipien vorging, sind die Investoren vom Weg mathematischer Prinzipien abgekommen. (Ich bin nur mit einfacher Geometrie vorgegangen, aber mit einer Ausnahme habe ich die Mathematiker sorgfältig aus der Partnership herausgehalten.)«

Konservatismus testen

Buffett hat bereitwillig eingeräumt, dass seine Ideen sehr subjektiv seien, und bietet einen quantifizierbaren Weg an, diese Frage anzugehen: »Ein plausibler Weg, die Konservativität früherer Strategien zu bewerten, besteht darin, sich die Performance in fallenden Märkte genau anzusehen.« Und dann legt er seinen Nachweis vor und zeigt, wie BPL in den Jahren eines schwachen Marktes durchweg besser war. Dies bleibt eine gute Übung, um den früheren Konservatismus eines jeden Investors zu testen.

Von BPLs Anfängen bis 1965 hatte der Dow drei schwache Jahre. Würde man diese drei Jahre bündeln, läge die kumulierte Performance der Partnership bei plus 45 Prozent, während der Dow bei minus 20 Prozent lag und die anderen Manager, mit denen er sich regelmäßig verglich, auf gleicher Basis zwischen minus 9 und minus 24 Prozent lagen.

Obwohl er einräumte, dass der Vergleich nicht »so wichtig« sei, wies er doch darauf hin, dass die »Bewertung des Konservatismus jedes Investment-Programms oder jeder Vermögensverwaltung (einschließlich Selbstverwaltung) auf vernünftigen, objektiven Standards basieren sollte, und ich finde, dass Performance in fallenden Märkten zumindest ein aussagekräftiger Test ist.«

Die Tatsache, dass Buffett in seiner Partnership-Ära kein einziges Verlustjahr erlebte, ist wirklich bemerkenswert. Stanley Druckenmiller, der zuvor mit George Soros Milliarden gemacht hatte, verzeichnete kein einziges Verlustjahr bei seinem Hedgefonds, Duquesne, bei dem er zwanzig Jahre lang Geld managte. Joel Greenblatt, ein weiterer berühmter Investor, der bei Gotham im Schnitt 50 Prozent Rendite im Jahr aufweist, hatte in den zehn Jahren von 1985 bis 1994 kein einziges Verlustjahr. Die Fähigkeit, in schwachen Märkten gut zu performen, ist ein Kennzeichen, das diese drei großartigen Investoren verbindet.

Ihre beste Idee bestimmt Ihre nächste Entscheidung

Wenn Sie darüber nachdenken, welche Vorzüge es hätte, Ihren bereits existierenden Investments ein neue Idee hinzuzufügen, dann sollten Sie diese mit dem vergleichen, was Sie bereits haben. Ihre Ideen in diesem Rahmen zu betrachten, wird Sie davor bewahren, auf zu viele Aktien zu setzen und ihre erwartete Rendite zu verwässern. Falls Sie noch nie von den »Eigenkapitalkosten« oder dem »Capital Asset Pricing Modell (CAPM, zu Deutsch: Preismodell für Kapitalgüter)« gehört haben, sind Sie sehr viel besser dran. Dabei handelt es sich um komplizierte Tools, entwickelt von der mathematisch orientierten Gruppe, um eine eigentlich simple Frage zu beantworten: In Anbetracht der zu einem gegebenen Zeitpunkt zur Verfügung stehenden Investment-Möglichkeiten, wie groß muss die erwartete Mindestrendite einer neuen Idee sein, damit diese eine lohnende Ergänzung Ihres Portfolios darstellt? Jene, die diese Zahl mit einem Taschenrechner oder einer Tabellenkalkulation ausrechnen, vermischen wieder irrtümlich Beta und Risiko und bringen oft mathematisch elegante, aber nicht sehr hilfreiche Tools hervor.

Vergessen Sie dieses ganze Zeug. Wenn Ihnen eine neue Idee über den Weg läuft, dann kaufen Sie nur, wenn sie attraktiver ist, als die Alternative, die da lautet: mehr zu kaufen von dem, was Sie bereits haben.

Buffetts Version von »wahrem« Konservatismus steht in starkem Kontrast zu konventionellen Definitionen. Im Grunde basiert sein Ansatz auf der Kraft des selbstständigen Denkens und darauf, den gesunden Menschenverstand einzuschalten. Fakten bestimmen den Konservatismus von Handlungen, nicht Beliebtheit. Diese Einstellung erlaubt ihm, gegen den Strom zu schwimmen und sich völlig auf seine besten Ideen zu konzentrieren.

Lektionen aus den Partnership Letters: Konventionell versus konservativ

24. Januar 1962

»Die Frage des Konservatismus

Die ... Beschreibung verschiedener Bereiche der Aktivitäten kann einige Hinweise liefern, wie konservativ Ihr Portfolio investiert ist. Noch vor ein paar Jahren dachten viele Leute, sie würden sich total konservativ verhalten, wenn sie mittel- oder langfristige Kommunal- oder Bundesanleihen kaufen. Diese Politik hat in vielen Fällen zu gravierenden Marktabwertungen geführt und es ganz sicher nicht geschafft, echte Kaufkraft aufrechtzuerhalten oder gar zu steigern.

Weil sie sich der Inflation bewusst, ja vielleicht sogar zu bewusst sind, haben viele Menschen nun das Gefühl, sich konservativ zu verhalten, indem sie nahezu ohne Rücksicht auf das Kurs-Gewinn-Verhältnis, die Dividendenrendite und so weiter Blue-Chip-Aktien kaufen. Ohne den Vorteil des Rückblicks wie beim Anleihen-Beispiel, halte ich diesen Weg für sehr gefährlich. Meiner Meinung nach ist an der Spekulation, inwiefern eine gierige und launische Öffentlichkeit Erträge vergrößert, rein gar nichts konservativ.

Sie haben nicht automatisch recht, nur weil viele Menschen Ihrer Meinung sind. Sie haben auch nicht deshalb recht, weil wichtige Leute Ihnen zustimmen. In vielen Quartalen genügt es, wenn beide oben genannten Faktoren gleichzeitig vorhanden sind, damit das Vorgehen den Test auf Konservatismus besteht. Wenn Ihre Hypothesen zutreffen, Ihre Fakten korrekt sind und Ihre Überlegungen vernünftig sind, dann werden Sie im Laufe vieler Transaktionen richtigliegen. Wahrer Konservatismus ist nur durch Wissen und Nachdenken möglich.

Ich könnte hinzufügen, dass die Tatsache, dass unser Portfolio nicht konventionell ist, keineswegs beweist, dass wir konservativer oder weniger konservativ sind als Standardmethoden des Investierens. Das kann nur bestimmt werden durch das Untersuchen der Methoden oder der Ergebnisse.

Der objektivste Test, wie konservativ Ihre Art des Investierens ist, ist meiner Meinung nach die Bewertung der Performance in schwachen Marktphasen. Diese sollten vorzugsweise einen wesentlichen Rückgang des Dow Jones aufweisen. Unsere Performanz während der recht gemäßigten Rückgänge in den Jahren 1957 und 1960 würde meine Hypothese bestätigen, dass wir auf extrem konservative Weise investieren. Ich würde es begrüßen, wenn irgendein Partner objektive Tests zum Konservatismus vorschlagen würde, um zu sehen, wie wir im Vergleich dastehen. Wir haben nie einen größeren Verlust als 0,5 Prozent des gesamten Nettovermögens erlitten und unser Verhältnis von realisierten Gesamtgewinne zu realisierten Gesamtverlusten liegt bei etwa 100 zu 1. Natürlich spiegelt das die Tatsache, dass wir unterm Strich in einem steigenden Markt agiert haben. Aber selbst in diesen Märkten gibt es jede Menge Gelegenheiten, Verluste zu machen (ein paar davon haben Sie vielleicht schon selbst entdeckt) und deshalb haben die obigen Fakten aus meiner Sicht eine gewisse Bedeutung.«

18. Januar 1965

»Die Frage des Konservatismus

Beim Betrachten der ... Performance der Investment-Ggesellschaft, könnte die Frage gestellt werden: ›Ja, aber werden diese Unternehmen nicht konservativer geführt als die Partnership?‹ Wenn Sie diese Frage dem Management der Investment-Gesellschaften stellen, wird dieses absolut ehrlich antworten, dass es konservativer sei. Wenn Sie die ersten hundert Wertpapieranalysten fragen, die Ihnen über den Weg laufen, dann bin ich sicher, dass ein Großteil von ihnen wie die Investment-Gesellschaften antworten würde. Ich würde dem nicht zustimmen. Ich habe mehr als 90 Prozent meines Reinvermögens in BPL und der größte Teil meiner Familie besitzt Anteile in dieser Größenordnung, aber natürlich zeigt das nur die Aufrichtigkeit meiner Sichtweise – nicht jedoch ihre Aussagekraft.

Es ist zweifellos wahr, dass die Investment-Gesellschaften ihr Geld konventioneller investieren als wir. Für viele Menschen lassen sich Konventionalität und Konservatismus nicht voneinander unterscheiden. Meiner Meinung nach entspricht das einem Irrglauben. Weder eine konventionelle noch eine unkonventionelle Vorgehensweise ist per se konservativ.

Wirklich konservative Handlungen entstehen aus intelligenten Hypothesen, korrekten Fakten und Nachdenken. Diese Eigenschaften können zu konventionellen Handlungen führen, aber es gab viele Fälle, in denen sie zu unkonventionellen Aktivitäten führten. In irgendeiner Ecke dieser Welt finden vermutlich immer noch regelmäßig Treffen der Gesellschaft ›Die Erde ist eine Scheibe‹ statt.

Wir fühlen uns nicht deshalb wohl, weil wichtige Leute, maßgebliche Leute oder einfach viele Leute unserer Meinung sind. Wir fühlen uns auch nicht deshalb wohl, weil sie es nicht sind. Eine öffentliche Meinungsumfrage ersetzt nicht das Nachdenken. Wir können uns dann mit einem Lächeln im Gesicht zurücklehnen, wenn wir auf Situationen stoßen, die wir verstehen, in denen die Fakten erfassbar und klar sind und das Vorgehen auf der Hand liegt. In dem Fall – sei es konventionell oder unkonventionell, sei es, dass andere zustimmen oder nicht – schreiten wir progressiv auf konservative Weise voran.

Das oben Gesagte mag sehr subjektiv wirken. Das ist es auch. Sie sollten eine objektivere Herangehensweise an die Frage bevorzugen. Ich tue es. Mein Vorschlag für einen vernünftigen Weg, die Konservativität früherer Strategien zu bewerten, besteht darin, sich die Performance in fallenden Märkten anzusehen. Wir haben nur drei Jahre mit fallenden Märkten auf dem Tisch und leider (das bezieht sich nur auf diesen Test) sind es allesamt bescheidene Rückgänge. In allen drei Jahren erreichten wir deutlich bessere Investment-Ergebnisse als irgendeines der konventionelleren Portfolios.

Wenn diese drei Jahre aufeinanderfolgend gewesen wären, würden die kumulierten Ergebnisse so aussehen:

TriContinental Corp	-9,7 Prozent
Dow	-20,6 Prozent
Mass. Investors Trust	-20,9 Prozent
Lehmann Corp.	-22,3 Prozent
Investors Stock Fund	-24,6 Prozent
Limited Partners	+45,0 Prozent

Wir halten diesen Vergleich nicht für das Wichtigste, teilen ihm jedoch eine gewisse Relevanz zu. Das erscheint ganz sicher weitaus sinnvoller, als zu sagen: »Wir haben Anteile (ungeachtet des Preises) von A.T.&T., General Electric, IBM und General Motors, und sind deshalb konservativ. In jedem Fall sollte die Beurteilung darüber, wie konservativ ein jedes Investment-Programm- oder eine jede Vermögensverwaltung (einschließlich der Selbstverwaltung) auf vernünftigen, objektiven Standards basieren, und ich finde, dass Performance in fallenden Märkten zumindest ein aussagekräftiger Test ist.«

20. Januar 1966

»Diversifizierung

Als ich letztes Jahr über die Unfähigkeit der überwältigenden Mehrheit von Vermögensverwaltern sprach, eine Performance zu erreichen, die nicht nur auf einer glücklichen Fügung basiert, führte ich das vor allem zurück auf: ›(1) Gruppenentscheidungen – meine vielleicht voreingenommene Sichtweise hält es für nahezu unmöglich, dass ein herausragendes Investment-Management von einer Gruppe jedweder Größe kommt, bei der alle Mitglieder wirklich an Entscheidungen teilhaben; (2) einem Wunsch, den Prinzipien und (in gewissen Maße auch) den Portfolios anderer großer, renommierter Organisationen zu entsprechen; (3) ein institutioneller Rahmen, in dem der Durchschnitt als ›sicher‹ gilt und die persönlichen Belohnungen für unabhängiges Handeln in keiner Weise zu den mit einem solchen Handeln verbundenen Risiken passen; (4) das Kleben an bestimmten Diversifizierungs-Praktiken, die irrational sind; und nicht zuletzt, (5) Trägheit.‹

In den Unterlagen, die im November versandt wurden, habe ich Ihre Aufmerksamkeit vor allem auf eine neue Grundregel gelenkt, die lautet: ›7. Wir diversifizieren wesentlich weniger als die meisten Investment-Aktivitäten. Wir könnten bis zu 40 Prozent unseres Nettovermögens in ein einziges Wertpapier investieren, wenn eine extrem hohe Wahrscheinlichkeit vorliegt, dass unsere Fakten und Überlegungen korrekt sind, und gleichzeitig die Wahrscheinlichkeit sehr gering ist, dass irgendetwas den zugrunde liegenden Wert des Investments drastisch verändern könnte.‹

Im Hinblick auf Diversifizierung verfolgen wir offenkundig eine Politik, die sich deutlich von der nahezu aller öffentlich bekannten Investment-Aktivitäten unterscheidet. Offen gesagt würde mir nichts besser gefallen, als 50 verschiedene Investment-Möglichkeiten zu haben, von denen alle die mathematische Erwartung (dieser Begriff spiegelt die Bandbreite aller möglichen relativen Performances wieder, einschließlich der negativen, angepasst um die jeweilige Wahrscheinlichkeit – nicht gähnen, bitte!) haben, die Performance des Dow, um, sagen wir, 15 Prozentpunkte pro Jahr zu übertreffen. Wenn die 50 individuellen Erwartungen nicht miteinander korreliert sind (was mit dem einen passiert also nicht in Zusammenhang mit dem steht, was einem anderen passiert), könnte ich 2 Prozent unseres Kapitals in jede investieren und mich mit einem hohen Maß an Sicherheit zurücklehnen, dass unsere Gesamtergebnisse sich sehr nah an einem Plus von 15 Prozentpunkten über dem Dow bewegen werden.

So funktioniert es nicht.

Wir müssen sehr hart arbeiten, um auch nur ein paar attraktive Investment-Chancen zu finden. Eine solche Chance ist per definitionem eine, bei der meine Performance-Erwartungen (definiert wie oben) den Dow jedes Jahr um mindestens zehn Prozentpunkte übertreffen. Die Frage lautet stets: › Wie viel stecke ich in Nummer eins (geordnet nach der Erwartung im Hinblick auf die relative Performance) und wie viel stecke ich in Nummer acht?‹ Das hängt in hohem Maße von der Differenz zwischen mathematischer Erwartung bei Nummer eins gegenüber Nummer acht ab. Es hängt auch von der Wahrscheinlichkeit ab, dass sich Nummer eins in eine relativ schlechte Performance verwandeln könnte. Zwei Wertpapiere können die gleichen mathematischen Erwartungen haben, aber eine hat vielleicht eine 0,05-prozentige Wahrscheinlichkeit, fünfzehn Prozentpunkte oder noch schlechter als der Dow abzuschneiden. Und bei anderen beträgt die Chance einer solchen Performance vielleicht nur 0,01 Prozent. Die größere Wahrscheinlichkeit im ersten Fall macht es weniger wünschenswert, sich stark darauf zu konzentrieren.

Das oben Gesagte mag das gesamte Vorgehen sehr präzise klingen lassen. Das ist es aber nicht. Trotzdem besteht unser Geschäft darin, Fakten zu ermitteln und darauf dann Erfahrung und Verstand anzuwenden, um die Erwartungen zu erreichen. So ungenau und emotional beeinflusst unsere Versuche auch sein mögen, genau darum geht es in diesem Geschäft. Die Ergebnisse aus vielen Jahren, in denen Entscheidungen über Wertpapiere getroffen wurden, zeigen letztendlich, wie gut Sie bei solchen Berechnungen sind – ob Sie sich dessen bewusst sind, dass Sie Berechnungen anstellen oder nicht. Ich glaube, dass sich der Investor in einer vorteilhaften Position befindet, wenn er sich darüber im Klaren ist, welchen Weg sein Denkprozess einschlägt.

Eines kann ich Ihnen versichern. Selbst wenn die gute Performance eines Fonds ein Nebenziel ist, wird jedes Portfolio, das hundert Aktien enthält (ob der Manager tausend oder eine Milliarde Dollar betreut) nicht rational betreut. Der Kauf der einhundertsten Aktie kann die potenzielle Varianz der Portfolioperformance nicht hinreichend reduzieren, um die negative Auswirkung zu kompensieren, die deren Aufnahme auf die Erwartung des Gesamt-Portfolios hat.

Jeder, der so viele Wertpapiere hat, nachdem er vermutlich deren Investmentvorzüge studiert hat (ihre Bezeichnungen können noch so prestigeträchtig sein) folgt dem, was ich als die Noah-Lehre des Investierens bezeichne – von jedem zwei. Solche Investoren sollten Archen steuern. Während Noah im Einklang mit lange erprobten, biologischen Prinzipien vorging, sind Investoren vom Weg mathematischer Prinzipien abgekommen. (Ich bin nur mit einfacher Geometrie vorgegangen, aber mit einer Ausnahme habe ich die Mathematiker sorgfältig aus der Partnership herausgehalten.)

Die Tatsache, dass sich jemand anderes unlogisch verhält, weil er 100 Aktien besitzt, beweist natürlich nicht unsere Aussage. Der andere mag ja falsch liegen, was das Überdiversifizieren betrifft, aber wir müssen gute Gründe für eine geeignete Diversifizierungsstrategie finden, die uns hilft, unsere Ziele zu erreichen.

Das bestmögliche Portfolio hängt von den unterschiedlichen Erwartungen der verfügbaren Alternativen und dem Maß der tolerierbaren Performance-Varianz ab. Je größer die Zahl der Auswahlmöglichkeiten, desto niedriger wird die durchschnittliche Abweichung zwischen den tatsächlichen und den erwarteten Ergebnissen im Jahresvergleich sein. Und umso niedriger werden die erwarteten Ergebnisse sein, wenn wir von der Annahme ausgehen, dass verschiedene Möglichkeiten unterschiedliche Performance-Erwartungen haben.

Ich bin bereit, ein bisschen nachzugeben, was das Anpassen der Ergebnisse im Jahresvergleich betrifft (denken Sie daran, was ich über ›Ergebnisse‹ gesagt habe: ich meine damit die Performance in

Relation zum Dow Jones), um eine bessere langfristige Gesamtperformance zu erreichen.

Einfach ausgedrückt bedeutet das, dass ich bereit bin, mich stark auf das zu konzentrieren, wovon ich glaube, dass es die besten Investment-Gelegenheiten sind. Ich bin mir dabei sehr wohl bewusst, dass das hin und wieder ein ziemlich mageres Jahr mit sich bringen kann – eines, das vermutlich magerer ist, als wenn ich mehr diversifiziert hätte. Obwohl das bedeutet, dass unsere Ergebnisse stärker ausschlagen werden, bedeutet es meiner Meinung nach auch, dass unsere langfristige Überlegenheit größer sein sollte.

Sie haben bereits ein paar Beispiele davon gesehen. Wir schlugen den Dow Jones mit einer Spanne 2,4 Prozentpunkten im Jahr 1958 bis zu 33,0 Punkten im Jahr 1965. Wenn Sie das mit den Abweichungen der [anderen Investment-] Fonds vergleichen ... werden Sie feststellen, dass unsere Abweichungen einen sehr viel größeren Umfang aufweisen. Ich hätte durchaus diesen Umfang reduzieren können, aber dann hätte ich auf irgendeine Weise auch unsere Gesamt-Performance reduziert, obwohl sie immer noch wesentlich besser gewesen wäre als die der Investment-Gesellschaften. Im Nachhinein, und wenn ich dieses Problem so durchdenke, bin ich der Meinung, ich hätte mich, wenn überhaupt, noch ein bisschen mehr auf bestimmte Investment-Gelegenheiten konzentrieren sollen als in der Vergangenheit. Deshalb die neue Grundregel und diese langatmige Erklärung.

Lassen Sie mich noch einmal festhalten, dass dies eine gewissermaßen unkonventionelle Denkweise ist (das macht sie nicht richtig oder falsch – es bedeutet lediglich, dass Sie sich darüber Ihre eigenen Gedanken machen müssen), und Sie mögen anderer Meinung sein. Sollte das der Fall sein, dann ist die Partnership nicht der richtige Ort für Sie. Wir gehen offenkundig nur in äußerst seltenen Gelegenheiten auf 40 Prozent – aber diese seltenen Gelegenheiten machen es notwendig, dass wir uns so stark konzentrieren, wenn wir eine solche Chance entdecken.

In der neunjährigen Geschichte der Partnership hatten wir vermutlich nur fünf oder sechs Situationen, in denen wir die 25 Prozent überstiegen. Solche Situationen müssen im Vergleich zum Dow Jones eine beträchtlich höhere Performance versprechen als andere, zu diesem Zeitpunkt verfügbare Gelegenheiten. Sie müssen zudem derartig überlegene qualitative und/oder quantitative Faktoren aufweisen, dass die Wahrscheinlichkeit schwerwiegender, dauerhafter Verluste gering ist (auf einer kurzfristigen Basis kann mit dem Kurs alles Mögliche passieren, was das höhere Risiko einer größeren Schwankung bei den Ergebnissen im Jahresvergleich teilweise erklärt). Wenn ich das Limit festlege, bis zu dem ich in ein Investment einsteige, versuche ich die Wahrscheinlichkeit auf eine winzige Zahl zu reduzieren, dass ein einzelnes Investment (oder eine Gruppe, falls Interkorrelationen bestehen) ein Ergebnis für unser Gesamt-Portfolio hervorbringen kann, das mehr als 10 Prozentpunkte schlechter abschneidet als der Dow Jones.

Momentan haben wir zwei Situationen in der Kategorie über 25 Prozent – eine ist ein abhängiges Unternehmen und das andere ein Großunternehmen, in dem wir nie einen aktiven Part übernehmen werden. Es lohnt sich, darauf hinzuweisen, dass unsere Performance im Jahr 1965 zum großen Teil das Ergebnis von fünf Investment-Situationen war. Die Gewinne von 1965 (in einigen Fällen gab es auch Gewinne derselben Beteiligung in vorhergehenden Jahren) aus diesen Situationen reichten von etwa 800 000 Dollar bis etwa 3,5 Millionen Dollar. Wenn Sie die Gesamt-Performance unserer fünf kleinsten General-Investments nehmen würden, sind die Ergebnisse gänzlich unspektakulär (und das ist noch untertrieben).

Interessanterweise enthält die Literatur zur Vermögensverwaltung nahezu kein Material zur deduktiven Berechnung optimaler Diversifikation. Sämtliche Texte empfehlen ›adäquate‹ Diversifizierung, aber diejenigen, die ›adäquat‹ quantifizieren, erklären praktisch nie, wie sie zu ihrer Schlussfolgerung kommen. Deshalb zitieren wir als Zusammenfassung bezüglich Überdiversifikation den bedeutenden Wissenschaftler Billy Rose, der sagt: »Wenn du einen Harem mit 70 Mädchen hast, dann wirst du keines wirklich gut kennen.«

25. Januar 1967

Unsere relative Performance in dieser Kategorie (Generals – relativ unterbewertet) war die beste, die wir je hatten – dank einer Beteiligung, die sowohl am Jahresende 1965 wie auch 1966 unsere größte Investition war. Dieses Investment hat für uns den Gesamtmarkt während eines jeden Jahres (1964, 1965, 1966), in dem wir sie hielten, wesentlich geschlagen. Obwohl die Performance eines einzelnen Jahres ziemlich sprunghaft sein kann, halten wir die Wahrscheinlichkeit für eine überlegene zukünftige Performance über eine drei- oder vierjährige Periode für äußerst hoch. Die Attraktivität und relative Sicherheit dieses bestimmten Wertpapiers haben mich dazu gebracht, im November 1965 Grundregel Nummer 7 einzuführen, um einzelnen Anteilen eine Größenordnung von bis zu 40 Prozent unseres Nettovermögens zu ermöglichen. Wir verwenden beträchtliche Mühe darauf, kontinuierlich jede Facette des betreffenden Unternehmens zu bewerten und ständig unsere Hypothese zu überprüfen, dass dieses Wertpapier alternativen Investment-Möglichkeiten überlegen ist. Eine ständige Bewertung und ein ständiger Vergleich bei Preisveränderungen sind für unsere Investment-Maßnahme unerlässlich.

Es wäre sehr viel angenehmer (und würde auf eine positive Zukunft hinweisen) zu berichten, dass unsere Ergebnisse in der Kategorie »Generals – relativ unterbewertet« 15 Wertpapiere in zehn Branchen repräsentieren, von denen praktisch alle den Markt schlagen. So viele gute Ideen haben wir einfach nicht. Wie oben erwähnt, werden neue Ideen kontinuierlich gegen vorhandene Ideen abgewogen, und wir werden keine Veränderungen durchführen, falls die Wirkung darin besteht, die zu erwartende Performance zu verringern. Diese Politik hat in den vergangenen Jahren zu begrenzter Aktivität geführt, da wir eine klare Meinung zu den Vorteilen unserer größten Beteiligung hatten. In dieser Situation stellten realisierte Gewinne einen sehr viel kleineren Anteil der Gesamt-Performance dar als in früheren Jahren, als mir sehr viel mehr gute Ideen kamen.

Die Art von Konzentration, die wir in dieser Kategorie haben, bringt große Ausschläge bei der kurzfristigen Performance mit sich –

einige davon sind ganz sicher unangenehm. Es hat bereits einige davon in kurzfristigeren Zeitspannen gegeben, als ich an die Partner berichte. Das ist einer der Gründe, warum ich häufiges Berichten für dumm und potenziell irreführend halte in Bezug auf langfristig ausgerichtete Geschäfte wie unseres.

Ich persönlich bin bereit, innerhalb der im letzten Brief genannten Grenzen der Diversifizierung, die Qualen (vergessen Sie mal das Vergnügen) wesentlicher kurzfristigerer Varianz im Austausch gegen die Maximierung langfristiger Performance zu ertragen. Ich bin jedoch nicht bereit, das Risiko eines wesentlichen dauerhaften Verlustes einzugehen, um einer besseren langfristigen Performance nachzujagen. Um das klarzustellen – bei unserer Politik der Konzentration auf Beteiligungen sollten Partner auf Phasen deutlicher Underperformance vorbereitet sein (sehr viel wahrscheinlicher in stark steigenden Märkten), um die gelegentliche Outperformance zu kompensieren, wie wir sie 1965 und 1966 erlebt haben. Sie ist der Preis, den wir für hoffentlich gute langfristige Performance zahlen.

Das ganze Gerede über langfristigen Gewinn hat einen Partner zu der Bemerkung veranlasst, dass »sogar fünf Minuten lang sein können, wenn einem der Kopf unter Wasser gedrückt wird.« Das ist natürlich der Grund, warum wir bei unseren Aktionen Fremdkapital nur sehr sparsam einsetzen. Die durchschnittlichen Bankkredite im Jahr 1966 lagen weit unter 10 Prozent des durchschnittlichen Reinvermögens.«

Verzinste Weisheit

Buffett hebt hervor, dass die Ausschläge der Performance im Jahresvergleich wahrscheinlich weiter ausfallen, die erwarteten kumulierten Gewinne höher sein sollten, sofern die Mindestdiversifizierung erreicht wird (sechs bis acht Aktien in verschiedenen Geschäften). Er sagte: »Im Nachhinein, und wenn ich dieses Problem so durchdenke, bin ich der Meinung, ich hätte mich, wenn überhaupt, noch ein bisschen mehr auf bestimmte Investment-Gelegenheiten konzentrieren sollen als in der Vergangenheit.«

Als Stanley Druckenmiller über seinen unglaublichen Erfolg als Investor nachdachte, sagte er, dass der einzige Weg, überragende Ergebnisse zu erzielen, darin bestehe, sich stark zu konzentrieren. Er denkt, dass

> *»Diversifizierung und all dieses Zeug, das sie heutzutage an den Business Schools lehren, vermutlich das irreführendste Konzept aller Zeiten ist. Und wenn Sie sich große Investoren ansehen, die so unterschiedlich sind wie Warren Buffett, Carl Icahn, Ken Langone, so sind deren Beteiligungen in der Regel stark konzentriert. Sie sehen etwas, machen ihren Einsatz und setzen Haus und Hof darauf ... der Fehler, den meiner Meinung nach 98 Prozent der Geldmanager und Privatanleger machen, besteht darin, dass sie glauben, sie müssten einem Haufen Zeug im Spiel haben.«*[93]

Buffetts Auffassung von Konservatismus und Konventionalismus enthält viele zentrale Orientierungskonzepte, die für erfolgreiches Value-Investing entscheidend sind: Mach dir deine eigenen Gedanken, ignoriere die Masse und vertraue deinen Überzeugungen. Die Besten auf diesem Gebiet verfügen über eine kalibrierte Balance von Überheblichkeit und Demut – überheblich genug, um sich von der Masse abzuheben, und demütig genug, um die Grenzen ihrer Fähigkeit zu erkennen. Wenn diese Leute Gelegenheiten entdecken, dann fokussieren sie sich darauf und setzen – und sie setzen hoch.

Jene, die übermäßig diversifizieren, glauben, sie würden das Risiko reduzieren, aber es gibt eine Grenze, was den Nutzen von Diversifizierung betrifft, und wir dürfen nicht vergessen, dass Investieren keine Rechenaufgabe ist. Es stehen zwar reichlich mathematische Hilfsmittel zur Verfügung, aber sie basieren auf falschen Prämissen und spucken falsche Schlussfolgerungen aus.

Ein Fehler derselben Art ist das verworrene Denken im Hinblick auf Steuern. Wie wir im nächsten Kapitel sehen werden, bemühen sich Investoren häufig sehr, ihre Steuerzahlungen zu reduzieren und riskieren am Ende eine Verringerung ihres Gewinns nach Steuern.

KAPITEL 11

STEUERN

»Vermutlich werden mehr Investment-Sünden von ansonsten recht intelligenten Menschen aus ›steuerlichen Überlegungen‹ heraus begangen, als aus irgendeinem anderen Grund«[94]

– 18. Januar 1965

Bei zwei ansonsten identischen Investment-Möglichkeiten versteht es sich von selbst, dass die *geringer* besteuerte den besseren Ertrag erzielt. Vielleicht weniger offensichtlich, aber ebenso wahr ist, dass bei gleichem Steuersatz diejenige den besseren Ertrag bringt, die später besteuert wird. Eine Steuerpflicht entsteht zwar in dem Moment, in dem ein Investment Gewinn erzielt, die Steuer wird jedoch erst entrichtet, nachdem das Investment verkauft ist.

Aufgeschobene Steuerpflichten (Deferred Tax Liabilities, DTLs) aus nicht realisierten Kapitalgewinnen betrachtet man am besten als hoch attraktive, zinsfreie Darlehen vom Staat, mit so günstigen Konditionen, wie sie keine Bank jemals anbieten würde. Es fallen keine Zinsen an und es gibt keinen festgelegten Fälligkeitstag. DT-Ls stellen eine Form der Verschuldung dar, die es Ihnen ermöglicht, mehr Vermögensgegenstände zu kontrollieren, als Sie sonst könnten. Durch das Aufschieben wird auf folgende Weise Wert erzeugt:

Stellen Sie sich zwei Aktien vor, die beide über 30 Jahre jährlich mit 15 Prozent verzinst werden (um unsere Berechnungen zu vereinfachen, setzen wir voraus, dass alle Personen eine Kapitalertragssteuer von 35 Prozent zahlen). Der Investor, der jedes Jahr zwischen den zwei Aktien hin- und herwechselt, muss auch deren Gewinne jedes Jahr versteuern; der 15-Prozent-Vorsteuerzins wird auf netto 9,75 Prozent sinken: [15 Prozent x (1 – Steuersatz) = 9,75 Prozent]; 10 000 Dollar, die Sie heute investieren, werden in 30 Jahren bei diesem Zins 150 000 Dollar wert sein. Nicht schlecht. Wenn jedoch ein Investor stattdessen einfach eine Aktie für die ganzen 30 Jahre hält und nur einmal am Schluss versteuert, zahlt er denselben Vorsteuerzins von 15 Prozent, aber der Nettozins verbessert sich auf 13,3 Prozent. Dieselben 10 000 Dollar werden mit zusätzlichen 3,55 Prozent verzinst und schließlich nach Steuern nach 30 Jahren 2,5-mal so viel wert sein. Die Besteuerung aufzuschieben, bietet eine Finanzierungsform, die es dem Investor ermöglicht, mehr Vermögensgegenstände für längere Zeit zu kontrollieren. Wenn die jährlichen Gewinne jedes Jahres versteuert werden, gibt es keinen Aufschub, und somit keinen Vorteil aus diesem Hebeleffekt. Das macht DTLs so attraktiv.

Buffett schätzt diese Vorteile. Er übertreibt es jedoch nicht damit und weist darauf hin, wie oft schlechte Entscheidungen auf Basis schwammiger Steuerüberlegungen getroffen werden. Obschon Steuerminimierungs-Strategien, wie wir sie gezeigt haben, zweifelsohne Ihre Ergebnisse in die Höhe treiben können, kann der Schuss für Investoren auch nach hinten losgehen, wenn sie die Steuerminderung über die Höhe des Zinssatzes stellen. Die Versuchung, Vater Staat keine Steuern zu zahlen, lässt Buffett die These vertreten, dass eigentlich intelligente Menschen aufgrund steuerlicher Überlegungen schlechte Investitionsentscheidungen treffen.

Gut gedacht und schlecht gemacht

Die Briefe bringen den Investoren bei, den Wert ihres Aktienbesitzes so einzuschätzen, als sei er bereits zu Geld gemacht. Er würde Ihnen sagen, dass Ihr »Reinvermögen« der Marktwert Ihres Aktienbesitzes abzüglich der nach dem Verkauf anfallenden Steuer ist.[95] So muss man es sehen. Sie müssen die aktuelle Steuersumme von Ihren Gewinnen abziehen, auch wenn sie erst später tatsächlich bezahlt wird. Wenn Sie zum Beispiel 50 000 Dollar in Aktien stecken, deren Wert sich in der Folgezeit verdoppelt, beträgt Ihr Reinvermögen nicht 100 000 Dollar, auch wenn diese Zahl wahrscheinlich auf Ihrem Depotauszug erscheint. Vorausgesetzt, es gilt die normale US-amerikanische Kapitalertragssteuer von 35 Prozent, wird eine unbezahlte Steuerrechnung von 17 500 Dollar (35 Prozent des Gewinns von 50 000 Dollar) fällig, sobald die Aktien verkauft werden. Sie müssen sich angewöhnen, an Ihre Vermögensgegenstände in Form Ihres Reinvermögens zu denken beziehungsweise in Form von dem, was Ihnen bleiben würde, wenn Sie morgen alles verkaufen und die Steuer bezahlen müssten, in diesem Beispiel wären das 82 500 Dollar. Das ist der wahre Wert Ihres Aktienbesitzes, oder wie Buffett es ausdrücken würde: Das, was zur Verfügung steht, um »Lebensmittel zu kaufen«. Und genau das versuchen wir als Investor zu maximieren. Wenn Sie ein Investment mit Gewinn verkaufen, müssen Sie das aufgeschobene Steuerdarlehen zurückerstatten, das Sie erhalten haben. Steuern auf diese Weise zu betrachten – ein Darlehen zurückzuzahlen im Gegensatz zum Zahlen einer Steuer – kann helfen, Sie davon abzuhalten, die Maximierung des Reinvermögens (primäre Absicht) mit der Minderung von Steuern (sekundäre Absicht) zu verwechseln.

Die reflexartige Reaktion, Steuern zu minimieren, kann auf Kosten der Auswahl der optimalen Wertpapiere, die Sie besitzen wollen, gehen. Das kann ein sehr teurer Fehler sein. Buffett macht das überaus deutlich, wenn er sagt:

> *»Außer in sehr ungewöhnlichen Fällen (ich will bereitwillig zugestehen, dass es einige davon gibt), ist der Betrag der Steuer von geringer Bedeutung, wenn der Unterschied in der zu erwartenden Performance bedeutend ist«*[96]*, und »jede Ausgrenzung von Wertpapieren mit niedriger Rendite blockiert bloß einen Teil des Reinvermögens zu einem Verzinsungsfaktor, der mit den besag-*

ten ausgegrenzten Wertpapieren verbunden ist. Während das in Einzelfällen entweder gut oder schlecht laufen kann, ist es eine Bankrotterklärung des Anlage-Managements.«[97]

Natürlich ist es eine schlechte Strategie, eine Gruppe von weniger attraktiven Aktien zu halten, nur um eine unvermeidliche Steuerzahlung zu vermeiden, eine schlechte Strategie.

Buffett wurde noch deutlicher:

»Was wird denn in der Investment-Welt tatsächlich angestrebt? Überhaupt keine Steuern zu zahlen, obwohl das ein Faktor sein kann, der beim Erreichen des Abschlusses zu betrachten ist. Mittel und Zweck sollten jedoch nicht verwechselt werden, und der Zweck besteht darin, mit der höchsten Nach-Steuern-Rendite herauszukommen. ... Es ist äußerst unwahrscheinlich, dass sich 20 Aktien von, sagen wir, 3000 zur Wahl stehenden, als das optimale Portfolio – sowohl jetzt, als auch, von heute an gerechnet, in einem Jahr an – erweisen, und die völlig verschiedenen Kurse (sowohl für die Auswahl als auch für die Alternativen) bis zu diesem späteren Datum bestehen. Wenn es unser Ziel ist, die maximale Verzinsung nach Steuern zu erzielen, müssen wir einfach die attraktivsten Wertpapiere besitzen, die zu Tagespreisen erhältlich sind. Und bei 3000 eher rapide wechselnden Variablen muss das Veränderung (hoffentlich ›steuererzeugende‹ Veränderung) bedeuten.«[98]

Obwohl das Vorhandensein einer DTL Ihre Verzinsung nach Steuern erhöht, während alles andere identisch bleibt, ist in Wirklichkeit für gewöhnlich alles andere nicht identisch. Wenn die Erträge vor Steuern durchgängig hoch sind und der Zeitabschnitt lang ist, wird die DTL ein Zusatzvorteil sein. Aber wenn Sie die Chance haben, Ihre Erträge vor Steuern zu verbessern, indem Sie Ihr Portfolio optimieren, um die besten Aktien zu halten, die Sie finden können, ist es für gewöhnlich klug, das zu tun.

Wir kehren zu unserem vorherigen Beispiel des Investors zurück, der kauft und hält, im Gegensatz zum jährlich handelnden Investor. Wenn die Erträge beider Strategien mit 15 Prozent identisch waren, schneidet der Investor, der kauft und hält, 2,5-mal besser ab als derjenige, der jährlich gehandelt hat. Lassen Sie uns annehmen, dass der Investor, der kauft und hält, erwartet hat, dass seine Aktie 15 Prozent jährlich bringt, damit stattdessen aber nur 10 Prozent erzielt. Wenn er trotz der niedrigeren Erträge daran festhält, führt das zu einer kumulierten jährlichen Wachstumsrate (CAGR) von netto (nach Steuern) 8,4 Prozent. Jetzt wollen wir annehmen, dass Investor Nr. 2, der jährlich handelt, eine 15 Prozent CAGR aufrechterhalten kann, aber jedes Jahr von einer Aktie zu einer anderen wechseln muss, unterm Strich 9,75 Prozent erzeugt – wenn Sie sich noch an die Rechnung oben erinnern können. Sie sehen also, dass 15 Prozent jährlich versteuert immer noch deutlich besser sind, als 10 Prozent nur einmal versteuert. Nach 30 Jahren führt das dazu, dass das Investment 40 Prozent mehr wert ist. So wie der Zeitabschnitt und/oder die Zinssätze schrumpfen, tun das auch die Vorteile der DTL. Fazit: Wenn Sie Ihr Portfolio verbessern können, sollten Sie das tun, selbst wenn dies Steuerzahlungen zur Folge hat.

Wie steht es mit »für immer«?

Seit den 70er-Jahren sagt Buffett, dass seine Lieblingshalteperiode ›für immer‹ sei. Obwohl das in Anbetracht unserer Steuerdiskussion vielleicht Stirnrunzeln verursacht, steht es tatsächlich in Einklang mit den früheren Ausführungen an die Partner. Während der BPL Jahre erforderten optimale Zinssätze von Buffett größtenteils, von Zigarrenstummel zu Zigarrenstummel zu hüpfen, von einem kostenlosen Zug zum nächsten. In den frühen Jahren der BPL war »für immer« keine Option. Nach dem freien Zug war Buffett gezwungen, weiterzugehen. Andernfalls hätten seine Erträge zweifellos gelitten. Das waren keine guten Geschäfte, sondern ›Transaktionen, die auf die Rückkehr des Kurses zum langjährigen Mittelwert setzten. Diejenigen, die weiterhin stärker zu Grahams Schule tendierten, günstige Aktien zu finden und in diese zu investieren, mussten wahrscheinlich häufiger wechseln als diejenigen, die sich für hochwertige Aktien entschieden.

Ein Teil der Anziehungskraft, zum Investieren in große Geschäfte überzugehen – BPLs große Beteiligung an American Express oder die bedeutenden Wertpapierbeteiligungen von Berkshire heute – liegt darin, dass sie über lange Zeit hohe Zinseszinsen bringen und womöglich von der Hebelwirkung der aufgeschobenen Steuer profitieren. Ihre beeindruckende Performance liegt jedoch daran, dass die Unternehmen ihren Wert weiterhin schnell vergrößert haben, und nicht etwa an dem Steueraufschub.

Berkshire unterscheidet sich von BPL noch in zwei weiteren Punkten, die seine Halteperiode und deshalb die Nutzung der Finanzierung durch aufgeschobene Steuern betreffen. Normalerweise hat Berkshire einen Bargeldüberschuss, manchmal in beachtlicher Höhe, während BPL fast immer völlig investiert war. Es macht für Berkshire keinen Sinn, ein attraktives Investment zu verkaufen, um ein anderes zu kaufen, wenn der Bargeldüberschuss den Besitz beider erlaubt. Zweitens beschränkt sich, in Anbetracht der Größe von Berkshire, Buffetts Auswahlspektrum auf die wirklich großen Unternehmen, die zu angemessenen Preisen gehandelt werden. BPL hatte den Spielraum, sich bei winzigen Unternehmen zu engagieren, bei denen hohe Zinseszinsen zu erwarten waren, die bei größeren Unternehmen gewöhnlich nicht machbar sind. Mit der Zahl der Möglichkeiten steigt gewöhnlich auch die Zahl der steuerverursachenden Tätigkeiten.

Steuervermeidungs-Programme

Und am Ende kommt doch die Steuer. Buffett lehrt uns, dass

> *»es nur drei Wege gibt, um sich dauerhaft vor der Steuerzahlung zu drücken: (1) mit dem Vermögenswert sterben – und*

das geht mir etwas zu weit, selbst die Fanatiker würden diese ›Lösung‹ mit gemischten Gefühlen betrachten; (2) den Aktivposten verschenken – dann zahlen Sie ganz sicher keine Steuern, aber Sie können auch Lebensmittel, Miete et cetera nicht mehr bezahlen; und (3) den Gewinn wieder verlieren – wenn Ihnen dieses Steuersparmodell den Mund wässrig macht, bewundere ich Sie. Sie haben echt Zivilcourage.«[99]

Buffett liefert uns die großartige Erkenntnis, dass Steuerzahlen als logische Folge unseres Investment-Erfolges zu begrüßen. Viele Investoren betrachten Steuern jedoch immer noch als die Beschlagnahmung von Reichtum statt als Rückzahlung eines Darlehens. Die Wall Street hat sich auf diese Haltung versteift und produziert einen ständigen Nachschub »neuer« Steuervermeidungs-Produkte im Austausch für großzügige Gebühren. Was auch immer Investoren wollen, die Wall Street deckt den Bedarf. Im Jahr 2004 zeigten sich sowohl Buffett als auch Munger auf der jährlichen Hauptversammlung von Berkshire empört über die Steuervermeidungs-Programme, die die prominentesten Wirtschaftsprüfungsunternehmen anboten. Laut Munger sollte das Produkt nur den 20 besten Kunden angeboten werden, damit dass die Aufsichtsbehörden nichts merken.[100]

Genauso gesund und munter zeigte sich dieser Innovationstrieb in den 60er-Jahren, als »Swap Fonds« eingeführt wurden. Buffett beschrieb sie schillernd in seinen Briefen, als er sagte, dass »das dominierende Verkaufsargument der Aufschub von Kapitalertragssteuern gewesen ist (Aufschub klingt, wenn das ein begeisterter Verkäufer ausspricht, manchmal fast wie Beseitigung), während man ein einzelnes Wertpapier gegen ein diversifiziertes Portfolio tauscht.«[101] Er fuhr dann fort, die alles andere als herausragende Performance dieser Fonds zu zeigen, während er ihre hohen Gebühren hervorhob.

Buffetts Anmerkungen über Steuern halten uns auf dem Boden der Tatsachen. Wir sollen uns einzig darauf konzentrieren, das Portfolio mit den höchsten Erträgen zu erhalten, das bei den zur Verfügung stehenden Alternativen möglich ist. »Machen Sie sich nicht wegen der Steuern verrückt« ist seit Jahren Buffetts Mantra. Während der ersten Jahrzehnte seiner Investment-Karriere erzielte Buffett hervorragende Ergebnisse, obwohl er viele Steuern zahlte; je mehr er zahlen musste, desto mehr hatte er verdient. Versuchen Sie, bei Ihren Investments, so viele Steuern wie möglich zum niedrigsten Steuersatz zu zahlen. Wenn Sie das schaffen, sind Sie echt gut.

Lektionen aus den Partnership Letters: Steuern

10. Juli 1963

»Möglicherweise werden wir in diesem Jahr beträchtliche Gewinne realisieren. Möglicherweise auch nicht – und das hat dann nichts mit unserer Investment-Performance in diesem Jahr zu tun. Ich bin ein klarer Befürworter hoher Einkommensteuern – zu niedrigen Sätzen. Eine erschreckende Zahl eigenartiger, schwammiger Investment-Entscheidungen wird durch sogenannte ›Steuerüberlegungen‹ rational begründet.

Für mich ist Reinvermögen der Marktwert des Aktienbesitzes abzüglich der nach dem Verkauf zu zahlenden Steuer. Die Verbindlichkeit ist genauso real wie der Vermögensgegenstand, solange der Wert des Vermögensgegenstandes nicht sinkt (autsch), der Vermögensgegenstand nicht verschenkt wird (kein Kommentar), oder ich nicht damit sterbe. Die letzte Möglichkeit wäre ein verdammt teuer erkaufter Sieg.

Investment-Entscheidungen sollten auf der Grundlage der wahrscheinlichsten Verzinsung des Reinvermögens nach Steuern mit minimalem Risiko getroffen werden. Jede Ausgrenzung von Wertpapieren mit niedriger Rendite blockiert bloß einen Teil des Reinvermögens zu einem Verzinsungsfaktor, der mit den ausgrenzenden Wertpapieren verbunden ist. Während das in Einzelfällen entweder gut oder schlecht laufen kann, ist es eine Bankrotterklärung des Anlage-Managements. Die Gruppenerfahrung, verschiedene Wertpapiere mit niedriger Verzinsung zu halten, wird zweifellos der Gruppenerfahrung mit Wertpapieren insgesamt nahekommen, nämlich sich mit dem Zinssatz des Dow Jones zu verzinsen. Wir betrachten das nicht als das Optimum an Renditen nach Steuern.

Ich sagte es bereits: Falls sich die Erträge aus der Partnerschaft möglicherweise auf einen beträchtlichen Teil Ihres steuerpflichtigen Gesamteinkommens belaufen werden, ist der sicherste Weg, die Steuern entsprechend dem zu schätzen, was Sie im letzten Jahr gezahlt haben. Wenn Sie das tun, riskieren Sie nichts. Auf jeden Fall werden Steuerverpflichtungen für diejenigen, die am 1.1.63 in die Partnerschaft eingetreten sind, wegen der Bedingungen unserer Partnerschaftsvereinbarung minimal sein, nach der Kapitalgewinne zuerst denjenigen zuteilt werden, die eine Beteiligung an nicht realisierten Gewinnen haben.«

8. Juli 1964

»STEUERN

Wir sind in das Jahr 1964 gestartet mit nicht realisierten Nettogewinnen in Höhe von 2991090 Dollar, die allen Partnern zuzuschreiben sind, die während des Jahres 1963 beteiligt waren. Bis zum 30. Juni haben wir Kapitalgewinne von 2826 248,76 Dollar realisiert (von denen 96 Prozent langfristig sind). Deshalb scheint es sehr wahrscheinlich, dass mindestens die ganze nicht realisierte Wertsteigerung in diesem Jahr realisiert wird (Punkt 3), die auf Ihre Beteiligung entfällt, und deren Höhe Ihnen in unserem Brief vom 25. Januar 1964 mitgeteilt wurde. Ich will noch einmal betonen, dass das nichts damit zu tun hat, wie gut wir abschneiden werden. Es ist durchaus möglich, dass ich die oben genannte Erklärung abgebe, und der Marktwert Ihrer BPL-Beteiligung seit dem 1. Januar wesentlich gesunken ist, dann ist die Tatsache, dass wir hohe realisierte Gewinne haben, kein Grund zum Jubeln. Genauso ist es nicht notwendigerweise ein Grund, den Kopf hängen zu lassen, wenn unsere realisierten Gewinne sehr klein ausfallen. Wir machen keine Klimmzüge, um Steuern entweder vorzuziehen oder aufzuschieben. Wir treffen Investment-Entscheidungen auf Basis unserer Einschätzung der gewinnbringendsten Kombination von Wahrscheinlichkeiten. Wenn das bedeutet, Steuern zu zahlen, dann bin ich froh, dass die Sätze für langfristige Kapitalgewinne so niedrig sind.«

18. Januar 1965

»STEUERN

In diesem Jahr stöhnten die Partner reihenweise über ihre Steuerlast. Aber vermutlich hätten wir sie auch Stöhnen gehört, wenn es im Steuerformular nichts zu deklarieren gegeben hätte.

Vermutlich werden mehr Investmentsünden von ansonsten recht intelligenten Menschen aus ›steuerlichen Überlegungen‹ begangen, als aus irgendeinem anderen Grund. Einer meiner Freunde – ein bekannter Westküstenphilosoph – behauptet, dass die Mehrzahl an Fehlern im Leben dadurch verursacht wird, dass man vergisst, um was es einem wirklich geht. Das ist mit Sicherheit der Fall, wenn ein emotional überladenes Element wie Steuern ins Spiel kommt (ich habe einen anderen Freund – einen berühmten Ostküstenphilosophen, der sagt, dass es nicht der Mangel an Erklärungen ist, worüber er sich Gedanken mache – sondern die Besteuerung.

Lassen Sie uns zur Westküste zurückkehren. Was will man in der Investment-Welt wirklich erreichen? Nicht das Geringste an Steuern zu zahlen, obwohl das ein Faktor sein kann, der für das Erreichen des Ziels zu berücksichtigen ist. Mittel und Zweck sollten nicht verwechselt werden, und das Ziel besteht darin, mit der höchsten Rendite nach Steuern herauszukommen. Bei zwei ansonsten identischen Investment-Möglichkeiten versteht es sich von selbst, dass die geringer besteuerte den besseren Ertrag erzielt. Das ist jedoch selten der Fall.

Es ist äußerst unwahrscheinlich, dass sich 20 Aktien von, sagen wir, 3000 zur Wahl stehenden Wertpapieren als das optimale Portfolio erweisen – sowohl jetzt, als auch, beginnend mit dem heutigen Tag, in einem Jahr. Es ist auch unwahrscheinlich, dass die völlig verschiedenen Kurse (sowohl für die Auswahl als auch für die Alternativen) bis zu diesem späteren Datum bestehen. Wenn unser Ziel darin besteht, die maximale Verzinsung nach Steuern zu erzielen, müssen wir einfach die attraktivsten Wertpapiere besitzen, die zu Tagespreisen erhältlich sind. Und bei 3 000 eher rapide wechselnden Variablen muss das Veränderung (hoffentlich ›steuererzeugende‹ Veränderung) bedeuten.«

Es ist offensichtlich, dass die Performance einer Aktie im letzten Jahr oder im letzten Monat schlichtweg kein Grund ist, sie zu besitzen oder nicht zu besitzen. Genauso offensichtlich ist es bedeutungslos, wenn man es nicht schafft, mit einem Wertpapier nach einem Kursverlust auf Null zu kommen. Es ist offensichtlich, dass das innere Glühen, das daraus resultiert, im letzten Jahr einen Sieger gehalten zu haben, keine Bedeutung für die diesjährige Entscheidung hat, ob dieser in ein optimales Portfolio gehört.

Wenn Gewinne im Spiel sind, sind Umschichtungen im Portfolio mit Steuerzahlungen verbunden. Außer in sehr ungewöhnlichen Fällen (ich gebe gerne zu, dass es manche Fälle gibt), ist der Umfang der Steuer von geringerer Bedeutung, wenn der Unterschied bei der zu erwartenden Performance bedeutend ist. Ich habe nie verstehen können, warum viele Menschen die Steuer als schweren Schlag empfinden, da der Satz auf langfristige Kapitalgewinne niedriger ist als bei den meisten Unterfangen (die Steuerpolitik lässt erkennen, dass das Ausheben von Gräben gesellschaftlich als weniger wünschenswert angesehen wird als das Umschichten von Aktien).

Ich habe einen hohen Anteil von Pragmatikern im Publikum, also verlasse ich besser diesen idealistischen Trip. Es gibt nur drei Wege, um sich dauerhaft vor der Steuerzahlung zu drücken: (1) mit dem Vermögenswert sterben – und das geht mir etwas zu weit, selbst die Fanatiker würden diese ›Lösung‹ mit gemischten Gefühlen betrachten; (2) den Aktivposten verschenken – dann zahlen Sie ganz sicher keine Steuern, aber Sie können auch Lebensmittel, Miete etc. nicht mehr bezahlen; und (3) den Gewinn wieder verlieren – wenn Ihnen dieses Steuersparmodell den Mund wässrig macht, bewundere ich Sie. Sie haben echt Zivilcourage.

Deshalb wird es weiterhin die Politik von BPL sein, zu versuchen, Investment-Gewinne zu maximieren statt Steuern zu minimieren. Wir werden unser Äußerstes geben, um dem Finanzministerium ein gewisses Steueraufkommen zu sichern – zu den niedrigsten Sätzen, die die Regeln erlauben.

In den vergangenen Jahren ist ein interessantes Streiflicht zum Thema Steuern hinsichtlich Vermögensverwaltung aufgetaucht – durch die Bildung sogenannter ›Swap-Fonds‹. Das sind Investmentgesellschaften, bei denen Anteile an der Investmentgesellschaft für Wertpapiere am allgemeinen Markt eingetauscht werden, die von potenziellen Anlegern gehalten werden. Das dominierende Verkaufsargument war der Aufschub von Kapitalertragssteuern (Aufschub klingt, wenn das ein begeisterter Verkäufer ausspricht, manchmal fast wie Beseitigung), während man ein einzelnes Wertpapier gegen ein diversifiziertes Portfolio tauscht. Die Steuer wird nur am Ende gezahlt, wenn die Anteile des Swap-Fonds abgelöst werden. Den Glücklichen bleibt sie gänzlich erspart, wenn eine der reizenden Alternativen eintritt, die ich zwei Absätze vorher erwähnt habe.

Das dem Handeln des Swap-Anbieters implizite Denken ist ziemlich interessant. Er will offensichtlich nicht wirklich halten, was er hält, sonst würde er sich nicht auf die Chance stürzen, es zu tauschen (und dafür eine ziemlich beträchtliche Vermittlungsgebühr zahlen – in der Regel bis zu 100 000 Dollar), für ein Mischmasch von ähnlich heißen Kartoffeln, die von anderen steuerfixierten Investoren gehalten werden. Fairerweise sollte ich darauf hinweisen, dass alle Empfänger des Angebots, die ihre Wertpapiere für den Tausch eingereicht haben, die Chance hatten, das vorgeschlagene Portfolio zu prüfen und auch die Möglichkeit, davon zurückzutreten, was meines Wissens nach aber nur ein relativ kleiner Teil tut.

Es hat zwölf solcher Fonds gegeben (von denen ich weiß), die seit dem Aufkommen der Idee 1960 gegründet wurden, und noch einige mehr sind derzeit aktiv. Die Idee ist nicht unattraktiv, denn die Umsätze belaufen sich auf mehr als 600 Millionen Dollar. Alle Fonds unterhalten einen Fondsmanager, dem sie in der Regel 0,5 Prozent des Anlagenwerts bezahlen. Dieser Fondsmanager steht einem interessanten Problem gegenüber: Er wird dafür bezahlt, den Fonds intelligent zu managen (bei jedem der fünf größten Fonds bewegt sich diese Vergütung zurzeit zwischen 250 000 und 700 000 Dollar pro Jahr), aber wegen der niedrigen Steuerbasis, die er von den Wertpapierzulieferern übernommen hat, verursacht jede Aktivität von ihm Kapitalertragssteuerpflichten. Und natürlich weiß er, dass er solche Verbindlichkeiten für Leute herbeiführt, die wahrscheinlich auf Steuern ziemlich empfindlich reagieren, sonst würden sie keine Anteile an Swap-Fonds besitzen.

Ich übertreibe ein bisschen, und ich bin sicher, dass es einige Fälle gibt, in denen ein Swap-Fonds die beste Antwort auf das kombinierte Steuer- und Investment-Problem einer Person sein können. Dessen ungeachtet bieten sie ein interessantes Spielfeld, um die Fähigkeit von einigen der renommiertesten Investment-Berater zu messen, wenn sie versuchen, Geld zu managen, ohne (maßgeblich) Steuern zu zahlen.

Die drei größten Swap-Fonds wurden alle im Jahr 1961 gestartet und haben jetzt ein Gesamtvermögen von ungefähr 300 Millionen Dollar. Einer davon, der Diversification Fund, berichtet auf Basis eines Geschäftsjahrs. Das macht es ziemlich schwierig, daraus die relevanten Daten für Kalenderjahres-Vergleiche abzuleiten. Die beiden anderen, Federal Street Fund und Westminster Fund (größter beziehungsweise drittgrößter in der Gruppe) werden von Investment-Beratern geführt, die mindestens 2 Milliarden Dollar Volumen steuern.

Und so haben sie sich in den Gesamtjahren ihrer Existenz entwickelt:

Jahr	Federal Street	Westminster	Dow
1962	-19,0 Prozent	-22,5 Prozent	-7,6 Prozent
1963	17,0 Prozent	18,7 Prozent	20,6 Prozent
1964	13,8 Prozent	12,3 Prozent	18,7 Prozent
Jährliche Verzinsungsrate	2,6 Prozent	1,1 Prozent	9,8 Prozent

Das ist ausschließlich die Bilanz des Fondsmanagements. Für die Einstiegsgebühr ist kein Betrag berücksichtigt worden, und vom Fonds im Auftrag der Aktionäre gezahlten Steuern sind zur Performance wieder hinzugefügt worden.

Möchte jemand Steuern?«

Verzinste Weisheit

Seltsame Ansichten bezüglich Steuern können demjenigen im Weg stehen, was wir wirklich wollen – die höchstmögliche Rendite nach Steuern. Für gewöhnlich wird Ihre Aktienauswahl der Hauptfaktor sein, der dieses Ergebnis bestimmt, während die Steuern nur eine geringe Rolle spielen werden. Der Umfang Ihrer Mittel und, wahrscheinlich noch mehr, die Größe des Fonds eines außenstehenden Managers, können auch eine Rolle spielen. Die Frage der Größe ist nicht annähernd so eindeutig, wie Sie denken könnten – und stellt unser nächstes Thema dar.

KAPITEL 12

GRÖSSE VERSUS PERFORMANCE

»Unser Ideenvorrat scheint unserem Bankkonto immer 10 Prozent voraus zu sein. Sollte sich das ändern, werden Sie definitiv von mir hören.«[102]

– 18 Januar 1964

Als sich der Markt während der Partnership-Jahre beständig nach oben entwickelte, bewertete Buffett kontinuierlich die potenzielle Auswirkung, die das schnelle Wachstum der Vermögenswerte von BPL auf die zukünftige Performance haben könnte. Über viele Jahre umwarb er neue Investoren und sah die wachsenden Fonds als positiv an. Aber sobald BPLs Vermögenswerte über das hinauswuchsen, was seine Investment-Ideen verkraften konnten, nahm Buffett keine neuen Partner mehr auf. Wenn man die Entwicklung seiner Kommentare zu diesem Problem verfolgt, wird deutlich, wie eng Größe und Marktzyklus tatsächlich miteinander verwoben sind, wenn es um die zu erwartende Performance geht. Die interessante Frage lautet: An welchem Punkt kippt die schrittweise Zunahme von Kapital vom Positiven ins Negative? Im Allgemeinen wird das immer ab dem Punkt sein, an dem das Kapital die Ideen übersteigt. In der Praxis hängt das größtenteils davon ab, wo Sie sich im Marktzyklus befinden. Es handelt sich dabei nicht um eine statische Zahl – sondern sie ist marktabhängig. In Bärenmärkten können auch die Manager der größten Fonds problemlos riesige Kapitalmengen einsetzen; auf dem Höhepunkt spekulativer Phasen werden in der Regel nur die kleinsten in der Lage sein, Ideen für richtig hohe Renditen zu finden.

Wenn die BPL Fonds unter ein paar Millionen Dollar geblieben wären, wäre Buffett vermutlich auch dann voll investiert geblieben, als der Markt auf seinen Spekulations-Höhepunkt zusteuerte. Diese Einstellung hat Buffett vermutlich zu dem Kommentar während des Höhepunkts der Dotcom-Blase verleitet. Damals sagte er:

> *»Ob ich 1 Million Dollar oder auch 10 Millionen Dollar hätte, ich würde alles investieren. Die größten Gewinne habe ich in den 1950ern gemacht. Ich habe den Dow gekillt. Sie sollten die Zahlen sehen. Dabei habe ich damals nur Peanuts investiert. Nicht viel Geld zu haben, ist ein riesiger struktureller Vorteil. Ich glaube, mit 1 Million Dollar würde ich Ihnen einen Gewinn von 50 Prozent verschaffen. Nein, ich weiß, dass ich das könnte. Ich garantiere es Ihnen.«*[103]

Die Vorstellung, »je größer der Fonds, desto schwieriger wird es«, trifft nur dann zu, wenn eine bestimmte Schwelle überschritten ist. Ein paar hunderttausend Dollar zu investieren, ist nicht schwieriger als ein paar tausend Dollar zu investieren, unabhängig von der Marktumgebung. Aber wenn Sie so groß sind wie Berkshire Hathaway – als Beispiel für ein entgegengesetztes Extrem – ist die Größe ständig ein Klotz am Bein der Performance, egal an welcher Stelle des Marktzyklus wir uns befinden. Mit Milliarden an Überschusskapital existiert nur eine kleine Zahl von Unternehmen, die groß genug sind, um sich als Investment zu qualifizieren, aber diese sind sehr begehrt und haben in der Regel den entsprechenden Preis.

Das Thema tauchte erstmals 1962 auf, in einem Essay mit dem Titel »Die Frage der Größe«, den Buffett mit der für ihn typischen humorvollen Weise begann: »Abgesehen von der Frage, was passiert, wenn ich sterbe (was metaphysisch betrachtet für mich von großem Interesse ist), werde ich wohl am häufigsten gefragt: ›Welche Auswirkung wird das das schnelle Wachstum der Vermögenswerte von BPL auf die zukünftige Performance haben?«[104] Als er das schrieb, waren die Vermögenswerte der Partnership, die einst bei 100 000 Dollar lagen, bei über 7 Millionen Dollar angelangt (59,5 Millionen Dollar nach heutigem Wert). Zu diesem Zeitpunkt fand Buffett noch, dass größer besser sei. Der Schlüssel war nicht die absolute Höhe seines Kapitals oder die allgemeine Unruhe des Marktes, sondern die Schnittmenge der beiden. Seine Ideen überstiegen weiterhin sein Kapital, und deshalb war mehr besser.

Es gab jedoch auch ein paar Haken. Wenn man mit kleineren, unbekannteren Wertpapieren mit häufig begrenzter Liquidität handelte, wurde es schon schwieriger, in ausreichender Menge zu angemessenen Preisen zu kaufen, selbst wenn man noch ein bisschen mehr Kapital zum Investieren hatte. Als Folge wirkte sich das auf »Generals – private Eigentümer« schon früh negativ aus, als die Partnership an Größe gewann, vor allem, weil gleichzeitig die Zahl der guten Investment-Ideen zurückging. Auch das ist wieder ein Hinweis darauf, dass das Investieren mit bescheidenen Mitteln ein Vorteil sein kann. Sie können sich an Orten bewegen, die für andere nicht in Frage kommen.

Andererseits können gestiegene Vermögenswerte auch ein Vorteil sein. Sie bieten die Möglichkeit, sich an Controls zu beteiligen. Es war Buffetts feste Überzeugung, dass die Gelegenheiten für Controls mit der Größe der Fonds zunehmen würden, da die Konkurrenz gleichzeitig weniger wurde – schließlich brauchte man für dieses Spiel das nötige Kleingeld. Diejenigen, die sich verächtlich über die Idee äußern, das selbst zu tun, berücksichtigen bitte, dass Buffett in Controls investierte, als das BPL Kapital dem entsprach, was in heutige Dollar umgerechnet ein paar Millionen wären.

> *»Was ist wichtiger – die schwindende Perspektive auf Profitabilität bei passiven Investments oder die steigende Perspektive bei Control-Investments? Ich kann darauf keine eindeutige Antwort geben, da es in hohem Maße von der Art des Marktes abhängt, in dem Sie agieren. Meine derzeitige Mei-*

> *nung sieht so aus: Es gibt keinen Grund zu denken, dass dies keine ausgleichenden Faktoren sein sollten. Sollte ich meine Meinung ändern, werden Sie es erfahren. Ich kann Ihnen jedoch versichern, dass unsere Ergebnisse von 1960 und 1961 nicht schlechter ausgefallen wären, wenn ich mit den kleineren Summen von 1956 und 1957 agiert hätte.«*[105]

Als 1966 der Bullenmarkt in vollem Gang war und BPL als Folge von mehr Partnern und fantastischer Performance exponentiell wuchs, arbeitete Buffett mit 43 Millionen Dollar an Kapital, und seine Meinung änderte sich nicht. Das war der Zeitpunkt, an dem er schließlich bekannt gab, keine neuen Partner mehr aufzunehmen. Er tat das in einem Abschnitt seines Briefes mit dem Titel »Die Sorgen mit dem Zinseszins« Die Größe war zu einem Faktor geworden. Er erklärte das so: »Wie sich die Umstände derzeit darstellen, schadet meiner Meinung nach Größe den zukünftigen Ergebnissen eher als dass sie nützt. Das mag auf meine persönlichen Ergebnisse nicht zutreffen, aber auf Ihre Ergebnisse sehr wahrscheinlich schon.«[106]

Der letzte Satz verrät uns eine Menge über Buffett als Investor und als Mensch. Sie erinnern sich daran, dass es oft nicht im Interesse des Managers liegt, einen Fonds für weitere Kapitalzuflüssen zu schließen, nicht einmal dann, wenn es im Interesse des Investors liegt. Für Buffett war es so, dass er bei einem Überschuss von 25 Prozent auf alle Profite über den ersten 6 Prozent Gewinn umso mehr an Gebühren verdienen würde, je mehr Geld er managte – auch wenn er davon überzeugt war, dass mehr Vermögenswerte eine dämpfende Wirkung auf die Performance haben würden. Dass er darauf verzichtet zeigt, wie gut er auf seine Partner ausgerichtet war.

Als der Markt weiterhin brodelte und die Fonds noch weiter wuchsen, machte Buffett den nächsten kleinen Schritt bei seinen Vorsichtsmaßnahmen. Er senkte im Oktober 1967 BPLs offiziell erwartete Rendite. Mit mittlerweile etwa 65 Millionen Dollar Kapital machte er trotzdem klar, dass nicht die Größe das vorrangige Problem sei, sondern der Markt; er ging davon aus, dass seine Leistung auch dann nur »wenig besser« ausfallen würde, wenn sie mit einem Zehntel des Kapitals arbeiten würden. Die Marktumgebung war eindeutig der bedeutendere Faktor.

Für Einzelinvestoren, die mit durchschnittlichen Summen arbeiten, ist es jedoch in nahezu allen Märkten ein großer Vorteil, klein zu sein. Es gibt Ihnen die Gelegenheiten, in Bereich zu jagen, die für professionelle Investoren tabu sind, weil die Unternehmen für die institutionellen Investoren zu klein sind. Als er 2005 gefragt wurde, ob er immer noch hinter seiner sechs Jahre zuvor geäußerten Meinung stehe, dass er mit kleinen Summen jährlich 50 Prozent erwirtschaften könne, sagte Buffett:

> *»Ja, dasselbe würde ich auch heute noch sagen. Tatsächlich erwirtschaften wir bei einigen unserer kleineren Investments immer noch Renditen dieser Größenordnung. Das beste Jahrzehnt waren die 1950er: Ich habe mit kleinen Kapitalsummen 50 Prozent und mehr verdient. Mit kleineren Kapitalsummen könnte ich das auch heute noch tun. Vielleicht wäre es sogar noch einfacher, weil man heutzutage besser an Informationen gelangt. Man muss eine Menge Steine umdrehen, um diese kleinen Ausnahmen zu finden. Sie müssen die Unternehmen finden, die weit ab vom Schuss liegen – sehr weit. Vielleicht stoßen Sie auf regionale Firmen, an denen absolut nichts auszusetzen ist. Eine Firma, die ich entdeckte, Western Insurance Securities, wurde für 3 Dollar die Aktie gehandelt, obwohl sie 20 Dollar die Aktie verdiente!! Ich versuchte, so viel wie möglich davon aufzukaufen. Von solchen Geschäften erzählt Ihnen niemand, Sie müssen Sie selbst finden.«*

Es wird jedoch immer einen Punkt geben, an dem das Gesetz der großen Zahlen ins Spiel kommt und jeder zusätzliche Dollar schrittweise niedrigere Renditen hervorzubringen beginnt. Nachdem die Schwelle einmal überschritten ist, senken größere Fonds die prognostizierten Erträge. Wenn Sie Ihr eigenes Kapital investieren, ist das vermutlich kein Problem. Wenn Sie jedoch in einen Fonds investieren, kann es ein Problem sein, das Sie im Auge behalten müssen. Es schwankt mit dem Marktzyklus. Wenn der Bärenmarkt niedrig ist, wird das Problem größer sein (Manager großer Fonds können haufenweise Geld zu hohen Renditen verteilen). Und bei Höchstständen des Marktes wird es kleiner sein (nur die Kleinsten werden Erfolg haben). Wo auch immer Sie sich im Marktzyklus befinden, nutzen Sie die Geschichte von BPL, um die Frage der Größe zu klären: Wenn Ihre Ideen Ihr Kapital übersteigen, ist größer besser, aber in dem Moment, in dem die Vermögenswerte die Ideen überwiegen, wird Größe die zukünftige Rendite senken (in Prozent, nicht unbedingt in Dollar).

Behalten Sie deshalb die folgenden zwei Punkte im Hinterkopf, wenn Sie über ein Investment nachdenken, bei dem die Größe ein Faktor ist: Machen Sie sich klar, dass, bei ansonsten gleichen Parametern, die Bilanz professioneller Investoren, die mit kleinen Summen arbeiten, naturgemäß besser sein müsste. Und berücksichtigen Sie die Auswirkung, die deren derzeitige Größe auf die zukünftige Performance haben könnte. Professionelle Manager haben eine finanzielle Vorliebe für steigende Größe, die manchmal unseren eigenen Interessen entgegenstehen kann.

Lektionen aus den Partnership Letters: Die Frage der Größe

24. Januar 1962

»Die Frage der Größe

Abgesehen von der Frage, was passiert, wenn ich sterbe (was metaphysisch betrachtet für mich von großem Interesse ist), werde ich wohl am häufigsten gefragt: ›Welche Auswirkung wird das schnelle Wachstums der Vermögenswerte von BPL auf die zukünftige Performance haben?‹

Größere Fonds ziehen in zwei Richtungen. Vom Standpunkt des ›passiven‹ Investments aus, wo wir nicht versuchen, Unternehmensentscheidungen durch die Größe unserer Investition zu beeinflussen, schaden größere Summen den Ergebnissen. Bei den Anlagefonds oder dem Investieren von Treuhandabteilungen in Wertpapiere mit umfangreichen Märkten, sollte die Auswirkung großer Summen die Ergebnisse nur leicht beeinträchtigen. 10 000 Anteile von General Motors zu kaufen, ist nur geringfügig kostspieliger (auf der Basis mathematischer Erwartung), als 1 000 oder 100 Anteile zu kaufen.

Bei manchen Wertpapieren, mit denen wir handeln (aber keineswegs allen) ist es sehr viel schwieriger, 10 000 Anteile als 100 zu kaufen und manchmal gar unmöglich. Von daher sind für einen Teil unseres Portfolios große Summen definitiv von Nachteil. Zu dieser Kategorie zählen die meisten unserer Workouts und einige Generals.

Bei Mehrheitsbeteiligungen sind größere Fonds jedoch eindeutig von Vorteil. Ein ›Sanborn Map‹ kann ohne das nötige Kleingeld nicht akquiriert werden. Ich bin fest davon überzeugt, dass die Gelegenheiten in dem Bereich zunehmen, wenn die Fonds größer werden. Das liegt an dem starken Rückgang im Wettbewerb, wenn der Pokereinsatz steigt und eine wichtige positive Korrelation zwischen der gestiegenen Unternehmensgröße und dem Mangel an konzentrierter Eigentümerschaft an dieser Unternehmensaktie besteht.

Was ist wichtiger – die schwindende Wahrscheinlichkeit, profitabel zu sein, bei passiven Investments oder die steigende Wahrscheinlichkeit bei Control-Investments? Ich kann darauf keine eindeutige Antwort geben, da es in hohem Maß von der Art des Marktes abhängt, in dem Sie agieren. Nach meiner derzeitigen Meinung gibt es keinen Grund zu denken, dies sollten keine ausgleichenden Faktoren sein. Sollte ich meine Meinung ändern, werden Sie es erfahren. Ich kann Ihnen jedoch versichern, dass unsere Ergebnisse von 1960 und 1961 nicht schlechter ausgefallen wären, wenn ich mit den kleineren Summen von 1956 und 1957 agiert hätte.«

18. Januar 1963

»Partner haben manchmal ihre Besorgnis zum Ausdruck gebracht, was die Auswirkung der Größe auf die Performance betrifft. Dieses Thema wurde im letzten Jahresbrief erörtert. Darin wurde die Schlussfolgerung gezogen, dass es Situationen gibt, in denen große Summen hilfreich sind, und in anderen wiederum nicht. Unterm

Strich habe ich jedoch nicht das Gefühl, dass sie die Performance beeinträchtigen. Ich versprach, die Partner darüber zu informieren, falls sich meine Meinung ändern sollte. Anfang 1957 belief sich das Gesamtvermögen der Limited Partnership auf 303 726 Dollar, und bis Anfang 1962 wuchs es auf 7178500 Dollar. Bislang zeigt unsere Gewinnmarge über dem Dow keine Tendenz, mit steigendem Vermögen geringer zu werden.«

18. Januar 1964

»Wir beginnen das Jahr mit einem Nettovermögenswert in Höhe von 17454900 Dollar. Der schnelle Anstieg unserer Vermögenswerte wirft immer die Frage auf, ob das zu einer Verwässerung der künftigen Performance führen kann. Bislang gibt es eher eine positive als eine negative Korrelation zwischen der Größe der Partnership und ihrer Gewinnmarge über dem Dow. Die Frage sollte man jedoch nicht auf die leichte Schulter nehmen. Größere Summen können manchmal ein Vorteil sein und manchmal ein Nachteil. Meiner Meinung nach könnte unser aktuelles Portfolio nicht verbessert werden, wenn unsere Vermögenswerte bei 1 oder 5 Millionen Dollar liegen würden. Unser Ideenvorrat scheint unserem Bankkonto immer 10 Prozent voraus zu sein. Sollte sich das ändern, werden Sie definitiv von mir hören.«

18. Januar 1965

»Unsere frühere Politik sah vor, enge Verwandte unserer jetzigen Partner ohne Begrenzung ihrer Mindesteinlage aufzunehmen. Dieses Jahr tauchte eine Flut von Kindern, Enkelkindern und so weiter auf. Das diese Leitlinie in Frage stellte. Von daher habe ich entschieden, für enge Verwandte existierender Partner ein Minimum von 25000 Dollar für Anteile einzuführen.«

20. Januar 1966

»Die Sorgen mit dem Zinseszins

Für gewöhnlich habe ich an dieser Stelle des Briefes innegehalten, um bescheiden die Fehler der letzten vier- oder fünfhundert Jahre richtigzustellen. Es mag ja schwierig erscheinen, das in nur wenigen Absätzen jedes Jahr zu bewerkstelligen, dennoch habe ich das Gefühl, meinen Teil dazu beigetragen zu haben, die Meinung der Welt über Kolumbus, Isabella, Franz I. und Peter Minuit und die Indianer Manhattans zu ändern. Ein Nebenprodukt dieses Bemühens besteht darin, die überwältigende Kraft des Zinseszinses zu zeigen. Um die Aufmerksamkeit der Leser sicherzustellen, habe ich diesen Essay überschrieben mit »Die Freuden des Zinseszinses.« Der Scharfsichtige erkennt vielleicht die geringfügige Änderung des Titels in diesem Jahr.

Ein anständiger Zinssatz (besser, wir haben einen unanständigen Zinssatz) bei Zinseszinsen plus Zuflüsse neuen Geldes in größerem Umfang hat unser Startkapital dieses Jahr auf 43 645 000 Dollar gebracht. In der Vergangenheit habe ich mehrmals die Frage aufgeworfen, ob eine Zunahme des Kapitals unserer Investment-Performance schaden kann. Das habe ich jedes Mal verneint und Ihnen versprochen, Sie sofort darüber zu informieren, falls ich meine Meinung ändern sollte.

Ich habe nicht den Eindruck, dass ein erhöhtes Kapital bislang unseren Aktivitäten geschadet hat. Tatsächlich bin ich sogar davon überzeugt, dass wir in den vergangenen Jahren mit dem Kapital der Partnership mehr zustande gebracht haben, als dies mit einer wesentlich kleineren Summe möglich gewesen wäre. Das lag an der zum Teil zufälligen Entwicklung verschiedener Investments, die für uns genau die richtige Größe hatten – groß genug, um bedeutend zu sein und klein genug, um sie zu handhaben.

Jetzt habe ich das Gefühl, dass wir sehr viel näher an dem Punkt sind, an dem sich die Größe als nachteilig erweisen kann. Ich möchte diese Aussage nicht zu stark präzisieren, da viele Variable eine Rolle spielen sind. Was in dem einen Markt und unter bestimmten Geschäftsgegebenheiten eine optimale Größe sein kann, ist unter anderen Umständen möglicherweise alles andere als optimal. In der Vergangenheit hat es ein paar Gelegenheiten gegeben, bei denen ich dachte, es wäre von Vorteil, kleiner zu sein, aber wesentlich häufiger traf genau das Gegenteil zu.

Wie sich die Umstände derzeit darstellen, denke ich jedoch, dass Größe den zukünftigen Ergebnissen eher schadet als nützt. Das mag auf meine persönlichen Ergebnisse nicht zutreffen, aber auf Ihre Ergebnisse sehr wahrscheinlich schon.

Wenn sich die Umstände also nicht ändern (unter bestimmten Bedingungen würde zusätzliches Kapital die Ergebnisse verbessern) oder neue Partner keine anderen Vermögenswerte mit in die Partnership bringen als einfach nur Kapital, habe ich vor, keine neuen Partner in die BPL aufzunehmen.

Der einzige Weg, das wirkungsvoll umzusetzen, besteht darin, es auf der ganzen Linie anzuwenden, und ich habe Susie bereits in Kenntnis gesetzt: Sollten wir noch mehr Kinder bekommen, muss sie eine andere Partnership für sie finden.

Weil ich erwarte, dass Entnahmen (unter anderem für Steuern) in etwa die Einzahlungen der jetzigen Partner erreichen werden, und ich mir vorstelle, dass sich die Kurve der zu erwartenden Performance nur geringfügig neigt, wenn das Kapital zunimmt, sehe ich momentan keinen Grund, warum wir Kapitaleinzahlungen durch derzeitige Partner beschränken sollten.

Die medizinisch Interessierten unter Ihnen werden diesen ganzen Abschnitt vielleicht als einen schlüssigen Beweis dafür deuten, dass es gelungen ist, eine wirksame Pille gegen Schilddrüsenüberfunktion zu entwickeln.

Verzinste Weisheit

Das Investieren bescheidener Kapitalmengen hat klare Vorteile. Kleine, unbekannte und zu wenig beachtete Unternehmen sind in der Regel zumindest effizient bepreist und bieten den fruchtbarsten Boden für Investment-Chancen. Sanborn Map und Dempster Mill, bei denen Buffett in den frühen Jahren riesige Anteile der Partnership investierte, würde man heute als Micro-Cap-Unternehmen (kleinste Nebenwerte) bezeichnen. Mit der Zeit wurden Gelegenheiten dieser Art zu klein. BPL konnte nicht genügend Kapital in sie hineinstecken, so dass selbst herausragende Erträge bei dieser Einzelinvestition eine bedeutende Auswirkung auf die Gesamtergebnisse hätten. Einzelinvestoren, die ihre eigene Arbeit machen wollen, können sich jedoch in der Regel auf diese Unternehmen konzentrieren und finden in den meisten Marktumgebungen Value.

Nachdem Fonds jedoch eine bestimmte Größe überschritten haben, wird der Marktzyklus einen größeren Einfluss auf die potenziellen Erträge eines Investors und auf seine Möglichkeit haben, ausreichende Mengen an passenden Investment-Chancen zu finden haben. Buffett betont, dass es die damalige Marktumgebung war und weniger die Größe der Fonds, mit denen er arbeitete, was es für ihn so schwierig machte, Gelegenheiten zu finden. Um die Vorstellung, dass der Markt zwischen Optimismus und Pessimismus wechseln wird, und um die Verfügbarkeit guter Investment-Gelegenheiten geht es im folgenden Kapitel. Während Mr. Market zwischen Gier und Angst rotiert, bleibt Buffett seinen Investitionsprinzipien treu – egal, wie die Umgebung aussieht –, und investiert nur dann, wenn er es für logisch hält. Wie wir sehen werden, kreist der Markt um die Investitionsprinzipien und niemals anders herum.

KAPITEL 13

Go-go oder No-Go?

»Ich würde eher die Strafen aus einem Über-Konservatismus erdulden als die Konsequenzen der Fehler, vielleicht sogar mit dauerhaftem Kapitalverlust, der Aneignung einer ›Neuen Ära‹ Philosophie zu ertragen, bei der die Bäume in den Himmel wachsen.«[107]

– 20. Februar 1960

Jerry Tsai, ein 29 Jahre alter Amerikaner chinesischer Abstammung, der seit fünf Jahren für Fidelity arbeitete, markierte den Beginn eines neuen Aufbruchs bei offenen Investmentfonds in Amerika im Jahr 1957. In diesem Jahr führte sein Fidelity Capital Fund einen neuen Ansatz des Investierens ein, der sich deutlich von dem herkömmlichen, konservativen Ansatz vorheriger Manager unterschied.

Tsai, der sich schnell einen Ruf für »katzenartige Schnelligkeit« und die Fähigkeit, eine kurzfristige Marktumkehr[108] zu sehen, erwarb, brach mit dem traditionellen Ansatz des Fondsmanagements, indem er sich auf die spekulativen Wachstumsunternehmen – Xerox, Polaroid, Litton Industrien, ITT und so weiter – konzentrierte, die die alte Garde als völlig unreif, unsicher und nicht investmentfähig ansah[109]. Zu der Zeit wurde sein Vorgehen eher als Zocken denn als Investieren betrachtet, aber die Vorliebe des Marktes für Risiko fing gerade an, aufzukeimen, nachdem sie seit dem

Depressionszeitalter fast völlig geruht hatte. Jerry Tsai kam genau richtig mit einem neuen Typ Anlageprodukt für diejenigen mit einem neu entstehenden, wild spekulativen Appetit. Solche Anlageprodukte wurden Performance-Fonds genannt.

Wenn jemand als das Gegenteil von Buffett während der Partnerschaftsjahre betrachtet werden kann, dann ist es Jerry Tsai. Beide Männer begannen mit ihren Investment-Aktivitäten in der zweiten Hälfte der 1950er-Jahre, und beide stiegen Ende der 60er-Jahre aus, aber sie haben sonst wenig gemeinsam – insbesondere, wenn um ihren Ansatz, persönliche Ergebnisse und die Ergebnisse denjenigen geht, die mit ihnen investiert haben. Buffett küsste die Babys, und Tsai stahl ihnen die Lutscher.

Der Vergleich der beiden Männer gewährt Einblick in die Umgebung, in der BPL im Laufe der 50er- und 60er-Jahre agierte. Er zeigt genau, wie besonders die Partnerschaft war und hebt einige der einzigartigen Aspekte von Buffetts Vorgehen und Denkprozessen hervor.

Als die 1950er-Jahre zu Ende gingen, verlagerten die Anlegerkreise, die sich vorher für das unmittelbare Kaufen von Aktien interessiert hatten, ihre Vorliebe auf Investmentfonds; der Rückenwind für die Branche war enorm. 1946 managte Fidelity 13 Millionen Dollar; um 1966 war dieses Vermögen auf 2,7 Milliarden Dollar gewachsen.[110] Als der große Bullenmarkt der 1960er-Jahre im Gange war, wurde diese Ära wegen ihres schnelllebigen, hektischen Charakters bekannt als die Go-Go-Years. Das Timing des neuen Fonds von Jerry Tsai und der spekulative Stil, den er an den Tag legte, schossen in Verbindung mit den sich verändernden Vorlieben der Anlegerkreise seinen Fonds, seine Karriere und seinen Ruf wie eine Rakete in die Höhe. Das war der Investment-Hintergrund, gegen den die Partnerschaft von Buffett versuchte, konservativ und größtenteils mit dem Ansatz von Ben Graham zu funktionieren. Zu dieser Zeit sah die gängige Meinung Jerry Tsai als führend an; Buffett war der unbekannte Investor.

Eine Runde mit BPL

Wie wir wissen, wurde Buffetts eigene Unternehmung im Mai 1956 in die Wege geleitet. Zu dieser Zeit blickten er und Tsai auf denselben Markt, sahen aber zwei verschiedene Dinge. Der Dow Jones hatte sich seit seinem Tiefststand in der Rezession drei Jahre zuvor fast verdoppelt, und es war schwer, das attraktiv zu nennen. Tatsächlich hatte selbst Graham vor dem Fulbright-Ausschuss 1955 bezeugt, dass der Markt zu hoch war. Buffett war ebenfalls vorsichtig, aber mit dem bescheidenen Kapital in jenen frühen Jahren gab es mehr Auswahlmöglichkeiten, und Ideen hatte er genug. Je höher die Aktien im Laufe des nächsten Jahrzehnts stiegen, desto leidenschaftlicher wurden seine Warnungen.

Diese Passage stammt aus seinem allerersten Brief 1956:

> *»Das Gesamtmarkt-Niveau zeigt aus meiner Sicht eine Bewertung über dem inneren Wert. Diese Ansicht bezieht sich auf Blue-Chip-Aktien. Falls das zutrifft, besteht die Möglichkeit, dass alle Aktienkurse deutlich zurückgehen, sowohl unterbewertete als auch sonstige. Auf jeden Fall denke ich, dass die Wahrscheinlichkeit sehr gering ist, dass das aktuelle Marktniveau in fünf Jahren auch noch als preiswert betrachtet wird.«*[111]

Als die Jahre ins Land zogen, entwickelte sich der Markt weiter nach oben, und das Vermögen der BPL wuchs. Neue Ideen wurden immer knapper, und Buffett wurde zunehmend vorsichtiger. Während der späten 50er-Jahre und bis zur Mitte der 60er-Jahre wuchs der Markt schneller, als sich die Grundlagen der amerikanischen Geschäfte verbesserten, und fußte dadurch auf einem spekulativen Element, das unmöglich andauern konnte – Buffett wusste, dass eine Korrektur jederzeit kommen konnte. Er hat nie behauptet zu wissen, *wann* es passieren würde, aber er wollte unbedingt, dass die Partner auf das Unvermeidliche vorbereitet waren.

Über ein Jahrzehnt kamen die Warnungen von Buffett nur verhalten, aber als 1966 ein neues Markthoch brachte, sah er sich schließlich gezwungen zu handeln. Sein erster Schritt war die Ankündigung, dass er keine neuen Partner mehr akzeptieren würde – es war schwierig genug, das Kapital der vorhandenen Partner richtig einzusetzen. Dann, im Herbst 1967, machte er den nächsten Schritt, das festgesetzte Performance-Ziel der Investmentgesellschaft von 10 Prozent in Relation zum Dow zu halbieren, und warnte, dass er auf einer absoluten Basis wohl kaum um mehr als 9 Prozent in jedem Jahr darüber sein könnte. Bis zu diesem Punkt hatte BPL seine Gewinne mit einer durchschnittlichen Rate von 29,8 Prozent pro Jahr verzinst; jetzt legte Buffett nahe, dass es nur geringe Chancen gab, diese Zahl auch nur annähernd zu erreichen. In dem Brief, der seine reduzierten Ziele ankündigte, war sein Ton bezüglich des allgemeinen Marktes rundweg ernst geworden.

Während er den Partnern sagte, er könne verstehen, wenn sie in Anbetracht seiner niedrigeren Ertragserwartungen woanders bessere Anlagemöglichkeiten in Betracht ziehen würden, (und einige wirklich ihr Kapital abzogen), fanden sich seine Warnungen indes nicht in den Performance-Ergebnissen wieder. Der Gewinn allein für 1968 betrug 58,8 Prozent – sein bestes Jahr überhaupt. Nicht nur, dass dieser Riesenerfolg seine prozentual höchste Jahresrendite überhaupt war, er kam zu dem Zeitpunkt, als Buffett am meisten Kapital managte. Die Gewinne für 1968 betrugen 40 Millionen Dollar. In gerade einmal zwei Jahren hatte sich das Vermögen der BPL nochmals verdoppelt. Aber so gut seine Performance auch gewesen war, ihm gingen allmählich die Ideen aus. Auch wenn die Partner es nicht wussten, das Ende nahte. »Ich kann nicht stark genug betonen, dass die Qualität und Menge an Ideen sich gegenwärtig auf einem Allzeittief befindet – das ist das Ergebnis der Faktoren, die ich in meinem Brief vom 9. Oktober 1967 erwähnt habe und die sich seitdem größtenteils verstärkt haben.«[112]

Mischkonzerne

Eine Facette der Marktumgebung Ende der 60er-Jahre, die dafür verantwortlich ist, den Pool von BPL an neuen Ideen aufzusaugen, war die Geburt und der Aufstieg der großen Mischkonzerne – Litton, Teledyne, Textron, ITT und so weiter – von denen einige noch heute bestehen. Der Bericht von John Brooks über diese Periode, »The Go-Go Years«, fasst die skrupellose Weise ihrer Entstehung zusammen:

> *»In den 60er-Jahren, als sich die Wall Street rasend schnell durch die Revolution bewegte, durch sie zum ersten echten öffentlichen Wertpapiermarkt in der Geschichte der Welt wurde, war das entscheidend neue Element im Aktienhandel die Naivität von Millionen Anlegern in Finanz- und Buchführungsfragen.«*[113]

Brooks sprach auch von einem neuen Phänomen, das größtenteils in diesem Jahrzehnt aufgetreten ist, das Kurs-Gewinn-Verhältnis (KGV, im Englischen Price/Earnings Ratio oder P/E Ratio). Es wird berechnet, indem man den Preis der Aktien eines Unternehmens durch den Gewinn dividiert. Die Jahresberichte von Sanborn Map und Berkshire Hathaway aus dem Jahr 1961 haben zum Beispiel den Gewinn pro Aktie gar nicht aufgeführt. Der grundsätzliche Nachteil des KGV als Investment-Werkzeug besteht darin, dass alle im Discounted Cash Flow verwandten Annahmen implizit statt explizit enthalten sind, was bedeutet, dass das angenommene Wachstum des Cash Flow und die Investition, die erforderlich ist, um dieses Wachstum zu finanzieren, nicht klar herausgestellt werden. Zwei Unternehmen könnten beide zu einem zehnfachen KGV gehandelt werden und deutlich unterschiedliche Gewinne erzeugen. Das KGV ist kein schlechtes Maß per se, es ist jedoch ein stumpfes Werkzeug. Aus meiner Sicht gleicht es der Verwendung eines dicken Filzstifts, um sich Notizen zu machen – warum sollten Sie das tun, wenn Sie stattdessen einen Kugelschreiber verwenden können?

Auf jeden Fall war das KGV gerade in Mode gekommen, und die Mischkonzerne hatten schnell herausgefunden, dass sie es nutzen konnten, um den Markt für einige Zeit zum Narren zu halten. Sie entdeckten, dass sie Unternehmen mit niedrigen KGV-Kennzahlen erwerben konnten und ihre Aktie würde steigen, weil das höhere KGV beibehalten wurde – der zusätzliche Ertrag wurde mit dem höheren Satz kapitalisiert. Wenn zum Beispiel zwei Unternehmen der gleichen Größenordnung fusionieren und das eine ein KGV von 10 und das andere von 20 hat, sollte man meinen, das fusionierte Unternehmen würde zu einem kombinierten durchschnittlichen Multiplikator, einem KGV von 15, gehandelt werden. Das geschieht normalerweise, aber der Markt wurde in einigen frühen Jahren der Mischkonzerne mit einer anderen Betrachtungsweise zum Narren gehalten.

Das führt zur zweiten Gruppe von Brooks naiven Akteuren, den Buchhaltern. Durch verschiedene, inzwischen nicht mehr erlaubte Buchhaltungsmethoden, die genutzt wurden, wenn ein Unternehmen ein anderes kauft, sowie durch den Gebrauch bestimmter hybrider Wertpapiere, die damals bei der Bewertung frei handelbarer Aktien des Unternehmens nicht in der Weise bilanziert werden mussten wie heute, waren die Mischkonzerne imstande, viel größere Gewinnbeiträge durch ihre Akquisitionen zu melden, als heute zulässig. Die Regeln wurden später geändert, aber die Buchhaltungsstandards in den Go-Go-Jahren in Kombination mit dem KGV-Trick waren für die Unternehmen eine enorme Triebfeder, ihre Aktienkurse durch Fusionen und Übernahmen zu steigern. Sie erwarben häufig viele derjenigen Unternehmen mit geringem KGV, für die sich Buffett sonst interessiert hätte. Allein im Jahr 1968 wurden 4500 US-Aktiengesellschaften fusioniert, dreimal mehr als in jedem Jahr des letzten Jahrzehnts.[114]

Während vereinfachte Bewertung und schlechte Buchhaltung das breite Publikum auf den Holzweg führten, blickte Buffett durch und war empört. In dem für ihn typischen, anschaulichen Stil hat er das ungeschminkt zum Ausdruck gebracht. Wie er sagte,

> *»wird das Spiel von leichtgläubigen, selbsthypnotisierten und zynischen Marktteilnehmern gespielt. Um die richtigen Illusionen zu schaffen, bedarf es häufig einiger Verzerrungen in der Buchhaltung (ein besonders progressiver Unternehmer*

hat mir gesagt, dass er an die ›kühne, phantasievolle Buchhaltung‹ geglaubt hat). Nötig sind auch Tricks, um die wahre Natur der beteiligten operativen Unternehmen zu kapitalisieren und zu tarnen. Das Endprodukt ist populär, klingt ordentlich und unermesslich gewinnbringend (ich überlasse den Philosophen die Aufgabe, die Reihenfolge dieser Adjektive festzulegen).«

Er fuhr fort, indem er einräumte, dass diese Entwicklung perverserweise, wenn auch indirekt, die BPL-Performance nach oben treibe, zugleich aber sämtliche geeigneten Investment-Ideen absorbierte, die geblieben waren.

»Ganz ehrlich, unsere eigene Performance ist auf einer indirekten Basis durch die Auswirkungen solcher Aktivitäten deutlich verbessert worden. Einen immer größeren Kreis von Kettenbriefen zu schaffen, verlangt immer größere Mengen an Unternehmensrohstoff, und das hat vielen, eigentlich preiswerten (und nicht so preiswerten) Aktien plötzlich Leben eingehaucht. Sofern wir Eigentümer solcher Aktien waren, konnten wir Marktbelohnungen viel früher ernten als sonst. Doch neigt der Appetit auf solche Unternehmen dazu, die Zahl fundamental attraktiver Investments, die bleiben, deutlich zu verringern. ... Ihnen sollte jedoch klar sein, dass der Ansatz »Der Kaiser hat gar keine Kleider an« im Widerspruch steht zu den Ansichten der meisten Investment-Banken und derzeit erfolgreichen Anlage-Manager (oder abgewiesen wird mit »Na und?« oder »Freu' Dich doch!«). Wir leben in einer Investment-Welt, die nicht von denjenigen bevölkert wird, die logisch überzeugt werden müssen, um etwas zu glauben, sondern von hoffnungsvollen, leichtgläubigen und gierigen Investoren, die nach einer Entschuldigung greifen, um zu glauben.«[115]

Im Mai 1969, als BPL fast 100 Millionen Dollar an Kapital hatte und die Mischkonzerne viele der verbliebenen Ideen absorbiert hatten (oder wieder ans Licht gezerrt hatten, was ihnen ohnehin schon gehörte), gab er seine Absicht bekannt, die Investmentgesellschaft aufzulösen. 1969 erwies sich als ein ziemlich mittelmäßiges letztes Jahr, das Buffett enttäuschte, und ihn dazu brachte, zu sagen,

> *»... Ich würde die Partnership auch 1970 oder sogar 1971 noch weiter führen, wenn ich ein paar erstklassige Ideen hätte. Nicht, weil ich es will, sondern weil ich lieber mit einem guten als einem schlechten Jahr aufhören würde. Aber wie dem auch sei. Ich sehe einfach nichts Verfügbares, was die Hoffnung begründet, ein solch gutes Jahr hinzubekommen, und ich habe nicht den Wunsch, im Nebel herumzustochern in der Hoffnung, mit dem Geld anderer Leute ›Erfolg zu haben‹. Ich bin an diese Marktumgebung nicht gewöhnt und habe nicht vor, eine ordentliche Bilanz zu ruinieren, weil ich versuche, ein Spiel zu spielen, das ich nicht verstehe, nur damit ich als Held aufhören kann.«*[116]

Eine Runde mit dem Kapitalfonds

Wir wollen jetzt zu Jerry Tsai zurückkehren und den Zeitraum aus seiner Perspektive als Manager des Kapitalfonds betrachten, der – wenn Sie sich erinnern – 1957 um dieselbe Zeit herum angefangen hat wie die Partnership. Tsai betrachtete den Markt in jenen Jahren auf andere Weise, teilweise deshalb, weil seine Methoden ganz anders waren als die der Value-Investoren. In der Terminologie von Graham und Buffett war er das Synonym für einen Spekulanten. Als Swing Trader, der sich auf Glamournamen und Preisdynamik konzentrierte, prahlte er damit, mir nichts, dir nichts in Aktien ein- und auszusteigen. So war er ausgebildet worden. Sein Mentor und Chef bei Fidelity, Ed Johnston II, hat einmal deren Methoden folgendermaßen beschrieben: »Wir wollen nicht das Gefühl haben, mit einer Aktie verheiratet zu sein, wenn wir sie gekauft haben. Gewissermaßen zogen wir es vor, unsere Beziehung als ›Lebensabschnitts-Beziehung‹ zu betrachten. Aber auch das trifft es nicht wirklich. Vielleicht hatten wir dann und wann gern ein Techtelmechtel – oder sehr vereinzelt sogar ›ein paar gemeinsame Nächte.‹«[117] Während Buffett die Geschäftsgrundlagen nach Hinweisen auf ihren inneren Wert untersuchte und bereit war, sie für lange Zeiträume zu halten, schaute Tsai auf Aktiencharts und technische Indikatoren, um sich im Hinblick auf seine Entscheidungen zu informieren. Für Tsai funktionierte es ... eine Zeit lang.

Durch kluges Kaufen und Verkaufen von Aktien und dadurch, dass er sein Kapital durch verschiedene Ideen mit einem Anteil von mehr als 100 Prozent pro Jahr umschichtete (eine atypisch hohe Umwälzungsrate zu der Zeit), erzielte Tsai viele Jahre lang hohe Renditen. Ein entscheidender Moment kam Anfang 1962, als der Markt um 25 Prozent abwärts sackte, und Tsais Portfolio hochfliegender Glamouraktien mitriss.

Der immer wettbewerbsorientierte Buffett forderte dessen Performance in seinem Brief Mitte des Jahres heraus:

> *»Besonders hart getroffen waren in der ersten Jahreshälfte die sogenannten ›Wachstums-Fonds, die fast ohne Ausnahme beträchtlich mehr verloren haben als der Dow Jones. Die drei großen ›Wachstums‹-Fonds (die Anführungszeichen passen jetzt noch besser) mit der besten Bilanz in den vorangegangenen Jahren, Fidelity Funds, Putnam Growth Funds und Wellington Equity Funds haben im Durchschnitt ein Gesamtminus von 32,3 Prozent für die erste Jahreshälfte verzeichnet. Es ist nur angemessen, darauf hinzuweisen, dass wegen ihrer ausgezeichneten Bilanz von 1959 bis 1961 ihre Gesamtperformance bis heute noch besser als der Durchschnitt ist, was auch in Zukunft durchaus möglich ist. Ironischerweise hat bei ihnen jedoch diese frühere Outperformance solch einen Ansturm von neuen Anlegern auf den Plan gerufen, dass die in diesem Jahr schlechte Performance wesentlich mehr Eigner betrifft als die ausgezeichnete Performance der früheren Jahre. Diese Erfahrung bestätigt tendenziell meine Hypothese, dass*

Investment-Performance stets über einen längeren Zeitraum beurteilt werden muss, und dass ein solcher Zeitraum sowohl wachsende als auch schrumpfende Märkte umfassen sollte. Es wird immer beide geben, eine Feststellung, die jetzt vielleicht leichter verständlich ist als noch vor sechs Monaten.«[118]

Tsai hatte sich während der frühen Baisse im Jahr 1962 zurückgehalten. Dann setzte er im Oktober zusätzliche 28 Millionen Dollar. Der komplette Fonds stieg zum Ende des Jahres um sensationelle 68 Prozent, als sich der Markt erholte. Tsai schien den Finger am Puls des Marktes zu haben. Er hatte sich einen Namen gemacht. Die Hausse war intakt, und sein Timing tadellos. 1965 war ein weiteres herausragendes Jahr, in dem er um ungefähr 50 Prozent zulegte und gegenüber dem Dow Jones einen Vorsprung von 14,2 Prozent hatte.[119] Performance-Fonds als Gruppe hatten sich als das heiße neue Genre etabliert, und Tsai war der Hauptprotagonist. Es war Zeit für ihn, den Ruhm zu Geld zu machen.

Er verließ Fidelity, um seine eigene Fondsgesellschaft in New York zu starten. Er verlegte seinen Aufenthaltsort in eine Reihe luxuriöser Suiten im Hotel Regency und richtete den Firmensitz in einer protzigen Bürofläche an der schicken 680 Park Avenue ein.[120] Tsai war bei Anlegern so populär geworden, dass er, als er 1966 seinen neuen Fonds für Anleger öffnete, fast das Zehnfache dessen einsammelte, was er erwartet hatte. Ein guter Start wären 25 Millionen Dollar gewesen; Tsai startete »The Manhattan Fund« mit 247 Millionen Dollar, ein Rekordbetrag an frisch eingesammeltem Kapital.[121]

Leider war sein bis dahin tadelloses Timing so schlecht, wie es nur sein konnte. Der Manhattan Fund begann mit dem Handel im Februar 1966, im selben Monat, in dem der Dow Jones sein Jahrzehnte-Hoch erreichte. Es überrascht kaum, dass sich Tsais Performance mit dem Aufwärtsschwung des Marktes verflüchtigte. Jedoch war seine Popularität zu diesem Zeitpunkt so groß, dass Anleger von der anfänglichen Kapitaleinsammlung bis zum Sommer 1968 trotz der miserablen Performance des Fonds weitere 250 Millionen Dollar investierten. Dann wurde ihm wohl bewusst, dass sein Ansatz für einen Markt ohne Preisdynamik nicht mehr passte, und Tsai entschied sich clevererweise dafür, sein Unternehmen zu verkaufen. In diesem Herbst wurde die Holding, die »The Manhattan Fund« mit mehr als 500 Millionen Dollar an Gesamtvermögen besaß, für 27 Millionen Dollar verkauft, und er verabschiedete sich als reicher Mann. Unglücklicherweise fuhren seine Anleger nicht genauso gut. Der Fonds verlor im Laufe der nächsten Jahre 90 Prozent seines Wertes.[122]

Verschiedene Ergebnisse

Auch wenn Buffett das Timing oder das bevorstehende Ausmaß der Verluste für die Anleger von Tsai nicht vorhersehen konnte, widerte ihn dieser »modische« Investmentstil an. Während des gesamten Jahrzehnts betonte er, dass er höchstwahrscheinlich ein übles Ende finden würde, wenngleich er nicht wisse, wann. Er bemühte sich sehr, die Erwartungen aller von Anfang an niedrig zu halten, besonders die seiner eigenen Partner. Er forderte Tsai wieder heraus, nannte ihn dieses Mal sogar namentlich in seinem Halbjahresbrief im Juli 1968 (Sie erinnern sich, dass Tsai seinen Fonds nur ein paar Monate später verkaufen würde). Wie er schrieb,

> *»sind einige der sogenannten ›Go-Go‹-Fonds kürzlich in ›No-Go‹-Fonds umgetauft worden. Zum Beispiel steht der Manhattan Fund von Gerald Tsai, vielleicht das weltweit bekannteste aggressive Investmentvehikel, für 1968 bei minus 6,9 Prozent. Viele kleinere Investment-Einheiten haben 1968 weiterhin den Gesamtmarkt deutlich geschlagen, wenngleich nicht in der Größenordnung von 1966 und 1967. … Das Vermögensverwaltungs-Geschäft, das ich an dieser Stelle für seine außerordentliche Trägheit streng geschimpft habe, leidet jetzt in vielen Quartalen unter akutem Bluthochdruck. … Wenn eine großen und steigenden Anzahl von Menschen mit extrem viel Geld und voller Tatendrang sich plötzlich mit einer beschränkten Menge*

passender Wertpapiere befasst, wird das Ergebnis hochgradig unvorhersehbar. Auf eine gewisse Art ist es sogar faszinierend, das mitanzusehen, aber andererseits ist es abstoßend.«[123]

Buffett und Tsai wurden beide in den 1960er-Jahren um fast 30 Millionen Dollar reicher. Jedoch stammt das Geld von Tsai aus dem Verkauf seines Fonds, während Buffett einfach seinen Kapitalanteil an der Partnerschaft nahm – von Anfang an hat er fast alle seine Performance-Gebühren zurück in die Partnerschaft gesteckt, wo sie sich zusammen mit dem anderen Vermögen verzinsten. Sicher hätte er noch mehr Geld verdienen können, wenn er sich auch dazu entschieden hätte, die Partnerschaft zu verkaufen, aber er entschloss sich stattdessen, sie aufzulösen. Angebote gab es wohl, aber er lehnte sie ab.[124] Dabei erhielt Buffett charakteristischerweise die Ausrichtung auf die Partner aufrecht, die er als äußerst wichtig ansah. Er verdiente sein Geld *mit* ihnen, nicht *an* ihnen. Die Partnerschaft zu schließen, anstatt sie zu verkaufen, war einfach das Richtige. Wenn *er* nicht davon überzeugt war, dass *er* jetzt investiert sein sollte, warum sollte er seinen Partnern dann empfehlen, voll investiert zu sein?

Der bemerkenswerte Schulterschluss, den er mit seinen Partnern praktizierte, brachte ihn dazu, ehrlich und transparent zu agieren und zu kommunizieren, wie alle guten Berater und Treuhänder es tun sollten. Indem er unumwunden die Aussichten für die Partnerschaft darstellte und in ihrem besten Interesse handele, selbst wenn es seinen finanziellen Anreizen als geschäftsführender Partner zuwiderlief, zeigte wieder einmal Buffetts Charakter, der der Finanzdienstleistungs-Branche als Vorbild dienen sollte.

Emotionale Intelligenz

Zusammen mit den Lektionen über Integrität gibt es eine andere wichtige Erkenntnis aus dieser Auswahl von Buffetts Kommentaren. Durch sorgfältige Beobachtung seines Verhaltens über den gesamten Zyklus können wir sehen, dass es unsere Methoden, nicht unsere Grundsätze sind, die sich ändern sollten, wenn die Marktumgebung sinkt oder steigt. Da die Möglichkeiten, Kapital einzusetzen, versiegten, während sich der Hausse-Markt herausbildet, ist es ein Fehler, zu »tanzen, nur weil die Musik noch spielt«. Das ist der Vorteil unserer Sicht als heutige Leser. Indem wir die vielen Briefe, die vor mehr als dreizehn Jahre geschrieben wurden, (wie einen Film in Zeitlupe) betrachten, können wir sehen, wie Buffett imstande war, so bemerkenswert vernünftig und fest zu seinen eigenen Investment-Grundsätzen zu stehen, während andere anfingen zu glauben, dass die Bäume tatsächlich in den Himmel wachsen.

Das ist eine eindringliche Erinnerung an die klaren Vorteile dessen, Disziplin zu wahren und bereit zu sein, selbst zu denken – häufig anders als die Masse. Viele finden die Konzepte von Graham-Aktien als Geschäfte zu betrachten und dabei Mr. Market zu berücksichtigen – in der Theorie logisch. Allerdings ist es etwas ganz anderes, über Value-Investing zu reden, als es wirklich zu *praktizieren*. wäre das leicht, würde es jeder tun. Die Briefe liefern uns einen Fahrplan und ein Beispiel, das helfen kann, das Reden in die Praxis umzusetzen. Sie geben uns *Maßstäbe*: Nicht, was wir zu tun hoffen oder sogar wünschen, sondern was wir tun müssen, egal wie sich das Investment-Klima entfaltet. Wenn der Weg klar ist, gehen wir weiter, wenn er unsicher ist, investieren wir nicht. Da gibt es keine Ausnahme. Buffett, der größte Value-Investor unserer Zeit, hatte seine Grundprinzipien in Stein gemeißelt, lange bevor die Partnership gegründet wurde, und die Märkte haben sich seitdem um ihn gedreht. Damit eine Investment-Idee seinen Filter passiert, muss er sie verstehen und sie muss den richtigen Preis haben. Sonst lässt er sie ziehen.

Seine Partner waren sich vollkommen bewusst, dass seine Standards nicht schwanken würden, wenn es um seinen grundsätzlichen Ansatz ging:

> *»... wir werden nicht dem oft vorherrschenden Ansatz des Investierens in Wertpapiere folgen, bei denen der Versuch, Markthandlungen vorauszusehen, Vorrang vor der Bewer-*

> *tung des Geschäftes hat. Dieses sogenannte Trend-Investieren hat in den letzten Jahren oft beträchtliche und schnelle Gewinne erzeugt (und während ich das hier schreibe, haben wir Januar). Es steht für eine Investment-Technik, deren Stichhaltigkeit ich weder bestätigen noch bestreiten kann. Es stellt meinen Intellekt (oder vielleicht meine Vorurteile) nicht zufrieden, und passt ganz bestimmt nicht zu meinem Temperament. Ich werde mein eigenes Geld nicht auf Basis eines solchen Ansatzes investieren, folglich werde ich das auch ganz sicher nicht mit Ihrem Geld tun.«*[125]

Am Ende der Partnership-Jahre ging er auf eine Art, die bewundernswert und seinen Grundsätzen treu war. Er führte die Partnership nicht als Rentenpapiere fort, er verkaufte sie nicht für Bargeld; er zog sich einfach aus dem Spiel zurück. Er nahm seinen Ball und ging nach Hause. Von seinem Hoch Ende 1968 bis zum Tief im Jahr 1970 fiel der Dow um 33 Prozent. Er schoss dann zurück im Januar 73 auf ein neues Allzeithoch, bevor er gegen Endes 74 um enorme 45 Prozent fiel. Buffett hatte sich schon aus dem Markt zurückgezogen, als es zum Zusammenbruch der »Nifty Fifty« (der damals größten, beliebtesten und solidesten Aktien aus dem Dow Jones) kam. Die Durchschnitte kaschieren, wie tief sie tatsächlich fielen – viele Aktien standen viel schlechter als selbst die schlechten Ergebnisse des Dow Jones andeuten. Der Schutz seines Kapitals vor diesen zwei Abschwüngen hatte eine große Wirkung auf sein Reinvermögen.

Beim Investieren ist entscheidend, nichts zu »erzwingen.« Märkte durchlaufen Zyklen. Es wird Zeiten geben, in denen Sie sich vom Markt »abgekoppelt« fühlen, wie es Buffett Ende der 60er-Jahre erging. Sie werden feststellen, dass seine Standards während des späten Hausse-Marktwahns der Go-Go-Jahre festen Bestand hatten, während der Performance-Druck die Standards von vielen, sogar den besten um ihn herum zerbröseln ließ.

Es ist schwer, Ihre Grundsätze nicht auf dem Höhepunkt eines Zyklus aufzugeben, wenn Ihr Value-Ansatz anscheinend nicht mehr funktioniert und jeder um Sie herum Geld zu machen scheint (deshalb tun es ja so viele Menschen). Doch erweist sich das häufiger als geplant eine Strategie mit hohem Ein- und tiefem Ausstieg. Buffett stellte seinen Plan auf, führte seine Standards ein und stürzte sich ins Getümmel, dabei erhielt er mutig sein Überzeugungen aufrecht, komme, was wolle.

Lektionen aus den Partnership Letters: Go-Go oder No-Go

27. Dezember 1956

»Die Bewertung des Gesamtmarkt-Niveaus liegt gemäß meiner Wahrnehmung über dem inneren Wert. Diese Ansicht bezieht sich auf Blue-Chips. Falls das zutrifft, können alle Aktienkurse von einem deutlichen Rückgang betroffen sein, sowohl unterbewertete als auch sonstige. Auf jeden Fall halte ich die Wahrscheinlichkeit für sehr gering, dass das aktuelle Marktniveau in fünf Jahren auch noch als preiswert betrachtet wird.

Sogar ein umfassender Baisse-Markt sollte jedoch dem Marktwert unserer Workouts nicht wesentlich schaden.

Sollte der Gesamtmarkt zu einem unterbewerteten Status zurückkehren, könnte unser Kapital exklusiv in Generals eingesetzt werden, und vielleicht würden wir dabei auch etwas geliehenes Geld einsetzen.

Sollte der Markt jedoch beträchtlich steigen, wird es unsere Strategie sein, unsere Gernerals zu reduzieren, weil sich die Gewinne von selbst einstellen und das Workout-Portfolio vergrößern.

Diese Erläuterungen dienen nicht dem Zweck anzudeuten, dass die Marktanalyse in meinem Kopf an erster Stelle steht. Die primäre Aufmerksamkeit ist stets auf die Entdeckung deutlich unterbewerteter Wertpapiere gerichtet.«

6. Februar 1958

»Im letzten Jahr ließ sich ein leichter Rückgang der Aktienkurse verzeichnen. Ich betone das Wort ›leicht‹, da ein gelegentlicher Blick in die Zeitung oder ein Gespräch mit Leuten, die ihre Erfahrungen mit

Aktien ausschließlich in jüngster Zeit sammelten, den Eindruck eines viel größeren Rückgangs erwecken könnte. Tatsächlich scheint mir der Rückgang der Aktienkurse beträchtlich geringer zu sein als der Rückgang der Ertragskraft der Unternehmen unter den aktuellen Geschäftsbedingungen. Das bedeutet, dass die Öffentlichkeit immer noch sehr optimistisch in Bezug auf Blue-Chips und die allgemeine Wirtschaftslage ist. Ich versuche nicht, die Zukunft der Unternehmen oder der Aktienbörse vorauszusagen; ich will lediglich Vorstellungen zerstreuen, dass Aktien einen drastischen Niedergang erlitten hätten oder dass der Gesamtmarkt auf einem niedrigen Niveau sei. Aus meiner Sicht ist der Gesamtmarkt auf Basis eines langfristigen Value-Ansatzes immer noch überbewertet.

Unsere Aktivitäten 1957

Der Marktrückgang hat größere Chancen auf unterbewertete Aktien geschaffen, sodass unser Portfolio aktuell insgesamt stärker auf unterbewertete Unternehmen anstatt auf Workouts setzt als im letzten Jahr. … Gegen Ende 1956 hatten wir ein Verhältnis von ungefähr 70 zu 30 zwischen General-Positionen und Workouts. Jetzt beträgt die Relation eher 85 zu 15.

Während des letzten Jahres haben wir Positionen in zwei Unternehmen aufgebaut, deren Größe uns wohl eine Beteiligung an Unternehmensentscheidungen erlaubt. Eine dieser Positionen umfasst zwischen 10 und 20 Prozent der Portfolios der verschiedenen Partnerships und in der anderen stecken ungefähr 5 Prozent. Beide werden uns wahrscheinlich an die drei bis fünf Jahre Arbeit bringen, aber sie haben augenscheinlich im Moment das Potenzial einer hohen durchschnittlichen Jahresrendite mit einem Minimum an Risiko. Auch wenn sie nicht zu den Workouts zählen, sind sie ausgesprochen wenig abhängig von den allgemeinen Entwicklungen des Aktienmarktes. Sollte der Gesamtmarkt jedoch einen wesentlichen Anstieg erleben, dann rechne ich damit, dass dieser Teil unseres Portfolios hinter der Entwicklung des Marktes zurückbleibt.«

6. Februar 1958

»Ich kann eindeutig sagen, dass unser Portfolio am Ende von 1957 einen höheren Wert hat als Ende 1956. Das liegt sowohl an den allgemein niedrigeren Kursen als auch an der Tatsache, dass wir mehr Zeit gehabt haben, um die eindeutig unterbewerteten Wertpapiere zu erwerben, für deren Erwerb es Geduld braucht. Ich erwähnte früher unsere größte Position, die 10 bis 20 Prozent des Vermögens der verschiedenen Partnerhips umfasst. Diese soll im Laufe der Zeit 20 Prozent des Vermögens aller Partnerships ausmachen, so mein Plan, aber das kann nicht überstürzt werden. Unser primäres Interesse während jeder Kaufperiode besteht darin, dass der Aktienkurs sich nicht verändert oder sogar sinkt, auf keinen Fall aber nicht steigt. Deshalb kann zu jeder beliebigen Zeit ein beträchtlicher Teil unseres Portfolios in einer unproduktiven Phase sein. Diese Politik verlangt einerseits Geduld, maximiert aber mutmaßlich langfristig unsere Gewinne.«

11. Februar 1959

»Ein Freund, der eine mittelgroße Investmentgesellschaft führt, hat kürzlich geschrieben: ›Das launenhafte Temperament, Eigenschaft typischer Amerikaner, hat 1958 eine bedeutende Veränderung hervorgerufen, und was die Aktienbörse betrifft, wäre ›überschäumend‹ das passende Wort.«

Das fasst die veränderte psychische Verfassung aus meiner Sicht ganz gut zusammen, die am Aktienmarkt im Jahr 1958 sowohl bei den Laien als auch bei den Profis herrschte. Während des letzten Jahres musste fast jeder Grund herhalten, um das Investieren zu rechtfertigen. Es gibt jetzt zweifellos mehr Menschen mit launenhaftem Temperament auf dem Aktienmarkt als seit vielen Jahren, und die Dauer ihres Aufenthalts wird sich auf die Zeitdauer beschränken, in der sie glauben, schnell und mühelos Gewinne machen zu können. Man kann unmöglich sagen, wie lange sie damit fortfahren werden, ihre Reihen zu vergrößern und dadurch weitere Kursanstiege zu stimulieren, aber je länger ihr Besuch andauert, desto heftiger wird die Reaktion sein.«

20. Februar 1960

»Die meisten von Ihnen wissen, dass ich mir seit Jahren Sorgen wegen des generellen Aktienmarkt-Niveaus mache. Bisher ist diese Vorsicht unnötig gewesen. Nach bisherigen Standards hält das gegenwärtige Niveau an Wertpapierpreisen für Blue Chips einen wesentlichen spekulativen Bestandteil mit einem entsprechenden Verlustrisiko bereit. Vielleicht entwickeln sich andere Bewertungsstandards, die den alten Standard künftig dauerhaft ersetzen. Ich glaube das aber nicht. Ich kann mich sehr wohl irren; jedoch würde ich eher die Strafen aus einem Über-Konservatismus erdulden, als die Konsequenzen aus Fehlern zu ertragen, vielleicht sogar mit dauerhaftem Kapitalverlust, die aus der Aneignung einer Philosophie der ›Neuen Ära‹ herrühren, bei der angeblich die Bäume in den Himmel wachsen.«[126]

30. Januar 1961

»... kommt es nicht unerwartet, dass 1960 ein überdurchschnittliches Jahr für uns war. Im Gegensatz zu einem Gesamtverlust von 6,3 Prozent für den Dow Jones erzielten wir einen 22,8-Prozent-Gewinn für die sieben Partnerships, die dieses Jahr aktiv waren.«

22. Juli 1961

»... ich will jedem klar machen, dass ich nicht nur bezweifle, wir würden weiterhin die Ergebnisse des Dow Jones übertreffen, sondern dass unsere Performance sogar höchstwahrscheinlich unter den Durchschnitt zurückfallen würde, wenn wir weiter auf einem Markt unterwegs sind, der mit gleicher Geschwindigkeit wächst wie in der ersten Hälfte des Jahres 1961.

Unsere Beteiligungen, die aus meiner Sicht im Vergleich zu allgemeinen Portfolios auf der konservativen Seite sind, neigen dazu, zurückhaltender zu wachsen, wenn das Gesamtmarkt-Niveau steigt. Ich versuche, jederzeit einen Teil unseres Portfolios in Wertpapieren zu halten, mit denen es zumindest teilweise vor den Verhalten des Marktes geschützt ist, und dieser Anteil sollte zunehmen, wenn der der Markt steigt. Wie appetitanregend der Braten sogar für die Amateurköche auch sein mag (und vielleicht gerade für die), so stellen wir doch fest, dass nicht mehr von unserem Portfolio auf dem Herd ist.

6. Juli 1962

»Besonders hart getroffen hat es in der ersten Jahreshälfte die sogenannten ›Wachstums‹-Fonds, die fast ohne Ausnahme beträchtlich mehr verloren haben als der Dow Jones. Die drei großen ›Wachstums‹-Fonds (die Anführungszeichen passen jetzt noch besser) mit der besten Bilanz in den vorangegangenen Jahren, Fidelity Funds, Putnam Growth Funds und Wellington Equity Funds haben im Durchschnitt ein Gesamtminus von 32,3 Prozent für die erste Jahreshälfte verzeichnet.

Es erscheint nur angemessen, darauf hinzuweisen, dass wegen ihrer ausgezeichneten Bilanz von 1959 bis 1961 ihre Gesamtperformance bis heute noch besser ist als der Durchschnitt ist, was auch in der Zukunft durchaus möglich ist. Ironischerweise ist jedoch durch diese frühere höhere Performance der Andrang durch neue Anlegern so groß geworden, dass wesentlich mehr Eigner die schlechte Performance in diesem Jahr erlebt hat als die ausgezeichnete Performance der früheren Jahre. Diese Erfahrung bestätigt tendenziell meine Hypothese, dass Investment-Performance über einen längeren Zeitraum beurteilt werden muss, und dass dieser Zeitraum sowohl wachsende als auch schrumpfende Märkte umfassen sollte. Es wird immer beide geben; eine Feststellung, die jetzt vielleicht leichter verständlich ist als noch vor sechs Monaten.

1. November 1962

»Nachdem Sie soweit gelesen haben, haben Sie das Recht, einen Bericht über unser Wirken 1962 bis zum heutigen Tag zu erhalten. In der Zeitspanne, die am 31. Oktober endet, hat der Dow Jones, einschließlich erhaltener Dividenden, einen Gesamtverlust von etwa 16,8 Prozent erlebt. ... Unsere Gesamtrendite für die Partnership (vor Ausschüttungen an Partner) beträgt bis zum 31. Oktober 5,5 Prozent. Dieser Vorsprung von 22,3 Prozentpunkten gegenüber dem Dow Jones wird, wenn er bis zum Ende des Jahres bestehen bleibt, zu den größten gehören, die wir jemals erzielt haben. Ungefähr 60 Prozent dieses Vorsprungs wurden durch das Portfolio ohne Dempster erreicht, und 40 Prozent verdanken wir dem gestiegenen Wert von Dempster.

Ich möchte, dass alle aktuellen und zukünftigen Partner begreifen, dass die oben beschrieben Ergebnisse keineswegs normal, sondern ausgesprochen selten sind, falls sie überhaupt wiederkehren. Diese Performance ist hauptsächlich das Ergebnis dessen, einen großen Teil unseres Geldes in Mehrheitsbeteiligungen und den Workouts investiert zu haben anstatt in Generals, als der Dow beträchtlich zurückging. Wäre der Dow 1962 erheblich gestiegen, hätten wir auf relativer Basis sehr schlecht aussehen können, und unser bisheriger Erfolg im Jahr 1962 spiegelt sicher nicht meine Fähigkeit wider, die Marktentwicklung zu prophezeien (das versuche ich erst gar nicht). Sie beruht lediglich auf der Tatsache, dass die hohen Preise von Generals mich teilweise zu anderen Kategorien oder Investments gezwungen haben. Wenn der Dow Jones weiterhin stark gestiegen wäre, wären wir ganz unten auf der Leiter gewesen. Unserer Einschätzung nach wird es höchstwahrscheinlich künftig Jahre geben, in denen unser Vorgehen noch nicht einmal die Performance des Dow Jones erreicht, obwohl ich das nicht langfristig erwarte, sonst würde ich das Handtuch werfen und gleich den Dow kaufen.

Ich werde diese Predigt mit der Schlussfolgerung abkürzen, dass ich ganz sicher nicht will, dass jeder denkt, das Muster der letzten Jahre würde sich wahrscheinlich wiederholen; ich nehme an, dass die künftige Performance im Durchschnitt einen viel kleineren Vorsprung gegenüber dem Dow widerspiegelt.«

18. Januar 1963

»Wegen einer starken Kursrallye in den letzten paar Monaten erlitt der Gesamtmarkt, repräsentiert durch den Dow, nicht wirklich solch einen erschreckenden Absturz, wie viele dachten. Von 731 am Jahresanfang sank er auf 535 im Juni, aber ist schließlich bei 652 herausgekommen. Ende 1960 stand der Dow bei 616, also können Sie sehen, dass die investierende Öffentlichkeit als Ganzes trotz der ziemlich vielen Aktivitäten, die es in den letzten Jahren gegeben hat, nicht so weit davon entfernt ist wie 1959 oder 1960. Wenn man den Dow im letzten Jahr besessen hätte (und ich kann mir vorstellen, dass es ein paar Menschen gibt, die 1961 Überflieger spielten, und bedauern, es nicht getan zu haben), hätten sie erlebt, dass der Marktwert um 79,04 Dollar oder 10,8 Prozent geschrumpft wäre. Jedoch hätten sie Dividenden von etwa 23,30 Dollar erhalten, sodass sich die Gesamtergebnisse des Dow für das Jahr auf minus 7,6 Prozent beläuft. Unsere eigene Gesamtbilanz lag bei plus 13,9 Prozent.«

18. Januar 1964

»Anscheinend haben wir sieben fette Jahre vollendet. Ich entschuldige mich bei Joseph dafür, dass wir versuchen werden, die Bibel zu ignorieren. (Ich bin auch nie den Ideen von Noah im Hinblick auf Diversifikation gefolgt.)

Aber jetzt im Ernst: Ich möchte betonen, dass meiner Meinung nach unsere oben genannte Differenz von 17,7 Prozent gegenüber dem Dow Jones im Laufe eines langen Zeitraumes unerreichbar ist. Ein Vorsprung von 10 Prozentpunkten wäre eine sehr zufriedenstellende Leistung, und sogar ein viel bescheidenerer Vorsprung würde eindrucksvolle Gewinne mit sich bringen, worauf wir später noch eingehen. Diese Sichtweise (und es muss Spekulation sein – sachkundige oder sonstiges) hat die Konsequenz, dass wir über längere Zeiträume von viel geringeren Margen über dem Dow Jones ausgehen müssen sowie zumindest gelegentlich von Jahren, in denen unsere Bilanz dem Dow Jones (vielleicht sogar wesentlich) unterlegen sein wird.«

18. Januar 1965

»Während unserer achtjährigen Geschichte hat eine allgemeine Neubewertung von Wertpapieren durchschnittliche jährliche Gesamtrenditen aus dem ganzen Aktienbereich erzeugt, die ich in zukünftigen Jahrzehnten für unerreichbar halte. Über eine Spanne von 20 oder 30 Jahren würde ich etwas mehr als 6 bis 7 Prozent jährliche Gesamtrendite des Dow erwarten statt der 11,1 Prozent, die er während unserer kurzen Geschichte erreicht hat.«

18. Januar 1965

»Auf einer längeren Basis halten wir es nicht für möglich, den Vorteil der Partnership von 16,6 Prozentpunkten gegenüber dem Dow Jones oder den Vorsprung von 11,2 Prozentpunkten aufrechtzuerhalten, den die Limited Partner genossen. Wir haben acht aufeinanderfolgende Jahre gehabt, in denen unsere zusammengelegten Gelder den Dow übertroffen haben, obwohl die Gewinnzuteilungs-Vereinbarung die Limited Partner in einem dieser Jahre knapp unter dem Dow hielt. Wir werden gewiss Jahre haben (beachten Sie die Mehrzahl), in denen die Partnership-Ergebnisse hinter dem Dow zurückbleiben, auch wenn dann der General Partner hörbar mit den Zähnen knirscht (ich hoffe, bei den Limited Partnern hält sich das in Grenzen). Wenn es so kommt, wird unsere durchschnittliche Überlegenheitsmarge deutlich fallen. Ich könnte noch ergänzen, dass wir auch einige Jahre mit recht mittelmäßigen Margen zu erwarten haben. Allerdings haben wir bis heute von der Tatsache profitiert, dass wir keine wirklich mittelmäßigen (oder schlechten) Jahre hatten, die in unseren Durchschnitt eingeflossen sind, man kann aber nicht erwarten, dass das immer so bleiben wird.«

1. November 1965

»Während ich das schreibe, bewegen wir uns in ziemlich befriedigenden Bahnen. Unser Vorsprung gegenüber dem Dow ist ein gutes Stück über dem Durchschnitt, und sogar jene steinzeitlichen Partner, die solche primitiven Maßstäbe wie den Reingewinn verwenden, würden die Performance zufriedenstellend finden. Das sage ich natürlich alles vorbehaltlich einer wesentlichen Änderung zum Jahresende.«

20. Januar 1966

»Wir haben unseren größten Vorsprung gegenüber dem Dow Jones in der Geschichte der BPL erreicht mit einer Gesamtrendite von 47,2 Prozent, im Vergleich zu einer Gesamtrendite von 14,2 Prozent beim Dow Jones (einschließlich Dividenden, die die Aktionäre von Dow-Joness-Aktien erhalten hätten). Natürlich wird kein

Autor gerne für solch einen Fehler öffentlich beschimpft. Er wird sich wohl kaum wiederholen.«

20. Januar 1966

»Nach dem letzten Jahr entsteht natürlich die Frage: ›Was tun wir, um das noch einmal zu erleben?‹ Ein Nachteil dieses Geschäfts ist, dass es keinen sonderlich ausgeprägten Schwung besitzt. Wenn von General Motors 54 Prozent der Autoneuzulassungen des Jahres 1965 im Inland stammen, ist es eine ziemlich sichere Sache, dass sie 1966 wieder in die Nähe dieser Zahl kommen, aufgrund von Eigentümerloyalität, Händlerressourcen, Produktionskapazität, Image beim Verbraucher und so weiter. Anders bei BPL. Wir fangen jedes Jahr bei Null an, und alles wird auf dem Markt bewertet, wenn der Startschuss fällt. Die Partner profitieren 1966, ob neu oder alt, nur in einem sehr beschränkten Ausmaß von den Anstrengungen der Jahre 1964 und 1965. Der Erfolg vergangener Ansätze und Ideen überträgt sich nicht auf zukünftige.

Ich hoffe weiterhin auf einer längerfristigen Basis auf einen Erfolg von der Art, die ich unter der Rubrik ›Unser Ziel‹ im letztjährigen Brief skizziert habe (Kopien sind noch verfügbar). Jedoch nehmen diejenigen, die glauben, dass sich die Ergebnisse von 1965 mit beliebiger Häufigkeit auch künftig erreichen lassen, wahrscheinlich an den wöchentlichen Sitzungen des Beobachterklubs für den Halley'schen Kometen teil. Wir werden Verlustjahre erleben und wir werden Jahre erleben, in denen wir unter dem Dow Jones bleiben – daran besteht kein Zweifel. Aber nach meiner Überzeugung werden wir in Zukunft weiterhin eine durchschnittliche Perfomance können, die dem Dow Jones überlegen ist. Wenn sich meine Erwartung in dieser Hinsicht ändern sollte, gebe ich Ihnen sofort Bescheid.«

20. Januar 1966

»Insgesamt hatten wir 1965 mehr als genug gute Chancen. Wir hatten nicht viele Ideen, aber die Qualität war ... sehr gut und die Gelegenheiten entwickelten sich, was den Zeitplan mehrfach beschleunigt hat. Ich habe keine Flut an guten Ideen, jetzt da ich ins Jahr 1966 starte, aber ein paar gute Ideen von beachtlichem Format sind wohl doch dabei. Vieles hängt davon ab, ob die Marktbedingungen günstig sind, um eine größere Position zu erhalten.

Alles in allem jedoch sollten Sie anerkennen, dass 1965 mehr aus der Leitung gekommen ist, als hineingeflossen ist.«

25. Januar 1967

»DAS ERSTE JAHRZEHNT
Die Partnership hatte 1966 ihren zehnten Jahrestag. Die Feier war angemessen – ein Allzeitrekord (der sich sowohl auf die Vergangenheit als auch auf die Zukunft bezieht) wurde durch unseren Performance-Vorsprung vor dem Dow Jones gesetzt. Unser Vorsprung betrug 36 Prozentpunkte, die sich aus plus 20,4 Prozent für die Partnership und minus 15,6 Prozent für den Dow ergeben haben.

Diese angenehme, aber nicht wiederholbare Erfahrung ist teilweise auf eine gänzlich unspektakuläre Leistung des Dow Jones zurückzuführen. Praktisch alle Vermögensverwalter haben ihn während des Jahres überboten. Der Dow Jones wird durch den gewichteten Dollarkurs der dreißig darin enthaltenen Aktien berechnet. Mehrere der am höchsten bewerteten Bestandteile, die dadurch unverhältnismäßig hohes Gewicht haben (Dupont, General Motors), waren 1966 besonders schlechte Protagonisten. Das, zusammen mit der allgemeinen Abneigung gegenüber konventionellen erstklassigen Wertpapieren, hat den Dow Jones veranlasst, in Relation zur generellen Investment-Erfahrung zu leiden, besonders während des letzten Quartals.«

25. Januar 1967

»TENDENZEN IN UNSEREM GESCHÄFT
Ein scharfer Verstand, der fleißig an der Interpretation der Zahlen auf Seite eins arbeitet, könnte zu vielen falschen Schlussfolgerungen kommen.

Die Ergebnisse der ersten zehn Jahre haben gar keine Chance, während des nächsten Jahrzehnts auch nur annähernd erreicht zu werden. Sie können erreicht werden von einem hungrigen Fünfundzwanzigjährigen, der mit einem Partnership-Kapital von 105100 Dollar arbeitet und zehn Jahre lang in einem Geschäft und Marktumfeld tätig ist, das der erfolgreichen Umsetzung seiner Investment-Philosophie oft förderlich ist.

Sie lassen sich von einem wohlgenährten Sechsunddreißigjährigen nicht erreichen, der mit unserem aktuellen Partnership-Kapital von 54065345 Dollar arbeitet, und jetzt vielleicht nur noch ein Fünftel bis zu einem Zehntel der wirklich guten Ideen findet wie vorher, um seine Investment-Philosophie zu verwirklichen.

Buffett Associates. Ltd. (Vorgänger der Buffett Partnership Ltd.) wurde am Westufer des Missouri gegründet. Das geschah am 5. Mai 1956 durch eine kühne kleine Gruppe, die aus vier Familienmitgliedern, drei engen Freunden und 105100 Dollar bestand. (Ich habe versucht, einen herausragenden Gedankenblitz bezüglich unserer zukünftigen oder aktuellen Bedingungen aus meinem ersten anderthalbseitigen jährlichen Brief vom Januar 1957 zu finden, um ihn als Zitat hier einzufügen. Aber jemand muss sich daran zu schaffen gemacht und die tiefsinnigen Bemerkungen entfernt haben, die es ganz sicher gegeben hat.)

Damals und noch ein paar weitere Jahre lang wurden in bedeutender Zahl Wertpapiere verkauft, die deutlich unter dem Kriterium ›Wert für Privateigentümer‹ lagen, das wir für die Auswahl von Investments in Generals genutzt haben. Es gab auch eine Flut von Gelegenheiten für Workouts, bei denen die Prozentsätze sehr nach unserem Geschmack waren. Das Problem war immer, welche – und nicht was. Entsprechend waren wir imstande, fünfzehn bis fünfundzwanzig Emissionen zu besitzen und freuten uns über die Perspektiven, die die ganzen Aktien boten.

In den vergangenen Jahren hat sich diese Situation drastisch geändert. Wir finden jetzt nur sehr wenige Wertpapiere, die für mich verständlich sind, in anständigem Umfang verfügbar sind und die die Erwartung stützen, dass ihre Investment-Performance unseren Maßstab von 10 Prozentpunkten pro Jahr über dem Dow Jones entspricht. In den letzten drei Jahren konnten wir nur zwei oder drei neue Ideen im Jahr finden, bei denen eine solche Erwartung höherer Performance gegeben war.

Glücklicherweise haben wir in einigen Fällen das Beste daraus gemacht. Dagegen brachte in früheren Jahren eine geringere Anstrengung Dutzende vergleichbarer Gelegenheiten. Es ist schwierig, bei den Gründen für eine solche Verringerung der eigenen Produktivität objektiv zu bleiben. Drei Faktoren scheinen ursächlich zu sein: (1) eine stark veränderte Marktumgebung; (2) unsere gesteigerte Größe; und (3) wesentlich mehr Konkurrenz.

Offensichtlich hat ein Geschäft, das sich nur auf ein Rinnsal an guten Ideen stützt, schlechtere Aussichten als eines, das auf einem beständigen Fluss solcher Ideen basiert. Bis heute hat das Rinnsal so viel finanzielle Nahrung zur Verfügung gestellt wie der Fluss. Das trifft zu, weil man nicht so viel verdauen kann (die Millionen-Dollar-Ideen sind kein großer Vorteil für ein Bankkonto mit 1000 Dollar – das wurde mir in meinen frühen Tagen eingeschärft), und weil eine nur begrenzte Zahl von Ideen auch dazu motiviert, die verfügbaren intensiver zu verwerten. Der letzte Faktor ist bei uns in den vergangenen Jahren bestimmt wirksam gewesen. Jedoch unterliegt ein Rinnsal einem beträchtlich höheren Risiko, völlig zu versiegen, als ein Fluss.

Diese Bedingungen werden mich nicht dazu bringen, Investment-Entscheidungen außerhalb des Bereiches zu versuchen, von dem ich etwas verstehe (Ich folge nicht der Devise: ›Wenn du sie nicht besiegen kannst, schließ dich ihnen an‹ – meine eigene Neigung ist eher. ›Wenn du dich ihnen nicht anschließen kannst, besiege sie). Wir werden nicht in Geschäfte einsteigen, bei denen eine Technologie, die mein Verständnis überschreitet, entscheidend ist für die Investitionsentscheidung. Ich weiß fast so viel über Halbleiter oder integrierte Schaltkreise wie über die Paarungsgewohnheiten der Chrabraszcz. (Das heißt Maikäfer auf Polnisch, liebe Schüler – wenn Sie Schwierigkeiten haben, es auszusprechen, reimen Sie auf Thrabraszcz.)

Außerdem werden wir uns nicht auf oft vorherrschenden Wertpapieranlage-Ansatz in Wertpapiere verlegen, bei denen der Versuch, Markthandlungen vorauszusehen, Vorrang vor der Bewertung des Unternehmens hat. Dieses sogenannte Trend-Investieren hat in den letzten Jahren oft beträchtliche und schnelle Gewinne erzeugt (und während ich das hier schreibe, haben wir Januar). Es steht für eine Investment-Technik, deren Stichhaltigkeit ich weder bestätigen noch bestreiten kann. Es stellt meinen Intellekt (oder vielleicht meine Vorurteile) nicht zufrieden, und passt ganz bestimmt nicht zu meinem Temperament. Ich werde mein eigenes Geld nicht auf Basis eines solchen Ansatzes investieren, folglich werde ich das auch ganz sicher nicht mit Ihrem Geld tun.

Und wir werden uns nicht an Investments beteiligen, bei denen große menschliche Probleme anscheinend eine wesentliche Entwicklungschance haben, selbst wenn sie mit grandiosen Gewinnerwartungen locken.

Was ich Ihnen als Partner wirklich verspreche, ist, dass ich hart arbeiten werde, um das Rinnsal an Ideen aufrechtzuerhalten und zu versuchen, dort das Maximum herauszuholen – aber wenn es völlig austrocknen sollte, werden Sie ehrlich und schnell informiert, sodass wir alle eine Alternative finden können.

25. Januar 1967

»Wir alle halten nach wie vor ein mehr als akademisches Interesse an der Partnership aufrecht. Die Mitarbeiter und ich, unsere Ehegatten und Kinder, sind am 1. Januar 1967 insgesamt mit mehr als 10 Millionen Dollar investiert. Im Fall meiner Familie macht unsere Investition bei Buffett Partnership Ltd. mehr als 90 Prozent unseres Reinvermögens aus.«

12. Juli 1967

»DIE HALBZEIT-PERFORMANCE

Wieder schreibe ich diese Zeilen gegen Ende Juni vor der Familienreise nach Kalifornien. Um die übliche chronologische Symmetrie zu erhalten (ich versuche, meinen ästhetischen Drang zu verinnerlichen, wenn die Zeit gekommen ist, in der Gewinn- und Verlustrechnung eine Symmetrie herzustellen), werde ich ein paar

Lücken lassen und darauf vertrauen, dass die Schlussfolgerungen auch dann noch passend aussehen, wenn die Zahlen erst eingetragen sind.

1967 begann für uns traumatisch mit einem Januar, der sich mit plus 3,3 Prozent für BPL gegen plus 8,5 Prozent für den Dow Jones als einer der schlechtesten Monate erwies, die wir je erlebt haben. Trotz dieses bitteren Anfangs haben wir das Halbjahr mit plus 21 Prozent und einem Vorsprung von 9,6 Prozentpunkten gegenüber dem Dow Jones beendet. Wieder war der Dow Jones, wie im Verlauf von 1966, ein relativ leichter Konkurrent (das wird nicht jedes Jahr so sein, auch wenn viele das denken), und eine große Mehrheit von Vermögensverwaltern hat diesen Maßstab übertroffen.«

12. Juli 1967

»Es wird einen speziellen Brief im Oktober geben (auf den ich Sie jetzt schon aufmerksam mache). Der Inhalt wird sich nicht auf eine Änderung in der Partnership-Vereinbarung beziehen, aber einige entwicklungsbedingte Änderungen bei mehreren Grundregeln einschließen. Ich will, dass Sie genügend Zeit haben, darüber nachzudenken, bevor Sie Ihre Pläne für das Jahr 1968 machen. Während die Partnership-Vereinbarung für die rechtliche Beziehung zwischen uns steht, vertreten die Grundregeln das persönliche Verständnis und sind in mancher Hinsicht das wichtigere Dokument. Ich betrachte es als notwendig, dass irgendwelche Änderungen klar dargelegt und erläutert sind, bevor sie ihre Wirkung auf die Partnership-Tätigkeit oder Performance entfalten – deshalb der Brief im Oktober.«

9. Oktober 1967

»An meine Partner:
Im Laufe der letzten elf Jahre gab ich als BPL-Investmentziel für unsere Performance durchweg einen durchschnittlichen Vorsprung von 10 Prozentpunkten pro Jahr vor dem Dow-Jones-Index aus. Unter den Gegebenheiten dieser Zeit betrachtete ich ein solches Ziel als schwierig, aber erreichbar.

Auf Grund der folgenden Bedingungen ist jetzt eine Änderung des Maßstabs angebracht:

1. Die Marktumgebung hat sich im Laufe des letzten Jahrzehnts zunehmend verändert, wodurch sich die Anzahl offensichtlicher, quantitativ basierter, verfügbarer Investment-Schnäppchen deutlich verringert hat.
2. Das Interesse an der Investment-Performance ist explosionsartig gestiegen (was ein Schuss Ironie enthält, da ich einer der wenigen war, die deren Wichtigkeit seit Jahren predigen). Dadurch ist ein hyperreaktives Marktverhalten entstanden, gegen das meine analytischen Techniken nur beschränkten Wert haben.
3. Die Vergrößerung unserer Kapitalbasis auf ungefähr 65 Millionen Dollar, die bei ihrer Nutzung auf ein zunehmend versiegendes Rinnsal von guten Investment-Ideen treffen, führt zur Fortsetzung der im Brief vom Januar 1967 erwähnten Probleme. Und:
4. Meine persönlichen Interessen gebieten eine weniger zwingende Vorgehensweise, höhere Investment-Ergebnisse das war in der Zeit noch anders, als ich jünger und weniger gesetzt war. Lassen Sie uns jeden dieser Faktoren ausführlicher betrachten.

Bei der Einschätzung von Wertpapieren und Geschäften zu Investitionszwecken wurde immer eine Mischung von qualitativen und quantitativen Kriterien einbezogen. An dem einen Extrem würde der exklusiv an qualitativen Faktoren orientierte Analyst sagen: ›Kaufen Sie das richtige Unternehmen (mit den richtigen Aussichten, den innewohnenden Branchenbedingungen, dem richtigen Management etc.), und der Preis wird sich von selbst ergeben.‹ Der quantitative Vertreter würde sagen: ›Kaufen Sie zum richtigen Preis, und das Unternehmen (sowie die Aktie) werden sich von alleine einpendeln.‹ Wie so oft ist das angenehme Ergebnis in der Wertpapierwelt, dass sich Geld mit beiden Ansätzen verdienen lässt. Und natürlich verbindet jeder Analyst die beiden bis zu einem gewissen Grad – seine Einordnung in eine der Schulen hängt davon ab, welches Gewicht er den verschiedenen Kriterien jeweils einräumt, und nicht davon, ob er bei Berücksichtigung einer Gruppe von ›Kriterien die andere völlig ausschließt.

Interessanterweise – obwohl ich mich selbst in erster Linie der quantitativen Schule zuordnen würde (und während ich das schreibe, ist niemand anders aus der Versenkung aufgetaucht – ich scheine der einzig Verbliebene in der Klasse zu sein) – waren die wirklich sensationellen Ideen, die ich im Laufe der Jahre gehabt habe, eher der qualitativen Seite zuzuordnen, wenn ich eine »Erkenntnis von großer Wahrscheinlichkeit« hatte. Das bringt die Kasse wirklich zum Klingeln. Jedoch kommt das selten vor, wie das bei Erkenntnissen üblich ist, und natürlich ist auf der quantitativen Seite kein Scharfsinn erforderlich – die Zahlen sollten in Großbuchstaben für sich selbst sprechen. Also neigt das wirklich große Geld dazu, von Anlegern verdient zu werden, die klar auf der qualitativen Seite stehen, aber das sichere Geld scheint, zumindest meiner Meinung nach, auf Basis der eindeutig quantitativen Entscheidungen zu warten.

Solche statistischen Schnäppchen sind im Laufe der Jahre tendenziell eher verschwunden. Das kann durch das permanente Durchkämmen von Investments bedingt sein, das während der letzten zwanzig Jahre geschehen ist, ohne dass ein Wirtschaftsbeben wie in den 30er-Jahren eine negative Einstellung gegenüber Aktien geschaffen und Hunderte von neuen Wertpapierschnäppchen hervorgebracht hätte. Es kann durch die neu wachsende soziale Akzeptanz und dementsprechende Nutzung von Übernahmeangeboten verursacht sein (oder vielleicht ist es umgekehrt – ich werde es die Behavioristen herausfinden lassen), die eine natürliche Neigung dazu haben, sich auf Schnäppchen zu konzentrieren. Es kann mit der explosionsartig wachsenden Gruppe von Wertpapieranalysten zu tun haben, die eine intensivierte genaue Prüfung von Sachverhalten hervorgebracht haben, weit über das hinaus, was vor Jahren existiert hat. Was auch immer die Ursache ist, das Ergebnis ist faktisch, dass Schnäppchen verschwinden, die quantitativ bestimmt werden – und dadurch verschwindet auch unser Lebensunterhalts. Es gibt vielleicht noch einige wenige ab und an.

Es wird auch gelegentlich ein Wertpapier geben, bei dem ich wirklich in der Lage bin, ein entscheidendes qualitatives Urteil zu fällen. Das wird uns die beste Chance auf große Gewinne bieten. Solche Umstände werden jedoch selten sein. Ein großer Teil unserer guten Performance während der letzten drei Jahre ist durch eine einzelne Idee dieser Art zustande gekommen.

Die nächste Schwierigkeit besteht im verstärkten Interesse an der Investment-Performance. Seit Jahren habe ich die Bedeutung von deren Messung gepredigt. Durchgehend habe ich den Partnern gesagt, dass das Geld woandershin gehen sollte, wenn unsere Leistung nicht besser sei als der Durchschnitt. In den letzten Jahren hat diese Vorstellung überall in der Investment-Gemeinschaft (oder noch wichtiger, der investierenden Gemeinschaft) an Schwung gewonnen. Im vergangenen Jahr oder den vergangenen beiden Jahren bekam sie langsam Ähnlichkeit mit einer Flutwelle. Aus meiner Sicht werden wir gerade Augenzeugen, wie eine einstmals vernünftige Idee entstellt wird.

Ich habe die Partner immer gewarnt, dass ich drei Jahre als das Minimum für die Entscheidung betrachtet habe, ob wir ›performen‹. Da die Investment-Öffentlichkeit auf den Geschmack gekommen ist, ist natürlich die Zeitspanne für die Erwartungen beständig verkürzt worden bis zu dem Punkt, an dem die Investment-Performance von großen Geldmengen jährlich, vierteljährlich, monatlich und manchmal vielleicht sogar noch öfter gemessen wird (was zu dem führt, was man ›Sofort-Analyse‹ nennt). Die Belohnung für höhere kurzfristige Performance ist enorm geworden, nicht nur bei der Vergütung für tatsächlich erreichte Ergebnisse, sondern durch die Anziehungskraft von neuen Geldern für die nächste Runde. So ist eine Art sich selbst verstärkende Aktivität entstanden, die zu immer größeren Geldbeträgen führt, die in einer immer kürzeren Zeitspanne eingesetzt werden. Eine störende Folgeerscheinung ist, dass das Vehikel für den Einsatz (die einzelnen Unternehmen oder Aktien) immer weniger wichtig – bisweilen praktisch nebensächlich wird, während sich die Aktivität beschleunigt.

Meiner Meinung nach resultiert daraus Spekulation in wachsendem Ausmaß. Das ist kein neues Phänomen; jedoch hat es durch die wachsenden Reihen von professionellen Investoren (in vielen Fällen waren das früher ziemlich gemäßigte Investoren) größere Dimensionen erreicht. Die betreffenden Investoren glauben, sie müssten unbedingt mit von der Partie sein‹. Das Spiel wird natürlich durch passende Zeremonien, Persönlichkeiten und passendes Vokabular gewürdigt. Bis zum heutigen Tag ist es hoch profitabel. Es kann auch sein, dass es sich allmählich zum zukünftigen Standard des Marktes entwickelt. Dennoch handelt es sich dabei um eine Tätigkeit, in der ich mach meiner Überzeugung nicht besonders gut sein würde, wie ich auf Seite 5 meines letzten Jahresbriefes bereits gesagt habe:

> *Außerdem werden wir nicht dem oft vorherrschenden Ansatz folgen, in Wertpapiere zu investieren, wenn dabei der Versuch, Marktbewegungen vorauszusehen, Vorrang hat vor der Bewertung des Geschäfts. Dieses sogenannte Trend‹-Investieren hat in den letzten Jahren oft beträchtliche und schnelle Gewinne erzeugt (und während ich das hier schreibe, haben wir Januar). Es steht für eine Investment-Technik, deren Stichhaltigkeit ich weder bestätigen noch bestreiten kann. Es stellt meinen Intellekt (oder vielleicht meine Vorurteile) nicht zufrieden, und passt ganz bestimmt nicht zu meinem Temperament. Ich werde mein eigenes Geld nicht auf Basis eines solchen Ansatzes investieren, folglich werde ich das auch ganz sicher nicht mit Ihrem Geld tun.*

Jede Form der Hyperaktivität mit großen Geldbeträgen kann auf Wertpapiermärkten Probleme für alle Teilnehmer schaffen. Ich versuche nicht, das Handeln der Aktienbörse zu erraten und ich habe nicht die geringste Vorstellung davon, ob der Dow Jones in genau einem Jahr bei 600, bei 900 oder bei 1200 Punkten stehen wird. Selbst wenn sich aus der gegenwärtigen und zukünftigen spekulativen Tätigkeit ernsthafte Folgen ergeben, zeigt die Erfahrung, dass

Schätzungen des Timings sinnlos sind. Dagegen glaube ich, dass bestimmte Bedingungen, die jetzt bestehen, wahrscheinlich für uns die Tätigkeit auf Märkten in der mittelfristigen Zukunft schwieriger machen werden.

Es kann einfach ›Verknöcherung‹ sein, (schließlich bin ich 37 Jahre alt). Wenn das Spiel nicht länger auf Ihre Art gespielt wird, ist es nur menschlich, zu sagen, dass der neue Ansatz komplett falsch ist, zwangsläufig zu Ärger führt und so weiter. Ich habe für solches Verhalten von anderen in der Vergangenheit nur Spott übrig gehabt. Ich habe auch gesehen, wie diejenigen bestraft wurden, die Bedingungen bewerten, wie sie waren – nicht, wie sie sind. Im Grunde komme ich bei den aktuellen Zuständen aus dem Takt. In einem Punkt ist es jedoch klar. Ich werde keinen früheren Ansatz aufgeben, dessen Logik ich verstehe (obwohl ich es schwierig finde, ihn anzuwenden), um freudig einen neuen Ansatz zu begrüßen, den ich nicht völlig verstehe, nicht erfolgreich praktiziert habe, und der – vielleicht – zu beträchtlichem dauerhaftem Verlust des Kapitals führen könnte, auch wenn das möglicherweise heißt, auf große und anscheinend leicht erzielbare Gewinne zu verzichten.

Der dritte Punkt der Schwierigkeiten betrifft unsere viel größere Kapitalbasis. Seit Jahren hätten meine Investment-Ideen 110 Prozent bis 1000 Prozent unseres Kapitals einsetzen können. Ich konnte mir kaum vorstellen, dass sich die Rahmenbedingungen jemals ändern könnten. Ich habe versprochen, die Partner zu informieren, wenn sie sich ändern und musste dieses Versprechen in meinem Brief vom Januar 1967 einlösen. Größtenteils wegen der zwei vorher erwähnten Bedingungen ist unser größeres Kapital jetzt so etwas wie ein Klotz am Bein unserer Performance. Ich glaube, dass dies der am wenigsten bedeutende Faktor der vier erwähnten ist, und dass unsere Performance nur geringfügig besser sein würde, wenn wir mit einem Zehntel unseres gegenwärtigen Kapitals arbeiteten. Jedoch sind größere Mittel gegenwärtig ein gemäßigt negativer Faktor.

Die letzte und wichtigste Überlegung betrifft meine persönliche Motivation. Als ich die Partnership ins Leben rief, habe ich den Motor, der die Maschinen antreibt, eingestellt auf den Wert ›10 Punkte besser als der Dow Jones‹. Ich war jünger, ärmer und wahrscheinlich auch konkurrenzfähiger. Sogar ohne die drei vorher erörterten externen Faktoren ist das ein Grund für schlechtere Performance.

Ich glaube auch, dass veränderte persönliche Bedingungen es ratsam erscheinen lassen, die Geschwindigkeit der Maschinen zu reduzieren. Ich habe viele Fälle von Gewohnheitsmustern in allen Lebensbereichen beobachtet, vor allem in der Wirtschaft. Aufgefallen sind sie mir besonders, wenn sie weiterbestehen (und je länger sie bestehen, als umso unentbehrlicher hervorgehoben werden), lange nachdem sie aufgehört haben, einen Sinn zu haben. Bertrand Russell hat die Geschichte von zwei litauischen Mädchen erzählt, die mach dem Ersten Weltkrieg in seinem Herrenhaus lebten. Regelmäßig hätten sie sich jeden Abend, nachdem das Haus dunkel war, herausgeschlichen und Gemüse aus dem Nachbargarten gestohlen, um es in ihren Zimmern zu horten; ungeachtet der Tatsache, dass es reichlich Essen am Tisch von Russell gab. Lord Russell erklärte den Mädchen, dass solches Verhalten sicher während des Krieges in Litauen ausgesprochen sinnvoll gewesen sein kann, dass es aber in der ländlichen englischen Gegend etwas fehl am Platze sei. Er erhielt ein zustimmendes Nicken und die Diebstähle wurden fortgesetzt.

Er war schließlich mit der Beobachtung zufrieden, dass ihr Verhalten, so sonderbar es den Nachbarn erscheinen mochte, sich nicht so sehr von dem des älteren Rockefeller unterschied.

Grundlegende Selbstanalyse sagt mir, dass ich zu nichts anderem fähig sein werde als zu uneingeschränkter Anstrengung, um ein öffentlich verkündetes Ziel für Menschen zu erreichen, die mir ihr Kapital anvertraut haben. Uneingeschränkte Anstrengung ergibt jedoch immer weniger Sinn. Ich hätte lieber ein wirtschaftliches Ziel, das beträchtliche nichtwirtschaftliche Tätigkeit zulässt. Das kann eine Tätigkeit außerhalb des Investment-Gebietes bedeuten, oder es kann einfach bedeuten, Richtungen innerhalb des Investment-Spielfeldes zu verfolgen, die nicht die höchste wirtschaftliche Belohnung versprechen. Ein Beispiel für Letzteres könnte die fortlaufende Investition in eine befriedigende (aber alles andere als sensationelle) Mehrheitsbeteiligung sein, bei der ich die Menschen und die Art des Geschäfts mag, selbst wenn alternative Investments eine höhere zu erwartende Rendite versprechen. Mehr Geld ließe sich damit verdienen, Geschäfte zu attraktiven Preisen zu kaufen, und sie dann wieder zu verkaufen. Jedoch kann es angenehmer sein (besonders, wenn der persönliche Wert des zusätzlichen Kapitals geringer ist), sie weiterhin zu besitzen und hoffentlich ihre Performance, die für gewöhnlich etwas geringer ausfällt, durch einige Entscheidungen zu verbessern, die mit Finanzstrategie verbunden sind.

So werde ich mich wahrscheinlich auf Dinge beschränken, die vernünftig, einfach, sicher, gewinnbringend und angenehm sind. Das wird unsere Aktivitäten nicht konservativer machen als in der Vergangenheit, da ich, zweifellos nicht unparteiisch, glaube, dass wir immer mit beträchtlichem Konservatismus agiert haben. Das langfristige Verlustrisiko wird nicht geringer sein; nur das Gewinnpotenzial wird kleiner sein.

Konkret wird unser langfristiges Ziel darin bestehen, das kleinere Ergebnis von diesen beiden zu erreichen: 9 Prozent pro Jahr oder einen 5-Prozentpunkt-Vorsprung gegenüber dem Dow Jones. Das heißt, wenn der Dow Jones im Durchschnitt im Laufe der nächsten fünf Jahre minus 2 Prozent erreicht, würde ich hoffen, im Durchschnitt plus 3 Prozent zu erzielen, aber wenn der Durchschnitt des Dow plus 12 Prozent beträgt, hoffe ich, einen Durchschnitt von nur plus 9 Prozent zu erreichen. Dies mögen bescheidenere Ziele sein, aber ich halte es angesichts der aktuellen Zustände deshalb nicht für wahrscheinlicher, sie zu erreichen, als früher, da es bei unserem ursprüngliches Ziel noch darum ging, den Dow Jones im jährlichen Durchschnitt um 10 Prozentpunkte zu schlagen. Außerdem hoffe ich, dass bescheidenere Ziele weniger Anstrengung nach sich ziehen (ich bin aber ziemlich sicher, dass das Gegenteil der Fall ist).

Ich werde dieses neue Ziel in die Grundregeln aufnehmen, die Ihnen um den 1. November herum zusammen mit dem Verpflichtungsbrief für 1968 zugeschickt werden. Ich wollte, dass Sie diesen Brief vor dessen Postversand erhalten, damit Sie reichlich Zeit haben, Ihre persönliche Situation zu überdenken und sich nötigenfalls mit mir in Verbindung zu setzen, um eventuelle Fragen zu klären, bevor Sie für das Jahr eine Entscheidung 1968 treffen. Wie immer habe ich vor, praktisch mein ganzes Kapital (mit Ausnahme der Data-Documents-Aktien) zusammen mit dem meiner Familie in der BPL zu belassen. Was ich für zufriedenstellend und erreichbar halte, kann sich sehr wohl von Ihrer Meinung unterscheiden. Partner mit attraktiven alternativen Investment-Gelegenheiten können logischerweise entscheiden, dass ihre Mittel anderswohin besser eingesetzt werden können, und Sie können sicher sein, dass ich volles Verständnis für solch eine Entscheidung haben werde.

Mir war immer ein Verhalten ausgesprochen zuwider, das öffentlich eine Reihe von Zielen und Motivationen ankündigt, wenn in Wirklichkeit ein völlig anderer Satz von Kriterien überwiegt. Deshalb habe ich immer versucht, zu 100 Prozent aufrichtig über meine Absichten und persönlichen Gefühle zu sein, sodass Sie keine wichtige Entscheidungen im Vertrauen auf falsche Proklamationen treffen (ich bin bei einigen unserer Investment-Erfahrungen auf ein paar davon gestoßen). Die in diesem Brief genannten Aspekte sind natürlich nicht über Nacht entstanden. Über einige der Punkte denke ich schon seit geraumer Zeit nach.

Ich bin sicher, Sie haben Verständnis dafür, dass ich einen Zeitpunkt wählen wollte, an dem die früheren Ziele erreicht worden sind, um die Verminderung zukünftiger Ziele anzukündigen. Ich wollte die Geschwindigkeit der Maschinen nicht reduzieren, solange ich meine Ziele nicht erfüllt hatte.

Teilen Sie mir bitte mit, wenn ich Ihnen dabei behilflich sein kann, einige Inhalte dieses Briefes besser zu verstehen.

Herzlich

Warren E. Buffett«

24. Januar 1968

»Nach den meisten Standards hatten wir 1967 ein gutes Jahr. Unsere Gesamtperformance war plus 35,9 Prozent im Vergleich zu plus 19,0 Prozent für den Dow, folglich übertreffen wir unser bisheriges

Ziel von einem Vorsprung von 10 Prozentpunkten über dem Dow Jones. Unser Gesamtgewinn betrug 19 384 250 Dollar, womit man, sogar bei einer sich beschleunigenden Inflation, viele Flaschen Pepsi kaufen kann. Und wegen des Verkaufs einiger langjähriger großer Positionen in marktfähigen Wertpapieren haben wir ein steuerpflichtiges Einkommen von 27 376 667 Dollar realisiert, das nichts mit der Performance 1967 zu tun hat, aber Ihnen allen das Gefühl gibt, am 15. April ein wichtiger Teil der Great Society zu sein.

Die vorher beschriebenen, unbedeutenden Nervenkitzel werden durch eine nähere Betrachtung dessen gemildert, was im Laufe des Jahres 1967 am Aktienmarkt wirklich stattgefunden hat. Wahrscheinlich war ein größerer Prozentsatz von Teilnehmern an den Wertpapiermärkten wesentlich erfolgreicher als der Dow im letzten und eigentlich in jedem Jahr der Geschichte. 1967 hat es für viele Gold geregnet, und es hat sich ausgezahlt, ins gleiche Horn zu stoßen. Ich habe keine endgültige Tabelle für diese Zeit, nehme jedoch an, dass mindestens 95 Prozent der Investmentgesellschaften, die in Aktien investiert haben, bessere Ergebnisse erreicht haben als der Dow – in vielen Fällen ging es um sehr beachtliche Beträge. Es war ein Jahr, in dem die erreichten Gewinne im umgekehrten Verhältnis zum Alter standen – und ich bin, philosophisch betrachtet, auf der geriatrischen Station.

Im letzten Jahr habe ich gesagt:

> *»Ein paar Investmentfonds und manche private Investment-Aktivitäten haben eine Bilanz erreicht, die besser als der Dow Jones ist und in einigen Fällen sogar deutlich höher als die Buffett Partnership Ltd. Ihre Investment-Techniken sind unseren meist sehr unähnlich und entsprechen nicht meinen Fähigkeiten.«*

1967 hat sich dieser Zustand verschärft. Viele Investmentgesellschaften haben wesentlich besser performt als BPL, mit Gewinnen, die manchmal über 100 Prozent erreichen. Wegen dieser sensationellen Ergebnisse tun sich Geld, Talent und Energie zu einer maximalen Anstrengung zusammen, um große und schnelle Gewinne am Aktienmarkt zu erreichen. Das wirkt auf mich wie extrem verstärkte Spekulation mit den dazugehörigen Risiken – aber viele Befürworter behaupten das Gegenteil.

Mein Mentor, Ben Graham, pflegte zu sagen: ›Spekulation ist weder illegal, noch unmoralisch noch macht sie (finanziell) dick.‹ Im vergangenen Jahr war es möglich, durch eine ständige Ernährung mit spekulativen Bonbons fiskalisch Speck anzusetzen. Wir haben weiterhin Haferflocken gegessen, aber wenn sich eine Magenverstimmung ausbreitet, ist es unrealistisch, zu erwarten, dass wir nicht auch ein Unwohlsein verspüren werden.«

24. Januar 1968

Einige von denen, die ihr Kapital abgezogen haben (und viele, die es nicht taten) haben mich gefragt: ›Was genau meinen Sie damit?‹, nachdem sie den Brief vom 9. Oktober erhalten haben. Fragen dieser Art sind für jeden Autor schmerzhaft, aber ich habe ihnen versichert, dass ich genau das meine, was ich gesagt habe. Ich wurde auch gefragt, ob das der Startschuss für einen allmählichen Ausstieg aus der Partnership war. Die Antwort darauf lautet: ›Definitiv nicht!‹ Solange Partner ihr Kapital zusammen mit meinem investieren wollen und solange das laufende Geschäft angenehm ist (und es könnte nicht besser sein), habe ich vor, mit denjenigen im Geschäft zu bleiben, die mich unterstützt haben seit meiner Zeit in Tennisschuhen.«

11. Juli 1968

»DAS GEGENWÄRTIGE UMFELD

Ich versuche erst gar nicht, den Verlauf des allgemeinen Wirtschaftsgeschehens oder des Aktienmarktes vorauszusagen. Punkt. Trotzdem gibt es derzeit Praktiken, die sich auf den Wertpapiermärkten und in der Geschäftswelt zu einer wahren Lawine auswachsen und die mich, obwohl sie bar jedes kurzfristig vorausschauenden Gehaltes sind, wegen ihrer möglichen Langzeitfolgen plagen.

Ich weiß, dass sich einige von Ihnen nicht besonders dafür interessieren, was auf der Finanzbühne stattfindet (und dazu zwingt sie auch niemand). Für diejenigen, die es interessiert, lege ich den Nachdruck eines ungewöhnlich klaren und einfachen Artikels bei, der enthüllt, was in explosionsartig wachsendem Ausmaß auftritt. Sensationelle Geldbeträge werden von denjenigen verdient, die (ob als ›Urheber, Spitzenangestellte, professionelle Berater, Investment-Banker, Aktienspekulanten oder ähnliches) an der kettenbriefähnlichen Mode teilnehmen, für Aktien zu werben. Das Spiel wird von den Leichtgläubigen, den Selbsthypnotisierten und den Zynischen gespielt.

Um die richtigen Illusionen zu schaffen, bedarf es häufig einiger Verzerrungen bei der Buchhaltung (ein besonders progressiver Unternehmer hat mir gesagt, dass er an die ›kühne, phantasievolle Buchhaltung‹ geglaubt hat). Nötig sind auch Tricks, um die wahre Natur der beteiligten operativen Unternehmen zu kapitalisieren oder zu tarnen. Das Endprodukt ist populär, klingt ordentlich und unermesslich gewinnbringend (ich überlasse den Philosophen die Aufgabe, die Reihenfolge dieser Adjektive festzulegen).

Ganz ehrlich, unsere eigene Performance ist auf einer indirekten Basis durch die Auswirkungen solcher Aktivitäten deutlich verbessert worden. Einen immer größeren Kreis von Kettenbriefen zu schaffen, verlangt immer größere Mengen an Unternehmensrohstoff, und das hat vielen eigentlich preiswerten (und nicht so preiswerten) Aktien Leben eingehaucht. Sofern wir Eigentümer solcher Aktien waren, konnten wir Marktbelohnungen viel früher ernten als sonst. Doch neigt der Appetit auf solche Unternehmen dazu, die Zahl fundamental attraktiver Investments, die bleiben, deutlich zu verringern.

Meiner Meinung nach stehen die Chancen gut, dass das in Mr. Mays Artikel beschriebene Phänomen als sehr wichtig betrachtet und vielleicht als Hysterie bezeichnet werden wird, wenn einst die Geschichte des Aktienmarktes und der Unternehmen in dieser Zeit schriftlich festgehalten wird.

Ihnen sollte jedoch klar sein, dass der Ansatz »Der Kaiser hat gar keine Kleider an« im Widerspruch steht zu den Ansichten der meisten Investment-Banken und derzeit erfolgreichen Anlage-

Manager (oder abgewiesen wird mit, oder, Freu' Dich doch!«. Wir leben in einer Investment-Welt, die nicht von diejenigen bevölkert wird, die logisch überzeugt werden müssen, damit sie etwas glauben, sondern von hoffnungsvollen, leichtgläubigen und gierigen, die nach einer Entschuldigung greifen, um zu glauben.

Und schließlich sollten Sie loslaufen und sich ein Exemplare von Adam Smiths ›The Money Game‹ besorgen – eine großartige Darstellung der aktuellen Finanzszene. Sie ist sehr erkenntnisreich und höchst scharfsinnig. (Anmerkung: Trotz meiner derzeitigen Werbekampagne ›Unterstützen Sie Ihr lokales Postamt‹, lege ich das Buch diesem Brief nicht bei – es wird für 6,95 Dollar im Handel verkauft.)«

11. Juli 1968

»UNSERE PERFORMANCE IM JAHR 1968
Jeder macht Fehler.

Anfang 1968 hatte ich den Eindruck, dass die Aussichten für die BPL-Performance schlechter waren, als zu jeder anderen Zeit unserer Geschichte. Jedoch verzeichneten wir einen Gesamtgewinn von 40 032 691 Dollar zu dem eine einfache, aber tadellose Idee das Gros beigesteuert hatte, deren Zeit gekommen war (Investitionsideen sind wie Frauen, meistens eher aufregend denn pünktlich).

Natürlich sind Sie alle geistig klar genug, um das Dollarergebnis auszublenden und einen Bericht über die Performance hinsichtlich des Dow-Jones-Index einzufordern. Wir haben mit plus 58,8 Prozent eine neue Bestmarke erreicht, wogegen der Dow Jones ein Gesamtplus von 7,7 Prozent einschließlich der Dividenden verzeichnet hat, die der Besitz der Dow-Aktien im Laufe des Jahres eingebracht hätte. Dieses Ergebnis sollte als genauso ungewöhnlich eingestuft werden wie das Aufnehmen von 13 Piks in einem Bridgespiel. Sie bieten auf den Großschlemm, lassen es bescheiden aussehen, stecken das Geld in die Tasche und arbeiten dann weiter an den Stichpunkten. Wir werden unser Blatt haben, wenn es losgeht.«

11. Juli 1968

»Einige der sogenannten Go-Go-Fonds sind kürzlich in ›No-Go-Fonds‹ umgetauft worden.

Zum Beispiel steht ›The Manhattan Fund‹ von Gerald Tsai, vielleicht das weltweit bekannteste aggressive Investmentvehikel, im Jahr 1968 bei minus 6,9 Prozent. Viele kleinere Investment-Einheiten haben weiterhin den Gesamtmarkt 1968 deutlich geschlagen, aber nicht in der Größenordnung von 1966 und 1967.

11. Juli 1968

»Ich kann nicht genug betonen, dass die Qualität und Menge der Ideen jetzt auf einem Tiefstand ist – ein Ergebnis der Einflussfaktoren, die ich in meinem Brief vom 9. Oktober 1967 erwähnt habe, und die sich seitdem größtenteils verstärkt haben.

Manchmal finde ich, wir sollten in unserem Büro eine Tafel haben wie die in der Hauptverwaltung von Texas Instruments in Dallas, auf der steht: ›Wir glauben nicht an Wunder, wir verlassen uns auf sie.‹ Es ist möglich für einen alten, übergewichtigen Baseballspieler, dessen Beine und dessen Blick nicht mehr in Form sind für den richtigen Schlag, für einen Home-Run-Schlag einen schnellen Ball durch ein Zeichen mit der Nase anzudeuten.

Wir sehen aktuell eine Reihe bedeutsamer negativer Einflüsse auf unsere Zukunft, und obwohl sie zusammengenommen nicht alles sinnlos machen, werden sie auch nicht mehr als eine mittelmäßige Rentabilität zulassen.«

Verzinste Weisheit

Wir haben alle das Sprichwort gehört, dass sich Geschichte nicht wiederholt, sich aber reimt. Beim Aktienmarkt ist es dasselbe. Er durchläuft Zyklen. Großartige Investoren verstehen die Geschichte des Marktes, so dass sie die Gemeinsamkeit der Zyklen sehen können und lernen, wie man sie meidet. Es ist viel preiswerter, von den Fehlern anderer zu lernen, als sie selbst zu machen. Alle seriösen

Investoren sollten die Ebben und Fluten der Aktienmarkt-Zyklen der letzten 100 Jahre verstehen. Mr. Burke hat es ganz richtig erkannt, als er sagte, dass diejenigen, die ihre Geschichte nicht kennen, dazu bestimmt sind, sie zu wiederholen.

Im Januar 1967 blickt der Jahresabschlussbrief von Buffett auf die frühen Jahren zurück, als es eine Vielzahl bester Ideen gab, um sowohl mit Generals als auch mit Workouts zu arbeiten, und als das Investitionsproblem lautete: »Welches?«, und nicht: »Was überhaupt?«. Zehn Jahre später hat sich die Landschaft verändert. Was als breiter Fluss guter Ideen begonnen hatte, war auf ein Rinnsal eingedampft, und »ein Rinnsal hat ein beträchtlich höheres Risiko, völlig zu versiegen, als ein Fluss.« Buffett stellt sicher, dass die Partner verstehen, dass er keine Absicht hat, seinen Investment-Ansatz zu verändern; und wir täten gut daran, es ihm gleichzutun.

Die Go-Go-Zeit erreichte ihren Höhepunkt, und Buffett war sich bewusst, dass 1967 viele Investmentgesellschaften wesentlich erfolgreicher waren als BPL – manche erzielten mehr als 100 Prozent. Der Markt schäumte über, und Buffett erkannte das.

> *»Wegen dieser sensationellen Ergebnisse tun sich Geld, Talent und Energie zu einer maximale Anstrengung zusammen, um große und schnelle Aktienmarktgewinne zu erzielen. Das wirkt auf mich wie eine extrem verstärkte Spekulation mit den entsprechenden Risiken – aber viele Befürworter behaupten das Gegenteil.«*

Buffett spürte, dass er nicht im Takt mit dem Markt war. Jerry Tsai und die Performance Fonds seiner Generation hatten den Dow auf ein Niveau gebracht, auf dem Buffett einfach nicht genügend gute Ideen finden konnte, um zu investieren. Was er sah, war eine immer gefährlichere Spekulation in zunehmender Größenordnung. Der Druck auf alle Geldmanager, »dabei zu sein«, muss enorm gewesen sein. Obwohl Buffett keine Vorstellung hatte, wie lange es andauern würde, oder ob es einfach der Anfang eines neuen Paradigmas war, das in der Natur des Marktes lag, wusste er, dass er niemals in den Pool springen würde, nur weil alle anderen darin schwammen.

Stattdessen beschloss er, die Partnership aufzulösen, und wir werden uns als nächstes ansehen, wie und warum er das getan hat.

Kapitel 14
Weisheiten zum Abschied

»Wir leben in einer Investment-Welt, die nicht von jenen bevölkert wird, die mit Logik überzeugt werden müssen, sondern von den Hoffungsvollen, Vertrauensseligen und Gierigen, die sich auf eine Entschuldigung stürzen, um das zu glauben.«[127]

– 8. Juli 1968

Buffetts Entscheidung aufzuhören, hatte mehr Gründe als das aktuelle Marktniveau und die Zahl der Ideen, die er zu dieser Zeit hatte. Die Partnership hatte ihren Zweck erfüllt. Durch sie hatte er sein Kapital aufgebaut, indem er seine Anreizgebühren verdiente und dann reinvestierte – bis zum Mai 1999 war sein Reinvermögen auf atemberaubende 26 Millionen Dollar[128] angestiegen. Munger sagte: »Wenn du sehr gewissenhaft bist und partout niemanden enttäuschen willst, spürst du den Druck, deiner Performance-Gebühr gerecht zu werden.«[129] Eine Zeit lang war die Partnership für Buffett genau das richtige, aber nun war er bereit weiterzuziehen, zu einer besseren, eher gleichberechtigten Struktur. Später erinnerte er sich an den inneren Druck, unter dem er damals gestanden hatte.[130] Er verlangte niemals wieder eine Performancegebühr. Es war Zeit weiterzugehen, und er fand schon bald einen besseren Weg. Bei Berkshire Hathaway bezieht er ein bescheidenes Gehalt und ist ansonsten den anderen Anteilseignern gleichgestellt.

Im Herbst 1969 hob Buffett Folgendes hervor:

»Der Brief vom 9. Oktober 1967 legt dar, dass persönliche Überlegungen der wichtigste Faktor unter jenen sind, die mich dazu bringen, unsere Ziele zu modifizieren. Ich habe den Wunsch zum Ausdruck gebracht, von der (selbst auferlegten) Pflicht enthoben zu werden, mich 100-prozentig auf BPL zu konzentrieren. Während der vergangenen 18 Monate habe ich diese Prüfung völlig vermasselt ... ich weiß, dass ich nicht mein Leben lang ausschließlich damit beschäftigt sein will, ein Investment-Kaninchen zu überholen. Der einzige Weg, langsamer zu werden, besteht darin aufzuhören.«

Die Art und Weise, wie Buffett die Auflösung von BPL anging, ist in vielerlei Hinsicht einzigartig. Zum einen erkannte er, dass viele Partner investiert bleiben würden, obwohl er ihnen sagte, dass ihm die Aussichten für Aktien zu den Preisen von 1969 nicht gefielen. Das war das eine. Er wählte persönlich Bill Ruane aus, der 1970 auf seinen Wunsch hin und mit letztlich 20 Millionen Dollar Kapital von den BPL-Partnern den Sequoia-Fonds gründete.[131] Es war eine ausgezeichnete Wahl – Ruanes Erfolgsbilanz in diesem Jahrzehnt (und noch lange danach) konnte sich sehen lassen. Ruane wurde selbst zu einem legendären Investor.

Einen anderen Manager zu empfehlen, scheint auf den ersten Blick kein logisches Verhalten zu sein. Buffett räumte ein, dass diese Aktion untypisch für ihn sei, aber da für viele Partner fast 100 Prozent ihres Reinvermögens auf dem Spiel standen, wusste er, dass es die richtige Entscheidung war, und sei sie noch so unorthodox. Zu sehen, wie Buffett Ruane beurteilte, liefert wertvolle Erkenntnisse in Bezug auf die wichtigen Kriterien, die bei der Auswahl eines professionellen Vermögensverwalters eine Rolle spielen.

Zudem erachtete Buffett damals die Aussichten für den Markt als recht bescheiden und beschrieb etwas, das aus seiner Sicht in seiner ganzen Investmentlaufbahn nie dagewesen war. Der 10-Jahres-Ausblick für Aktienrenditen schien gleich zu sein wie die weitaus weniger riskanten, steuerfreien Kommunalanleihen. Das war eine echte Anomalie: In den meisten Märkten mussten Investoren bedeutende

Abstriche bei der Rendite machen, wenn sie die schwankungsanfälligen Aktien zugunsten der Stabilität und Vorhersagbarkeit aufgaben, die sie von Anleihen bekamen. Buffett beschrieb nicht nur, *wie* er zu seiner Schlussfolgerung bezüglich Anleihen gelangte – die brillant ist –, er lieferte auch den Inhalt eines hundertseitigen Lehrbuchs zu steuerfreien Kommunalanleihen in einem einfachen, präzisen und leicht verdaulichen zehnseitigen Memo. Jeder, der verstehen möchte, wie Anleihen funktionieren, ob er nun ein Laie ist oder ein Profi, wird von einem sorgfältigen Studium dieses Essays profitieren, der in voller Länge im Anhang zu finden ist.

Dann bot er an, für die Partner, die seinen Empfehlungen folgen und Kommunalanleihen kaufen wollten, als Broker und Berater zu fungieren; er sondierte und kaufte ein einzigartiges Paket Anleihen, das auf die Bedürfnisse und Situation jedes Partners abgestimmt war und ließ die Transfers direkt auf die Bankdepots der Partner abwickeln. Obschon das ein beeindruckender Kundenservice ist, betont es auch eine wichtige Erkenntnis über die Austauschbarkeit von Investment-Produkten – er erinnerte die Partner ein letztes Mal daran, dass das Ziel darin bestehe, die beste Nachsteuerrendite mit dem geringstmöglichen Risiko zu erwirtschaften. Dabei spielte es keine Rolle, ob dieses Ziel mit Aktien, Anleihen, Waschsalons oder womit auch immer erreicht wurde. Es gibt keine universelle Präferenz von Aktien. Du kaufst das, was sinnvoll erscheint. Punkt.

Letztlich repräsentierte die Art und Weise, wie er die Verteilung der Controls der Partnership handhabte, seine Art von unvoreingenommenem und kommunikativem Stil, auf den jeder bei einer Investmentfirma oder einem börsennotierten Unternehmen achten sollte. Controls wie Berkshire Hathaway, Diversified Retailing Corporation (DRC) und Blue Chip Stamps wurden alle anteilig auf die Partner verteilt. Weil Controls bei BPL in den Büchern zu einem Wert standen, den Buffett allein als fair festgelegt hatte, wollte er, dass die Partner sich aussuchen konnten, ob sie die Aktien gemäß ihrem Anteil wollten oder den Gegenwert in Bargeld. Wie bei einer Geburtstagsparty, bei der einer den Kuchen aufschneidet und die anderen sich ein Stück aussuchen dürfen, überließ Buffett es den Partnern, zu entscheiden, ob in ihren Augen der Anteil oder das Geld das größere Kuchenstück war. Als Munger und eine andere Anwaltskanzlei sich das ansahen und feststellten, dass diese Option nicht möglich sei, sprach er unerwartet offen über die Aussichten jedes Unternehmens, etwas, womit er bis dato stets zurückhaltend gewesen war.

Werfen wir einen genaueren Blick auf die vier Schritte im Einzelnen:

Die Einführung von Bill Ruane

Als Ben Graham 1971 im Rahmen einer Referenzüberprüfung für eine mögliche Berufung in den Verwaltungsrat von GEICO um seine Meinung zu Buffett gebeten wurde, sagte er: »Ich bin 100-prozentig für diese Idee. Ich kenne Buffett schon seit Jahren sehr gut, und ich muss sagen, dass mir nie zuvor jemand begegnet ist, der diese Kombination aus gutem Charakter und brillanten unternehmerischen Qualitäten aufweist.«[132]

Es scheint, als wurde Buffett ein weiteres Mal von seinem inneren Graham geleitet, als er Ruane einführte. Dieser stellte ebenfalls Integrität über Geschäftssinn. Bei der Auswahl eines Managers muss das an erster Stelle stehen. Die Beschreibung von Ruane begann so:

> »... *wir trafen uns 1951 in Ben Grahams Kurs an der Columbia University und ich hatte seit dieser Zeit reichlich Gelegenheit, seine Charaktereigenschaften, sein Temperament und seinen Intellekt zu beobachten. Falls Susie und ich sterben sollten, während unsere Kinder noch klein sind, ist er einer von drei Treuhändern, die in Investment-Angelegenheiten Blankovollmacht haben ... Es ist unmöglich, etwaige Fehler auszuschließen, wenn man Menschen vor allem hinsichtlich ihres zukünftigen Verhaltens in einer unbekannten Umgebung beurteilt. Aber Entscheidungen müssen getroffen werden – sei es*

aktiv oder passiv – und bei Bill bin ich mir hinsichtlich Charakter und Investment-Performance sehr sicher.«

Bei Investments steht für Buffett, wie bei den meisten Dingen, Integrität an erster Stelle. Das galt damals wie heute. Ihnen gefällt bestimmt sehr, wie er die typischen Managern beschreibt, die er für Berkshire aussuchte: »Wir suchen nach drei Dingen: Intelligenz, Energie und Integrität. Wenn derjenige Letzteres nicht hat, dann sollten Sie hoffen, dass er auch nicht über die beiden ersten Dinge verfügt. Wenn er keine Integrität aufweist, dann hoffen Sie, dass er dumm und faul ist.«[133]

Buffett war sich völlig darüber im Klaren, dass es riskant und unorthodox war, Ruane zu empfehlen: »Indem ich Bill empfehle, lasse ich mich auf genau die Art von Geschäft ein, die ich bei meinen Aktivitäten im Rahmen des BPL-Portfolios immer gemieden habe – eine Entscheidung, bei der es (persönlich) nichts zu gewinnen, aber viel zu verlieren gibt.« Falls Ruances Performance gut war, würde Buffett vermutlich kaum Lob ernten, war Ruances Leistung jedoch schlecht, dann würde man Buffett die Schuld geben. Es war eine »Kopf-gewinnt-Zahl-verliert«-Situation. Aber aus moralischer Sicht hatte er aus seiner Sicht keine andere Wahl. Nichts zu tun schien keine brauchbare Option zu sein. »Ich fände es total unfair, wenn ich eine passive Haltung einnehmen würde und Sie dem überzeugendsten Verkäufer überlasse, der Sie zufällig Anfang 1970 kontaktiert.«

Buffett achtete darauf, beim Zusammengehen mit Ruane sehr konkret zu sein bezüglich der Nachteile und möglichen Risiken. Erstens war da die Frage der Größe – ein außergewöhnlicher Manager war fähig, Vermögenswerte sowohl durch Performance als auch durch Kapitalzuflüsse zu vergrößern, die die Performance unweigerlich nach unten ziehen würden. 1982 schloss Ruane den Fonds für neue Investoren, um genau dieses Problem zu bekämpfen. Zusätzlich zu dem Risiko, zu groß zu werden, gab es noch eines: Ruane leitete nicht nur den Fonds, sondern auch eine Investment-Beratungsgesellschaft. Er würde sich somit nicht ausschließlich auf Sequoia fokussieren; die Möglichkeit, dass er sich ablenken ließ, stellte ein Risiko dar, auf das Buffett deutlich hinwies.

Ruane zu empfehlen, machte sich bezahlt, aber das dauerte ein paar Jahre (die Zahlen zu Ruanes Performance finden Sie in Anhang C.) Er schaffte es in keinem der ersten vier Jahre, den S&P zu schlagen, und erst in seinem siebten Jahr holte er endlich auf und kumulierte seine überdurchschnittliche Performance. Auf seine Leistung in einem größeren geschichtlichen Kontext zurückzuschauen ist eine Sache, sie zu durchleben eine andere. Aber diejenigen, die dabei blieben, wurden reich belohnt. Aufs Jahrzehnt betrachtet schlug Ruane den Markt vernichtend und lieferte das Doppelte der jährlichen Durchschnittsrendite.

Wenn Sie jemand anderen aussuchen wollen, um Ihre Mittel zu verwalten, müssen Sie von dessen Integrität und Fähigkeit überzeugt sein und dessen Methode eingehend verstehen. Ruane war ein Graham-Schüler, ein True-Value-Investor, der sehr wahrscheinlich in der Endphase eines Bullenmarktes underperformen würde. Auf diese Weise können Sie Ausnahmen machen von Ihren Regeln, wie den drei- bis fünfjährigen relativen Performance-Test, wenn Sie die spekulative Natur des Markts erkennen.

Es gibt eine interessante Statistik von Joel Greenblatt, der sich die Top 25 Prozent der Manager angesehen hat, die den Markt im Laufe des Jahrzehnts geschlagen haben: 97 Prozent hielten mindestens drei Jahre in der unteren Hälfte der Performance auf, und bei 47 Prozent waren es sogar mindestens drei Jahre in den unteren 10 Prozent.[134] Buffetts Drei- und Fünf-Jahres-Test ist lediglich eine Faustregel. Falls Ihr Kapital in den Händen eines anderen den Markt nicht schlägt, denken Sie über die Entscheidungen nach, die Sie getroffen haben.

Möchte jemand Kommunalanleihen?

Ruane wurde gebeten, für die BPL-Partner da zu sein, die im Aktienmarkt bleiben wollten. Aber Buffett wollte, dass sie den Markt aus einer anderen Perspektive betrachten: »Zum ersten Mal in meiner

Investmentlaufbahn glaube ich, dass es für den durchschnittlichen Investor kaum eine Wahl gibt zwischen professionell gemanagten Aktien-Investments und passiven Investments in Anleihen. Falls sie stimmt, wird diese Annahme entscheidende Auswirkungen haben.« Wenn es um allgemeine Kapitalinvestments in einem überzogenen Markt geht, sollte man an Mungers Regel denken: Wenn etwas es nicht wert ist, getan zu werden, dann ist dieses Etwas es erst recht nicht wert, gut gemacht zu werden.

Buffett beschrieb die Situation so, wie er sie für den durchschnittlichen Investor von 1969 sah, der bei einem persönlichen Steuersatz von 40 Prozent eingestuft war. Steuerfreie Kommunalanleihen brachten zu der Zeit 6,5 bis 7 Prozent. Aktien, dachte er, werden wohl kaum um mehr als 6 Prozent pro Jahr steigen und durchgehend 3 Prozent Dividende abwerfen. Um die steuerfreien Anleihen vergleichen zu können, müssen die maximal 9 Prozent Vorsteuergewinne bei Aktien reduziert werden – aus den 6 Prozent aus der Kurssteigerung wurden 4,75 Prozent und aus den 3 Prozent Dividende wurden 1,75 Prozent, zusammen ein kombinierter Nach-Steuerertrag von etwa 6,5 Prozent – dasselbe, was für Anleihen geboten wurde.

Wenn Buffetts Annahmen im Hinblick auf Aktien richtig waren, dann warfen seine Kommunalanleihen den gleichen Gewinn ab. Die angenommenen Aktiengewinne in Höhe von 6,5 Prozent waren das, was er vom Index erwartete; Buffett nahm an, dass 90 Prozent der Fonds den Index nicht schlagen würden. Er zog den Schluss, dass unter den

> *»historisch ungewöhnlichen Bedingungen passive Investments in steuerfreie Anleihen sehr wahrscheinlich ein vollwertiges Äquivalent zu den Erwartungen an professionell gemanagtes, in Aktien angelegtes Geld sind und dass diese Investments in Anleihen auch extrem gut gemanagtem Beteiligungskapital kaum unterlegen sind.«*

Buffett schrieb eine kurze Abhandlung über den Markt der Kommunalanleihen und empfahl den Partnern, sie mehrmals zu lesen, falls sie sich dazu entscheiden sollten, seine Hilfe beim Erwerb dieser Anleihen in Anspruch zu nehmen. Die Alternativen, die sie hatten, waren: die Anleihen zu kaufen, Aktien zu kaufen oder ihre Mittel in Form von Liquidität zu halten. Wofür auch immer sie sich entschieden, er versuchte ihnen die Begegnung mit einem aalglatten Verkäufer zu ersparen, der in der Lage war, sie um die Erträge zu bringen, für die er zum Wohle der Partner so hart gearbeitet hatte.

Mit Blick auf die schwierige Frage der Kapitalverteilung fasste Buffett den Oktoberbrief mit den Worten zusammen:

> *»Sie werden sich entscheiden müssen zwischen Anleihen und Aktien und, falls Ihre Wahl auf Aktien fällt, müssen Sie außerdem eine Entscheidung dazu treffen, wer Sie bei Ihren Aktien-Investments berät. Diese Entscheidung sollte meiner Ansicht nach in vielen Fällen im Wesentlichen Ihre materiellen und immateriellen (psychischen) Bedürfnisse nach einem geregelten Einkommen und der Abwesenheit größerer Schwankungen widerspiegeln. Vielleicht beziehen Sie auch persönliche Bedürfnisse nach ein bisschen Abwechslung und Spaß in Kombination mit der Lust, nachzudenken und vielleicht die wirklich saftigen Ergebnisse zu genießen, in Ihr Kalkül mit ein. Falls Sie mit mir über dieses Problem sprechen möchten, bin ich gerne bereit zu helfen.«*

Viele kluge Männer und Frauen haben über die Jahre viel Hirnschmalz und Mühe in die Frage investiert, wie sie ihr Kapital aufteilen sollen. Von Buffett lernen wir, dass es keine Zauberformel gibt. Sie können nicht einfach die Formel »100 minus Lebensalter« nehmen und den betreffenden Prozentsatz in Aktien anlegen oder sich auf irgendeinen anderen Trick oder eine sonstige Formel stützen. Obwohl Anleihen häufig weniger riskant sind als Aktien, ist das keine allgemeingültige Wahrheit. Schauen Sie sich doch einfach an, was Mitte 2016 so im Angebot ist – es gibt keine Gewinne auf dem Markt für Anleihen. Manchmal sind Anleihen weniger riskant und manchmal auch nicht. Die Art der Wertpapiere, die Sie aussuchen, sind das Mittel zum Zweck. Verwechseln Sie die beiden Dinge nicht. Bei jedem Investment gibt es zwei Schlüsselfragen: Was ist die wahrscheinlichste Rendite? Und wie hoch ist das Risiko?

Heutzutage bringen 10-Jahres-Anleihen der US-Regierung 2,4 Prozent, ein Level, das nur knapp über der erwarteten Inflationsrate liegt, was bedeutet, dass echte Gewinne unerheblich sind. Aktien, die in der Regel als riskanter angesehen werden, protzen mit Gewinnrenditen von knapp unter 6 Prozent. Entgegen früheren Gepflogenheiten scheinen Regierungsanleihen heutzutage die riskantere Anlageklasse zu sein. Wie wir gelernt haben, muss etwas, nur weil es konventionell ist, nicht konservativ oder richtig sein. Sie müssen sich Ihre eigenen Gedanken dazu machen. Aus Buffetts Sicht war Anfang 1970 das Einzige, was Aktien gegenüber Kommunalanleihen attraktiver machte, die potenzielle Abwechslung, die sie boten.

Mehrheitsbeteiligungen (Controls)

Im Dezember 1969 berichtete er über die beiden Mehrheitsbeteiligungen der Partnership und konzentrierte sich dann darauf, Fragen der Partner zu beantworten, die als Reaktion darauf gestellt wurden. Dabei handelt es sich um einen der detailliertesten Berichte, den er je über die Aussichten eines einzelnen Wertpapiers abgab, so nah an einer Investment-Empfehlung, wie wir es sonst nie bei ihm erlebt haben. Er führte Folgendes aus:

> *»Nach meiner persönlichen Meinung wird der innere Wert von DRC und Berkshire-Hathaway im Laufe der Jahre erheblich wachsen. Obwohl niemand in die Zukunft sehen kann, wäre ich doch sehr enttäuscht, wenn das Wachstum nicht bei etwa 10 Prozent pro Jahr liegen würde … Von daher halte ich beide Wertpapiere für sehr ordentliche langfristige Beteiligungen, und ich bin froh, eine beträchtliche Portion meines Ka-*

> *pitals in sie investiert zu haben. ... Sollte ich die Wertpapiere weiterhin halten, wovon ich stark ausgehe, könnte meine Beteiligung in Abhängigkeit von meinen anderen Aktivitäten variieren. Es besteht die Chance, dass ich eine gewichtige Rolle bei strategischen Entscheidungen einnehmen werde, aber ich möchte keine moralische Verpflichtung, etwas anderes zu sein als ein passiver Anteilseigner ...«*

Anfänglich bestand Buffetts Absicht darin, den Partnern die Möglichkeit zu geben, entweder (1) den Anteil der Control-Unternehmen zu erhalten, der ihrer Beteiligung entsprach, oder (2) sich für eine Barauszahlung zu entscheiden und sich somit den Wert der Controls in Dollar und Cent auszahlen zu lassen. Das war extrem fair, da Buffett die Bewertung festgelegt hatte; er war der Meinung, dass die Partner in der Lage sein sollten, das zu wählen, was sie für wertvoller hielten. Bedauerlicherweise ließen die Anwälte das nicht zu. Alle Partner würden ihren Aktienanteil bekommen, und wenn sie verkaufen wollten, mussten sie das selbst tun.

Eine interessante Frage, die aufkam, war, warum er sich nicht um eine Börsennotierung bemühte, damit die Aktien leichter handelbar seien. Hinter der Frage steckte die Vorstellung, dass die Anteile liquider seien – leichter zu verkaufen, wenn Buffett eine Börsennotierung umgesetzt hätte. Die Quintessenz von Buffett zu diesem Thema war, dass Partner, die verkaufen wollten, ohne Börsennotierung besser dran seien. In Anbetracht der Marktumgebung zu jener Zeit war er der Meinung, dass eine echte Wahrscheinlichkeit bestehe, dass »der Markt für diese beiden Aktien vermutlich recht nahe ab einem chaotischen Zustand sein würde.« Er fuhr fort:

> *»... Ich bin davon überzeugt, dass die Partner, die verkaufen wollen, durch die Beschränkung der Verkäufe auf Privatplatzierungen, einen höheren Gewinn auf ihre Aktie realisieren werden ... Wir hatten verschiedene Anrufe von Personen, die andeuteten, dass sie Privatverkäufe wollen – wir gehen davon*

> *aus, dass es keine Schwierigkeiten geben wird dabei, solche Verkäufe zu Preisen durchzuführen, die sich auf unsere Jahresendbewertungen beziehen.«*

Hätte Buffett die Aktie börsenhandelbar gemacht, hätte es ein beträchtliches Risiko gegeben, dass diejenigen, die ihre Aktien verkaufen wollten oder mussten einen geringeren Preis erzielten als sonst.

Buffett sorgte dafür, dass sich alle Mitspieler auf einem identischen Spielfeld befanden, als es darum ging, zu entscheiden, was sie mit ihren Controls tun sollten. Er bestand darauf, keine Einzelgespräche mit den Partnern über die drei Unternehmen zu führen; er wollte, dass alle den gleichen Wissensstand hatten. Er akzeptierte schriftliche Fragen und nahm die Antworten dann auf, sodass alle Partner davon profitierten.

Genauso handhabte er auch die Kommunikation bei Berkshire Hathaway. Obwohl es bei großen institutionellen Investoren ziemlich üblich ist, sich durch regelmäßige private Treffen mit den Vorständen börsennotierter Unternehmen einen Vorsprung gegenüber Privatinvestoren zu verschaffen, weigert sich Buffett bis heute, das zu tun. Alle Investoren erhalten einmal im Jahr auf der Aktionärsversammlung in Omaha dieselbe Gelegenheit, ihre Fragen zu stellen und im Beisein aller anderen eine Antwort zu erhalten. Diese Idee war damals so einzigartig wie heute; sie bringt die Vorstellung des Managements zum Ausdruck, dass selektive Offenlegung, auch wenn sie immaterieller Natur ist, unethisch ist.

In Anbetracht seiner angekündigten Pläne, nach dem Ende der Partnership mehr Aktien anzusammeln, lag es in seinem finanziellen Interesse, wenig zu sagen; je weniger er sagte, desto wahrscheinlicher war es, dass die Partner sich entscheiden würden, ihre Aktien zu verkaufen. Man kann sich (vor allem im Nachhinein) kaum vorstellen, dass tatsächlich jemand verkaufte, obwohl es viele taten. Ein Jahr, nachdem BPL aufgelöst wurde, verdoppelten sich Buffetts bereits beträchtliche Beteiligungen in allen drei Kategorien und alle wurden später zu unterschiedlichen Zeiten vollständig in Berkshire integriert.

Lektionen aus den Partnership Letters: Schlussbemerkungen

29. Mai 1969

»An meine Partner: Vor etwa 18 Monaten schrieb ich Ihnen einiges über das veränderte Umfeld und die veränderten persönlichen Kriterien, die mich dazu brachten, unsere zukünftigen Performance-Ziele zu modifizieren.

Das Investitionsumfeld, über das ich damals sprach (und das ich in zahlreichen anderen Briefen kommentiert habe), wurde im Laufe der Jahre insgesamt schlechter und frustrierender. Vielleicht leide ich nur unter einem Mangel an geistiger Flexibilität (ein Beobachter machte über Analysten, die über vierzig sind, folgende Bemerkung: ›Sie wissen zu viele Dinge, die nicht länger zutreffen.‹)

Jedoch scheint mir, dass: (1) Investment-Gelegenheiten, die offen für die Analysten sind, die Wert auf quantitative Kriterien legen, praktisch verschwunden sind, nachdem sie während der vergangenen 20 Jahre systematisch ausgetrocknet sind; (2) unsere 100 Millionen Dollar an Kapital einen großen Batzen dieser anscheinend kargen Investment-Welt noch karger macht, da Engagements unter etwa 3 Millionen Dollar keinen wirklichen Einfluss auf unsere Gesamt-Performance haben können; und das befördert Aktiengesellschaften mit einer Marktkapitalisierung von weniger als 100 Millionen Dollar praktisch automatisch ins Aus; und dass (3) ein zunehmendes Interesse an Investment-Performance einen zunehmend kurzfristig orientierten und (meiner Meinung nach) stärker spekulativen Markt geschaffen hat. Der Brief vom 9. Oktober 1967 legt dar, dass persönliche Überlegungen die wichtigsten unter denjenigen Kriterien sind, die mich dazu bringen, unsere Ziele zu modifizieren. Ich habe den Wunsch zum Ausdruck gebracht, von der (selbst auferlegten) Pflicht enthoben zu werden, mich 100-prozentig auf BPL zu konzentrieren. Während der vergangenen 18 Monate habe ich diese Prüfung völlig vermasselt. In dem Brief stand: Ich hoffe, dass begrenzte Ziele für begrenzte Anstrengungen sorgen. Das ist nicht geschehen. Solange ich ›auf der Bühne stehe‹, regelmäßig eine Bilanz herausgebe und mich verantwortlich fühle, das zu managen, was praktisch zu 100 Prozent dem Reinvermögens vieler Partner entspricht, werde ich niemals in der Lage sein, mich nachhaltig außerhalb der BPL bei einer Aktivität zu engagieren. Wenn jeder weiß, dass ich beteiligt bin, kann ich nicht anders als wettbewerbsorientiert zu sein. Ich weiß, dass ich nicht mein Leben lang ausschließlich damit beschäftigt sein will, ein Investment-Kaninchen zu überholen. Der einzige Weg, langsamer zu werden, besteht darin, aufzuhören.

Deshalb beabsichtige ich, noch vor Jahresende allen Limited Partners die erforderliche formelle Erklärung zukommen zu lassen, dass ich mich zurückziehen werde. Natürlich gibt es im Zusammenhang mit der Auflösung der Partnership eine Menge steuerlicher und rechtlicher Probleme, aber insgesamt bin ich damit befasst, einen Plan mit folgenden Zielen auszuarbeiten:

1. Der wichtigste Punkt ist, dass ich den vielen Partnern eine Alternative bezüglich der Vermögensverwaltung vorschlagen kann, die das nicht selbst in die Hand nehmen wollen. Einige Partner haben natürlich ihre eigenen Alternativen, denen sie vertrauen und die sie akzeptabel finden. Den anderen will ich jedoch nicht einfach das Geld in die Hand drücken und ›Viel Glück!‹ wünschen. Ich beabsichtige, einen Finanzmanager vorzuschlagen, dem ich Fonds meiner Verwandten und anderer Menschen anvertraue, für die ich ein Leben lang finanziell verantwortlich bin. Dieser Manager ist integer und verfügt über entsprechende Fähigkeiten und wird in Zukunft vermutlich genauso gut wie ich oder sogar noch besser performen (allerdings auch nicht annähernd so gut, wie es mir oder ihm in der Vergangenheit möglich war). Er wird für jeden Partner da sein, sodass niemand von Ihnen ein Problem hat, weil es eine Mindestanlagegröße gibt. Ich beabsichtige in Zukunft grundsätzlich mit dem in Verbindung zu bleiben, was er tut, aber nur auf unregelmäßiger Basis mit Ratschlägen, die größtenteils auf Warnungen beschränkt sind.

2. Ich möchte, dass alle Partner die Möglichkeit haben, Bargeld und gegebenenfalls schnell marktfähige Wertpapiere zu erhal-

ten (vermutlich wird es nur eines geben, das das ist), bei der mir sowohl Prognose als auch Preis zusagen, die die Partner jedoch nach Belieben in Bargeld umwandeln können.

3. Ich möchte aber auch, dass alle Partner die Option haben, ihre jeweiligen Anteile an den beiden von uns kontrollierten Unternehmen (Diversified Retailing Company Inc. und Berkshire Hathaway Inc.) und einer weiteren kleinen »beschränkten« Beteiligung zu behalten. Weil diese Wertpapiere nur von mir zu ihrem Zeitwert bewertet werden, finde ich es unerlässlich, dass Sie Ihren entsprechenden Anteil zu dieser Bewertung behalten können, falls Sie das wünschen.

Diese Wertpapiere sind jedoch nicht ungehindert marktfähig (für Aktien aus Mehrheitsbeteiligungen und nicht börsennotierte Aktien gelten verschiedene Beschränkungen seitens der Börsenaufsicht). Beide Aktiengruppen werden vermutlich nicht übertragbar sein und für eine beträchtliche Zeitspanne kein Einkommen produzieren. Deshalb möchte ich, dass Sie bei unserer Auflösung die Wahl zwischen beiden Alternativen haben – entweder die beschränkten Wertpapiere zu behalten oder das entsprechende Geld zu erhalten. Ich schätze all die Menschen, die unsere Control-Geschäfte führen, sehr (dazu haben sich nun die Illinois National Bank and Trust Company Rockford Illinois mit über 100 Millionen Dollar, gesellt – eine extrem gut geführte Bank, die Berkshire Hathaway früher in diesem Jahr gekauft hat), und ich wünsche mir, dass diese Beziehung ein Leben lang währt. Ich habe ganz sicher nicht den Wunsch, ein gut kontrolliertes Geschäft, das von Menschen geführt wird, die ich mag und bewundere, nur wegen eines guten Preises zu verkaufen. Irgendwann können jedoch spezielle Bedingungen zum Verkauf einer Unternehmenseinheit führen.

Ich denke, wir haben ein Auflösungsprogramm, das die oben genannten Ziele erfüllt. Unsere Aktivitäten in dieser Hinsicht sollten keine Veränderung in Ihrer Steuerplanung für 1969 verursachen.

Ein letztes Ziel, das ich sehr gern erreicht hätte (das sich aber schlichtweg nicht verwirklichen lässt), ist, mich mit einem Knall zu verabschieden. Ich hasse es, mit einem schwachen Jahr aufzuhören, aber wir werden 1969 eines haben. Meiner Einschätzung nach werden wir bestenfalls am Jahresende die Gewinnschwelle erreichen. Berücksichtigt ist dabei eine beträchtliche Wertsteigerung bei den kontrollierten Unternehmen (bei denen alle Partner außer mir die Möglichkeit haben, Bargeld zu nehmen), nicht berücksichtigt sind dagegen irgendwelche monatlichen Zahlungen an Partner für das Jahr 1969. Das schwache Jahresergebnis wird kommen, selbst wenn sich der Markt bis zum Jahresende beträchtlich verbessern sollte, da wir keine gewichtige Position haben, die durch Wertsteigerung das Potenzial hat, unsere gesamte Performance noch entscheidend zu verbessern.

In diesem Jahr war unsere Erfahrung bei Workouts grauenhaft – während dieser Zeitspanne fühlte ich mich wie ein Vogel, der unbeabsichtigt mitten in ein Badmintonspiel geflogen ist. Wir sind nicht allein mit einer solchen Erfahrung, aber sie ist ausgerechnet zu der Zeit gekommen, als wir prozentual nahe der oberen Grenze dessen lagen, was wir in dieser Kategorie jemals investiert haben.

Über die eigenen groben Schnitzer zu berichten, ist eine unangenehme Aufgabe. Ich finde ›selektives Berichten‹ noch unangenehmer. Unsere schlechte Erfahrung dieses Jahr ist zu 100 Prozent meine Schuld. Es war nicht einfach Pech, sondern die falsche Beurteilung eines sich sehr schnell entwickelnden politischen Trends. Paradoxerweise habe ich lange geglaubt, die Regierung sollte das tun (im Hinblick auf das angegangene Problem – nicht unbedingt im Hinblick auf die eingesetzten Mittel), was sie schließlich auch getan hat – anders ausgedrückt: Ich glaube, dass das allgemeine Ziel der Politik, die uns beträchtlich Geld gekostet hat, auf breiter Ebene gesellschaftlich wünschenswert ist und habe das für gewisse Zeit auch gepredigt. Dennoch ging ich nicht davon aus, dass es soweit kommen würde. Ich bin kein Freund davon, beides zu vermischen: das, was meiner Meinung nach (gesellschaftlich) passieren sollte und das, was aus meiner Sicht vermutlich tatsächlich passieren wird, weil es so entschieden wird. Hätte ich des dennoch getan, wir stünden jetzt um ein paar Millionen besser da.

Offen gesagt, trotz aller auf den vorhergehenden Seiten genannten Punkte würde ich die Partnership auch 1970 oder sogar 1971 noch weiterführen, wenn ich ein paar erstklassige Ideen hätte. Nicht, weil ich es will, sondern weil ich lieber mit einem guten als einem schlechten Jahr aufhören würde. Aber wie dem auch sei. Ich sehe einfach nichts Greifbares, das aus gutem Grund zu der Hoffnung berechtigt, ein solch gutes Jahr hinzubekommen, und ich habe nicht den Wunsch, im Nebel herumzustochern, in der Hoffnung, mit dem Geld anderer Leute ›Erfolg zu haben‹. Ich bin an dieses Marktumfeld nicht gewöhnt und habe nicht vor, eine ordentliche Bilanz zu ruinieren, weil ich versuche, ein Spiel zu spielen, das ich nicht verstehe, nur damit ich als Held aufhören kann.

Deshalb werden wir im Laufe des Jahres Aktienpositionen auflösen, und lediglich einen Rest von Mehrheitsbeteiligungen bestehen lassen, die eine »Investment-Brief«-Aktie, das eine marktfähige Wertpapier mit günstigen langfristigen Aussichten und zudem die diversen ›Zigarrenstummel‹ etc. an kleinen Werten aus der Workout-Kategorie, bei denen es Jahre dauern wird, sie aufzuräumen.

Ich habe diesen Brief ein bisschen früher als den sonst üblichen Halbjahresbrief verfasst. Wenn ich erst eine Entscheidung getroffen habe, will ich auch, dass Sie schnellstmöglich davon erfahren. Außerdem wollte ich noch eine Weile in Omaha zur Verfügung stehen, nachdem Sie diesen Brief erhalten haben, um alles zu klären, was Ihnen möglicherweise verwirrend erscheint. Ich gehe davon aus, dass ich im Juli in Kalifornien sein werde.

Einige von Ihnen werden fragen: ›Was haben Sie vor?‹ Ich habe auf diese Frage keine Antwort. Ich weiß, dass ich mit sechzig versuchen sollte, andere persönliche Ziele zu erreichen als solche, die mit zwanzig Priorität hatten. Wenn ich mich also nicht von der Arbeit trenne, die praktisch sämtliche Zeit und Energie während der ersten 18 Jahre meines Erwachsenenlebens verbraucht hat, werde ich in den folgenden Jahren wohl kaum Aktivitäten entwickeln, die für die neuen Umstände geeignet sind.

Wir werden im Herbst, wahrscheinlich im Oktober, einen Brief versenden, der ausführlich über das Liquidationsverfahren, Vorschläge für Investment-Ratgeber etc. informiert ...

Herzlich

Warren E. Buffett

9. Oktober 1969

»Wenn der Markt nicht noch wesentlich weiter fällt, erwarte ich immer noch eine Break-Even-Performance vor den monatlichen Zahlungen für das Jahr 1969. Wir hatten Glück – wenn wir dieses Jahr nicht in Liquidation wären, wären unsere Ergebnisse erheblich schlechter. Ideen, die auf ›Langzeit‹-Basis potenziell interessant aussahen, haben sich bisher unterm Strich schlecht entwickelt. Wir haben nur zwei Produkte in ursprünglicher Größe übrig – eines, das wir verkaufen, während ich das hier schreibe, und das andere ist ein Anteil von begrenzter Marktfähigkeit, der etwa 7,5 Prozent der in Umlauf befindlichen Aktien von Blue Chip Stamps darstellt, die wir vielleicht gegen Jahresende über einen angemeldeten Börsengang verkaufen werden, abhängig von Marktbedingungen und anderen Faktoren.

9. Oktober 1969

»... Bill Ruane – wir trafen uns 1951 in Ben Grahams Kurs an der Columbia University und ich hatte seit dieser Zeit reichlich Gelegenheit, die Qualität seines Charakters, sein Temperament und seinen Intellekt zu beobachten. Falls Susie und ich sterben sollten, während unsere Kinder noch klein sind, ist er einer von drei Treuhändern, die in Investment-Angelegenheiten Blankovollmacht haben – die anderen beiden stehen nicht als kontinuierliche Vermögensverwalter für die Partner, ob groß oder klein, zur Verfügung.

Es ist unmöglich, etwaige Fehler auszuschließen, wenn man Menschen vor allem hinsichtlich ihres künftigen Verhaltens in einer unbekannten Umgebung beurteilt. Aber Entscheidungen müssen getroffen werden – sei es aktiv oder passiv – und bei Bill bin ich mir hinsichtlich Charakter und Investment-Performance sehr sicher. Außerdem erachte ich es als sehr wahrscheinlich, dass Bill noch viele Jahre als Finanz-Manager tätig sein wird.

Bill hat kürzlich eine Firma an der New York Stock Exchange etabliert: Ruane, Cunniff & Stires, Inc., 85 Broad Street, New York, N.Y. 10004, Telefon (212)344-6700. John Harding plant derzeit, um den 1. März 1970 herum ein Büro dieser Firma in Omaha zu eröffnen. Bill managt Konten und Depots individuell auf Honorarbasis und führt dafür auch Maklergeschäfte durch – derzeit nutzt er einen Teil der Maklervergütung zur Verrechnung mit den Honoraren für die Investment-Beratung. Seine Arbeitsmethoden lassen monatliche Entnahmen auf einer mit BPL vergleichbaren Basis zu – als Prozentsatz des Kapitals und nicht in Zusammenhang stehend mit realisiertem oder nicht realisiertem Gewinn bzw. Verlust. Es ist möglich, dass er eine Art Sammeldepot bildet, aber derartige Festlegungen werden zwischen ihm und denen getroffen, die sich für eine Zusammenarbeit mit ihm entscheiden. Ich wäre natürlich nicht in seine Aktivitäten eingebunden. Ich stelle ihm eine Liste von Partnern zur Verfügung, und er wird Ihnen schon bald bezüglich einer Reise schreiben, die er noch vor Jahresende nach Omaha, Los Angeles und Chicago plant, sodass diejenigen von Ihnen, die ihn treffen möchten, Gelegenheit dazu bekommen. Jeder von Ihnen, der in den nächsten paar Monaten nach New York fliegt, kann ihn auch dort direkt kontaktieren.

Bills Gesamtbilanz zeigt einen sehr guten Durchschnitt, ziemlich ähnlich dem von BPL, aber mit beträchtlich größerer Schwankung. Von 1956 bis 1961 und von 1964 bis 1968 erreichte eine Zusammensetzung seiner individuellen Kundendepots einen Schnitt von über 40 Prozent im Jahr. 1962 jedoch, zweifellos ein Stück weit als Produkt der euphorischen Erfahrung der früheren Jahre, verlor er um etwa 50 Prozent. Als er sein Denken neu ausrichtete, erreichte 1963 in etwa wieder den vorherigen Stand.

Zwei Jahre mögen zwar kurz wirken, wenn sie in eine Performance-Tabelle integriert sind, können sich aber verdammt lang anfühlen, wenn das Nettovermögen um 50 Prozent geschrumpft ist. Ich denke, Sie gehen diese Art von kurzfristigem Risiko mit praktisch jedem Vermögensverwalter ein, der mit Aktien arbeitet, und es ist ein zu berücksichtigender Faktor bei der Entscheidung, welchen Anteil Ihres Kapitals Sie in Aktien investieren. 1969 ist Bill bisher bei minus 15 Prozent, was ich für ziemlich repräsentativ für die meisten Vermögensverwalter halte.

Bill ist natürlich nicht in Control-Situationen oder Workouts engagiert, was für gewöhnlich bei der BPL-Performance die Ausschläge von Jahr zu Jahr abgemildert hat. Selbst wenn man diese Faktoren nicht berücksichtigt, bin ich der Meinung, dass seine Performance ein bisschen unbeständiger (aber keinesfalls schlechter) als meine ausgefallen wäre – sein Ansatz ist anders, und obwohl sich sein typisches Portfolio (unter den meisten Bedingungen) leicht mit meinem überschneiden würde, gäbe es immer sehr deutliche Unterschiede.

Bill erreicht seine Ergebnisse, indem er im Schnitt mit 5 bis 10 Millionen Dollar arbeitet. Aus meiner Sicht werden Sie es künftig am wahrscheinlichsten mit den drei folgenden negativen Faktoren zu tun haben: (1) die Wahrscheinlichkeit, dass Bill beträchtlich größere Summen zu managen hat als bislang. Das ist ein Problem, das Sie sehr schnell mit jedem erfolgreichen Vermögensverwalter haben werden, und das wird die Performance in der Regel bremsen; ich glaube, Bills Firma managt derzeit 20 bis 30 Millionen Dollar und natürlich werden weitere Kunden dazukommen; (2) die Möglichkeit, dass Bill zu sehr in Details seiner Aktivitäten hineingezogen wird, statt seine ganze Zeit dafür aufzuwenden, über Geldmanagement nachzudenken. Das Problem, die wichtigste Person in einer NYSE-Firma zu sein sowie viele individuelle Kunden zu betreuen, kann bedeuten, dass er, wie die meisten Investment-Berater, dem Druck ausgesetzt ist, einen Großteil seiner Zeit mit Arbeiten zu verbringen, die nichts damit zu tun haben, zu einer herausragenden Investment-Performance zu kommen. In diesem Zusammenhang habe ich Bill gebeten, seinen Service allen BPL-Partnern zugänglich zu machen – großen wie kleinen, und er wird das tun. Aber ich habe ihm auch gesagt, dass er sein eigener Herr ist, wenn er das Gefühl hat, dass bestimmte Klienten ihn von seinem Hauptjob abhalten; (3) die hohe Wahrscheinlichkeit, dass im nächsten Jahrzehnt sogar ein herausragendes Anlage-Management nur begrenzte Vorteile über einem passiven Management hervorbringt. Ich werde mich im weiteren Verlauf dieses Briefes noch dazu äußern.

Der letzte Punkt bezüglich der aufgeführten Negativliste ist, dass es sich dabei nicht um die Art Nachteile handelt, die zu einer schrecklich schlechten Performance führen, sondern eher die Art von Dingen, die zu einer durchschnittlichen Performance führen. Ich denke, dass ist das Hauptrisiko, das Sie bei Bill eingehen – und eine durchschnittliche Performance ist ja nun kein so schlimmes Risiko.

Indem ich Bill empfehle, mache ich genau das, was ich bei den BPL-Portfolio-Aktivitäten immer gemieden habe – ich treffe eine Entscheidung, bei der es (persönlich) nichts zu gewinnen, aber viel zu verlieren gibt.

Ein paar meiner Freunde, die nicht in der Partnership sind, haben vorgeschlagen, dass ich keine Empfehlung abgebe, denn wenn die Performance gut war, würde ich vermutlich kaum Lob ernten, und wenn etwas schlecht läuft, dann bekomme ich einen guten Teil der Schuld. Hätten Sie und ich eine normale Geschäftsbeziehung, wären solche Überlegungen vernünftig. Allerdings schließen das hohe Vertrauen, das die Partner mir gegenüber ausgebaut haben, und die Zusammenarbeit, die sich auf viele Arten manifestiert hat, eine solche Nichteinmischungs-Politik aus. Viele von Ihnen sind erfahrene Anleger oder ähnlich geschult und brauchen keinen Rat von mir in Bezug auf einem Manager – Sie können das selbst besser. Bei den Partnern, die finanziell nicht so erfahren sind, fände ich es ziemlich unfair, mich auf eine passive Haltung zu beschränken und Sie dem überzeugendsten Verkäufer zu überlassen, der Sie zufällig Anfang 1970 kontaktiert.«

9. Oktober 1969

»Noch vor etwa einem Jahrzehnt war ich bereit, ein Ziel von pro Jahr 10 Prozentpunkten über dem Dow Jones auszugeben in der Erwartung, dass der Dow im Schnitt etwa 7 Prozent erreichen würde. Das bedeutet für uns eine Erwartung von etwa 17 Prozent, natürlich mit großen Abweichungen und ohne Garantien – aber, nichtsdestotrotz eine Erwartung. Steuerfreie Anleihen brachten zu der Zeit etwa 3 Prozent Gewinn. Obwohl Aktien den Nachteil einer unregelmäßigen Performance hatten, schienen sie insgesamt die bessere Option zu sein. Ich habe diese Präferenz für Aktien auch bei meinen Seminaren, bei der Teilnahme an Panel-Diskussionen etc. hervorgehoben ...

Zum ersten Mal während meiner Investmentlaufbahn glaube ich, dass es für den durchschnittlichen Investor kaum eine Wahl zwischen professionell gemanagten Aktien-Investments und passiven Investments in Anleihen gibt. Falls ich recht behalte, sind die Auswirkungen dramatisch. Lassen Sie mich die Situation kurz (und in allzu vereinfachter Weise) so darlegen, wie ich sie sehe:

1. Ich spreche von der Situation eines Steuerzahlers, dessen persönlicher Steuersatz in der Bundessteuerklasse bei 40 Prozent liegt und der auch ein bisschen Einkommensteuer an seinen jeweiligen Bundesstaat zu zahlen hat. Verschiedene Änderungen der Steuergesetze sind geplant, die die Nettoergebnisse von derzeit steuerfreiem Einkommen, Kapitalerträgen und vielleicht auch anderen Arten von Einkommen aus Investments ungünstig beeinflussen könnten. In Zukunft kommen womöglich noch mehr Änderungen. Insgesamt denke ich, dass solche Veränderungen über die Jahre nicht meine relativen Erwartungen zum Nachsteuereinkommen von derzeit steuerfreien Anleihen versus Stammaktien aufheben und sie sogar leicht verstärken werden.

2. Ich spreche von Erwartungen in Bezug auf die nächsten zehn Jahre – und nicht die nächsten Wochen oder Monate. Ich finde es sehr viel leichter, darüber nachzudenken, was sich über einen langen Zeitraum entwickeln sollte als das, was kurzfristig wahrscheinlich ist. Wie Ben Graham sagte: ›Kurzfristig ist der Markt wie ein Stimmungsbarometer, aber langfristig ist er eher wie eine Waage.‹ Ich habe es stets einfacher gefunden, Gewichte

zu bewerten, die von Grundsätzen vorgegeben werden, als Stimmungen, die von der Psychologie diktiert werden.

3. Rein passives Investment in steuerfreie Anleihen bringt nun etwa 6,5 Prozent. Dieser Gewinn kann mit ausgezeichneter Qualität erreicht und für so ziemlich jeden Zeitraum fest angelegt werden, über den der Investor sich binden will. Solche Bedingungen existieren vielleicht nicht im März, wenn Bill und ich zur Verfügung stehen, um Sie beim Kauf von Anleihen zu unterstützen, aber sie existieren heute.

4. Die Zehn-Jahres-Erwartung für Unternehmensaktien als Gruppe ist vermutlich nicht besser als insgesamt 9 Prozent, sagen wir mal 3 Prozent Dividende und 6 Prozent Wertzuwachs. Ich bezweifle, dass das Bruttoinlandsprodukt im Jahr um mehr als 6 Prozent steigt – ich glaube nicht, dass Unternehmensprofite als Prozentsatz des BIP erheblich steigen, und falls sich die Gewinnmultiplikatoren nicht verändern (und bei diesen Voraussetzungen und aktuellen Zinssätzen werden sie das nicht) sollte der aggregierte Wert amerikanischer Großunternehmen nicht mehr als mit einem langfristigen Zinseszins von 6 Prozent im Jahr wachsen. Dieses typische Ergebnis bei Aktien kann (für den zuvor beschriebenen Steuerzahler) 1,75 Prozent nach Steuern von Dividenden und 4,75 Prozent nach Steuern von Kapitalgewinnen bringen, insgesamt also eine Nachsteuerrendite von etwa 6,5 Prozent. Vor Steuern könnten Dividenden und Kapitalerträge auch eher bei 4 Prozent und 5 Prozent liegen, was ein geringfügig niedrigeres Nachsteuerergebnis bedeutet. Das ist nicht weit von den historischen Ergebnissen entfernt und insgesamt werden zukünftige Steuergesetze bezüglich Kapitalgewinnen wohl eher strenger sein als in der Vergangenheit.

5. Und schließlich wird vermutlich die Hälfte des Geldes, das während der nächsten zehn Jahre in Aktien angelegt ist, professionell gemanagt werden. Von daher werden, praktisch per defi-

nitionem, die Gesamtinvestorenerfahrungen mit professionell gemanagtem Geld Durchschnittergebnisse sein (oder 6,5 Prozent nach Steuern, wenn meine obigen Annahmen korrekt sind). Meiner Einschätzung nach werden weniger als 10 Prozent des Geldes über das Jahrzehnt hinweg professionell gemanagt (Durchschnitt also etwa 40 Milliarden Dollar allein für dieses obere Segment). Hier erwarte ich, dass das Ergebnis 2 Prozentpunkte über der Gruppenerwartung liegt. Es ist unwahrscheinlich, dass sogenanntes »aggressiv angelegtes« Geld erheblich mehr bringt als das nach allgemeinen Grundsätzen angelegte, professionell gemanagte Geld. Vermutlich stecken jetzt 50 Milliarden Dollar in dieser mehr oder weniger »aggressiven« Kategorie – vielleicht 100-mal mehr als im vorigen Jahrzehnt – und 50 Milliarden Dollar können einfach nicht »performen«. Wenn Sie extrem viel Glück haben und Berater auswählen, deren Ergebnisse zu den Top 1 bis 2 Prozent des Landes gehören (die aber mit beträchtlichen Geldsummen arbeiten, weil sie so gut sind), halte ich es für unwahrscheinlich, dass Sie im Jahr mehr als 4 Prozentpunkte über der Gruppenerwartung schaffen. Aus meiner Sicht stehen die Chancen gut, dass Bill Ruane zu dieser ausgewählten Kategorie gehört. Deshalb schätze ich, dass die Ergebnisse wirklich ausgezeichneten Managements innerhalb der nächsten Dekade für unseren ›typischen Steuerzahler‹ nach Steuern 1,75 Prozent von Dividenden und 7,75 Prozent an Kapitalzuwachs sein werden, also 9,5 Prozent insgesamt.

6. Die ziemlich überraschende Schlussfolgerung ist, dass unter den heutigen, historisch unüblichen Bedingungen, passive Investments in steuerfreie Anleihen wahrscheinlich im Ergebnis professionell in Aktien investiertem Geld völlig entsprechen wird und dem extrem gut gemanagten Beteiligungskapital nur leicht unterlegen ist.

7. Ein Wort zur Inflation – sie hat sehr wenig mit den obigen Berechnungen zu tun, abgesehen davon, dass sie in die 6 Prozent

angenommener Wachstumsrate beim BNP einfließt und zu den Ursachen gehört, die steuerfreie 6,5-Prozent-Anleihen hervorbringen. Wenn Aktien 8 Prozent und Anleihen 4 Prozent nach Steuern bringen sollen, ist es besser, Aktien zu besitzen als Anleihen, unabhängig davon, ob die Preise nach oben, unten oder zur Seite gehen. Das Gegenteil trifft zu, wenn Anleihen nach Steuern 6,5 Prozent hervorbringen und Aktien 6 Prozent. Die simple Wahrheit besteht natürlich darin, dass die beste erwartete Nachsteuerrendite am sinnvollsten ist – egal, ob der Dollar steigt, fällt oder stabil bleibt.

All diese Punkte sollten mit der nötigen Skepsis betrachtet werden, die bei Prognosen über die Zukunft stets angebracht ist. Für mich ist dies die realistischste Einschätzung einer immer unsichereren Zukunft ist – ich schreibe Ihnen das nicht mit gutem Gefühl, weil sie viel zu vage ist, aber nur so erfahren Sie, was ich über diese Zeit denke.

Sie müssen Ihre eigene Entscheidung zwischen Anleihen und Aktien treffen, und bei letzteren auch dazu, wer sie in Ihren Aktien-Investments berät. Diese Entscheidung sollte meiner Ansicht nach in vielen Fällen im Wesentlichen Ihre materiellen und immateriellen (psychischen) Bedürfnisse nach einem geregelten Einkommen und der Abwesenheit größerer Schwankungen widerspiegeln. Vielleicht beziehen Sie auch persönliche Bedürfnisse nach ein bisschen Abwechslung und Spaß in Kombination mit der Lust, nachzudenken und vielleicht die wirklich saftigen Ergebnisse zu genießen, in Ihr Kalkül mit ein. Falls Sie mit mir über dieses Problem sprechen möchten, bin ich gerne bereit zu helfen.«

5. Dezember 1969

»Wir haben verschiedene Jahresberichte, Buchprüfungen, Zwischenberichte, Börsenprospekte etc. ... zu unseren Mehrheitsbeteiligungen und stellen Ihnen gern alles zur Verfügung. Außerdem bitte ich Sie, mir Ihre Fragen in schriftlicher Form zuzusenden, ich werde diese samt Antworten kurz vor Jahresende an alle Partner weiterreichen. Zögern Sie nicht, alles zu fragen, was Ihnen durch den Kopf geht – wenn Ihnen etwas nicht klar ist, dann geht es anderen vermutlich genauso – und es gibt keinen Grund für einen von Ihnen, sich über etwas den Kopf zu zerbrechen, was ich aufklären könnte.«

5. Dezember 1969

»Meine persönliche Meinung lautet, dass der innere Wert von DRC und Berkshire Hathaway im Laufe der Jahre erheblich wachsen wird. Obwohl niemand in die Zukunft sehen kann, wäre ich doch sehr enttäuscht, wenn das Wachstum nicht bei einer Rate von etwa 10 Prozent im Jahr liegen würde.«

Marktpreise für Aktien schwanken in großem Umfang um den inneren Wert herum, aber langfristig spiegelt sich praktisch immer an irgendeinem Punkt der innere Wert im Marktpreis wider. Von daher halte ich beide Wertpapiere für sehr ordentliche langfristige Beteiligungen und ich freue mich, dass ich eine beträchtliche Portion meines Reinvermögens in sie investiert habe. Wenn Sie diese Wertpapiere unmittelbar besitzen, sollten Sie sich wegen kurzfristiger Kursschwankungen keine Gedanken machen, genauso wenig wie Sie sich darüber Sorgen machen mussten, als sie diese nur indirekt durch BPL besaßen. Ich betrachte sie als Unternehmen und nicht als ›Aktien‹, und wenn sich das Unternehmen über die Zeit gut entwickelt, werden es die Aktien auch tun.

Ich möchte betonen: Wenn Sie diese Papiere weiterhin halten, wird meine Beziehung zu Ihnen nicht die eines Managers oder Partnership-Beteiligten sein. Zukünftig können Sie mit Ihren Aktien machen, was Sie wollen, und ich natürlich auch. Ich halte es für sehr wahrscheinlich, dass ich meine Investition in DRC und Berkshire Hathaway lange aufrechterhalten werde, aber ich möchte weder moralisch dazu verpflichtet sein noch andere für unbestimmte Zeit bezüglich ihrer Anteile beraten müssen. Die Unternehmen werden natürlich laufend alle Anteilseigner über ihre Aktivitäten informieren, und Sie werden die von den Unternehmen herausgegebenen Berichte erhalten, vermutlich auf halbjähriger Basis. Sollte ich die Wertpapiere weiterhin halten, wovon ich stark ausgehe, könnte meine Beteiligung in Abhängigkeit von meinen anderen Aktivitäten variieren. Es besteht die Chance, dass ich eine gewichtige Rolle bei strategischen Entscheidungen einnehmen werde, aber ich möchte keine moralische Verpflichtung, etwas anderes zu sein als ein passiver Anteilseigner, sollte ich mich anderweitig orientieren.«

5. Dezember 1969

»Falls Sie möchten, dass Bill und ich Ihnen unsere Ideen bezüglich Anleihen im März mitteilen, dann sollten Sie mit dem verwendbaren Anteil der Ausschüttung vom 5. Januar U.S. Schatzanweisungen kaufen, die Ende März fällig sind.

Teilen Sie uns dann in der letzten Februarwoche mit, wie viel Sie in Anleihen anlegen wollen, und wir werden Ihnen sagen, was wir darüber denken.

Etwa Mitte Januar (sobald die genauen Beträge feststehen und der Transfer-Agent die Aktien erhalten hat, nachdem sie in Ihrem Namen registriert wurden) werden wir die DRC und Berkshire-Hathaway-Aktien entsprechend Ihrer Partnership-Anteile verteilen und Sie anschließend über Ihre Besteuerungsbasis und den der Aktie zuschreibbaren Erwerbszeitpunkt informieren. Solche Anteile werden wie in dem beigefügten Brief von Monen, Seidler & Ryan beschrieben, ›beschriftet‹. Diese Aktiendokumente sind wertvoll und sollten an einem sicheren Ort aufbewahrt werden.«

5. Dezember 1969

In den vergangenen Briefen habe ich die Hoffnung zum Ausdruck gebracht, dass BPL einen Mechanismus zur Verfügung stellen könnte, durch den Sie, falls Sie das wünschen, Ihre DRC- und Berkshire-Hathaway-Anteile automatisch in Bargeld umwandeln können. Ich habe zwei Anwaltskanzleien beauftragt, sich intensive Gedanken über den Status der Aktien zu machen; die sich nach der Auflösung in Ihren Händen befindlichen, und die beiliegenden Briefe (die zusammen mit den Anteilen sicher aufbewahrt werden sollten) enthalten ihre Schlussfolgerungen. Wie Sie sehen können, ist das kein Bereich, der einfache, eindeutige Richtlinien hervorbringt. Ich sehe keinen gescheiten Weg, die Alternativen zu implementieren, über die ich zuvor nachgedacht habe. Deshalb müssen Sie den dargelegten Richtlinien folgen, wenn Sie Ihre Anteile veräußern wollen. Wie Sie vermutlich schon gemerkt haben, beziehen sich die Beschränkungen bezüglich kommender Verkäufe vermutlich stärker auf Susie und mich (wegen meiner fortdauernden Insider-Position) als auf Sie. Beträchtliche Mengen von Wertpapieren werden häufig über die ›Privatverkauf‹-Option verkauft, die in Abschnitt 3 der Rubik ›Meinung‹ beschrieben ist. Sollten die Regeln in Zukunft klarer oder einfacher werden, können Sie sicher sein, dass ich Sie darüber informieren werde.

Zum Zeitpunkt der Aufteilung von DRC und Berkshire Hathaway werde ich Sie über den Wert informieren, auf den diese Anteile zum Jahresende 1969 beziffert werden. Sie werden unseren Audit- und Steuerbrief etwa Ende Januar erhalten. Momentan sieht es so aus, dass der Verkauf unserer Blue-Chip-Anteile und eine beträchtliche Wertsteigerung von DRC und Berkshire Hathaway unseren Gesamtgewinn für dieses Jahr auf knapp über 6 Prozent bringen wird.«

26. Dezember 1969

»Seit dem letzten Brief wurden eine Menge Fragen gestellt …

Warum betreiben wir es weiter, wenn uns das Textilgeschäft Berkshire Hathaway Inc. nichts einbringt?

Aus genau den Gründen, die ich in meinem Brief aufgeführt habe. Ich möchte keine Firma auflösen, die 1100 Menschen beschäftigt, wenn das Management hart daran arbeitet, die relative Branchenposition – mit angemessenen Ergebnissen – zu verbessern, so lange das Geschäft keine wesentlichen zusätzlichen Kapitalinvestitionen erfordert. Ich habe nicht den Wunsch, harte soziale Folgen gegen ein paar Prozentpunkte zusätzlichen Ertrag im Jahr einzutauschen. Diese Entscheidung könnte natürlich anders ausfallen, wenn wir mit erheblichen zwingenden Mehrinvestitionen oder andauernden operativen Verlusten konfrontiert wären, aber solche Alternativen nehme ich nicht vorweg.«

26. Dezember 1969

»Warum haben Sie nicht für eine Börsennotierung unserer Berkshire-Hathaway und Diversified-Retailing-Aktien gesorgt, damit die Aktien leichter handelbar sind, wenn die Partner sie erhalten?

Wir haben diese Möglichkeit in Erwägung gezogen, dann jedoch aus praktischen und juristischen Gründen verworfen. Ich werde nur auf die praktischen eingehen, da diese bei unserer Entscheidung ausschlaggebend waren.

Momentan gibt es keinen Markt für Diversified Retailing, und unsere Anteile an Berkshire Hathaway entsprechen vermutlich dem vier- oder fünffachen der gegenwärtigen Streubesitznachfrage für diese Aktie. Der Versuch, rasch ein paar Tausend Anteile zu kaufen oder zu verkaufen, kann die Berkshire-Aktie schnell um ein paar oder sogar mehr Punkte nach oben oder unten katapultieren. Uns gehören 691441 Anteile. Wir könnten diese Anteile zwar über eine Börsennotierung ohne Risikoübernahme an Sie verteilen. Doch es besteht dann die Möglichkeit, dass ein wesentlicher Teil von vielen Verkäufern angeboten werden würde, die einzeln, aber praktisch gleichzeitig handeln. Es ist dann sehr wahrscheinlich – vor allem in einem Aktienmarktumfeld, wie wir sie in letzter Zeit erleben –, dass der Markt für diese beiden Aktien fast schon chaotisch wäre. Ich hatte nicht den Eindruck, dass ich Sie dieser Situation aussetzen sollte, da erscheint sinnlos sowohl vom Standpunkt des Kursniveaus her, das dann vorherrschen könnte, als auch aus dem Grund, dass verschiedene Partner vielleicht zu sehr unterschiedlichen Preisniveaus verkaufen müssten. Die erfahreneren Partner hätten vielleicht einen wichtigen Vorsprung gegenüber den weniger erfahrenen, und ich glaube, dass viele Partner keine Chance hätten, die Preise zu realisieren, die ich für die Jahresendbewertung verwende. Das käme Ihnen ziemlich unfair vor, da ich eine Zuteilung der BPL-Profite für 1969 auf Basis der Jahresendbewertung bekommen habe. Sollten die Märkte zurückgehen, gerate ich vermutlich in die Kritik, ob ich zu niedrigeren Preisen gekauft oder, vielleicht sogar eher, darauf verzichtet habe.

Würden wir versuchen, eine Risikoübernahme in Verbindung mit einer Börsennotierung für jene Partner zu unterstützen, die vielleicht verkaufen möchten, besteht meiner Meinung nach die Wahrscheinlichkeit, dass das Resultat alles andere als zufriedenstellend ausfallen würde. Das haben wir gerade mit unseren Anteilen an Blue Chip Stamps erlebt, wo wir sehen konnten, wie der Preis der Aktie nach Bekanntgabe der Risikoübernahme, von der wir ursprünglich ein Teil waren, von 24 auf 16,5 fiel. Ich will nicht, dass die Partner diese Erfahrung mit ihren Anteilen von Berkshire und Diversified machen.

Ich bin davon überzeugt, dass die Partner, die verkaufen wollen, durch die Beschränkung der Verkäufe auf Privatplatzierungen mehr Gewinn für ihre Aktie realisieren werden (wobei die erfahreneren Partner keinen Vorsprung gegenüber den weniger bewanderten haben), als durch eine Risikoübernahme zu diesem Zeitpunkt erreicht werden könnte. Außerdem sollte die Aktie eher ihren Weg in die Hände von Anlegern finden, die eher langfristig orientiert sind, was weniger schwankende zukünftige Märkte bedeuten sollte. Wir hatten verschiedene Anrufe von Personen, die andeuteten, dass sie Privatverkäufe wollen – wir gehen davon aus, dass es beim Durchführen solcher Verkäufe zu Preisen, die sich auf unsere Jahresendbewertungen beziehen, keine Schwierigkeiten geben wird.«

26. Dezember 1969

»Soll ich meine Berkshire-Hathaway- oder DRC-Aktie halten?

Diese Frage kann ich Ihnen nicht beantworten. Ich kann dazu nur sagen, dass ich es tun werde und sogar beabsichtige, mehr zu kaufen. Ich bin froh, dass ich eine beträchtliche Portion meines Reinvermögens in sie investiert habe. Offenbar bin ich davon überzeugt, dass diese in fünf oder zehn Jahren weitaus mehr wert sein werden. Im Vergleich zu den meisten Aktien halte ich das Risiko von Verlusten für eher gering. Ich hoffe, dass die Kurse entsprechend den Geschäftsergebnissen in einem ziemlich moderaten Bereich bleiben werden statt entsprechend der Spekulationsbegeisterung oder -depression zu schwanken.

Natürlich kann ich das letztgenannte Phänomen nicht kontrollieren, aber es besteht nicht die Absicht, die Aktien zu ›bewerben‹ gemäß der verbreiteten, widerwärtigen Vorgehensweise des gesamten Finanzmarktes in den letzten Jahren.«

18. Februar 1970

»Meine Aktivität ist nicht belastet durch Vorhersagen, durch die Diskussion über unlogische Aussagen oder durch Händchenhalten. Sie haben mich mein Spiel machen lassen, ohne mir vorzuschreiben, welchen Schläger ich nehmen und wie ich ihn halten soll oder wie viel besser die anderen Spieler sind. Ich weiß das zu schätzen; und die Ergebnisse, die Sie erreicht haben, spiegeln maßgeblich Ihre Einstellung und Ihr Verhalten wider. Falls Sie das anders sehen, unterschätzen Sie die Bedeutung persönlicher Ermutigung und Empathie beim Maximieren menschlicher Bemühungen und Leistungen.«

Verzinste Weisheit

Die Art und Weise, wie Buffett sich daran begab, die Partnership aufzulösen, liefert uns drei wertvolle Lektionen. Vor allem schimmern die Integrität und die ehrliche Sorge um seine Partner durch. Angefangen von der Suche nach einem passenden Vermögensverwalter, über das Kaufen von Anleihen für diejenigen, die seinem Rat zu Kommunalanleihen folgen wollten, bis zu den beinahe schon expliziten Empfehlungen, dass die Partner ihre Anteile an Berkshire und DRC halten sollen. Obwohl er selbst gern mehr hätte, stellt er die Partner an die erste Stelle. Wie viel besser würde unsere gesamte Finanzdienstleistungs-Branche doch sein, wenn sich jeder so verhalten würde.

Zweitens sehen wir aus der praktischen Perspektive, wie er darüber dachte, Manager auszusuchen, und wir erhalten ein Expertengutachten über das Innenleben des Marktes für Kommunalanleihen.

Drittens rät er uns, unser Wertpapierportfolio als eine Sammlung von Instrumenten zu betrachten, ausgewählt wegen ihrer Fähigkeit, die höchstmögliche steuerfreie Rendite mit dem geringstmöglichen Risiko hervorzubringen. Nichts veranschaulicht das besser als der Vergleich dessen, was damals an Aktien beziehungsweise an Kommunalanleihen im Angebot war. Wenn es um Risiko und Belohnung geht, wird wieder einmal gezeigt, dass Konvention und Konservatismus voneinander unabhängig sind.

EPILOG

Hin zu einer höheren Form

»Ben würde sagen, dass es Sinn macht, was ich jetzt tue. Aber er würde auch sagen, dass das den meisten Menschen sehr viel schwerer fallen würde.«[135]

– 25. Juni 2011

Das Ende der Partnership war für Buffett das Ende des Anfangs. 1970 wurde er Chairman und CEO von Berkshire Hathaway. Durch die Überleitung von einer Partnership zu einer Kapitalgesellschaft entwickelte er sich weiter. Nun hatte er einen maßgeblichen Anteil an einer Einheit mit dauerhaftem Kapital und der Möglichkeit gewonnen, dieses ohne Kapitalsteuer von einem aktiven Unternehmen zu einem andern zu verschieben. Die Partnership-Mentalität hat sich jedoch kein bisschen verändert. Falls überhaupt, dann ist sie sogar noch stärker geworden.

Eine Unternehmens-Partnership

Wie Buffett es sieht, bringen Anteilseigner, genauso wie BPL-Partner, ihr Kapital mit seinem zusammen, und gemeinsam gehören ihnen dann die Vermögensgegenstände der Kapitalgesellschaft, so wie sie in der Partnership die Vermögensgegenstände besaßen. Das Eigentümerhandbuch von Berkshire, das Unternehmensäquivalent zu den Grundregeln der Partnership, sagt es ziemlich explizit:

> *»Obwohl unsere Form eine Kapitalgesellschaft ist, ist unser Verhalten partnerschaftlich. Charlie Munger und ich betrachten unsere Anteilseigner als Miteigentümer und sehen uns selbst als Managing-Partner. (Wegen der Größe unserer Anteile sind wir auch, wohl oder übel, beherrschende Partner.) Wir betrachten das Unternehmen nicht in der Rolle als ultimativer Eigentümer unserer Geschäftsvermögenswerte, sondern vielmehr als Zweckgesellschaft, durch die unsere Anteilseigner die Vermögensgegenstände besitzen.«*

Buffett behielt nicht nur die Partnership-Mentalität, er rückte sogar ein Stück näher an eine finanzielle Gleichstellung mit den anderen Inhabern heran, weil es keine Performance Fee gab. Bei BPL bekam er für seine Dienste der Geldanlage 25 Prozent auf alle Profite über den ersten 6 Prozent. Seit er bei Berkshire die Aufgabe des Chairman übernommen hatte, bezog er ein bescheidenes Gehalt, nahm jedoch keine Performance Fee oder andere Vorteile an, das würde seine Rolle als Aktionär auch nicht gerecht.

Schnappschüsse versus Filmrollen

Bill Ruane hat angeblich einmal gesagt, wenn es ums Investieren ginge, habe Graham die Bibel geschrieben und Buffett das Neue Testament.[136] Das fasst es wunderbar zusammen. Es ist so, als hätte Buffett als Schüler des Alten Testaments begonnen und sich dann seinen eigenen Weg geformt. Er hat sich beständig entwickelt, Grahams »erste Prinzipien« ergänzt und darauf aufgebaut. Ein ganzer Teil dieser Entwicklung fand während der Partnership-Jahre statt, in denen wir eine Bereitschaft gesehen haben, Investments in immer höherem Ausmaß zu fokussieren, eine stetige Abwanderung von statistisch preiswerten Zigarrenstummeln hin zu gut verzinsten Qualitätsaktien. Buffett schmiedete seine einzigartige Fähigkeit ständig weiter, die Unterscheidung zwischen Vermögenswerten und Kapital auf eine Weise zu treffen, die sie fungibler machte im Hinblick auf das Ziel, damit höheren Erträge zu erwirtschaften.

Er beginnt mit einer frühen Fokussierung auf statistische Schnappschüsse von Unternehmensbilanzen, wo er die preiswertesten der verfügbaren kleinen und kleinsten Nebenwerte als Net-Nets sowie Zigarrenstummel ausfindig machte. Dann, bei seinen frühesten Abweichungen von der Methode seines Mentors, verfolgte er eine extreme Strategie der Portfoliokonzentration. Während Graham es schätzte, gut diversifiziert zu sein und niemals viel Geld nur in eine Investition steckte, legte Buffett bis zu einem Drittel seines Kapitals in einer einzigen Idee an, wenn er auf eine sichere Gelegenheit wie Sanborn Map stieß.

Buffett wusste die qualitativen Messwerte eines Wertes immer mehr zu schätzen. Grahams Methoden hatten ihm ermöglicht, den günstigen Preis einer Unternehmensaktie auf eine Weise zu sehen, als würde er ein Foto schießen – es war der statistische Schnappschuss eines Unternehmens zu einem bestimmten Zeitpunkt. Die qualitative Methode, zu der Buffett langsam überging, kam mehr dem Drehen eines Videos gleich.[137] Er begann, über den heutigen Wert hinauszusehen und stellte zusehends Schätzungen an, wo sich dieser Wert hinbewegen würde. Die qualitativ hochwertigen Unternehmen wie The Walt Disney Corporation oder American Express gewinnen mit der Zeit an innerem Wert, weil sie auf irgendeine Weise begünstigt sind. Grahams quantitative Zigarrenstummel-Ideen sind eher eine »sichere Sache«, bieten aber in der Regel nur einen einzigen kostenfreien Zug. Buffett schätzte zunehmend die qualitativ hochwertigen Unternehmen, die ihren Wert über die Zeit aufbauen. Buffett schreibt Charlie Munger, seinem »Westküstenphilosophen« am meisten den Verdienst zu, ihn langsam von den Zigarrenstummeln und der erschöpfenden Jagd auf deren kostenlose Züge abgebracht zu haben.

Zwanzig Jahre nach dem Ende der Partnership schloss sich die Tür der Kategorie »einfach preiswert« dauerhaft, als er seine inzwischen ausgereifte Sichtweise mit den Worten zusammenfasste:

> *»Es ist besser, ein wunderbares Geschäft zu einem guten Preis zu kaufen, statt ein gutes Geschäft zu einem wunderbaren Preis. Charlie hat das früh verstanden; ich nur langsam. Aber wenn wir jetzt Unternehmen oder Stammaktien kaufen, suchen wir nach erstklassigen Geschäften mit erstklassigem Management.«*[138]

Der Übergang von der Suche nach kostenlosen Zügen an Zigarrenstummeln, wie es Grahams Ansatz entsprach, dazu, einen fairen Preis für einen sehr langen Zug zu bezahlen, sollte einen beträchtlichen Teil von Buffetts Beiträgen zu seiner entwickelten Vorgehensweise definieren.

Obwohl sich das deutlich von dem unterschied, was Graham machte, war es nicht inkongruent. Wie Buffett es ausdrückt:

> *»Ben findet, dass das, was ich jetzt tue, in meiner Situation sinnvoll ist. Die Grundlagen meines Vorgehens liegen immer noch bei Graham, aber es weist eine qualitativere Dimension auf, weil wir zum einen so große Geldsummen managen, dass es unmöglich ist, einfach herumzugehen und irgendwo diese relativ kleinen Preis-Wert-Diskrepanzen zu finden. Stattdessen müssen wir größere Beträge investieren, und das heißt, wir müssen auf mehr Kriterien achten, von denen nicht alle quantitativ sind. Aber Ben würde sagen, dass es sinnvoll ist, was ich jetzt tue. Aber er würde auch sagen, dass dies den meisten Menschen sehr viel schwerer fallen würde.«*[139]

Der Wechsel von quantitativ zu qualitativ war nicht revolutionär, sondern evolutionär. Nichts von Graham oder dem frühen Buffett wurde für nichtig erklärt.

Das ganze Spielfeld sehen

Graham sagt stets, dass eine Investition dann am besten umgesetzt wird, wenn sie so weit wie möglich wie ein Geschäft betrachtet wird, und dass ein Geschäft am besten gehandhabt wird, wenn man es wie eine Investition betrachtet. Buffett veranschaulicht diese Idee nicht nur, sondern gibt ihr noch dadurch Auftrieb, dass er die Unterscheidung zwischen beiden Begriffen abbaut. Er betrachtet Aktien schlichtweg als Zweckgesellschaft, durch die Anteilseigner buchstäblich ihren Anteil an Vermögensgegenständen in Besitz nehmen, die von der Kapitalgesellschaft gehalten werden. Die Vermögenswerte selbst können gekauft oder verkauft werden und sind von daher austauschbar. Vermögenswerte sind schlichtweg eine Form von Kapital in einem gegebenen Zustand – es ist gleichermaßen die Verantwortung der Kapitalgesellschaft wie des Investors, den Zustand ihres Kapitals in der möglichst höchsten und produktivsten Form zu erhalten.

Buffett verwandelte die qualitativ unbefriedigenden Teile eines Unternehmens in Kapital, das wiederum in produktivere Vermögensgegenstände zurückwandelt wurde. Bei Dempster bedeutete das, unproduktiven Lagerbestand in hoch produktive Wertpapiere zu verwandeln. Bei Berkshire bedeutete das, Vermögenswerte mit niedriger Rendite, die in Textilien angelegt waren, umzuwandeln und sie gegen hoch produktive Vermögenswerte aus der Versicherungs- und Bankbranche einzutauschen.

In Stein gehauene Grundsätze auf die nächste Stufe bringen

Die evolvierende Entwicklung von Buffetts Investment-Prozess fährt fort, Neuland zu betreten. Sein gediegener Ruf zusammen mit seinem Investitionsscharfsinn hat Berkshire über die Jahrzehnte ein exklusives Investmentfeld eröffnet. Kürzlich erhielt er während der Finanzkrise einzigartigen Zugang zu Wertpapieren wie den dividendenstarken Vorzugsaktien von Bank of America, Goldman Sachs und General Electric. Er hatte nicht nur seine Hände im Spiel, dieses Geschäft zu gestalten, sondern schuf auch für Berkshire allein die Möglichkeit, sie zu erwerben.

Am bemerkenswertesten von allem ist vielleicht die innere Konsistenz in all seinen Briefen, trotz der Weiterentwicklung seiner Methoden. Keine Idee wurde später für nichtig oder überholungsbedürftig erklärt. Zum Beispiel ist an einem Brief von 1957 nichts, was in intellektuellem Widerspruch zu einem späteren Brief stehen würde. Stattdessen werden Ideen ergänzt, gepflegt oder einfach intakt gelassen. Mit tieferen Erkenntnissen und anderen Umständen (mehr Geld, weniger potenzielle Investments) wurden die alten Ideen nicht ersetzt; sie wurden für ihn nur einfach weniger nützlich. Was aber natürlich bedeutet, dass sie immer noch nützlich für *uns* sein können.

Buffett überlässt uns eine Straßenkarte, die für Studenten und Investoren gleichermaßen von unschätzbarem Wert ist. Als hätte er uns alle vor eine Herausforderung gestellt. Als hätte er diese Briefe geschrieben, sie veröffentlicht und gesagt: »So investiert man, so habe ich es gemacht; diesen Weg habe ich eingeschlagen. Lassen Sie uns jetzt sehen, ob Sie mir auf diesem Weg folgen können.«

Danksagung

Meine gesamte Familie ist für mich der Fels der Unterstützung und Aufmunterung.

Eunice, meine wunderbare Frau, du hast das Unmögliche möglich gemacht – du hast mir das Geschenk gemacht, buchstäblich alles in unserem Haushalt zu übernehmen – obwohl du ganztags gearbeitet hast – so konnte ich mich in die Arbeit vertiefen. Olivia und David, meine zwei wunderbaren kleinen Kinder, ihr habt an unzähligen Abenden und Wochenenden auf euren Daddy verzichtet, und ich bin euch deshalb besonders dankbar. Dieses Buch ist so sehr Eures, wie es meins ist.

Es ist schwer, das tiefe Gefühl der Verantwortung zu beschreiben, das mich an dem Tag erfüllte, als mein intellektueller Held und Lieblingslehrer tatsächlich ja zu meiner Idee gesagt hat, seine Partnership-Briefe zu veröffentlichen. Ich habe mich seitdem ohne Unterbrechung gleichzeitig geehrt und wie entflammt gefühlt. Es gibt wenig, was mich glücklicher machen würde, als zu erfahren, dass Mr. Buffett froh über seine Entscheidung bleibt, mir eine wichtige Aufgabe anzuvertrauen, die sein Vermächtnis betrifft.

Deshalb habe ich meine Rolle mehr als Verwalter oder Projektleiter angesehen und habe so viele Anregungen begrüßt, wie ich bekommen konnte. Ich bin glücklicherweise im Stande gewesen, mich mit einigen wirklich außergewöhnlichen Menschen auszutauschen, die das Ergebnis dieses Buches auf gehaltvolle Weise verbessert haben. Steve Troha hat mich überzeugt, meine Ausführungen zwischen den Originalauszügen einzuschließen. Bruce Wexler hat meine Formulierungen präzisiert und das Projekt im Fokus gehalten. Hollis Heimbouch hat mich angeregt, nicht aufzugeben und das Buch zu schreiben, sie wusste, dass seine Fertigstellung für uns beide wichtig war.

Es gab natürlich viele andere wichtige Freunde und Kollegen, die mir erheblich geholfen haben. Ich möchte mich besonders bei Zach Haberman und Marc Lovci für ihre frühen Einführungen in die literarische Welt bedanken, in der ich ein Außenseiter war, bei meinem »Dr.-Gonzo-Team« aus Dylan und Tanaya Mattes für die Stunden, die sie mit dem sorgfältigen Lesen von Verträgen und Briefen verbrachten, Shirish Apte, Chris Blake, Omar Kara, Tom McManus und Daniel Roberts für ihre Freundschaft und berufliche Mentorenschaft, bei Brian Konigsberg für sein sorgfältiges Lesen des frühen Manuskriptes, Eric Wellmans für die begeisterte Aufnahme in seine Tradition von jährlichen Treffen und bei all meinen Kollegen bei Vertical Research Partners für ihre Unterstützung und Aufmunterung.

TEIL 4: ANHANG

ANHANG A

Die Ergebnisse der Buffett Partnerships

Jahr	Gesamtergebnisse des Dow Jones (1)	Partnership-Ergebnisse (2)	Ergebnisse der Limited Partners (3)
1957	-8.4 %	10.4 %	9.3 %
1958	38.5 %	40.9 %	32.2 %
1959	20.0 %	25.9 %	20.9 %
1960	-6.2 %	22.8 %	18.6 %
1961	22.4 %	45.9 %	35.9 %
1962	-7.6 %	13.9 %	11.9 %
1963	20.6 %	38.7 %	30.5 %
1964	18.7 %	27.8 %	22.3 %
1965	14.2 %	47.2 %	36.9 %
1966	-15.6 %	20.4 %	16.8 %
1967	19.0 %	35.9 %	28.4 %
1968	7.7 %	58.8 %	45.6 %
1969	-11.6 %	6.8 %	6.6 %

Die Ergebnisse der Buffett Partnerships

Jahr	Gesamtergebnisse des Dow Jones	Partnership-Ergebnisse	Ergebnisse der Limited Partners
1957	-8.4%	10.4%	9.3%
1957–1958	26.9%	55.6%	44.5%
1957–1959	52.3%	95.9%	74.7%
1957–1960	42.9%	140.6%	107.2%
1957–1961	74.9%	251.0%	181.6%
1957–1962	61.6%	299.8%	215.1%
1957–1963	95.1%	454.5%	311.2%
1957–1964	131.3%	608.7%	402.9%
1957–1965	164.1%	943.2%	588.5%
1957–1966	122.9%	1156.0%	704.2%
1957–1967	165.3%	1606.9%	932.6%
1957–1968	185.7%	2610.6%	1403.5%
1957–1969	152.6%	2794.9%	1502.7%
Jährliche Verzinsungsrate	7.4%	**29.5%**	**23.8%**

(1) Basierend auf den jährlichen Veränderungen des Punktestands des Dow Jones plus der Dividenden, die ein Besitzer der Dow-Jones-Aktien während des Jahrs erhalten hätte. Die Tabelle enthält alle vollständigen Jahre der Partnership-Aktivitäten.

(2) Für die Jahre 1957 bis 1961, bestehend aus zusammengeführten Ergebnissen aller Vorgänger-Partnerships, die das ganze Jahr tätig waren. Nach allen Kosten, aber vor Ausschüttung an die Partner und vor Ausschüttung seines Anteils an den General Partner.

(3) Für die Jahre 1957 bis 1961, berechnet auf Basis der vorhergehenden Spalte mit den Ergebnissen der Partnership abzüglich des Anteils für den General Partner auf Grundlage der Partnership-Vereinbarung (aber noch vor monatlichen Entnahmen der Limited Partner).

Quelle: The Super Investors of Graham & Doddsville, Partnership Briefe

ANHANG B:

Die Ergebnisse der Buffett Partnerships im Vergleich zu führenden Treuhand- und Investment-Fonds

Jahr	Massachusetts Investment Trust (1)	Investors Stock (1)	Lehman (2)	Tri-Cont (2)	Dow Jones	Limited Partners
1957	-11,40	-12,40	-11,40	-2,40	-8,40	9,30
1958	42,70	47,50	40,80	33,20	38,50	32,20
1959	9,00	10,30	8,10	8,40	20,00	20,90
1960	-1,00	-0,60	2,50	2,80	-6,20	18,60
1961	25,60	24,90	23,60	22,50	22,40	35,90
1962	-9,80	-13,40	-14,40	-10,00	-7,60	11,90
1963	20,00	16,50	23,70	18,30	20,60	30,50
1964	15,90	14,30	13,60	12,60	18,70	22,30
1965	10,20	9,80	19,00	10,70	14,20	36,90
1966	-7,70	-10,00	-2,60	-6,90	-15,60	16,80
1967	20,00	22,80	28.00	25,40	19,00	28,40
1968	10,30	8,10	6,70	6,80	7,70	45,60
Kumulierte Ergebnisse	**189,30**	**167,70**	**225,60**	**200,20**	**185,70**	**1403,50**
Jährliche Verzinsungsrate	**9,30**	**8,60**	**10,30**	**9,60**	**9,10**	**25,30**

Quelle: Partnership Briefe (alle Angaben in Prozent)

ANHANG C

Sequoia Fonds Performance

Sequoia Fonds Erste Dekade im Vergleich zum S&P 500 Index						
Jährliche Ergebnisse				Kumulierte Ergebnisse (CAGR)		
	S&P500	SEQUIX	DIFF		S&P500	SEQUIX
1970	20.6 %	12.1 %	-8.5 %	1970	20.6 %	12.1 %
1971	14.3 %	13.6 %	-0.7 %	'70 – '71	37.8 %	27.4 %
1972	19.0 %	3.6 %	-15.4 %	'70 – '72	64.0 %	32.0 %
1973	-14.7 %	-24.8 %	-10.1 %	'70 – '73	39.9 %	-0.7 %
1974	-26.5 %	-15.5 %	11.0 %	'70 – '74	2.8 %	-16.1 %
1975	37.3 %	61.8 %	24.5 %	'70 – '75	41.1 %	35.8 %
1076	24.0 %	72.4 %	48.4 %	'70 – '76	74.9 %	134.0 %
1977	-7.2 %	19.9 %	27.1 %	'70 – '77	62.3 %	180.6 %
1978	6.5 %	23.9 %	17.4 %	'70 – '78	72.9 %	247.7 %
1979	18.6 %	12.1 %	-6.6 %	'70 – '79	105.1 %	289.6 %
				Verzinsung	**8.8 %**	17.4 %

Quelle: Sequoia Fonds, Bloomberg

ANHANG D

DEMPSTER MILL

		1961		1962		1963	
Aktiva	**Bewertet zu**	**Buchwert**	**Angepasst**	**Buchwert**	**Angepasst**	**Buchwert**	**Angepasst**
Liquide Mittel	100 %	166	166	60	60	144	144
Börsengängige Wertpapiere	Marktpreisen			758	834	1722	2029
Forderungen	85 %	1040	884	796	677	1262	1073
Warenbestand	60 %	4203	2522	1634	980	977	586
Barwert von Lebensversicherung	100 %	45	45	41	41	-	0
Aktive Rechnungs-abgrenzungsposten	25 %	82	21	14	4	12	3
Erstattungsfähige Einkommensteuer	100 %			170	170	-	0
Summe Umlaufvermögen	66 %	5536	3637	3473	2766	4167	3835
Sonstige Investitionen	100 %			5	5	62	62
Netto Sachanlagen	Geschätzter Versteigerungs-wert	1383	800	945	700	872	650
Summe Aktiva		6919	4437	4423	3471	5101	4547
Verbindlichkeiten und Eigenkapital							
Schuldwechsel		1230	1230	-	-	125	125
Andere Verbindlichkeiten		1088	1088	346	346	394	394
Summe Verbindlichkeiten		2318	2318	346	346	519	519
Eigenkapital		4601	2119	4077	3125	4582	4028
Summe Verbindlichkeiten und Eigenkapital		6919	4437	4423	3471	5101	4547
Aktien im Umlauf		60	60	62	62	62	62
Buchwert je Aktie		**76,50 $**		**65,60 $**		**73,73 $**	
Angepasster Wert je Aktie			**35,24$**		**51,24 $**		**80,81 $**

Quelle: Partnership Briefe, Dempsters

ANHANG E

Buffetts letzter Brief: Die Funktionsweise von steuerfreien Kommunalanleihen

An meine Partner:

Dieser Brief versucht, Sie in die Grundlagen steuerfreier Anleihen einzuführen. Dabei liegt der Schwerpunkt auf den Arten und Laufzeiten, bei deren Erwerb wir die Partner im nächsten Monat unterstützen wollen. Wenn Sie unsere Hilfe beim Kauf von Anleihen in Anspruch nehmen werden, ist es wichtig, dass Sie diesen Brief sorgfältig (und nötigenfalls ein zweites Mal) lesen, weil er als Basis für die konkreten Käufe dient, die ich vorschlage. Wenn Sie mit meinen Schlussfolgerungen bezüglich der Arten oder Laufzeiten von Anleihen nicht einverstanden sind, mögen Sie recht haben, aber wir können Ihnen beim Kauf von Anleihen außerhalb unseres Gebietes nicht behilflich sein (übrigens hätten Sie vor ein oder zwei Jahren durchaus richtig gelegen und ich hätte mich geirrt, was den letzten Punkt angeht). Wir werden uns schlicht und einfach auf den von uns empfohlenen Bereich konzentrieren, und stehen deshalb nicht zur Verfügung, um beim Kauf von Wandelanleihen,

Unternehmensanleihen oder kurzfristigen Emissionen zu helfen oder zu beraten.

Ich habe versucht, diesen Brief so weit wie möglich auf den Punkt zu bringen. Einiges davon wird sehr – manches ein wenig übertrieben vereinfacht sein. Ich entschuldige mich im Voraus für diese Unzulänglichkeiten. Ich habe das Gefühl, dies ist der Versuch, den Inhalt eines hundertseitigen Buches auf 10 Seiten zusammenzufassen – und es auch noch so leicht lesbar zu machen wie die Witzeseite in der Zeitschrift.

Ich bin überzeugt, dass Sie Verständnis dafür haben, dass unsere Hilfe beim Kauf von Anleihen keine zukünftige Hilfe bei diesen Anleihen oder allgemeinen Investment-Entscheidungen einschließt. Ich stehe jetzt zur Unterstützung bereit aufgrund der ungewöhnlich hohen Geldsumme, die Sie in einer Ausschüttung von uns erhalten haben. Ich habe nicht den Wunsch, im Investment-Beratungsgeschäft direkt oder indirekt tätig zu sein, und werde für die Diskussion von Finanzangelegenheiten nach dem 31. März nicht mehr zur Verfügung stehen.

Die Funktionsweise von steuerfreien Anleihen

Für diejenigen, die unsere Hilfe wünschen, werden wir den Kauf von Anleihen direkt von Kommunalanleihe-Händlern im ganzen Land veranlassen und diese den Verkauf der Anleihen direkt an Sie bestätigen lassen. Die Bestätigung sollte als wichtiges Dokument zu Steuerzwecken aufbewahrt werden. Sie sollten dem Anleihen-Händler keinen Scheck senden, da er die Anleihen zusammen mit einer Abrechnung an Ihre Bank einliefern wird, die die Bank durch eine Belastung Ihres Kontos bezahlen wird. Für den Fall, dass Anleihen auf dem Zweitmarkt (bereits in Umlauf befindliche Emissionen) gekauft wurden, wird dieses Abrechnungsdatum gewöhnlich ungefähr eine Woche nach dem Bestätigungstermin sein, wohingegen bei Neuemissionen das Abrechnungsdatum einen ganzen Monat später sein kann. Das Abrechnungsdatum wird einfach auf dem Bestätigungsschein ausgewiesen (im Fall von Neuemissionen wird das der zweite und endgültige Schein sein statt des vorläufigen Scheins, den Sie gleich bei Ausgabe erhalten), und Ihr Bankkonto muss dann ausreichende Deckung aufweisen, um die Anleihen am Abrechnungsdatum zu zahlen. Wenn Sie jetzt Schatzanweisungen besitzen, können diese mit einer Benachrichtigungsfrist von ein paar Tagen gemäß Ihrer Instruktionen an Ihre Bank verkauft werden, sodass das Geld Ihnen ohne Probleme rechtzeitig zur Verfügung stehen sollte. Die Zinsen kommen Ihnen beginnend ab dem Abrechnungsdatum zugute, selbst wenn sich der Anleihenhändler bei der Auslieferung an Ihre Bank verspätet.

Anleihen werden in einer übertragbaren Form geliefert (als so genanntes »Inhaberpapier«, das sie handelbar macht) mit beigefügten Coupons. Gewöhnlich sind die Anleihen im Nennwert von 5 000 Dollar und können oft gegen Namensschuldverschreibungen eingetauscht werden (manchmal zu beträchtlichen Kosten und manchmal kostenfrei – das hängt von den Bedingungen ab). Namensschuldverschreibungen sind nicht ohne weiteres übertragbar, da Sie der eingetragene Eigentümer sind. Anleihen werden fast nur auf Inhaberbasis gehandelt, und es ist praktisch unmöglich, Namensschuldverschreibungen zu verkaufen, ohne sie in die Inhaberform zurückzuverwandeln. Wenn Sie also nicht gerade vorhaben, große physische Mengen von Anleihen zu besitzen, empfehle ich Ihnen, Anleihen in der Inhaberform zu belassen. Das bedeutet, sie an einem sehr sicheren Ort aufzubewahren und alle sechs Monate die Coupons abzuschneiden. Solche Coupons können, wenn sie abgetrennt sind, bei Ihrem Bankkonto wie Schecks eingereicht werden. Wenn Sie 250 000 Dollar in Form von Anleihen besitzen, bedeutet das wahrscheinlich ungefähr fünfzig einzelne Papierstücke (zum Nennwert von 5 000 Dollar) und vielleicht sechs oder acht Ausflüge pro Jahr zu Ihrem Bankdepot, um sich den Gegenwert abgeschnittener Coupons gutschreiben zu lassen.

Es ist auch möglich, ein Wertpapierdepot bei einer Bank zu eröffnen, wo für einigermaßen geringe Kosten die Anleihen aufbewahrt, die Zinsen eingesammelt und Ihre Aufzeichnungen für Sie aufbewahrt werden. Zum Beispiel wird eine Bank wahrscheinlich das Depot für Sie für ungefähr 200 Dollar pro Jahr bei einem Portfolio von 250 000 Dollar führen. Wenn Sie sich für ein Wertpapierdepot interessieren, sollten Sie einen Kundenbetreuer in Ihrer Hausbank nach Art und Kosten dieser Dienstleistungen fragen. Ansonsten sollten Sie ein Tresorfach anmieten.

Besteuerung

Die Zinsen, die mit den Coupons von steuerfreien Anleihen ausgeschüttet werden, sind natürlich von der bundesweiten Einkommensteuer befreit (in den USA gibt es zwei, manchmal drei Einkommensteuern: die bundesweite Einkommensteuer, die Einkommensteuer auf Ebene der meisten Bundesstaaten und unter Umständen eine kommunale bzw. lokale Steuer). Das bedeutet: Wenn Sie zur Spitzensteuergruppe mit einem Steuersatz von 30 % gehören, entspricht ein 6-prozentiger Ertrag aus steuerfreien Anleihen im Wert ungefähr dem Ertrag von 8,5 Prozent aus steuerpflichtigen Anleihen. Deshalb werden für die meisten unserer Partner, ausgenommen Minderjährige oder einige Rentner, steuerfreie Anleihen attraktiver sein als steuerpflichtige Anleihen. Für Menschen mit geringem oder gar keinem Einkommen aus Löhnen oder Dividenden, aber mit umfangreichem Kapital, ist es möglich, dass eine Kombination aus steuerpflichtigen Anleihen (um das steuerpflichtige Einkommen ungefähr in die 25-Prozent- oder 30-Prozent-Steuerklasse zu bringen) plus steuerfreien Anleihen das höchste Gesamtnettoeinkommen bringen wird. Wo das passt, werden wir mit Ihnen zusammen überlegen, wie Sie eine solche Ausgewogenheit herstellen können.

Die Situation hinsichtlich der Einkommensteuern in den einzelnen Bundesstaaten ist komplizierter. In Nebraska, wo diese Einkommensteuer als prozentualer Anteil der bundesweiten Einkommensteuer berechnet wird, ist die Folge, dass keine Steuer auf die Zinsen für steuerfreie Anleihen anfällt. Soweit ich sowohl die Gesetze von

New York als auch von Kalifornien verstehe, sind steuerfreie Anleihen von Investoren innerhalb des Heimatstaates nicht der Einkommensteuer des jeweiligen Bundesstaates unterworfen, aber steuerfreie Anleihen von anderen Staaten sind es sehr wohl. Ich glaube auch, dass die Einkommensteuer von New York City steuerfreie Anleihen von Investoren befreit, die innerhalb des Bundesstaates New York ansässig sind, aber diejenigen von anderen Staaten besteuert. Ich bin kein Experte für die Einkommensteuern der Bundesstaaten und unternehme auch keinen Versuch, mich über die ganzen Änderungen auf dem Laufenden zu halten, die in den verschiedenen Bundesstaaten oder Städten stattfinden. Deshalb verweise ich auf Ihren lokalen Steuerberater, erwähne diese wenigen allgemeinen Hinweise jedoch, damit Sie über die Existenz potenzieller Probleme vorgewarnt sind. In Nebraska gibt es keine Notwendigkeit, irgendwelche lokalen Betrachtungen in die Nettoberechnung einzubeziehen. Da, wo Emissionen aus anderen Bundesstaaten der lokalen Besteuerung unterworfen sind, werden die effektiven Kosten Ihrer Einkommensteuer auf der Ebene von Bundesstaat oder Kommune um den Vorteil reduziert, der daraus resultiert, was Sie von Ihrer bundesweiten Einkommensteuer abziehen. Das ist natürlich individuell sehr unterschiedlich. Zusätzlich gibt es in einigen Staaten verschiedene Steuern auf immaterielle Güter, die für alle steuerfreien Anleihen oder nur diejenigen von Investoren aus einem anderen Bundesstaat gelten können. Es gibt solche nicht in Nebraska, aber ich kann das nicht für andere Bundesstaaten sagen.

Wenn Anleihen mit einem Preisabschlag vom Nennwert (Disagio) gekauft werden und später verkauft werden oder ablaufen (sie werden fällig und zurückgezahlt), ist die Differenz zwischen dem Erlös und den Kosten der Kapitalgewinn- oder Verlustbetrachtung und steuerlichen Behandlung unterworfen. (Es gibt geringfügige Ausnahmen bei dieser Feststellung, da die Aussagen über Investments und Steuern leider zu allgemein sind, aber Sie werden darauf hingewiesen, sollten irgendwelche Wertpapiere betroffen sein, die wir empfehlen). Das vermindert die Nettorendite nach Steuern um einen Faktor, der den allgemeinen Satz der künftigen Kapitalertragssteuern und die spezifische künftige Steuerposition des Individuums einschließt. Später werden wir den Einfluss solcher Kapitalertragssteuern bei der Kalkulation der relativen Attraktivität von Anleihen mit Disagio im Vergleich zu »normalen« Coupon-Anleihen besprechen.

Zum Schluss ein sehr wichtiger Punkt. Obwohl das Gesetz nicht ganz eindeutig ist, sollten Sie besser nicht in Betracht ziehen, steuerfreie Anleihen zu besitzen, wenn Sie ein Universalbank-Darlehen oder eine andere Form von Schulden aufnehmen oder haben. Das Gesetz schließt die Abzugsfähigkeit von Zinsen auf Darlehen aus, die übernommen oder fortgeführt wurden, um steuerfreie Anleihen zu kaufen oder zu übertragen, und dieses Gesetzes wird wahrscheinlich im Laufe der Jahre tendenziell schärfer ausgelegt als heute. Mein Eindruck ist, dass Sie zum Beispiel kein Problem haben, wenn Sie eine Hypothek auf Grundbesitz haben (solange die Verbindlichkeit nicht aufgenommen wurde, um Kommunalanleihen zu erwerben), die Hypothekenzinsen bei Ihrer Bundes-Steuererklärung absetzen, auch wenn Sie zur gleichen Zeit auch steuerfreie Anleihen besitzen. Doch könnten Sie vermutlich Schwierigkeiten bekommen, als Eigentümer kommunaler Anleihen die Zinsen steuerfrei einzustreichen, falls Sie damit ein allgemeines Bankdarlehen besichern, auch wenn die Kreditsumme dafür verwendet wurde, um Aktien, einen Handballplatz oder etwas anderes zu kaufen. Deshalb würde ich Bankdarlehen zurückzahlen, bevor Sie steuerfreie Anleihen kaufen, aber ich überlasse die ausführliche Überprüfung dieser Frage Ihnen und Ihrem Steuerberater. Ich erwähne es bloß, um Ihnen das potenzielle Problem bewusst zu machen.

Marktfähigkeit

Steuerfreie Anleihen unterscheiden sich erheblich von Stammaktien oder Unternehmensanleihen darin, dass es buchstäblich Hunderttausende von Emissionen gibt, wobei die große Mehrheit von sehr wenigen Investoren gehalten wird. Das hemmt wesentlich die Entwicklung von überschaubaren, aktiven Märkten. Wann auch immer die Stadt New York oder Philadelphia Geld aufnehmen will, verkauft sie vielleicht zwanzig, dreißig oder vierzig nichtidentische Wertpapiere, da sie eine Emission mit möglichst vielen verschiedenen Laufzeiten anbieten wird. Eine 6-prozentige Anleihe von New York, die 1980 fällig wird, ist etwas ganz anderes als eine 6-prozentige Anleihe von New York, die 1981 ausläuft. Die eine kann nicht gegen die andere ausgetauscht werden, und ein Verkäufer muss einen Käufer für den einzelnen Posten finden, den er hält. Wenn Sie berücksichtigen, dass New York mehrere Male im Jahr Anleihen anbieten kann, ist leicht zu erkennen, warum allein diese Stadt Anleihen irgendwo in der Größenordnung von 1000 in Umlauf haben kann. Grand Island, Nebraska hat vielleicht 75 Anleihen in Umlauf. Der durchschnittliche Betrag jeder Anleihe könnte 100000 Dollar betragen, und die durchschnittliche Anzahl von Haltern kann sechs oder acht pro Anleihe sein. Deshalb ist es absolut unmöglich, jederzeit Marktangebote für alle Anleihen zu haben, und der Spread zwischen Kauf- und Verkaufspreis kann sehr groß sein. Sie können nicht am Morgen losziehen, um eine spezifische Grand-Island-Anleihe Ihrer Wahl zu kaufen. Möglicherweise wird sie nirgendwo angeboten, egal zu welchem Preis, und wenn Sie wirklich einen Verkäufer finden, gibt es keinen Grund, warum er im Vergleich zu anderen Angeboten ähnlicher Qualität einen realistischen Preis machen muss. Andererseits gibt es einzelne Emissionen wie diejenigen von Ohio Turnpike, Illinois Turnpike und so weiter, die über Beträge bis zu 200 Millionen Dollar oder mehr laufen und Tausende von Anleiheinhabern haben, die eine einzelne völlig homogene und austauschbare Anleihe besitzen. Offensichtlich finden Sie hier einen hohen Grad an Handelbarkeit.

Mein Eindruck ist, dass Handelbarkeit allgemein eine Funktion der folgenden drei Punkte in absteigender Ordnung der Bedeutung ist: (1) die Größe der bestimmten Anleihenemission; (2) die Größe des Ausstellers (so wird eine Emission von 100000 Dollar des Staates Ohio marktfähiger sein als eine Emission von 100000 Dollar von Podunk, Ohio); und (3) die Qualität des Ausstellers. Der bei weitem größte Teil der Verkaufsanstrengungen gilt dem Verkauf von Anleihe-Neuemissionen. Ein Durchschnitt von mehr als 200 Millionen Dollar pro Woche an Neuemissionen kommt auf den Markt, und die Maschinerie des Anleihenvertriebs ist bereit, sie zu verkaufen, ob groß oder klein. Meiner Meinung nach gibt es oft unzureichende Unterschiede beim Ertrag zum Zeitpunkt der Emission mit Blick auf die unterschiedliche Handelbarkeit, die bestehen wird, sobald der anfängliche Verkaufsschub ausläuft. Wir sind oft auf Märkte für Anleihen gestoßen, wo der Spread zwischen Nachfrage- und Angebotskurs bis zu 15 Prozent betragen konnte. Es besteht keine Notwendigkeit, Anleihen mit dem Potenzial für solche grotesken Märkte zu kaufen (obwohl die Gewinnspanne für den Händler, der sie ursprünglich anbietet, oft breiter ist als für marktfähigere Anleihen), und wir werden sie nicht für Sie kaufen. Die Anleihen, die wir kaufen wollen, werden gewöhnlich eine Preisdifferenz (die Differenz zwischen dem widerspiegelnd, was Sie netto für solche Anleihen beim Kauf zahlen und netto bei einem Verkauf zum gleichen Zeitpunkt erhalten würden), von 2 bis 5 Prozent haben. Solch ein Spread wäre verheerend sein, wenn Sie versuchen würden, mit solchen Anleihen zu handeln, aber ich glaube nicht, dass ein langfristiger Anleger sich davon abschrecken lassen muss. Absolut notwendig ist, sich von Anleihen mit sehr beschränkter Marktfähigkeit fernzuhalten – das sind oft gerade diejenigen, die lokale Anleihenhändler besonders gerne forcieren, weil sie daran am meisten Geld verdienen.

SPEZIFISCHE KAUFBEREICHE

Wir werden wahrscheinlich unsere Käufe auf die folgenden allgemeinen Bereiche konzentrieren:

1. Große Einnahmen erzeugende öffentliche Emittenten wie die Betreiber von Mautstraßen, von Stromleitungen, von Wasserversorgungsleitungen und ähnliche. Viele dieser Emissionen

besitzen eine gute Handelbarkeit, sind einer quantitativen Analyse unterworfen. Manchmal profitieren Sie als Anleger von zurückgehendem Kapitalbedarf oder anderen Faktoren, die dazu neigen, nicht die volle Bewertung am Markt zu erhalten.

2. Erschließungs-Schuldverschreibungen, die entstehen, wenn eine öffentliche Körperschaft Anrechte an Eigentum hält, das an ein Privatunternehmen verpachtet ist. Zum Beispiel hält Lorain, Ohio, Ansprüche an einem Projekt über 80 Millionen Dollar der U.S Steel Corporation. Die Entwicklungsbehörde hat Anleihen ausgegeben, um das Projekt zu finanzieren, und eine Netto- sowie Kostenmiete mit US-Steel vereinbart, um die Anleihenzahlungen zu bedienen. Die Stadt oder der Bundesstaat bürgen nicht für die Anleihen, und sie sind nur so gut wie das Unternehmen, das als Pächter auftritt. Viele erstklassige Unternehmen stehen hinter einer Gesamtheit von mehreren Milliarden Dollar solcher Verpflichtungen, obwohl neue aufgrund von Änderungen der Steuergesetze nur in kleinen Beträgen (5 Millionen Dollar oder weniger pro Projekt) ausgegeben werden. Eine Zeit lang gab es starke Vorbehalte gegen solche Emissionen, was dazu führte, dass sie für beträchtlich höhere Erträge verkauft wurden, als dies der inhärenten Kreditwürdigkeit entsprochen hätte. Diese Vorbehalte haben sich vermindert, was die erhältlichen erstklassigen Erträge reduziert, aber ich betrachte es immer noch als ein sehr attraktives Feld. Unsere Versicherungsgesellschaft besitzt die Mehrheit ihrer Anleihen in dieser Kategorie.

3. Emissionen des öffentlichen Wohnungsbaus für diejenigen von Ihnen, die die höchste Qualität an steuerfreien Anleihen wünschen. Faktisch tragen diese Anleihen die Garantie der US-Regierung, deshalb werden sie alle AAA bewertet. In Bundesstaaten, in denen lokale Steuern einen Aufschlag auf den Kauf von Emissionen innerhalb des Staates bringen, und ich Ihre Bedürfnisse aus (1) und (2) nicht erfüllen kann, würde ich Ihnen ten-

denziell lieber Wohnungsbauemissionen nahelegen anstatt zu versuchen, aus Krediten auszuwählen, die ich nicht verstehe. Wenn Sie mich anweisen, Verpflichtungen Ihres Heimatstaates zu kaufen, sollten Sie wesentliche Mengen an Wohnungsbauemissionen erwarten. Es gibt keine Notwendigkeit, unter solchen Emissionen zu diversifizieren, weil sie alle den möglichen Spitzenkredit darstellen.

4. Staatsobligationen direkter oder indirekter Natur

Sie werden feststellen, dass ich keine Emissionen von Großstädten kaufe. Ich habe nicht die geringste Idee, wie man New York City, Chicago, Philadelphia und so weiter analysiert (ein Freund erwähnte neulich: Als Newark versuchte, Anleihen zu einem sehr überteuerten Preis zu verkaufen, wurde die Mafia ziemlich sauer, weil Newark ihr einen schlechten Ruf anhängte). Ihre Analyse von New York City – und gebe ich zu, dass nur schwer vorstellbar ist, dass die Stadt ihre Rechnungen über längere Zeit nicht bezahlt – wäre genauso gut wie meine. Mein Ansatz bei Anleihen ist meinem Ansatz bei Aktien sehr ähnlich. Wenn ich etwas nicht verstehen kann, neige ich dazu, es zu ignorieren. Es stört mich nicht, wenn mir eine Gelegenheit entgeht, die ich nicht verstehe – selbst wenn jemand anderer scharfsichtig genug ist, um sie zu analysieren und gutes Geld verdient, wenn er sie nutzt. Ich will sicher sein, dass ich gut für die Dinge bezahlt werde, bei deren Abwicklung ich mich fähig fühle – und dass ich recht habe, wenn ich mich für eine entsprechende Investition entscheide.

Wir werden wahrscheinlich tendenziell zwischen fünf und zehn Emissionen für die meisten von Ihnen hinzukaufen. Wenn Sie jedoch möchten, dass ich mich auf Ihren Heimatstaat beschränke, können es weniger Emissionen sein – und vielleicht werden diese nur Wohnungsbauanleihen sein. Wir versuchen, keine kleineren Stücke als 25 000 Dollar einzukaufen, und größere Beträge bevorzugen, wo das passt. Kleinere Mengen an Anleihen werden gewöhnlich beim Wiederverkauf benachteiligt, manchmal substanziell. Der

Anleihenverkäufer klärt Sie gewöhnlich nicht darüber auf, wenn Sie Anleihen im Wert von 10 000 Dollar von ihm kaufen, aber Sie werden es hören, wenn Sie später versuchen, die 10 000-Dollar-Anleihen an ihn zu verkaufen. Wir können Ausnahmen machen, wo wir Emissionen vom Sekundärmarkt in kleineren Stückelungen kaufen – aber nur, wenn wir einen besonders guten Preis auf der Käuferseite wegen der kleinen Größe des Angebotes bekommen.

Kündbare Anleihen

Wir werden keine Anleihen kaufen, bei denen der Emittent der Anleihen ein Recht hat, die Anleihen auf einer Basis zu kündigen (tilgen), die den Vertrag wesentlich zu seinem Vorteil gestaltet. Es ist für mich verblüffend, dass Leute Anleihen kaufen, die in vierzig Jahren fällig sind, aber der Aussteller das Recht hat, die Anleihen mit einer winzigen Prämie in fünf oder zehn Jahren zu kündigen. Solch ein Vertrag bedeutet im Wesentlichen, dass Sie ein vierzigjähriges Geschäft abgeschlossen haben, wenn es für den Aussteller vorteilhaft (und für Sie nachteilig ist), und ein fünfjähriges Geschäft, wenn sich der anfängliche Vertrag als für Sie als vorteilhaft (und für den Aussteller als nachteilig) erweist. Solche Verträge sind wirklich unverschämt und existieren, weil Anleihenanleger die Implikationen einer solchen Vertragsform nicht zu Ende denken können und Anleihenhändler nicht auf besseren Bedingungen für ihre Kunden beharren. Eine äußerst interessante Tatsache ist, dass Anleihen mit sehr unattraktiven Kündigungseigenschaften für praktisch denselben Ertrag wie sonst identische Anleihen verkauft werden, die nicht vorzeitig kündbar sind.

Es sollte darauf hingewiesen werden, dass die meisten Anleihen von Nebraska sehr unfaire Kündigungsbestimmungen beinhalten. Trotz dieses schwerwiegenden vertraglichen Nachteils bieten sie keine höheren Erträge an als Anleihen mit gerechteren Bedingungen.

Ein Weg, dieses Problem zu vermeiden, ist, Anleihen zu kaufen, die nicht vorzeitig kündbar sind. Ein anderer Weg ist, Anleihen mit

Disagio zu kaufen, bei denen das Recht des Emittenten, die Anleihe zu kündigen, mit der Bedingung verknüpft ist, dafür einen Preis zu zahlen, der weit genug über Ihren Kosten liegt, um die mögliche Kündigung für Sie irrelevant zu machen. Wenn Sie eine Anleihe zu 60 kaufen, die bei 103 kündbar ist, sind die effektiven Kosten, dem Aussteller das Recht auf vorzeitige Vertragskündigung zu gewähren (ein Recht, das Sie nie haben), für Sie unbedeutend. Aber eine Anleihe des Los Angeles Department of Water and Power für 100 zu kaufen, um für 100 im Jahr 1999 fällig zu werden oder zu 104 im Jahr 1974, abhängig von dem Vorteil für den Aussteller und Ihrem Nachteil, ist die Spitze der Dummheit, wenn vergleichbare Erträge mit ähnlichen Krediten ohne solch einen so unfairen Vertrag verfügbar sind. Dennoch wurde gerade solch eine Anleihe im Oktober 1969 emittiert, und ähnliche Anleihen kommen kontinuierlich jeden Tag auf den Markt. Ich schreibe nur deshalb so ausführlich über einen offensichtlichen Punkt, da aus dem andauernden Verkauf solcher Anleihen offensichtlich ist, dass viele Anleger nicht die geringste Vorstellung haben, wie das ihre Chancen beeinträchtigt, und viele Anleihenverkäufer nicht beabsichtigen, ihnen das zu erzählen.

Fälligkeit und die Mathematik von Anleihen

Viele Menschen wählen beim Kauf von Anleihen Laufzeiten aus, die darauf gestützt sind, wie lange sie vorhaben, die Anleihe halten zu wollen, wie lange sie leben werden und andere Gründe. Obwohl das kein dummer Ansatz ist, ist es nicht notwendigerweise der logischste. Die primären Determinanten bei der Auswahl der Fälligkeit sollten eher (1) die Form der Ertragskurve sein; (2) Ihre Erwartungen bezüglich zukünftiger Zinssätze und (3) das Ausmaß der Kursschwankung, die Sie bereitwillig auszusitzen bereit sind oder von der Sie zu profitieren hoffen. Natürlich ist (2) am wichtigsten, aber macht es bei weitem am schwierigsten, es intelligent zu kommentieren.

Wir wollen die Ertragskurve zuerst betrachten. Wenn andere Aspekte der Qualität identisch sind, wird es einen Unterschied bei den Zinssätzen geben, die gestützt auf die Dauer der angebotenen Anleihe gezahlt werden. Zum Beispiel könnte eine erstklassige Anleihe, die jetzt angeboten wird, einen Ertrag von 4,75 Prozent haben, wenn sie in sechs oder neun Monaten fällig wird, 5,00 Prozent bei zwei Jahren, 5,25 Prozent bei fünf Jahren, 5,50 Prozent für zehn Jahre und 6,25 Prozent für zwanzig Jahre. Wenn Zinsen für langlaufende Anleihen wesentlich höher sind als Zinsen für kurze, sagt man, die Kurve ist stark positiv. Auf dem Markt für amerikanische Staatsanleihen tendierten die Zinsen neuerdings dazu, eine negative Ertragskurve zu bilden; das heißt, eine langfristige Staatsanleihe hat im Laufe des letzten Jahres weniger Rendite abgeworfen als eine kurzfristige. Manchmal war die Ertragskurve sehr flach, und manchmal war sie bis zu einem bestimmten Punkt, wie beispielsweise zehn Jahre, positiv und wurde dann flach. Was Sie verstehen sollten ist, dass sie sich häufig sehr stark ändert, und dass auf einer historischen Basis die gegenwärtige Steigung dazu neigt, in einem hohen positiven Bereich zu sein. Das bedeutet nicht, dass langfristige Anleihen mehr wert sein werden, aber es bedeutet, dass Sie höher dafür bezahlt werden, die Laufzeit zu verlängern als in vielen anderen Perioden. Wenn die Erträge für mehrere Jahre unverändert bleiben würden, stehen Sie mit länger laufenden Anleihen besser da als mit Anleihen von kurzer Laufzeit, unabhängig von der ursprünglich beabsichtigten Haltedauer.

Der zweite Faktor bei der Bestimmung der Laufzeitauswahl sind die Erwartungen bezüglich zukünftiger Zinsniveaus. Jeder, der viele Voraussagen auf diesem Feld gemacht hat, sah tendenziell sehr schnell sehr dumm aus. Ich habe die Zinsen vor einem Jahr nicht als unattraktiv betrachtet, und ich wurde fast sofort eines besseren belehrt. Ich halte die gegenwärtigen Zinsen für nicht unattraktiv und kann wieder dumm aussehen. Dennoch muss eine Entscheidung getroffen werden, und Sie können auch einen großen Fehler machen, wenn Sie jetzt kurzfristige Wertpapiere kaufen und die

Zinsen, die in ein paar Jahren bei der Wiederanlage angeboten werden, dann viel niedriger sind.

Der letzte Faktor betrifft Ihre Bereitschaft, Kursschwankungen hinzunehmen. Das schließt die Mathematik der Anleiheinvestition ein und kann für Sie etwas schwierig zu verstehen sein. Dennoch ist es wichtig, dass Sie ein allgemeines Verständnis der Grundlagen gewinnen. Lassen Sie uns für den Moment eine vollkommen flache Ertragskurve und eine nicht vorzeitig kündbare Anleihe annehmen. Weiter nehmen wir an, dass die Zinsen gegenwärtig 5 Prozent betragen, und dass Sie zwei Anleihen kaufen, eine fällig in zwei Jahren und eine fällig in 20 Jahren. Nun nehmen wir an, dass ein Jahr später die Erträge für Neuemissionen auf 3 Prozent gesunken sind und Sie Ihre Anleihen verkaufen möchten.

Lassen wir den Spread, die Vermittlungsprovisionen und Weiteres außer Acht, werden Sie 1019,60 Dollar für die ursprünglich zweijährige Anleihe über 1000 Dollar (jetzt mit einem Jahr Restlaufzeit) erhalten, und 1288,10 Dollar für die 19-jährige Anleihe (die ursprünglich 20 Jahre Laufzeit hatte). Zu diesen Preisen wird ein Käufer auf sein Geld genau 3 Prozent dafür erhalten, dass er bei jeder Anleihe die Reihe von beigefügten 5-Prozent-Coupons einlöst; das gilt nach der Amortisierung des Aufpreises, den er bezahlt hat. Es ist für ihn gleich, ob er Ihre neunzehnjährige 5-Prozent- Anleihe zu 1288,10 Dollar oder eine neue 3-Prozent-Anleihe kauft (das ist der Zinssatz, den wir ein Jahr später unterstellt haben) für 1000,00 Dollar. Nehmen wir jetzt andererseits einmal an, dass die Zinsen auf 7 Prozent gestiegen sind. Wieder ignorieren wir Vermittlungsprovisionen, Kapitalertragssteuern auf den Disagio und so weiter. Jetzt wird der Käufer nur 981,00 Dollar für die Anleihe mit einem Jahr Restlaufzeit bezahlen und 791,60 Dollar für die Anleihe mit neunzehn verbleibenden Jahren. Da er 7 Prozent bei Neuemissionen bekommen kann, ist er nur bereit, Ihre Anleihe bei einem ausreichenden Preisnachlass zu kaufen, sodass der Zugewinn dieses Preisnachlasses ihm denselben wirtschaftlichen Vorteil für Ihren 5-Prozent-Coupon geben wird, den ihm ein 7-Prozent-Coupon für 1,000.00 Dollar geben würde.

Der Grundsatz ist einfach. Je größer die Ausschläge bei den Zinssätzen und je länger die Laufzeit der Anleihe, desto mehr kann der Wert einer Anleihe bis zur Fälligkeit steigen oder sinken. Es sollte darauf hingewiesen werden, dass im ersten Beispiel, wenn die Zinssätze auf 3 Prozent sinken, unsere langfristige Anleihe nur auf ungefähr 1070,00 Dollar gestiegen wäre, wenn sie nach fünf Jahren zum Nennwert kündbar gewesen wäre, obwohl sie genauso stark nachgegeben hätte, wenn der 7-Prozent-Zinssatz vorgekommen wäre. Das illustriert nur die innewohnende Ungerechtigkeit von Kündigungsbestimmungen.

Seit über zwei Jahrzehnten sind die Zinssätze für steuerfreie Anleihen fast unaufhörlich gestiegen, und die Käufer langfristiger Anleihen haben unaufhörlich darunter gelitten. Das bedeutet nicht, dass es jetzt schlecht ist, langfristige Anleihen zu kaufen – es bedeutet einfach, dass das im vorherigen Absatz dargelegte Szenario seit langer Zeit nur in einer Richtung auftritt und sich die Menschen mehr über das Risiko eines Kursrückgangs bei steigenden Zinssätzen bewusst sind als über das Gewinnpotenzial bei sinkenden Zinsen.

Wenn es eine 50:50-Chance bezüglich des zukünftigen allgemeinen Zinsniveaus gibt, und die Ertragskurve deutlich positiv ist, dann stehen die Chancen besser beim Kauf langlaufender, nicht vorzeitig kündbarer Anleihen als bei kurzlaufenden Anleihen. Das spiegelt meine aktuelle Schlussfolgerung wider und deshalb habe ich vor, Anleihen innerhalb der Laufzeitbandbreite von 10 bis 25 Jahre zu kaufen. Wenn Sie irgendwelche Präferenzen innerhalb dieser Spanne haben, werden wir versuchen, Anleihen auszuwählen, die diese Präferenzen widerspiegeln, aber wenn Sie sich für kurzfristigere Anleihen interessieren, werden wir Ihnen nicht helfen können, weil wir in diesem Bereich keine Anleihen aussuchen.

Bevor Sie sich für den Kauf einer 20-jährigen Anleihe entscheiden, gehen Sie zurück und lesen Sie den Absatz, der aufzeigt, wie sich Preise basierend auf Änderungen der Zinssätze ändern. Wenn Sie natürlich die Anleihe einfach halten, werden Sie den vertraglich festgelegten Zinssatz erhalten, aber wenn Sie früher verkaufen, werden Sie den mathematischen Kräften unterworfen sein, die in diesem Abschnitt im Guten wie im Schlechten beschrieben sind. Die Kurse von Anleihen ändern sich auch wegen Änderungen der Qualität im Laufe der Jahre, aber im steuerfreien Bereich war das tendenziell – und wird es wahrscheinlich auch bleiben – ein relativ geringer Faktor im Vergleich zum Einfluss von Änderungen in der allgemeinen Zinsstruktur.

Nullcouponanleihen versus Standardanleihen

Sie werden es in der vorangegangenen Diskussion bemerkt haben: Wenn Sie jetzt einen 7-Prozent-Ertrag bei einer Anleihe mit 19 Jahren Laufzeit kaufen wollen, haben Sie die Wahl zwischen dem Kauf einer neuen Anleihe mit einem 7-prozentigen Couponzinssatz oder dem Kauf einer Anleihe mit einem 5-Prozent-Coupon für 791,60 Dollar, die Ihnen 1000,00 Dollar in 19 Jahren zurückzahlen würde. Jeder Kauf würde halbjährlich mit 7 Prozent für Sie verzinst. Mathematisch sind beide vergleichbar. Im Fall von steuerfreien Anleihen wird die Gleichung jedoch durch die Tatsache kompliziert, dass der Coupon über 70,00 Dollar für Sie völlig steuerfrei ist, wohingegen die mit einem Preisnachlass gekaufte Anleihe Ihnen ein steuerfreies Einkommen von 50,00 Dollar pro Jahr, aber einen Kapitalgewinn am Ende des neunzehnten Jahres von 208,40 Dollar einbringt. Nach dem gegenwärtigen Steuergesetz hätten Sie nur eine symbolische Steuerschuld, wenn der Gewinn aus der Realisierung des Preisnachlasses Ihr einziges steuerpflichtiges Einkommen im 19. Jahr wäre, Sie würden aber über 70,00 Dollar Steuern zahlen, wenn er zusätzlich zu sehr großen Beträgen an Kapitalgewinnen zum gleichen Zeitpunkt kommt (das neue Steuergesetz sorgt für Kapitalertragssteuern von 35 %, und sogar ein bisschen mehr auf einer indirekten Basis 1972 und danach für diejenigen, die sehr große Gewinne realisieren). Zusätzlich dazu könnten einige Steuern auf der Ebene Ihres Bundesstaats anfallen, die auf den Kapitalgewinn zu zahlen sind.

Natürlich werden Sie unter diesen Umständen nicht 791,60 Dollar für den 5-Prozent-Coupon zahlen und finden, dass es Ihnen damit ebenso gut geht wie mit dem 7-Prozent-Coupon bei 1000,00 Dollar. Genausowenig wird das irgendjemand anders tun. Deshalb werden identische Qualitäts-Wertpapiere mit identischen Laufzeiten für beträchtlich höhere Bruttoerträge verkauft, wenn sie niedrige Couponzinsen haben und mit Preisnachlässen bewertet werden, statt hohe Couponzinsen zu bieten.

Interessanterweise kompensieren für die meisten Steuerzahler solche höheren Bruttoerträge mehr als die wahrscheinlich zu zahlende Steuer. Das ist durch mehrere Faktoren begründet. Erstens weiß niemand, wie die Steuergesetze tatsächlich aussehen, wenn die Anleihen fällig werden, und die Annahme ist sowohl natürlich als auch wahrscheinlich zutreffend, dass der Steuersatz dann höher sein wird als jetzt. Zweitens ziehen die Menschen es vor, den höheren laufenden Ertrag zu bekommen, auch wenn bei einer Anleihe von 1000,00 Dollar, die in 19 Jahren fällig ist, eine mit 5-Prozent-Coupons zu 791,60 Dollar gekauft einer mit 7-Prozent-Coupons zum Nennwert von 1000,00 Dollar gekauften vom Ergebnis entspricht. Der Eigentümer der 5-Prozent-Anleihe erhält nur um die 6,3 Prozent an laufenden Erträgen auf seine 791,60 Dollar und erzielt den Ausgleich, der notwendig ist, um auf 7 Prozent zu kommen, mit den zusätzlichen 208,40 Dollar, der er am Ende herauszieht. Schlussendlich ist der wichtigste Faktor, der zurzeit die Preise bei Niedrigcoupon-Anleihen beeinflusst (und der Sie weiterhin betreffen wird), dass Banken als Käufer aus dem Markt für steuerfreie Niedrigcoupon-Anleihen durch Änderungen ausgeschlossen worden sind, die speziell für die Bankenbranche durch die Steuerreform 1969 verursacht wurden. Banken waren historisch die größten Käufer und Eigentümer von steuerfreien Anleihen, und alles, was sie von einem Segment des Marktes ausschließt, hat dramatische Auswirkungen auf die Angebots-Nachfrage-Situation in diesem Segment. Das kann dazu führen, dass Privatpersonen einen gewissen Vorteil im Markt für steuerfreie Niedrigcoupon-Anleihen haben, besonders diejenigen, die voraussichtlich keinen hohen Steuersatz haben, wenn die Anleihen fällig oder verkauft werden.

Wenn ich einen bedeutsam höheren effektiven Nachsteuerertrag bekommen kann (und dabei vernünftige Schätzungen zu Ihrem speziellen, zukünftigen Steuersatz berücksichtige), habe ich vor, Niedrigcoupon-Anleihen für Sie zu kaufen. Ich weiß, dass einige Partner Standardcoupon-Anleihen bevorzugen, auch wenn ihr effektiver Ertrag geringer ist, da sie es vorziehen, den laufenden liquiden Ertrag zu maximieren, und wenn sie mich entsprechend verständigen, werden wir in Ihren Fällen bei Coupon-Eissionen (oder sehr nahe daran) bleiben.

Vorgehensweise

Ich habe vor, den ganzen März im Büro zu sein (einschließlich der Samstage, außer am 7. März), und freue mich, jeden Partner zu sehen oder telefonisch mit ihm zu sprechen. Als Unterstützung bei der Terminplanung treffen Sie bitte die Verabredung mit Gladys (oder mir).

Die einzige Bitte, die ich habe, besteht darin, dass Sie so viel wie möglich dieses Briefs verinnerlichen, bevor wir sprechen. Wie Sie sehen können, wäre es ein ziemliches Problem, wenn ich Ihnen allen jeden Punkt einzeln erklären müsste.

Wenn Sie sich dafür entscheiden, unsere Unterstützung beim Kauf von Anleihen in Anspruch zu nehmen, sollten Sie uns mitteilen:

1. Ob Sie Käufe aus lokalen Steuergründen auf Ihren Heimatstaat beschränken wollen;
2. Ob Sie uns auf Standardcoupon-Emissionen beschränken wollen oder es unserem Urteil überlassen, wo Sie den höchsten Wert bekommen;
3. Ihre Vorliebe in Bezug auf die Laufzeit in der Spanne von zehn bis 25 Jahren, oder ob Sie es vorziehen, die Entscheidung in diesem Bereich uns zu überlassen;
4. Wie viel Sie investieren wollen – wir können mehrere Prozent unter der Zahl bleiben, die Sie nennen, aber wir werden sie nie überschreiten;
5. Von welcher Bank die Anleihen bezahlt werden sollen.

Wir werden Sie telefonisch oder per Brief benachrichtigen, wenn wir Anleihen kaufen. Bill und John werden einen Großteil der anfallenden Detailarbeit erledigen. Selbstverständlich hat keiner von uns irgendein finanzielles Interesse an irgendeiner Transaktion. Wenn Sie irgendwelche Fragen bezüglich der Funktionsweise haben, wenden Sie sich bitte an John oder Bill, weil ich wahrscheinlich bis über beide Ohren in der Arbeit stecke und sie mit den spezifischen Transaktionen vertrauter sind. Nach dem 31. März habe ich vor, für mehrere Monate nicht im Büro zu sein. Deshalb melden Sie sich bis dahin, wenn Sie über die Dinge sprechen wollen. Der Abschluss aller Käufe kann bis in den April gehen, aber Bill wird sich darum kümmern, dass alles reibungslos klappt.

Sie sollten verstehen, dass es wegen der bereits erwähnten enormen Vielfalt an Emissionen unmöglich ist, genau zu sagen, was gekauft wird. Manchmal hat der Markt für steuerfreie Anleihen mehr Ähnlichkeit mit Immobilien als mit Aktien. Es gibt Hunderttausende von Objekten mit unterschiedlicher Vergleichbarkeit, manche ohne Verkäufer, einige mit widerwilligen Verkäufern und einige mit eifrigen Verkäufern. Welches der beste Kauf sein kann, hängt von der Qualität dessen ab, was angeboten wird, und davon, wie gut das zu Ihren Bedürfnissen und zu den Absichten des Verkäufers passt. Der Standard für den Vergleich sind immer Neuemissionen, bei denen im Durchschnitt mehrere 100 Millionen Dollar Wert pro Woche verkauft werden muss – allerdings können spezifische Sekundärmarkt-Gelegenheiten (ältere Emissionen, die bereits im Umlauf sind) attraktiver sein als Neuemissionen, und wir können nur herausfinden, wie attraktiv sie sind, wenn wir bereit sind, Angebote zu machen.

Obwohl sich die Märkte ändern können, sieht es aus, als ob wir keine Schwierigkeit haben werden, in den Bereich von 6,5 Prozent nach Steuern bei Anleihen mit etwa zwanzigjähriger Laufzeit zu kommen (außer bei Wohnungsbauanleihen).

Herzlich

Warren E. Buffett

Endnoten

1 Lawrence Cunningham, *The Essays of Warren Buffett: Lessons for Corporate America* (Boston: Lawrence A. Cunningham, 2001)

2 Anthony Bianco, *Homespun Wisdom from the »Oracle of Omaha«*, Businessweek, 5. Juli 1999

3 Alice Schroeder, *The Snowball: Warren Buffett and the Business of Life* (New York: Bantham Dell, 2008), 202 (dt: *Das Leben ist wie ein Schneeball* FinanzBuch Verlag, München 2008)

4 Warren Buffett, »Warren Buffett's $50 Billion Decision«, *Forbes*, 26. März 2012

5 Warren Buffetts Partnership Letter – 18. Januar 1963

6 Warren Buffetts Partnership Letter – 12. Juli 1966

7 Warren Buffetts Partnership Letter – 12. Juli 1966

8 Warren Buffetts Partnership Letter – 12. Juli 1966

9 Warren Buffetts Partnership Letter – 24. Januar 1968

10 Myles Udland, 4. September 2014, (18:33), «Fidelity Reviewed Which Investors Did Best And What They Found Was Hilarious,« Business Insider, 4. September 2014, http://www.business-insider.com/forgetful-investors-performed-best-2014-9

11 Benjamin Graham & David L. Dodd, *Security Analysis, The Classic 1951 Edition* (XXX: McGraw Hill, 2005), Kapitel 8 (deutsche Ausgabe FinanzBuch Verlag, München, 2013)

12 In der aktuellen Auflage von *Intelligent Investieren* ist das Kapitel 8

13 Warren Buffett, «Warren Buffett's $50 Billion Decision,« *Forbes*, 26. March 2012

14 Auch wenn dieses Zitat weitgehend Einstein zugeschrieben wird, ist strittig, ob er es tatsächlich geäußert hat.

15 Warren Buffetts Partnership Letter – 18. Januar 1964

16 Alice Schroeder, *The Snowball: Warren Buffett and the Business of Life* (New York: Bantam Dell, 2008), 249 (dt: *Das Leben ist wie ein Schneeball* FinanzBuch Verlag, München 2008)

17 Michelle Fox, 9. Februar 2015, (18:44), «Here's how a janitor amassed an $8M fortune,« *CNBC*, February 9, 2015, http://www.cnbc.com/2015/02/09/

18 Warren Buffett's Partnership Letter – 18. Januar 1963

19 Warren Buffett's Partnership Letter – 18. Januar 1964

20 Warren Buffetts Partnership Letter – 18. Januar 1964

21 Warren Buffett's Partnership Letter – 9. Oktober 1969

22 Warren Buffetts Partnership Letter – 18. Januar 1965

23 Warren Buffetts Partnership Letter – 1. November 1962

24 Warren Buffetts Partnership Letter – 1. November 1962

25 Warren Buffetts Partnership Letter – 24. Januar 1962

26 Warren Buffetts Partnership Letter – 6. Juli 1962

27 Warren Buffett's Partnership Letter – 18. Januar 1964

28 Warren Buffett, Chairman's Letter To the Shareholders of Berkshire Hathaway Inc., 2013

29 Warren Buffetts Partnership Letter – 8. Juli 1964

30 Warren Buffetts Partnership Letter – 18. Januar 1965

31 Warren Buffetts Partnership Letter – 9. Juli 1965

32 Warren Buffetts Partnership Letter – 24. Januar 1962

33 Warren Buffetts Partnership Letter – 1. November 1962

34 Warren Buffetts Partnership Letter – 1. November 1962

35 Warren Buffett, Owner's Manual For the Shareholders of Berkshire Hathaway Inc., 1996

36 Warren Buffets Partnership Letter – 30. Januar 1961

37 Warren Buffetts Partnership Letter – 20. Januar 1966

38 Warren Buffetts Partnership Letter – 6. Juli 1962

39 Warren Buffetts Partnership Letter – 2. Juli 1961

40 Charlie Munger, «CHARLIE MUNGER ON THE PSYCHOLOGY OF HUMAN MISJUDGEMENT« (Vortrag an der Harvard University, Boston, Mass., Juni 1995).

41 Charlie Munger, «CHARLIE MUNGER ON THE PSYCHOLOGY OF HUMAN MISJUDGEMENT« (Vortrag an der Harvard University, Boston, Mass., Juni 1995).

42 Warren Buffett, «Warren Buffett's $50 Billion Decision,« *Forbes*, 26 März 2012

43 Warren Buffetts Partnership Letter – 30. Januar 1961

44 Warren Buffetts Partnership Letter – 18. Januar 1964

45 Warren Buffetts Partnership Letter – 24. Januar 1962

46 Interview des Autors mit Thomas Graham Kahn und Andrew Kahn, New York City, Juli 2015

47 Warren Buffetts Partnership Letter – 24 Januar 1962

48 Warren Buffetts Partnership Letter – 24. Januar 1962

49 Warren Buffetts Partnership Letter 25. Januar 1967

50 Ben Graham, 1945 Brief an die Aktionäre von Graham-Newman, 28. Februar 1946

51 Warren Buffetts Partnership Letter 18. Januar 1965

52 Alon Brav und andere, »Hedge Fund Activism, Corporate Governance, and Firm Performance«, *The Journal of Finance*, Vol. LXIII, No. 4. August 2008

53 Der Autor dankt Kahn Brothers für diese Anregung

54 Warren Buffetts Partnership Letter – 9. Oktober 1967

55 Warren Buffetts Partnership Letter – 9. Oktober 1967

56 A Lesson on Elementary, Worldly Wisdom as It Relates to Investment Management and Business, 14. April 1994

57 Roger Lowenstein, *Buffett: The Making of an American Capitalist* (New York: Random House, 2008), S. 92 (dt. *Buffett: Die Geschichte eines amerikanischen Kapitalisten*, Kulmbach, Börsenmedien AG, 2009)

58 Tobias Carlisle, *Deep Value: Why Activist Investors and Other Contrarians Battle for Control of Losing Corporations* (New Jersey: John Wiley & Sons, 2014), S. 191

59 Telefoninterview des Autors mit Tom Gayner, 24. Juli 2015

60 Sham Gad, January 28, 2007, (8:12 p.m.), «Permanent Value: The Teachings of Warren Buffett,« *buffettspeaks*, January 28, 2007, http://buffettspeaks.blogspot.com/2007/01/permanent-value-teachings-of-warren.html

61 Sham Gad, January 28, 2007, (8:12 p.m.), «Permanent Value: The Teachings of Warren Buffett,« *buffettspeaks*, January 28, 2007, http://buffettspeaks.blogspot.com/2007/01/permanent-value-teachings-of-warren.html

62 Warren Buffetts Partnership Letter – 24 Januar 1962

63 Warren Buffett, Chairman's Letter To the Shareholders of Berkshire Hathaway Inc., 1988

64 1967 Jahresabschlussbrief, 24. Januar 1968

65 Warren Buffetts Partnership Letter – 18. Januar 1965

66 Warren Buffett, Chairman's Letter To the Shareholders of Berkshire Hathaway Inc., 1988

67 Warren Buffetts Partnership Letter – 20. Januar 1966

68 Warren Buffetts Partnership Letter – 24 Januar 1962

69 Alice Schroeder, *The Snowball: Warren Buffett and the Business of Life* (New York: Bantam Dell, 2008),223 (dt: *Das Leben ist wie ein Schneeball* FinanzBuch Verlag, München 2008

70 Alice Schroeder, *The Snowball: Warren Buffett and the Business of Life* (New York: Bantam Dell, 2008), 246 (dt: *Das Leben ist wie ein Schneeball* FinanzBuch Verlag, München 2008

71 Warren Buffetts Partnership Letter – 20. Januar 1966

72 Warren Buffetts Partnership Letter – 9. Juli 1965

73 Warren Buffetts Partnership Letter – 24. Januar 1962

74 Warren Buffetts Partnership Letter – 1. November 1966

75 Benjamin Graham & David L. Dodd, *Security Analysis, The Classic 1951 Edition* (New York: McGraw Hill, 2005), Kapitel 8 (deutsche Ausgabe: *Wertpapieranalyse*, FinanzBuch Verlag, München, 2013)

76 Joel Greenblatt 7. September 2005, Special Situation Investing Seminar an der Columbia Business School

77 Notizen des Autors vom Jahresmeeting 2015

78 Benjamin Graham & David L. Dodd, *Security Analysis, The Classic 1951 Edition* (New York: McGraw Hill, 2005), 581 (deutsche Ausgabe: *Wertpapieranalyse*, FinanzBuch Verlag, München, 2013)

79 Warren Buffetts Partnership Letter – 18. Januar 1964

80 Warren Buffetts Partnership Letter – 24. Januar 1962

81 Alice Schroeder, *The Snowball: Warren Buffett and the Business of Life* (New York: Bantam Dell, 2008), 244 (dt: *Das Leben ist wie ein Schneeball*, FinanzBuch Verlag, München 2008)

82 Andrew Kilpatrick, *Of Permanent Value: The Story of Warren Buffett*, 92

83 Andrew Kilpatrick, *Of Permanent Value: The Story of Warren Buffett*, 91

84 Warren Buffetts Partnership Letter – 1. November 1966

85 Alice Schroeder, *The Snowball: Warren Buffett and the Business of Life* (New York: Bantam Dell, 2008), 246 (dt: *Das Leben ist wie ein Schneeball*, FinanzBuch Verlag, München 2008)

86 Warren Buffetts Partnership Letter – 26. Dezember 1969

87 Tobias Carlisle, *Deep Value: Why Activist Investors and Other Contrarians Battle for Control of Losing Corporations* (New Jersey: John Wiley & Sons, 2014), 189

88 Warren Buffetts Partnership Letter – 18. Januar 1964

89 Warren Buffett, «To the stockholders of Dempster Mill Mfg. Co.,« 20. Juli 1963

90 Andrew Kilpatrick, *Of Permanent Value: The Story of Warren Buffett*, 92

91 Howard Marks, «Dare to Be Great II,« Memo an *Oaktree Clients*, 8. April 2014, https://www.oaktreecapital.com/memotree/DareProzent20toProzent20BeProzent20GreatProzent20II.pdf

92 Warren Buffett, (Seminar an der University of Florida Business School. 15. Oktober 1998)

93 Stanley Drukenmiller, (Rede im Lost Tree Club, North Palm Beach, Florida, 18. Januar 2015).

94 Warren Buffetts Partnership Letter – 18. Januar 1965

95 Warren Buffetts Partnership Letter – 10. Juli 1963

96 Warren Buffetts Partnership Letter – 18. Januar 1965

97 Warren Buffetts Partnership Letter – 10. Juli 1963

98 Warren Buffetts Partnership Letter – 18. Januar 1965

99 Warren Buffetts Partnership Letter – 18. Januar 1965

100 Whitney Tilson, aufgerufen am 11. Juni 2015, »Notes from 2004 Annual Meeting,« http://www.tilsonfunds.com/brkmtg04notes.doc

101 Warren Buffetts Partnership Letter – 18. Januar 1965

102 Warren Buffetts Partnership Letter – 18. Januar 1964

103 Anthony Bianco, Homespun Wisdom from the »Oracle of Omaha«, *Businessweek*, 5. Juli 1999

104 Warren Buffetts Partnership Letter -24. Januar 1962

105 Warren Buffetts Partnership Letter – 24. Januar 1962

106 Warren Buffetts Partnership Letter – 20. Januar 1966

107 Warren Buffetts Partnership Letter – 20. *Februar 1960*

108 John Brooks, *The Go-Go Years: The Drama and Crashing Finale of Wall Street's Bullish 60s* (New York: Allworth Press, 1998), S. 135

109 John Brooks, *The Go-Go Years: The Drama and Crashing Finale of Wall Street's Bullish 60s* (New York: Allworth Press, 1998), S. 135

110 »Fidelity timeline«, aufgerufen am 11. Juni 2015, https://www.fidelity.com/static/dcle/welcome/documents/Timeline_fid_092709fla.swf

111 Warren Buffetts Partnership Letter – 27. Dezember 1956

112 Warren Buffetts Partnership Letter – 11. Juli 1968

113 John Brooks, *The Go-Go Years: The Drama and Crashing Finale of Wall Street's Bullish 60s* (New York: Allworth Press, 1998), S. 160

114 John Brooks, *The Go-Go Years: The Drama and Crashing Finale of Wall Street's Bullish 60s* (New York: Allworth Press, 1998), S. 154

115 Warren Buffetts Partnership Letter – 11. Juli 1968

116 Warren Buffetts Partnership Letter – 29. Mai 1969

117 John Brooks, *The Go Go Years: The Drama and Crashing Finale of Wall Street's Bullish 60s* (New York: Allworth Press, 1998), S. 131

118 Warren Buffetts Partnership Letter – 6. Juli 1962

119 John Brooks, *The Go-Go Years: The Drama and Crashing Finale of Wall Street's Bullish 60s* (New York: Allworth Press, 1998), S. 136

120 John Brooks, *The Go-Go Years: The Drama and Crashing Finale of Wall Street's Bullish 60s* (New York: Allworth Press, 1998), S. 145

121 John Brooks, *The Go-Go Years: The Drama and Crashing Finale of Wall Street's Bullish 60s* (New York: Allworth Press, 1998), S. 24

122 Carrie Coolidge, «Jerry Tsai's smart timing,« *Forbes*, 10. Januar 2000

123 Warren Buffett's Partnership Letter – July 11th 1968

124 Alice Schroeder, *The Snowball: Warren Buffett and the Business of Life* (New York: Bantam Dell, 2008), S. 327 (dt. *Das Leben ist wie ein Schneeball*, FinanzBuch Verlag GmbH, München, 2009)

125 Warren Buffetts Partnership Letter – 25. Januar 1967

126 Warren Buffetts Partnership Letter – 20. *Februar 1960*

127 Warren Buffetts Partnership Letter – 8. Juli 1968

128 Alice Schroeder, *The Snowball: Warren Buffett and the Business of Life* (New York: Bantam Dell, 2008), 334 (dt: *Das Leben ist wie ein Schneeball,* FinanzBuch Verlag, München 2008)

129 BRK Annual Meeting 2003 Tilson Notes (Buffett FAQ)

130 BRK Annual Meeting 1999

131 Dr. Zen, 19. Mai 2011, «William J. Ruane – The Making of a Superinvestor« *gurufocus*, http://www.gurufocus.com/news/133912/william-j-ruane--the-making-of-a-superinvestor

132 Joe Carlen, *The Einstein of Money: The Life and Timeless Financial Wisdom of Benjamin Graham* (New York: Prometheus Books, 2012), 285

133 Whitney Tilson, abgerufen am 11. Juni 2015, «Notes from 2005 Annual Meeting,« http://www.tilsonfunds.com/brkmtg05notes.pdf

134 Steve Forbes, 5. Juli 2011, (8:41 a.m.), «Steve Forbes Interview: Autor Joel Greenblatt,« *Forbes*, 5. Juli 2011, http://www.forbes.com/sites/steveforbes/2011/07/05/joel-greenblatt-interview-transcript/

135 Joe Carlen, *The Einstein of Money: The Life and Timeless Financial Wisdom of Benjamin Graham* (New York: Prometheus Books, 2012), 244

136 Dr. Zen, 19. Mai 2011, «William J. Ruane – The Making of a Superinvestor« *gurufocus*, http://www.gurufocus.com/news/133912/william-j-ruane--the-making-of-a-superinvestor

137 Telefoninterview mit Tom Gayner, 24. Juli 2015

138 Warren Buffett, Chairman's Letter To the Shareholders of Berkshire Hathaway Inc., 1988

139 Joe Carlen, *The Einstein of Money: The Life and Timeless Financial Wisdom of Benjamin Graham* (New York: Prometheus Books, 2012), 244

Über den Autor

Jeremy Miller arbeitet im institutionellen Vertrieb bei Vertical Research Partners, einem führenden Unternehmen für Kapitalanalyse und Beratung mit Sitz in New York City, zu deren Kunden Investoren und einige der weltweit größten vermögensverwaltenden Unternehmen gehören.

Das Value-Investing-Handbuch

John Mihaljevic

Erstmals fasst John Mihaljevics Value-Investing-Handbuch die bewährten Strategien der besten Value-Investoren der Welt zusammen. Benjamin Graham, Warren Buffett, Seth Klarman oder Felix Zulauf – mit welchen Methoden arbeiten die Profis? Mihaljevic stellt Ihnen die neun wichtigsten Strategien wertorientierten Investierens vor und analysiert die Vor- und Nachteile. Schritt für Schritt lernen Sie als Investor die besten Investments zu finden, zu bewerten und umzusetzen. Zusätzlich lässt er die erfolgreichsten Hedgefonds-Manager der Welt zu Wort kommen, die oft auch Value-Investoren sind: David Einhorn, der selbst den Apple-Konzern das Fürchten lehrt, oder Felix Zulauf, einer der erfolgreichsten Schweizer Vermögensverwalter. Das Value-Investment-Wissen der Profis – erstmals gesammelt und bewertet.

400 Seiten | Hardcover | 34,99 | ISBN 978-3-89879-888-4